Groh
Schröer

**Sicher zur Kauffrau**
**zum Kaufmann**
**im Einzelhandel**

Groh
Schröer

# Sicher zur Kauffrau zum Kaufmann im Einzelhandel

| Buchkapitel | AkA-Prüfungsfach |
|---|---|
| Wirtschaftsrechnen und Statistik | Einzelhandelsbetriebslehre sowie Waren und Verkauf |
| Buchführung | Einzelhandelsbetriebslehre |
| Wirtschafts- und Sozialkunde | Wirtschafts- und Sozialkunde |
| Einzelhandelsbetriebslehre | Einzelhandelsbetriebslehre |
| Ware und Verkauf | Ware und Verkauf |
| Datenverarbeitung | Einzelhandelsbetriebslehre |
| Handlungsorientierte Aufgaben | Alle Prüfungsfächer |
| Mündliche Prüfung | Praktische Übungen |

Merkur
Verlag Rinteln

Wirtschaftswissenschaftliche Bücherei für Schule u. Praxis
Begründet von Handelsschul-Direktor Dipl.-Hdl. Friedrich Hutkap †

Verfasser:

Dipl.-Kfm. Gisbert Groh, Studiendirektor
Dipl.-Kfm. Volker Schröer, Oberstudienrat

E-Mail: groh-schroeer@t-online.de



17. Auflage 2005



Gesamtherstellung:

MERKUR VERLAG RINTELN Hutkap GmbH & Co. KG, 31735 Rinteln

E-Mail: info@merkur-verlag.de
Internet: www.merkur-verlag.de

ISBN 3-8120-**0423**-2

## Vorwort

Dieses Buch dient den Schülern der Fachklassen des Einzelhandels zur Vorbereitung auf die Zwischen- und Abschlussprüfung. Darüber hinaus kann es zur Vorbereitung auf Klassenarbeiten benutzt werden. Das Buch soll keine Lehrbücher ersetzen, sondern die gezielte Wiederholung einzelner Lerngebiete bzw. des gesamten Prüfungsstoffes erleichtern.

Auf eine Wissensvermittlung in Form programmierter Fragen und Aufgaben wurde zugunsten der gewählten Darstellung verzichtet. Diese erlaubt es, die Vielzahl der möglichen Prüfungsfragen aufgrund eines umfassenden Wissens zu beantworten. Die „Hinweise zur programmierten Prüfung" erklären das Wesen der Abschlussprüfung in programmierter Form.

Die Auswahl und Aufbereitung der Lerninhalte erfolgte unter Berücksichtigung des „Rahmenlehrplanes für den Ausbildungsberuf Kauffrau/Kaufmann im Einzelhandel", des „Stoffkatalogs für die Abschlussprüfungen im Ausbildungsberuf Kauffrau/Kaufmann im Einzelhandel der Aufgabenstelle für kaufmännische Abschluss- und Zwischenprüfungen (AkA)" und der entsprechenden Lehrpläne der einzelnen Bundesländer.

Eine optimale Prüfungsvorbereitung wird vor allem gewährleistet durch

- lerngerechte Aufbereitung der Stoffgebiete,
- einprägsame Strukturierung des Lernstoffes,
- Beschränkung auf das Wesentliche,
- Hervorhebung wichtiger Begriffe,
- zahlreiche Textverweise,
- umfangreiches Register.

Eine gezielte Vorbereitung ist unerlässlich für ein gutes Prüfungsergebnis. Dieses Buch verhilft dazu.

St. Ingbert und Homburg, Frühjahr 1991

Die Verfasser

## Vorwort zur 12. Auflage

Das Buch wurde in vielen Teilen überarbeitet und den neuen gesetzlichen Regelungen angepasst (z. B. Handelsrechtsreformgesetz, Euro-Einführungsgesetz, Insolvenzordnung).

Neu aufgenommen wurden die Kapitel „Moderne Zahlungssysteme", „Internet", „Handlungsorientierte Aufgaben" sowie „Mündliche Prüfung".

St. Ingbert und Bruchmühlbach-Miesau, Frühjahr 2000

Die Verfasser

## Vorwort zur 14. Auflage

Neue gesetzliche Regelungen wurden berücksichtigt, insbesondere das Schuldrechtmodernisierungsgesetz. Die Umstellung auf den Euro wurde vorgenommen.

St. Ingbert und Bruchmühlbach-Miesau, Winter 2001/2002

Die Verfasser

# Inhaltsverzeichnis

## III. Wirtschafts- und Sozialkunde

## IV. Einzelhandelsbetriebslehre

## V. Ware und Verkauf



## VI. Datenverarbeitung



## VII. Handlungsorientierte Aufgaben



## VIII. Mündliche Prüfung

## Hinweise zur programmierten Prüfung

Die Industrie- und Handelskammern unterscheiden für ihre kaufmännischen Abschluss- und Zwischenprüfungen in programmierter Form vor allem folgende Aufgabenarten:*

- **Mehrfachwahlaufgaben**

  Von mehreren vorgegebenen Antworten ist die richtige Antwort auszuwählen; die Lösungsziffer der richtigen Antwort muss in das Lösungskästchen eingetragen werden.

  Beispiel:

| Wo wird das Handelsregister geführt? | |
|---|---|
| [1] beim zuständigen Gewerbeaufsichtsamt | |
| [2] bei der Ortspolizeibehörde | |
| [3] beim Handelsregisteramt ▶ | [4] |
| [4] beim zuständigen Amtsgericht | |
| [5] bei der zuständigen Industrie- und Handelskammer | |

- **Zuordnungsaufgaben**

  Sachlich zusammengehörende Begriffe, Vorgänge, Sachverhalte oder Regeln sind einander zuzuordnen.

  Beispiel:

Ordnen Sie die eingerahmten Kennziffern von 3 der insgesamt 6 Aufwendungen den 3 Aufwandsarten zu; die entsprechenden Lösungsziffern sind in die Kästchen einzutragen!

| Aufwendungen | Aufwandsarten | |
|---|---|---|
| [1] Fertigungslöhne | | |
| [2] Gewerbesteuernachzahlung | betriebsfremder Aufwand ▶ | [4] |
| [3] Abschreibungen | außerordentlicher Aufwand ▶ | [5] |
| [4] Spende an das Rote Kreuz | | |
| [5] Brandschaden | periodenfremder Aufwand ▶ | [2] |
| [6] Bürokosten | | |

- **Reihenfolgeaufgaben**

  Elemente eines Sachverhaltes bzw. Vorganges, die ungeordnet vorgegeben sind, müssen in die richtige Reihenfolge gebracht werden; die Ziffern werden der Reihenfolge entsprechend in die Kästchen eingetragen.

  Beispiel:

Bringen Sie die folgenden Stufen des Organisationskreislaufes in die richtige Reihenfolge, indem Sie die Ziffern 1 bis 5 in die Kästchen eintragen!

| | |
|---|---|
| Planung des Sollzustandes ▶ | [3] |
| Kritik des Istzustandes ▶ | [2] |
| Ermittlung des Istzustandes ▶ | [1] |
| Kontrolle ▶ | [5] |
| Realisation des Sollplans ▶ | [4] |

* Vgl. Merkblatt für die Teilnehmer an der Prüfung der Industrie- und Handelskammer, hrsg. von der Industrie- und Handelskammer Nürnberg.

- **Offen-Antwort-Aufgaben**
  Die auszurechnende Größe muss in das vorgesehene Lösungsfeld eingetragen werden.

  Beispiel:

| Aufgabe | | Komma<br>EUR Cent |
|---|---|---|
| Nach einer Preiserhöhung von 12 % beträgt der Preis einer Ware 143,36 EUR.<br><br>Wie viel EUR beträgt die Preiserhöhung? | ▶ | [1] [5] , [3] [6] |

- **Kontierungsaufgaben**
  Zu vorgegebenen Geschäftsfällen bzw. Belegen muss der Buchungssatz gebildet werden, indem die Kennziffern für die anzurufenden Konten in die Lösungskästchen eingetragen werden.

  Beispiel:

| Barkauf von Büromaterial | Soll | Haben |
|---|---|---|
| [1] Umsatzsteuer | [3] | [5] |
| [2] Vorsteuer | [2] | [ ] |
| [3] Büromaterial | | |
| [4] Bank | | |
| [5] Kasse | | |
| [6] Forderungen | | |

# I. Wirtschaftsrechnen und Statistik

## 1 Dreisatz

**Beispiel 1:**

150 kg Kaffee kosten 1 125,00 EUR. Wie viel kosten 90 kg Kaffee?

Lösung:

150 kg – 1 125,00 EUR ①
90 kg – x EUR ②

③

$$x = \frac{1\,125 \cdot 90}{150} = 675{,}00 \text{ EUR}$$

90 kg Kaffee kosten 675,00 EUR.

**Beispiel 2:**

Für Versandarbeiten benötigen 3 Angestellte 10 Stunden. Wie lange brauchen 5 Angestellte?

Lösung:

3 Angestellte – 10 Stunden ①
5 Angestellte – x Stunden ②

③

$$x = \frac{10 \cdot 3}{5} = 6 \text{ Stunden}$$

5 Angestellte benötigen 6 Stunden.

**Beispiel 3:**

Für eine Inventur brauchten 4 Angestellte 2 Tage. Sie arbeiteten 7 Stunden täglich und erfassten insgesamt 40 000 Artikel. Wie lange brauchen 6 Angestellte bei einer täglichen Arbeitszeit von 8 Stunden, wenn 60 000 Artikel erfasst werden müssen?

Lösung:

4 Angestellte – 40 000 Artikel – 7 Std. tgl. – 2 Tage ①
6 Angestellte – 60 000 Artikel – 8 Std. tgl. – x Tage ②

③

$$x = \frac{2 \cdot 4 \cdot 60\,000 \cdot 7}{6 \cdot 40\,000 \cdot 8} = 1{,}75 \text{ Tage}$$

6 Angestellte brauchen 1 $^3/_4$ Tage.

Lösungsweg:

① Angabesatz aufstellen.

② Fragesatz aufstellen.

③ Bruchsatz ermitteln unter Beachtung des Verhältnisses (gerade oder ungerade).

Merke:

- Für den Dreisatz mit **geradem Verhältnis** gilt:

| je mehr – desto mehr |
|---|
| je weniger – desto weniger |

- Für den Dreisatz mit **ungeradem Verhältnis** gilt:

| je mehr – desto weniger |
|---|
| je weniger – desto mehr |

- Der **zusammengesetzte Dreisatz** wird in einzelne einfache Dreisätze aufgeteilt. Der Bruchsatz wird stufenweise ermittelt, indem für jeden einzelnen Dreisatz das entsprechende Verhältnis festgestellt wird.

# 2 Währungsrechnen

Auszug aus einer Kurstabelle

| DEVISEN- UND SORTENKURSE | | | | | | |
|---|---|---|---|---|---|---|
| | | | Sorten | | Devisen | |
| | | | Geld | Brief | Geld | Brief |
| Dänemark[1] | DKK | Danish Krone | 7,0992 | 7,7767 | 7,4160 | 7,4560 |
| Großbritannien[1] | GBP | Pound Sterling | 0,6027 | 0,6487 | 0,6230 | 0,6270 |
| USA | USD | US Dollar | 0,8903 | 0,9201 | 0,9112 | 0,9172 |
| Norwegen | NOK | Norwegian Krone | 7,5224 | 8,5303 | 7,9140 | 7,9620 |
| Schweden[1] | SEK | Swedish Krona | 9,0130 | 10,1866 | 9,4645 | 9,5125 |
| Schweiz | CHF | Swiss Franc | 1,4890 | 1,5429 | 1,5240 | 1,5295 |
| Australien | AUD | Australian Dollar | 1,6575 | 1,8451 | 1,7251 | 1,7599 |
| Japan | JPY | Yen | 106,8760 | 115,7295 | 108,5800 | 109,0600 |
| Kanada | CAD | Canadian Dollar | 1,2314 | 1,3980 | 1,2993 | 1,3245 |

## 2.1 Umrechnung von Euro in Fremdwährung

Beispiel 1:

Für eine Geschäftsreise in die Schweiz werden in Deutschland 1 500,00 EUR in Schweizer Franken umgetauscht. Wie viel Schweizer Franken werden lt. Kurstabelle bar ausgezahlt? Bankgebühren werden nicht berücksichtigt.

Lösung:

1,00 EUR – 1,489 CHF ①
1 500,00 EUR – x CHF ②

$$x = \frac{1\,500{,}00 \cdot 1{,}489}{1} = 2\,233{,}50 \text{ CHF}$$

Für 1 500,00 EUR erhält man 2 233,50 CHF.

1 Diese Länder gehören zwar der EU an, jedoch nicht der EWU.

Lösungsweg:

① Angabesatz mit Hilfe des Wechselkurses aufstellen; es gilt der Geldkurs für Sorten (1,489 CHF/1,00 EUR).

② Fragesatz aufstellen und Bruchsatz entwickeln (gerades Verhältnis).

Beispiel 2:

Ein Unternehmen begleicht eine Rechnung über 10 500,00 USD durch Banküberweisung. Mit welchem Betrag wird das Konto in Euro lt. Kurstabelle belastet? Bankgebühren werden nicht berücksichtigt.

Lösung:

0,9112 USD – 1,00 EUR ①
10 500,00 USD – x EUR ②

$$x = \frac{10\,500{,}00 \cdot 1}{0{,}9112} = 11\,523{,}27 \text{ EUR}$$

Lösungsweg:

① Angabesatz mit Hilfe des Wechselkurses aufstellen; es gilt der Geldkurs für Devisen (0,9112 USD/1,00 EUR).

② Fragesatz aufstellen und Bruchsatz entwickeln (gerades Verhältnis).

## 2.2 Umrechnung von Fremdwährung in Euro

Beispiel 1:

Nach einer Geschäftsreise nach Kanada werden 490,00 kanadische Dollar in Euro umgetauscht. Wie viel Euro werden lt. Kurstabelle ausgezahlt? Bankgebühren werden nicht berücksichtigt.

Lösung:

1,3980 CAD – 1,00 EUR ①
490,00 CAD – x EUR ②

$$x = \frac{490{,}00 \cdot 1}{1{,}398} = 350{,}50 \text{ EUR}$$

Lösungsweg:

① Angabesatz mit Hilfe des Wechselkurses aufstellen; es gilt der Briefkurs für Sorten (1,398 CAD/1,00 EUR).

② Fragesatz aufstellen und Bruchsatz entwickeln (gerades Verhältnis).

Beispiel 2:

Ein deutsches Unternehmen bietet eine Maschine für 38 000,00 EUR an. Aufgrund einer Anfrage eines Geschäftspartners in den USA soll dieser Preis lt. Kurstabelle in US-Währung umgerechnet werden, da der Kunde in seiner Währung zahlen möchte.

Lösung:

| | | | |
|---|---|---|---|
| 1,00 EUR | – | 0,9172 USD | ① |
| 38 000,00 EUR | – | x USD | ② |

$$x = \frac{38\,000 \cdot 0{,}9172}{1} = 34\,853{,}60 \text{ USD}$$

Lösungsweg:

① Angabesatz mit Hilfe des Wechselkurses aufstellen; es gilt der Briefkurs für Devisen (0,9172 USD/1,00 EUR).

② Fragesatz aufstellen und Bruchsatz entwickeln (gerades Verhältnis).

Merke:

- Der **Wechselkurs** ist das Austauschverhältnis einer Währung in eine andere Währung (siehe Seite 14f.). Wechselkurse werden i. d. R. als **Mengennotierung** angegeben, d. h., der Wechselkurs gibt an, welchen Betrag an ausländischer Währung man für einen bestimmten Betrag der inländischen Währung erhält (z. B. 0,9541 USD/1,00 EUR).
- **Devisen** sind Zahlungsmittel (z. B. Scheck, Wechsel), die auf ausländische Währung lauten. **Sorten** sind ausländische Banknoten und Münzen.
- Die Banken berechnen beim Ankauf von Fremdwährungen den **Briefkurs,** d. h., die Banken verkaufen Euro an den Kunden gegen Fremdwährung.
- Die Banken berechnen beim Verkauf von Fremdwährungen den **Geldkurs,** d. h., die Banken kaufen Euro vom Kunden gegen Fremdwährung.

# 3 Kettensatz

Beispiel:

Ein deutscher Importeur bezieht aus den USA 850 yds. Stoff zum Gesamtpreis von 23 800,00 USD. Wie viel Euro kostet 1 m dieses Stoffes (12 yards = 11 Meter; Kurs 1,56 EUR)?

Lösung:

| | | | |
|---|---|---|---|
| x EUR | – | 1 m | ① |
| 11 m | – | 12 yds. | |
| 850 yds. | – | 23 800 USD | ② |
| 1 USD | – | 1,56 EUR | ③ |

④

$$x = \frac{1\ \text{m} \cdot 12\ \text{yds.} \cdot 23\,800\ \text{USD} \cdot 1{,}56\ \text{EUR}}{11\ \text{m} \cdot 850\ \text{yds.} \cdot 1{,}00\ \text{USD}} = 47{,}65\ \text{EUR}$$

Lösungsweg:

① Fragesatz aufstellen und dabei die gesuchte Größe an den Anfang setzen.

② Aussagesätze aufstellen und dabei links mit der Benennung beginnen, die in der vorangehenden Zeile rechts steht.

③ Die Benennung der letzten Größe (rechts unten) muss mit der Benennung der gesuchten Größe (links oben) übereinstimmen.

④ Beim Bruchsatz wird das Produkt der Größen auf der rechten Seite durch das Produkt der Größen auf der linken Seite dividiert.

Merke:

- Der Kettensatz kann nur bei Dreisätzen mit geraden Verhältnissen angewendet werden.

# 4 Durchschnittsrechnen

Beispiel 1:

Die Verkäufer A, B, C und D eines Betriebes haben folgende Monatsumsätze erzielt: 50 600,00 EUR; 40 250,00 EUR; 47 820,00 EUR und 61 130,00 EUR. Wie hoch ist der durchschnittliche Verkäuferumsatz pro Monat?

Lösung:

| Verkäufer | Monatsumsätze | | |
|---|---|---|---|
| A | 50 600,00 EUR | | |
| B | 40 250,00 EUR | | |
| C | 47 820,00 EUR | | |
| D | 61 130,00 EUR | | ② |
| ① | 199 800,00 EUR | : 4 = | 49 950,00 EUR |

Der durchschnittliche Verkäuferumsatz beträgt pro Monat 49 950,00 EUR.



2 Groh/Schröer – ISBN 3-8120-0423-2

Lösungsweg:

① Addition der Monatsumsätze.

② Division der Summe der Monatsumsätze durch die Anzahl der Monatsumsätze.

Beispiel 2:

Ein Unternehmen kaufte während eines Jahres Heizöl zu folgenden Preisen:

12000 l zu 0,335 EUR je l,
15000 l zu 0,359 EUR je l,
9000 l zu 0,371 EUR je l.

Wie hoch ist der durchschnittliche Heizölpreis pro Liter?

Lösung:

| Menge | Preis je l | Gesamtpreis |
|---|---|---|
| 12000 l | 0,335 EUR | 4020,00 EUR |
| 15000 l | 0,359 EUR | 5385,00 EUR ① |
| 9000 l | 0,371 EUR | 3339,00 EUR |
| 36000 l ② | | 12744,00 EUR ② |
| 1 l | | ③ 0,354 EUR |

Der Durchschnittspreis für das Heizöl betrug 0,354 EUR je Liter.

Lösungsweg:

① Berechnung der Gesamtpreise für jede Lieferung.

② Addition der Mengen und Gesamtpreise.

③ Ermittlung des Durchschnittspreises.

Merke:

- Beim **einfachen Durchschnitt** (einfaches arithmetisches Mittel) wird aus mehreren Werten, die sich alle auf eine einheitliche Größe beziehen (z.B. Umsatz, Lagerbestand), der Durchschnitt folgendermaßen berechnet.

$$\text{Einfacher Durchschnitt} = \frac{\text{Summe der Werte}}{\text{Anzahl der Werte}}$$

- Beim **gewogenen Durchschnitt** (gewogenes arithmetisches Mittel) wird aus mehreren Werten, die sich auf unterschiedliche Mengeneinheiten beziehen (z.B. unterschiedliche Preise für verschiedene Mengen), der Durchschnitt folgendermaßen berechnet.

$$\text{Gewogener Durchschnitt} = \frac{\text{Summe der mit ihren Mengeneinheiten multiplizierten Werte}}{\text{Summe der Mengeneinheiten}}$$

# 5 Verteilungsrechnen

## 5.1 Einfaches Verteilungsrechnen

Beispiel:

Die Heizölkosten eines Betriebes in Höhe von 6 970,00 EUR sollen auf die drei Abteilungen Verkauf, Lager und Verwaltung verteilt werden. Verteilungsgrundlage ist die Fläche der Abteilungen: Verkauf 380 $m^2$, Lager 140 $m^2$, Verwaltung 160 $m^2$.

Lösung:

| Bezeichnung (Abteilungen) | Schlüssel (Fläche) | Teile | | Anteile (Heizölkosten) |
|---|---|---|---|---|
| Verkauf | 380 $m^2$ | 19 | | 3 895,00 EUR |
| Lager ① | 140 $m^2$ | 7 ② | | 1 435,00 EUR ⑤ |
| Verwaltung | 160 $m^2$ | 8 | | 1 640,00 EUR |
| | | 34 Teile | – | 6 970,00 EUR ③ |
| | | 1 Teil | – | 205,00 EUR ④ |

Lösungsweg:

① Schema aufstellen.

② Verteilungsschlüssel soweit wie möglich kürzen.

③ Die Summe der Teile entspricht dem zu verteilenden Gesamtbetrag.

④ Berechnung eines Teils.

⑤ Berechnung der Anteile. Die Summe der Anteile muss dem Gesamtbetrag entsprechen (Probe).

## 5.2 Verteilung von Gewichts- und Wertspesen

Beispiel:

In einer Sendung werden bezogen: Warensorte I 365 kg zu 8,20 EUR je kg und Warensorte II 203 kg zu 17,60 EUR je kg. Die Gewichtsspesen 147,68 EUR und die Wertspesen 328,29 EUR sind anteilig zu verrechnen.

Lösung:

| Waren | Gewichtsspesen | | | Wertspesen | | |
|---|---|---|---|---|---|---|
| | Gewicht | | Spesenanteil ① | Wert ② | | Spesenanteil ③ |
| I | 365 kg | | 94,90 EUR | 2 993,00 EUR | | 149,65 EUR |
| II | 203 kg | | 52,78 EUR | 3 572,80 EUR | | 178,64 EUR |
| | 568 kg | – | 147,68 EUR | 6 565,80 EUR | – | 328,29 EUR |
| | 1 kg | – | 0,26 EUR | 1,00 EUR | – | 0,05 EUR |

Lösungsweg:

① Verteilung der Gewichtsspesen entsprechend dem Gewicht.

② Berechnung der Warenwerte.

③ Verteilung der Wertspesen entsprechend dem jeweiligen Warenwert.

Merke:

- Zu den **Gewichtsspesen** zählen z.B. Fracht, Rollgeld und Verladekosten. Verteilungsschlüssel ist das Gewicht der Ware.
- Zu den **Wertspesen** zählen z.B. Transportversicherungen, Verpackungskosten und Wertzölle. Verteilungsschlüssel ist der Wert (Einkaufspreis) der Waren.
- Die Verteilung der Gewichts- und Wertspesen wird bei der Bezugskalkulation angewandt.

## 5.3 Gewinnverteilung

Beispiel:

Der Reingewinn einer OHG beträgt 62350,00 EUR und wird vertragsmäßig wie folgt verteilt: Vom Gewinn erhält A vorab für die Geschäftsführung 28000,00 EUR; die Kapitaleinlagen der Gesellschafter werden mit 6% verzinst; der Restgewinn ist im Verhältnis 4 : 3 : 2 zu verteilen. Gesellschafter A ist mit 100000,00 EUR, B mit 70000,00 EUR und C mit 50000,00 EUR beteiligt. Wie hoch sind die Gewinnanteile?

Lösung:

| Gesellschafter | Kapital (EUR) | Gehalt (EUR) | Zinsen (EUR) | Teile | Restanteile (EUR) | Gesamtanteile (EUR) |
|---|---|---|---|---|---|---|
| A | 100000,00 | 28000,00 | 6000,00 | 4 | 9400,00 | 43400,00 |
| B ① | 70000,00 | | 4200,00 ② | 3 | 7050,00 ④ | 11250,00 ⑤ |
| C | 50000,00 | | 3000,00 | 2 | 4700,00 | 7700,00 |
| | | 28000,00 | 13200,00 | 9 T | – 21150,00 ③ | 62350,00 |
| | | | | 1 T | – 2350,00 | |

Lösungsweg:

① Schema für Gewinnverteilung aufstellen.
② Zinsberechnung für die Kapitaleinlagen.
③ Berechnung der Restanteile (Gesamtgewinn – Gehalt – Gesamtzinsen).
④ Verteilung der Restanteile entsprechend dem vorgegebenen Schlüssel.
⑤ Ermittlung des Gesamtanteils (u.U. Gehalt + Zinsen + Restanteil).

Merke:

- Die **Gewinnverteilung der OHG** sieht nach dem HGB (gesetzliche Regelung) vor: Die Kapitaleinlagen werden mit 4% verzinst, ein darüber hinaus vorhandener Gewinn wird nach Köpfen verteilt. Die Gewinnverteilung erfolgt in der Regel nach dem Gesellschaftsvertrag (vertragliche Regelung).
- Die **Gewinnverteilung der KG** sieht vor: Die Kapitaleinlagen werden mit 4% verzinst, der Restgewinn wird in angemessenem Verhältnis verteilt (gesetzliche Regelung). Das „angemessene Verhältnis“ und der Zinssatz sind üblicherweise im Gesellschaftsvertrag geregelt.

# 6 Prozentrechnen

## 6.1 Prozentrechnen vom Hundert

### Berechnen des Prozentwertes

Beispiel:

Auf einen Rechnungsbetrag von 1 850,00 EUR gewährt ein Lieferer 3 % Skonto. Wie hoch ist der Skontoabzug?

Lösung:

100 % – 1 850,00 EUR ①
3 % – x EUR

②

$$x = \frac{1\,850 \cdot 3}{100} = 55{,}50 \text{ EUR Skonto}$$

Lösungsweg:

① Dreisatz aufstellen (Grundwert entspricht immer 100 %).
② Bruchsatz entwickeln (gerades Verhältnis).

Merke:

- Der (reine) **Grundwert** entspricht 100 % (Prozentrechnen vom Hundert); der **Prozentsatz** gibt an, wie viel Teile auf Hundert entfallen; der **Prozentwert** ist der Wert, der aus dem Grundwert mit Hilfe des Prozentsatzes errechnet wird.
- Prozentwert = 1 % des Grundwertes · Prozentsatz
- Bei der **Promillerechnung** wird der Grundwert mit 1 000 ‰ (Promille) angesetzt.

### Berechnen des Prozentsatzes

Beispiel:

Ein Betrieb verkauft in einem Jahr 120 000 Artikel. Er exportiert davon 44 400 Stück. Wie viel Prozent entspricht der Exportanteil?

Lösung:

120 000 Art. – 100 %
44 400 Art. – x %

$$x = \frac{100 \cdot 44\,400}{120\,000} = 37\,\%\text{ Exportanteil}$$

Merke:

$$\text{Prozentsatz} = \frac{\text{Prozentwert}}{1\,\%\text{ des Grundwertes}}$$

## Berechnen des Grundwertes

Beispiel:

In einem Betrieb fehlen durchschnittlich 6 % der Belegschaft; dies entspricht 360 Mitarbeitern. Wie groß ist die Belegschaft?

Lösung:

6 % – 360 Mitarbeiter
100 % – x Mitarbeiter

$$x = \frac{360 \cdot 100}{6} = 6\,000 \text{ Mitarbeiter}$$

Merke:

$$\text{Grundwert} = \frac{\text{Prozentwert}}{\text{Prozentsatz}} \cdot 100$$

## Bequeme Prozentsätze

Beispiel:

Ein Unternehmen steigert seinen Absatz von 9 728 Maschinen um $12\frac{1}{2}$ %. Wie hoch ist der Mehrabsatz?

Lösung:

9 728 : 8 = 1 216 Maschinen

Merke:

- **Bequeme Prozentsätze** sind ohne Rest in Hundert enthalten.
- $$\text{Bequemer Teiler} = \frac{100}{\text{bequemer Prozentsatz}}$$
- $$\text{Prozentwert} = \frac{\text{Grundwert}}{\text{bequemer Teiler}}$$
- Wichtige **bequeme Prozentsätze** sind:

| Prozentsatz<br>bequemer Teiler | 50 %<br>2 | 25 %<br>4 | $12\frac{1}{2}$ %<br>8 | $6\frac{1}{4}$ %<br>16 |
|---|---|---|---|---|

| Prozentsatz<br>bequemer Teiler | 20 %<br>5 | 10 %<br>10 | 5 %<br>20 | $2\frac{1}{2}$ %<br>40 |
|---|---|---|---|---|

| Prozentsatz<br>bequemer Teiler | $33\frac{1}{3}$ %<br>3 | $16\frac{2}{3}$ %<br>6 | $8\frac{1}{3}$ %<br>12 | $4\frac{1}{6}$ %<br>24 |
|---|---|---|---|---|

## 6.2 Prozentrechnen auf Hundert und im Hundert

Beispiel 1:

Ein Unternehmen steigert den Absatz im Monat März um $8\frac{1}{3}$% gegenüber dem Monat Februar, im Februar betrug die Steigerung bezogen auf den Monat Januar 4%. Nach den beiden Steigerungen beträgt der Absatz 4056 Stück.

Wie hoch sind die Steigerungen und die Absatzmengen?

Lösung:

| | | Stück | | | | | |
|---|---|---|---|---|---|---|---|
| Absatz Januar | | 3600 | ② 100% ↑ | ③ | (Teiler = 26) | | |
| + Steigerung 4% | | 144 | 4% | | | | |
| Absatz Februar | ① | 3744 | 104% | | ② 100 % ↑ | ③ | |
| + Steigerung $8\frac{1}{3}$% | | 312 | (Teiler = 13) | | $8\frac{1}{3}$% | | |
| Absatz März | ↓ | 4056 | | | $108\frac{1}{3}$% | | |

Lösungsweg:

① Schema aufstellen, zeitlich vorgehen und mit dem frühesten Termin beginnen.

② Prozentsätze eintragen, dabei jeweils den Grundwert 100% setzen. Darauf achten, dass die abgesetzte Menge im Februar vermehrter Grundwert und reiner Grundwert ist.

③ Von der Menge im März stufenweise zur Menge im Januar zurückrechnen.

Beispiel 2:

Eine Maschine wurde zwei Jahre hintereinander degressiv mit $12\frac{1}{2}$% abgeschrieben und steht am Ende des zweiten Jahres mit 35218,75 EUR zu Buche. Wie hoch war der Anschaffungswert?

Lösung:

| | | | | | | |
|---|---|---|---|---|---|---|
| Anschaffungswert | | 46000,00 EUR | 100 % ↑ | ② | (Teiler = 7) | |
| – Abschreibung | | 5750,00 EUR | $12\frac{1}{2}$% | | | |
| = Restbuchwert 1. Jahr | ① | 40250,00 EUR | $87\frac{1}{2}$% | | 100 % ↑ | ② |
| – Abschreibung | | 5031,25 EUR | (Teiler = 7) | | $12\frac{1}{2}$% | |
| = Restbuchwert 2. Jahr | ↓ | 35218,75 EUR | | | $87\frac{1}{2}$% | |

Lösungsweg:

① Schema aufstellen und Prozentsätze eintragen.

② Vom Restbuchwert im 2. Jahr stufenweise zum Anschaffungswert zurückrechnen.

Merke:

- Bei der **Prozentrechnung auf Hundert** ist der vermehrte Grundwert gegeben (> 100%):

  | vermehrter Grundwert = reiner Grundwert + Erhöhung |
  |---|

- Bei der **Prozentrechnung im Hundert** ist der verminderte Grundwert gegeben (< 100%):

  | verminderter Grundwert = reiner Grundwert – Senkung |
  |---|

- Die **bequemen Teiler** der Prozentrechnung vom Hundert werden bei der Prozentrechnung auf Hundert um 1 vermehrt, bei der Prozentrechnung im Hundert um 1 vermindert.

# 7 Zinsrechnen

## 7.1 Berechnen von Jahres-, Monats- und Tageszinsen

Beispiel:

Ein Unternehmen nimmt bei seiner Bank für die Zeit vom 16. Januar bis zum 25. März einen Überbrückungskredit in Höhe von 32 000,00 EUR auf. Wie viel Zinsen berechnet die Bank bei einem Zinssatz von 9 % und welcher Gesamtbetrag ist zurückzuzahlen?

Lösung:

$$\text{Zinsen} = \frac{\text{Kapital} \cdot \text{Zinssatz} \cdot \text{Tage}}{100 \cdot 360} \quad ①$$

$$\text{Zinsen} = \frac{32\,000 \cdot 9 \cdot \overset{②}{69}}{100 \cdot 360} = 552{,}00 \text{ EUR} \quad ③$$

Die Zinsen betragen 552,00 EUR, zurückzuzahlen sind 32 552,00 EUR.

Lösungsweg:

① Formel für die Tageszinsen angeben.
② Tage berechnen.
③ Berechnung der Zinsen.

Merke:

- Die Größen der Zinsrechnung sind **Kapital** (K), **Zinssatz** (p), **Zinsen** (Z) und die **Zeit** (j für Jahre, m für Monate, t für Tage).
- $\text{Jahreszinsen} = \frac{K \cdot p \cdot j}{100}$
- $\text{Monatszinsen} = \frac{K \cdot p \cdot m}{100 \cdot 12}$
- $\text{Tageszinsen} = \frac{K \cdot p \cdot t}{100 \cdot 360}$ bzw. $Z = \text{Kapital} : 100 \cdot \text{Zinssatz} \cdot \text{Tage} : 360$
- Die **kaufmännische Zinsformel** lautet:

  $\text{Tageszinsen} = \frac{K}{100} \cdot t : \frac{360}{p}$ bzw. $Z = \text{Zinszahl} : \text{Zinsteiler}$

  $\frac{K}{100} \cdot t = \text{Zinszahl } (\#); \quad \frac{360}{p} = \text{Zinsteiler}$
- Wichtige **bequeme Zinssätze** sind:

| Zinssatz in % | 20 | 15 | 12 | 10 | 9 | 8 | 6 | 5 | 4 | 3 | 2 |
|---|---|---|---|---|---|---|---|---|---|---|---|
| Zinsteiler | 18 | 24 | 30 | 36 | 40 | 45 | 60 | 72 | 90 | 120 | 180 |

- Der **Zinsmonat** hat 30 Tage, das **Zinsjahr** 360 Tage (nach deutscher kaufmännischer Methode).

- Der Monat **Februar** hat ebenfalls 30 Tage, wenn der Zinszeitraum über das Monatsende hinausgeht. Fällt der Zinstermin auf das Monatsende, berechnet man den Monat Februar mit 28 Tagen (im Schaltjahr mit 29 Tagen).
- **Zinstage** = Resttage des 1. Monats (30 − Tagesdatum)<br>+ Tage der ganzen Monate<br>+ Tage des letzten Monats

## 7.2 Summarisches Zinsrechnen

Beispiel:

Ein Unternehmen will zum 31. Dezember drei Rechnungen einschließlich 6% Verzugszinsen begleichen, und zwar 3680,00 EUR, fällig am 5. Juni; 5790,00 EUR, fällig am 13. September; 2135,00 EUR, fällig am 30. Oktober.

Lösung:

**Stichtag: 31.12.** ②

| Kapital ① | fällig am | Tage ③ | # ④ |
|---|---|---|---|
| 3680,00 EUR | 05.06. | 205 | 7544 |
| 5790,00 EUR | 13.09. | 107 | 6195 |
| 2135,00 EUR | 30.10. | 60 | 1281 |

11605,00 EUR                15020 : 60 = 250,33 ⑤<br>
250,33 EUR (Zinsen)<br>
11855,33 EUR (Rückzahlungsbetrag am 31.12.) ⑥

Lösungsweg:

① Schema aufstellen.<br>
② Stichtag ermitteln.<br>
③ Tage berechnen (vom Verfalltag bis zum Stichtag).<br>
④ Zinszahlen (#) berechnen.<br>
⑤ Zinsen = Summe der Zinszahlen : Zinsteiler.<br>
⑥ Berechnung des Rückzahlungsbetrages.

Merke:

- Die **summarische Zinsrechnung** wird angewandt, wenn mehrere Beträge zum gleichen Zinssatz verzinst werden. (Diese Methode muss nicht angewendet werden; die Zinsen können auch einzeln für jeden Betrag ausgerechnet und dann addiert werden.)
- **Zinszahlen** haben keine Benennung; sie können aus Vereinfachungsgründen auf ganze Zahlen gerundet werden.

## 7.3 Berechnen von Zinssatz, Kapital und Zeit

Beispiel 1:

6500,00 EUR brachten vom 26. Mai bis zum 2. September 130,00 EUR Zinsen. Welcher Zinssatz wurde zugrunde gelegt?

Lösung:

$$\text{Zinssatz} = \frac{\text{Zinsen} \cdot 100 \cdot 360}{\text{Kapital} \cdot \text{Tage}} \quad ①$$

$$\text{Zinssatz} = \frac{130 \cdot 100 \cdot 360}{6500 \cdot 96 \; ②} = 7{,}5\,\% \quad ③$$

Lösungsweg:

① Formel zur Berechnung des Zinssatzes angeben.
② Tage berechnen.
③ Zinssatz berechnen.

Beispiel 2:

Welches Kapital brachte vom 25. Februar bis zum 15. Mai 96,00 EUR Zinsen, wenn es mit 6 % verzinst wurde?

Lösung:

$$\text{Kapital} = \frac{\text{Zinsen} \cdot 100 \cdot 360}{\text{Zinssatz} \cdot \text{Tage}} \quad ①$$

$$\text{Kapital} = \frac{96 \cdot 100 \cdot 360}{6 \cdot 80 \; ②} = 7\,200{,}00 \text{ EUR} \quad ③$$

Lösungsweg:

① Formel zur Berechnung des Kapitals angeben.
② Tage berechnen.
③ Kapital berechnen.

Beispiel 3:

Wie lange wurde ein Kapital von 21 600,00 EUR zu 8 % verzinst, wenn es in dieser Zeit 864,00 EUR Zinsen brachte?

Lösung:

$$\text{Tage} = \frac{\text{Zinsen} \cdot 100 \cdot 360}{\text{Kapital} \cdot \text{Zinssatz}} \quad ①$$

$$\text{Kapital} = \frac{864 \cdot 100 \cdot 360}{21\,600 \cdot 8} = 180 \text{ Tage} \quad ②$$

Lösungsweg:

① Formel zur Berechnung der Tage angeben.
② Tage berechnen.

Merke:

- $$p = \frac{Z \cdot 100 \cdot 360}{K \cdot t}$$
- $$K = \frac{Z \cdot 100 \cdot 360}{p \cdot t}$$
- $$t = \frac{Z \cdot 100 \cdot 360}{K \cdot p}$$

## 7.4 Zinsrechnen auf Hundert und im Hundert

Beispiel 1:

Ein Unternehmen nimmt am 10. August ein Darlehen zu 9 % p. a. auf. Am 20. Mai des folgenden Jahres zahlt es einschließlich Zinsen 10 914,00 EUR zurück. Wie hoch sind Darlehen und Zinsen?

Lösung:

Umrechnung des Zinssatzes in einen Prozentsatz

360 Tage – 9 %
280 Tage ① – x %

$$x = \frac{9 \cdot 280}{360} = 7\,\% \quad ②$$

| | | |
|---|---|---|
| Darlehen | 10 200,00 EUR | ↑ 100 % |
| + Zinsen | 714,00 EUR | 7 % ③ |
| vermehrtes Darlehen | 10 914,00 EUR | 107 % |

Lösungsweg:

① Tage berechnen.
② Jahreszinssatz in einen Prozentsatz umrechnen.
③ Darlehen einschließlich Zinsen stellt vermehrtes Kapital dar. Ermittlung des Darlehens und der Zinsen.

Beispiel 2:

Ein Kredit mit einer Laufzeit vom 10. Juni bis 10. September wird unter Abzug von 10 % Zinsen mit 15 210,00 EUR ausgezahlt. Wie hoch sind der Kredit und die Zinsen?

Lösung:

360 Tage – 10 %
90 Tage – x %

$$x = \frac{10 \cdot 3}{12} = 2{,}5\,\%$$

| | | |
|---|---|---|
| Darlehen | 15 600,00 EUR | ↑ 100 % |
| – Zinsen | 390,00 EUR | 2,5 % |
| vermindertes Darlehen | 15 210,00 EUR | 97,5 % |

Lösungsweg:

Siehe Beispiel 1.

Merke:

- Bei der **Zinsrechnung auf Hundert** ist das vermehrte Kapital gegeben:

  vermehrtes Kapital = Kapital + Zinsen

- Bei der **Zinsrechnung im Hundert** ist das verminderte Kapital gegeben:

  vermindertes Kapital = Kapital – Zinsen

- Der **Jahreszinssatz** (p. a.) wird in einen Prozentsatz **(Zeitzinssatz)** umgerechnet, der Zeitzinssatz bezieht sich auf den angegebenen Zeitraum. Aus der Zinsrechnung wird eine Prozentrechnung.
- Die Berechnung des Kapitals und der Zinsen erfolgt durch eine Rechnung auf Hundert bzw. im Hundert.

## 7.5 Effektive Verzinsung bei Gewährung von Skonto

Beispiel:

Eine Liefererrechnung lautet über 6800,00 EUR. Folgende Zahlungsbedingungen wurden vereinbart: „Zahlbar innerhalb von 10 Tagen unter Abzug von 2% Skonto, innerhalb von 60 Tagen rein netto". Um Skonto ausnutzen zu können, müsste ein Kredit zu 12,5% (p.a.) in Höhe des Überweisungsbetrages aufgenommen werden.

a) Wie viel Euro sind zu überweisen, wenn Skonto in Anspruch genommen wird?
b) Soll ein Kredit aufgenommen werden, um Skonto auszunutzen?
c) Welchem Jahreszinssatz entspricht der Skontosatz?

Lösung:

a)

| | |
|---|---|
| Rechnungsbetrag | 6800,00 EUR |
| – 2% Skonto | 136,00 EUR ① |
| Überweisungsbetrag | 6664,00 EUR |

b) Kreditkosten (Zinsen)

$$Z = \frac{K \cdot p \cdot t}{100 \cdot 360} \quad ②$$

$$Z = \frac{6664 \cdot 12{,}5 \cdot 50 \; ③}{100 \cdot 360} = 115{,}69 \text{ EUR} \quad ②$$

| | |
|---|---|
| Skonto | 136,00 EUR |
| – Kreditkosten | 115,69 EUR ④ |
| = Finanzierungsgewinn | 20,31 EUR |

Die Skontoausnutzung lohnt sich, da ein Finanzierungsgewinn entsteht.

c) 50 Tage Lieferantenkredit – 2%
360 Tage Lieferantenkredit – x% ⑤

$$x = \frac{360 \cdot 2}{50} = 14{,}4\,\%$$

2% Skonto entsprechen einer effektiven Verzinsung von 14,4%.

Lösungsweg:

① Berechnung von Skonto und Überweisungsbetrag.
② Berechnung der Kreditkosten nach der Zinsformel.
③ Tageberechnung: Zahlungsziel (60 Tage) – Skontofrist (10 Tage) = Kreditzeitraum (50 Tage).
④ Finanzierungsgewinn = Skonto – Kreditkosten.
⑤ Umrechnung des Skontosatzes (und zwar bezogen auf den Kreditzeitraum) in den entsprechenden Jahreszinssatz.

Merke:

- Zu den **Kreditkosten** zählen: Kreditzinsen, Bearbeitungsgebühr und Provisionen.
- Kreditzeitraum = Zahlungsziel – Skontofrist

  (Der Kredit wird erst am letzten Tag der Skontofrist in Anspruch genommen.)
- Der Finanzierungsgewinn (-verlust) ergibt sich aus dem Vergleich von Skonto und Kreditkosten (die im Skontobetrag enthaltene Vorsteuer bleibt unberücksichtigt).
- Liegt der effektive Zinssatz über dem Zinssatz der Kreditkosten, lohnt sich die Kreditaufnahme.

## 7.6 Effektive Verzinsung bei Darlehen

Beispiel 1:

Für ein Darlehen in Höhe von 50 000,00 EUR, Zinssatz 8 % p. a., Laufzeit 9 Monate, muss eine einmalige Bearbeitungsgebühr von 2 % gezahlt werden.

Wie hoch ist die Effektivverzinsung?

Lösung:

$$\text{Zinsen} = \frac{50\,000 \cdot 8 \cdot 9}{100 \cdot 12} = 3\,000{,}00 \text{ EUR} \quad ①$$

$$\text{Gebühr} = \frac{50\,000 \cdot 2}{100} = 1\,000{,}00 \text{ EUR} \quad ②$$

$$\text{Gesamtaufwand} = 4\,000{,}00 \text{ EUR} \quad ③$$

$$\text{Effektiver Zinssatz} = \frac{4000 \cdot 100 \cdot 360}{50\,000 \cdot 270} = 10\tfrac{2}{3}\,\% \quad ④$$

Lösungsweg:

① Berechnung der Zinsen mit der Zinsformel.

② Berechnung der Gebühr vom Darlehensbetrag.

③ Berechnung der gesamten Belastung B (Zinsen + Gebühr).

④ Berechnung des effektiven Zinssatzes $\left(p = \frac{B \cdot 100 \cdot 360}{K \cdot t}\right)$.

Beispiel 2:

Ein Darlehen in Höhe von 120 000,00 EUR, Zinssatz 7 ½ %, Laufzeit 6 Jahre, wird mit 96 % ausgezahlt. Das Darlehen wird am Ende der Laufzeit in voller Höhe zurückgezahlt.

Wie hoch ist der effektive Zinssatz für das Darlehen?

Lösung:

$$\text{Zinsen} = \frac{120\,000 \cdot 7{,}5}{100} \qquad 9\,000{,}00 \text{ EUR} \quad ①$$

$$\text{Disagio} = \frac{120\,000 \cdot 4}{100} = 4\,800{,}00 \text{ EUR} \ ② : 6 \text{ Jahre} = 800{,}00 \text{ EUR} \quad ③$$

$$\text{Gesamtaufwand pro Jahr} = 9\,800{,}00 \text{ EUR} \quad ④$$

$$\text{Effektiver Zinssatz} = \frac{9800 \cdot 100}{115\,200 \ ⑤} = 8{,}51\,\% \quad ⑥$$

Lösungsweg:

① Ermittlung der Zinsbelastung pro Jahr.

② Berechnung des Disagios.

③ Verteilung des Disagios auf die Laufzeit (ergibt Disagio pro Jahr).

④ Ermittlung des Gesamtaufwandes B pro Jahr.

⑤ Berechnung des tatsächlich ausgezahlten Darlehensbetrages (Darlehen – Disagio).

⑥ Berechnung des effektiven Zinssatzes $\left(p = \frac{B \cdot 100}{K}\right)$.

Merke:

- Der **Nominalzins** ist der vertraglich vereinbarte Zinssatz und er bezieht sich auf einen Zeitraum von einem Jahr (z.B. 8% p.a.).
- Der **Effektivzins** (effektiver Zinssatz) berechnet die tatsächliche Belastung (Aufwand), die mit der Aufnahme eines Darlehens verbunden ist; zusätzlich zu den vereinbarten Zinsen fallen beispielsweise an: Bearbeitungsgebühr, Abschlussprovision und Disagio.
- **Disagio** (Abgeld, Damnum) ist der Unterschiedsbetrag zwischen der vertraglich vereinbarten Darlehenssumme und der tatsächlichen (niedrigeren) Auszahlung.
- Bei der Berechnung des effektiven Zinssatzes wird der Gesamtaufwand (Zinsen + Gebühr bzw. Zinsen + Disagio) auf die tatsächliche Darlehensauszahlung (u.U. Darlehenssumme – Disagio) bezogen.
- Gebühr und Disagio werden auf die Laufzeit des Darlehens verteilt, wenn die Laufzeit ein Jahr übersteigt.

# 8 Diskontrechnen

## 8.1 Diskontieren eines Wechsels

Beispiel:

Am 10. September wird ein unversteuerter Dreimonatswechsel über 4600,00 EUR, der am 30. Juni ausgestellt wurde, bei der Bank diskontiert. Die Bank berechnet 9% Diskont und 5,00 EUR Auslagen.

Wie viel Euro werden gutgeschrieben?

Lösung:

| | | | |
|---|---|---|---|
| Wechselbetrag fällig am 30.09. | | 4600,00 EUR | |
| – 9% Diskont/20 Tage | ② | 23,00 EUR | ③ |
| Barwert am 10.09. | | 4577,00 EUR | ④ |
| – Auslagen | ① | 5,00 EUR | |
| Gutschrift am 10.09. | | 4572,00 EUR | ④ |

Lösungsweg:

① Schema aufstellen.

② Restlaufzeit = Verfalltag (30.09.) – Tag der Diskontierung (10.09.).

③ Diskontberechnung mit der Tageszinsformel oder der kaufmännischen Zinsformel.

④ Berechnung des Barwertes und der Gutschrift.

Merke:

- **Diskontieren** bedeutet Verkauf eines Wechsels vor dem Verfalltag.
- **Nennwert** (Wechselbetrag; Wechselsumme) = Wert des Wechsels am Verfalltag.
- **Diskont** = Zinsabzug für die Zeit vom Tag der Diskontierung bis zum Verfalltag.
- **Barwert** = Wert des Wechsels am Tag der Diskontierung.

  Barwert = Nennwert – Diskont

- **Diskontsatz** = Zinssatz der Diskontierung.
- Im Gegensatz zur normalen Zinsrechnung wird bei der Diskontierung von Wechseln die **Eurozinsmethode** angewandt (Monate taggenau, Jahr mit 360 Tagen).

- Bei sehr niedrigen Diskontbeträgen berücksichtigen die Banken anstelle des niedrigen Diskontbetrages oftmals einen **Mindestdiskont,** z. B. 10,00 EUR pro Wechsel.

## 8.2 Summarisches Diskontrechnen

Beispiel:

Ein Unternehmen reicht bei seiner Hausbank am 14. Oktober folgende Kundenwechsel zur Diskontierung ein: 805,00 EUR, fällig am 20. Oktober; 3 428,00 EUR, fällig am 5. November und 2 420,00 EUR, fällig am 6. Januar.

Welchen Betrag schreibt die Bank gut, wenn sie $8\,^1/_2\,\%$ Diskont, aber mindestens 2,00 EUR je Wechsel berechnet?

Lösung:

| Wechselbetrag | Verfall | Tage | Diskontzahlen | |
|---|---|---|---|---|
| 805,00 EUR | 20.10. | 6 | 85 (48) | ③ |
| 3 428,00 EUR ① | 05.11. | 22 ② | 754 | |
| 2 420,00 EUR | 06.01. | 84 | 2 033 | ④ |
| 6 653,00 EUR | | | 2 872 : 42,353 | ⑤ |
| – 67,81 EUR Diskont (8,5 %) | | | | |
| 6 585,19 EUR Barwert am 14.10. ⑥ | | | | |

Lösungsweg:

① Schema aufstellen.
② Tage berechnen, Stichtag ist der 14.10.
③ Berechnung der Mindestdiskontzahl [(360 : 8,5) · 2 = 85].
④ Berechnung der Diskontzahlen.
⑤ Berechnung des Diskonts.
⑥ Barwertberechnung.

Merke:

- Bei der **summarischen Diskontrechnung** werden mehrere Wechsel zum gleichen Diskontsatz abgerechnet.
- Die Banken können einen **Mindestdiskont** je Wechsel berechnen (z. B. 10,00 EUR).

  $$\text{Mindestdiskontzahl} = \text{Diskontteiler} \cdot \text{Mindestdiskont}$$

  Ist die Diskontzahl eines Wechsels kleiner als die Mindestdiskontzahl, wird mit der letzteren gerechnet.

- $$\text{Diskontzahl} = \frac{\text{Kapital}}{100} \cdot \text{Tage}$$

  Die Diskontzahlen können aus Vereinfachungsgründen auf ganze Zahlen gerundet werden.

- $$\text{Diskontteiler} = 360 : \text{Diskontsatz}$$

- $$\text{Diskont} = \frac{\text{Summe der Diskontzahlen}}{\text{Diskontteiler}}$$

# 9 Kalkulation

## 9.1 Bezugskalkulation

Beispiel:

Ein Kaufmann bezieht Waren: Bruttogewicht 630 kg, Verpackung 30 kg, Nettoeinkaufspreis ab Werk 245,00 EUR je 100 kg netto, Fracht 14,80 EUR je 100 kg, Rollgeld 70,60 EUR, Liefererrabatt 30 %, Liefererskonto 2 %. Wie hoch ist der Bezugspreis je kg?

Lösung:

| | | |
|---|---|---|
| Bruttomenge ① | 630 kg | |
| – Gewichtsabzüge (Tara) | 30 kg | ② |
| Nettomenge | 600 kg | |
| · Preis je kg | 2,45 EUR | ③ |
| Listeneinkaufspreis (netto) | 1 470,00 EUR | ④ |
| – Liefererrabatt 30 % | 441,00 EUR | ⑤ |
| Zieleinkaufspreis | 1 029,00 EUR | |
| – Liefererskonto 2 % | 20,58 EUR | ⑤ |
| Bareinkaufspreis | 1 008,42 EUR | |
| + Bezugskosten | 163,84 EUR | ⑥ |
| Bezugspreis | 1 172,26 EUR | |
| Bezugspreis je kg | 1,95 EUR | ⑦ |

Lösungsweg:

① Schema für die Bezugskalkulation aufstellen.
② Tara subtrahieren.
③ Preis je kg = 245,00 EUR : 100.
④ Listeneinkaufspreis = 600 · 2,45 EUR.
⑤ Berechnung von Rabatt und Skonto (v. H.).
⑥ Bezugskosten = Fracht (14,80 EUR · 6,3) + Rollgeld (70,60 EUR).
⑦ Bezugspreis je kg = 1 172,26 EUR : 600.

Merke:

- Die **Bezugskalkulation** berücksichtigt Gewichtsabzüge, Wertabzüge und Bezugskosten, und sie rechnet vom Listeneinkaufspreis netto bis zum Bezugspreis (Einstandspreis).
- **Gewichtsabzüge** (Mengenabzüge) sind Tara und Gutgewicht; sie verringern das Bruttogewicht.
- Die **Tara** (Verpackungsgewicht) wird berechnet nach dem tatsächlichen Verpackungsgewicht, nach einem handelsüblichen Verpackungsgewicht (entweder Durchschnittsgewicht je Verpackungseinheit oder Prozentsatz vom Gesamtgewicht) oder sie wird wie die Ware selbst berechnet (brutto für netto).
- Das **Gutgewicht** berücksichtigt Gewichtsverluste (z. B. Schwund durch Reifeprozesse).
- **Wertabzüge** sind Liefererrabatt und Liefererskonto. Zuerst wird der Rabatt, danach der Skonto berechnet; beide dürfen nicht zu einem Prozentsatz zusammengefasst werden.
- Zu den **Bezugskosten** zählen Fracht, Rollgeld, Transportversicherung und Importzölle. Man unterscheidet bei den Bezugskosten Gewichts- und Wertspesen.

## 9.2 Angebotsvergleich

Beispiel:

Zu vergleichen sind folgende Angebote:

Angebot A: 10 Kartons Konserven, je Karton 24 Dosen, Listeneinkaufspreis netto je Karton 96,00 EUR, Liefererrabatt 25 %, Liefererskonto 3 %, Fracht 6,50 EUR je Karton, Rollgeld 40,30 EUR.

Angebot B: 15 Kartons Konserven, je Karton 12 Dosen, Listeneinkaufspreis netto je Karton 51,00 EUR, Liefererrabatt 20 %, Liefererskonto 2 %, Rollgeld 32,80 EUR.

Lösung:

| | Angebot A ① | Angebot B ② |
|---|---|---|
| Listeneinkaufspreis | 960,00 EUR | 765,00 EUR |
| – Liefererrabatt | 240,00 EUR | 153,00 EUR |
| Zieleinkaufspreis | 720,00 EUR | 612,00 EUR |
| – Liefererskonto | 21,60 EUR | 12,24 EUR |
| Bareinkaufspreis | 698,40 EUR | 599,76 EUR |
| + Fracht | 65,00 EUR | — |
| + Rollgeld | 40,30 EUR | 32,80 EUR |
| Bezugspreis | 803,70 EUR | 632,56 EUR |
| Bezugspreis je Dose | 3,35 EUR | ③ 3,51 EUR |

Lösungsweg:

① Bezugskalkulation für Angebot A durchführen.
② Bezugskalkulation für Angebot B durchführen.
③ Bezugspreis von A ist günstiger als von B.

Merke:

- Beim **Angebotsvergleich** werden für verschiedene Angebote mit Hilfe der Bezugskalkulation die Bezugspreise (Einstandspreise) für eine bestimmte Einheit einer Ware (z. B. kg, m, Stück) ermittelt und miteinander verglichen.

## 9.3 Kalkulation des Verkaufspreises

Beispiel:

Ein Einzelhändler bezieht einen Karton mit 12 Gläsern, Nettorechnungspreis pro Glas 7,80 EUR, Wiederverkäuferrabatt 25 %, Skonto 3 %, Bezugskosten für den Karton 13,20 EUR. Der Händler kalkuliert mit 38 % allgemeinen Geschäftskosten und 12 % Gewinnzuschlag; die MWSt beträgt 16 %.

Wie hoch ist der Bruttoverkaufspreis pro Glas?

3 Groh/Schröer - ISBN 3-8120-0423-2

Lösung:

| | | |
|---|---|---|
| Listenpreis ① | 7,80 EUR | |
| – Rabatt 25% | 1,95 EUR | |
| Zieleinkaufspreis | 5,85 EUR | |
| – Skonto 3% | 0,18 EUR | |
| Bareinkaufspreis | 5,67 EUR | |
| + Bezugskosten | 1,10 EUR | |
| Bezugspreis | 6,77 EUR | ② |
| + Handlungskosten 38% | 2,57 EUR | |
| Selbstkostenpreis | 9,34 EUR | |
| + Gewinn 12% | 1,12 EUR | |
| Nettoverkaufspreis | 10,46 EUR | ③ |
| + MWSt 16% | 1,67 EUR | |
| Bruttoverkaufspreis | 12,13 EUR | ④ |

Lösungsweg:

① Kalkulationsschema aufstellen.
② Bezugskalkulation vom Listenpreis zum Bezugspreis.
③ Berechnung der Handlungskosten und des Gewinnzuschlages (jeweils v. H.).
④ Berechnung des Bruttoverkaufspreises unter Berücksichtigung der MWSt (v. H.).

Merke:

- Der Listenpreis (Nettorechnungspreis) wird immer **ohne Mehrwertsteuer** angesetzt, da die Mehrwertsteuer kein Kostenbestandteil ist (das Gleiche gilt für die Bezugskosten).
- Die **Handlungskosten** (Geschäftskosten) berücksichtigen die Gemeinkosten des Betriebes (z. B. Abschreibungen, Personalkosten, betriebliche Steuern, Raumkosten). Der **Handlungskostenzuschlagssatz** (HKZ) drückt die Gemeinkosten in Prozent vom Wareneinsatz (Aufwendungen für Waren) bzw. vom Bezugspreis aus.

$$\text{Handlungskostenzuschlag} = \frac{\text{Handlungskosten} \cdot 100}{\text{Wareneinsatz}}$$

- Der **Gewinn** (Gewinnzuschlag, Gewinnspanne) umfasst den Unternehmerlohn, die Verzinsung des Eigenkapitals und einen Zuschlag für das Unternehmerrisiko.
- Mit Hilfe der Verkaufskalkulation werden der **Nettoverkaufspreis** und unter Berücksichtigung der Mehrwertsteuer der **Bruttoverkaufspreis** ermittelt.
- Bei der Verkaufskalkulation werden auf der Grundlage der Kosten in den vergangenen Abrechnungsperioden geplante Kosten (Sollkosten) zugrunde gelegt.

  Bei der **Nachkalkulation** wird mit tatsächlich angefallenen Kosten (Ist-Kosten) kalkuliert; dadurch wird insbesondere ermittelt, ob die in der Verkaufskalkulation (Vorkalkulation) zugrunde gelegten Handlungskosten mit den tatsächlichen Handlungskosten übereinstimmen.

## 9.4 Rückwärtskalkulation

Beispiel:

Aus Konkurrenzgründen kann ein Einzelhändler ein Fernsehgerät höchstens zum Preis von 1 686,22 EUR anbieten. Er kalkuliert mit 30 % Rabatt, 2 % Skonto, 35,00 EUR Bezugskosten, 43 % Handlungskosten und 15 % Gewinn; die Mehrwertsteuer beträgt 16 %.

Wie hoch darf der Einkaufspreis sein?

Lösung:

| | | | | | |
|---|---|---|---|---|---|
| Listenpreis ① | 1 237,53 EUR | | | ▲ 100 % | ③ |
| – Rabatt 30 % | 371,26 EUR | | | 30 % | |
| Zieleinkaufspreis | 866,27 EUR | ▲ 100 % | ③ | 70 % | |
| – Skonto 2 % | 17,33 EUR | 2 % | | | |
| Bareinkaufspreis | 848,94 EUR | 98 % | | | |
| + Bezugskosten | 35,00 EUR | | | | |
| Bezugspreis | 883,94 EUR | ▲ 100 % | ② | | |
| + Handlungskosten 43 % | 380,09 EUR | 43 % | | | |
| Selbstkostenpreis | 1 264,03 EUR | 143 % | | ▲ 100 % | ② |
| + Gewinn 15 % | 189,61 EUR | | | 15 % | |
| Nettoverkaufspreis | 1 453,64 EUR | ▲ 100 % | ② | 115 % | |
| + MWSt 16 % | 232,58 EUR | 16 % | | | |
| Bruttoverkaufspreis | 1 686,22 EUR | 116 % | | | |

Lösungsweg:

① Kalkulationsschema aufstellen.

② Berechnung des Nettoverkaufspreises, des Selbstkostenpreises und des Bezugspreises jeweils auf Hundert.

③ Berechnung des Zieleinkaufspreises und des Listenpreises jeweils im Hundert.

Merke:

- Mit Hilfe der **Rückwärtskalkulation** wird der aufwendbare Einkaufspreis berechnet, wenn der Verkaufspreis vorgegeben ist (z. B. Preise der Konkurrenz, empfohlene Richtpreise).

## 9.5 Differenzkalkulation

Beispiel:

Ein Einzelhändler bezieht eine Ware zum Listenpreis (netto) in Höhe von 780,00 EUR, die er für 1 181,09 EUR anbietet.

Wie hoch ist sein Gewinn unter Berücksichtigung von 20 % Rabatt, 2 % Skonto, 28,00 EUR Bezugskosten und 37 % Geschäftskosten (MWSt 16 %)?

Lösung:

| | | | |
|---|---|---|---|
| Listenpreis ① | 780,00 EUR | 100% | |
| − Rabatt 20% | 156,00 EUR | 20% | |
| Zieleinkaufspreis | 624,00 EUR | 80% ② | 100 % |
| − Skonto 2% | 12,48 EUR | | 2 ② |
| Bareinkaufspreis | 611,52 EUR | | 98 % |
| + Bezugskosten | 28,00 EUR | | |
| Bezugspreis | 639,52 EUR | 100% | |
| + Handlungskosten 37% | 236,62 EUR | 37% | |
| Selbstkostenpreis | 876,14 EUR | 137% ② | 100 % |
| + Gewinn 16,21% | 142,04 EUR ④ | | 16,2% ⑤ |
| Nettoverkaufspreis | 1 018,18 EUR | 100% ③ | 116,2% |
| + MWSt 16% | 162,91 EUR | 16% | |
| Bruttoverkaufspreis | 1 181,09 EUR | 116% | |

Lösungsweg:

① Kalkulationsschema aufstellen.
② Berechnung des Zieleinkaufspreises, des Bareinkaufspreises und des Selbstkostenpreises (v. H.).
③ Berechnung des Nettoverkaufspreises (a. H.).
④ Berechnung des Gewinns in Euro (als Differenz von 1 018,18 EUR und 876,14 EUR).
⑤ Berechnung des Gewinns in Prozent (142,04 EUR · 100 : 876,14 EUR).

Merke:

- Mit Hilfe der **Differenzkalkulation** (Gewinnkalkulation) wird bei gegebenem Einkaufspreis, gegebenem Verkaufspreis und gegebenen Kalkulationssätzen der Gewinn als Differenz von Nettoverkaufspreis und Selbstkostenpreis berechnet.
- $$\text{Gewinn in \%} = \frac{\text{Gewinn in EUR} \cdot 100}{\text{Selbstkostenpreis}}$$
- Mit Hilfe der Differenzkalkulation können auch die Sätze für Rabatt, Skonto, Bezugskosten und Handlungskosten berechnet werden, die für die betreffende Ware erreicht werden müssen, wenn die übrigen Größen vorgegeben sind.

## 9.6 Vereinfachte Kalkulation

Beispiel:

Ein Einzelhändler rechnet mit 45% Handlungskosten, 6% Gewinn und 16% MWSt.

a) Wie hoch ist der Kalkulationszuschlag?
b) Wie hoch ist der Kalkulationsfaktor?
c) Wie hoch ist die Handelsspanne?
d) Zu welchem Preis wird eine Ware mit einem Bezugspreis von 366,00 EUR angeboten?

Lösung:

a)

| | |
|---|---|
| Bezugspreis | 100,00 EUR |
| + Handlungskosten 45 % | 45,00 EUR |
| Selbstkostenpreis | 145,00 EUR |
| + Gewinn 6 % | 8,70 EUR |
| Nettoverkaufspreis | 153,70 EUR |
| + MWSt 16 % | 24,59 EUR |
| Bruttoverkaufspreis | 178,29 EUR ① |

| | |
|---|---|
| Bruttoverkaufspreis | 178,29 EUR |
| − Bezugspreis | 100,00 EUR |
| Aufschlag | 78,29 EUR ② = 78,29 % Kalkulationszuschlag ③ |

b) $\text{Kalkulationsfaktor} = \frac{78{,}29}{100} + 1 = 1{,}7829.$ ④

c)

| | |
|---|---|
| Nettoverkaufspreis | 153,70 EUR |
| − Bezugspreis | 100,00 EUR |
| Abschlag | 53,70 EUR ⑤ |

153,70 EUR - 100 %
53,70 EUR - x %

$x = \frac{100 \cdot 53{,}70}{153{,}70} = 34{,}94\,\%$ Handelsspanne ⑥

d)

| | |
|---|---|
| Bezugspreis | 366,00 EUR |
| + Kalkulationszuschlag 78,29 % | 286,54 EUR |
| Bruttoverkaufspreis | 652,54 EUR |

Lösungsweg:

① Vorwärtskalkulation vom Bezugspreis (wird mit 100,00 EUR angesetzt) bis zum Bruttoverkaufspreis.
② Berechnung des Aufschlags vom Bezugspreis bis zum Bruttoverkaufspreis in Euro.
③ Berechnung des Kalkulationszuschlags (Bezugspreis = 100 %).
④ Berechnung des Kalkulationsfaktors.
⑤ Berechnung des Abschlags vom Nettoverkaufspreis bis zum Bezugspreis in Euro.
⑥ Berechnung der Handelsspanne (Nettoverkaufspreis = 100 %).

Merke:

- Mit dem **Kalkulationszuschlag** (KZ) rechnet man in einem Schritt vom Bezugspreis (100 %) zum Bruttoverkaufspreis. Im Kalkulationszuschlag ist die MWSt enthalten.

$$\text{Kalkulationszuschlag} = \frac{(\text{Bruttoverkaufspreis} - \text{Bezugspreis}) \cdot 100}{\text{Bezugspreis}}$$

- Mit dem **Kalkulationsfaktor** (KF) multipliziert man den Bezugspreis und erhält den Bruttoverkaufspreis.

$$\text{Kalkulationsfaktor} = \frac{\text{Kalkulationszuschlag}}{100} + 1 = \frac{\text{Bruttoverkaufspreis}}{\text{Bezugspreis}}$$

- Mit der **Handelsspanne** (HSp) rechnet man in einem Schritt vom Nettoverkaufspreis (100 %) zum Bezugspreis. In der Handelsspanne wird die MWSt nicht berücksichtigt.

$$\text{Handelsspanne} = \frac{(\text{Nettoverkaufspreis} - \text{Bezugspreis}) \cdot 100}{\text{Nettoverkaufspreis}}$$

## 10 Statistik

Beispiel 1:

Gegeben sind die Beschäftigungszahlen eines Konzerns von Jahr 1 bis 6 getrennt nach deutschen und ausländischen Arbeitnehmern.

| Jahr | 1 | 2 | 3 | 4 | 5 | 6 |
|---|---|---|---|---|---|---|
| deutsche Arbeitnehmer<br>ausländische Arbeitnehmer | 19500<br>1100 | 27200<br>2600 | 30750<br>3550 | 28150<br>4800 | 26400<br>2500 | 22600<br>1800 |

Stellen Sie die Entwicklung dar

a) in einem Säulendiagramm,

b) in einem Kurvendiagramm,

c) in Kreisdiagrammen für die Jahre 5 und 6!

Lösung:

a) **Säulendiagramm**

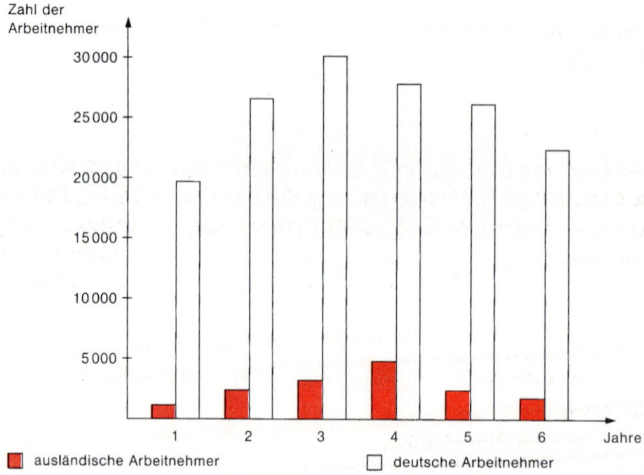


b) **Kurvendiagramm**

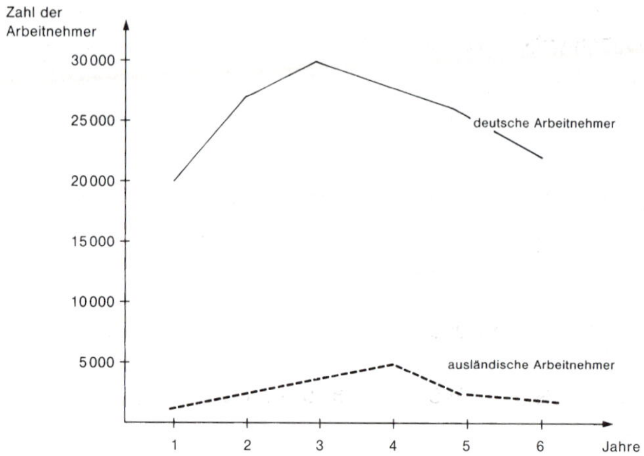

c) **Kreisdiagramm** (Flächendiagramm)

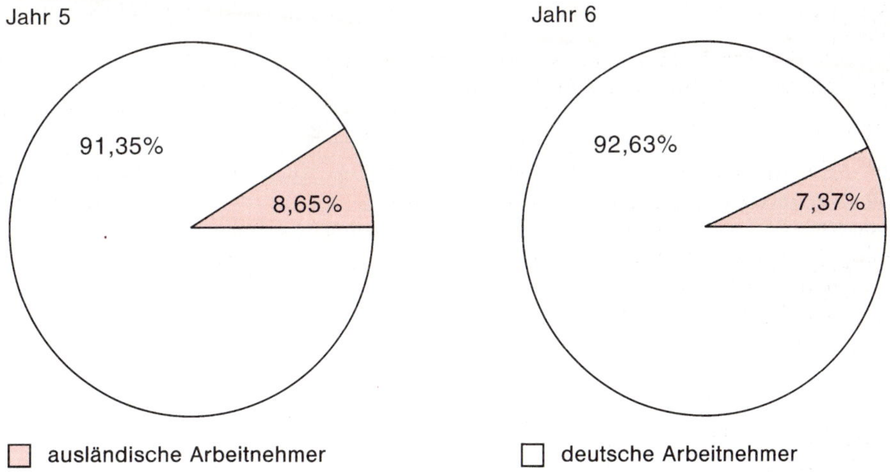


Beispiel 2:

Ein Verbrauchermarkt mit einer Geschäftsfläche von 4800 $m^2$ und einer anteiligen Verkaufsfläche von 80% beschäftigt 270 Personen, von denen 60% im Verkauf tätig sind. An 24 Kassen wurden an 290 Tagen insgesamt 835200 Kundenrechnungen erstellt. Aufgrund einer Marktforschungsstudie geht man von rund 60000 Kunden aus. Der Umsatz während des Geschäftsjahres betrug 112,67 Millionen EUR, der Gewinn betrug 1,35 Millionen EUR.

Berechnen Sie

a) den Umsatz je Beschäftigten,
b) den Umsatz je Verkäufer,
c) den Umsatz je $m^2$ Geschäftsfläche,
d) den Umsatz je $m^2$ Verkaufsfläche,
e) den Umsatz je Kunden,
f) den Umsatz je Kasse pro Tag,
g) den durchschnittlichen Tagesumsatz,
h) die Umsatzrendite!

Lösung:

a) 112670000,00 EUR : 270 = 417296,29 EUR
b) 112670000,00 EUR : 162 = 695493,82 EUR
c) 112670000,00 EUR : 4800 = 23472,92 EUR
d) 112670000,00 EUR : 3840 = 29341,15 EUR
e) 112670000,00 EUR : 60000 = 1877,83 EUR
f) 112670000,00 EUR : (16 · 290) = 24282,33 EUR
g) 112670000,00 EUR : 290 = 388517,24 EUR
h) $\frac{1350000 \cdot 100}{112670000} = 1{,}2\,\%$

Merke:

- Mit Hilfe der **Statistik** (Betriebsstatistik) werden zwischen- und innerbetriebliche Vergleiche durchgeführt.
- Den **zwischenbetrieblichen Vergleich,** bei dem z. B. Kosten, Umsätze, Absatzzahlen von zwei oder mehreren Betrieben gegenübergestellt werden, bezeichnet man als **Betriebsvergleich.** Beim **innerbetrieblichen Vergleich** werden die Kennziffern des Betriebes (z. B Vergleich mehrerer Jahre) miteinander verglichen.
- Die Darstellung des statistischen Zahlenmaterials erfolgt mit Hilfe von Tabellen und grafischen Darstellungen, wie z. B. Stabdiagramm, Block- und Kreisdiagramm, Kurvendiagramm.
- Schwerpunkte der **Betriebsstatistik** sind die Bereiche Personal (z. B. Krankenstatistik), Beschaffung (z. B. Einkaufsstatistik), Absatz (z. B. Umsatzstatistik), Lagerhaltung (siehe Einzelhandelsbetriebslehre, Frage 100 ff.) sowie Bilanz und Erfolgsrechnung (siehe Buchführung Seite 98 ff.).

# 11 Aufgaben

Die Lösungen der Aufgaben sind im Anhang, Seite 412 ff. zu finden.

## Aufgabengruppe 1

**1** In einem Einzelhandelsgeschäft sind von 5 Verkäuferinnen an einem Tag folgende Umsätze erzielt worden:

| | | |
|---|---|---|
| Imrgard Müller | 418,30 EUR | 45 Kunden |
| Else Krause | 526,50 EUR | 38 Kunden |
| Gisela Schulze | 376,80 EUR | 29 Kunden |
| Ilona Wagner | 284,40 EUR | 32 Kunden |
| Sabine Holte | 618,20 EUR | 41 Kunden |

a) Wie viel Euro beträgt der durchschnittliche Umsatz je Verkäuferin?

b) Für wie viel Euro hat jeder Kunde im Durchschnitt gekauft?

**2** Eine Einzelhandelsfirma hat zwei Angebote für gleichwertige Waren erhalten:

a) 225,00 CHF je 100 kg (Kurs 1,5147 CHF/1,00 EUR)

b) 150,00 USD je 100 kg (Kurs 0,9950 USD/1,00 EUR)

Wie hoch ist der Preis in Euro für jedes Angebot und welches ist das günstigere?

**3** 12 Angestellte erledigen die Inventur eines Warenlagers in 6 Tagen zu je 8 Arbeitsstunden.

In welcher Zeit könnte die Inventur fertig sein, wenn noch 4 Kräfte hinzugezogen würden?

**4** Ein Einzelhandelsgeschäft mit 2 Abteilungen hatte an einem Tag folgende Umsätze:

Abteilung I 4 357,60 EUR
Abteilung II 1 748,20 EUR

Wie viel % des Gesamtumsatzes entfallen auf jede Abteilung?

5 Eine Rechnung lautet auf 840,00 EUR. Aufgrund einer Beanstandung gewährt der Lieferer einen Nachlass von 15%.

Wie hoch ist die Zahlung, wenn sie innerhalb von 10 Tagen erfolgt und noch $2\,^1/_2$% Skonto abgezogen werden dürfen?

6 Am 25. Januar werden folgende Wechsel durch die Bank diskontiert:

470,00 EUR fällig am 09.03.
645,00 EUR fällig am 13.04.

Welcher Betrag wird unter Berechnung von 5% Diskont gutgeschrieben?

7 Eine Ware wird mit 12% Gewinnaufschlag zu 162,40 EUR verkauft. Berechnen Sie

a) den Gewinn,
b) den Selbstkostenpreis!

## Aufgabengruppe 2

1 In einem Einzelhandelsgeschäft reicht die vorhandene Menge einer Warenart 48 Tage, wenn täglich 26 kg verkauft werden.

Wie lange reicht der Vorrat bei einem täglichen Verkauf von 32 kg?

2 Ein Einzelhändler bezieht mit gleicher Sendung drei Warenposten:

| | | |
|---|---|---|
| Ware I | Gewicht: 240 kg | Wert: 480,00 EUR |
| Ware II | Gewicht: 160 kg | Wert: 640,00 EUR |
| Ware III | Gewicht: 400 kg | Wert: 220,00 EUR |

Die gesamten Bezugskosten betragen 140,70 EUR.

Wie sind diese auf die drei Warenposten umzulegen:

a) nach dem Gewicht,
b) nach dem Wert?

3 Ein Kaufmann hat folgende Rechnungen zu begleichen:

315,00 EUR fällig am 10.03.
184,20 EUR fällig am 18.05.
247,90 EUR fällig am 03.06.

Wie viel hat er am 31. Juli zu bezahlen, wenn bis dahin noch keine Rechnung beglichen wurde und deshalb 8% Verzugszinsen berechnet werden?

4 Ein Artikel gleicher Qualität wird einem Einzelhändler von drei Lieferfirmen zu folgenden Bedingungen angeboten:

| | | | |
|---|---|---|---|
| 1. Angebot: | 46,80 EUR je Dutzend | mit | 5% Rabatt |
| 2. Angebot: | 4,15 EUR je Stück | mit | 8% Rabatt |
| 3. Angebot: | 616,35 EUR je Gros | mit | 12% Rabatt |

a) Wie hoch ist bei den einzelnen Angeboten der Einkaufspreis je Stück?
b) Welches Angebot ist das günstigste?

5 Der Umsatz eines Einzelhandelsgeschäfts betrug in den ersten sechs Monaten des vergangenen Jahres 114630,00 EUR. Im ersten Halbjahr des laufenden Jahres wurde ein Umsatz von 132410,00 EUR erzielt.

Wie viel Prozent beträgt die Steigerung?

6 Die Einkaufsrechnung für 1 Fass Wein mit 120 l Inhalt lautet über 458,25 EUR. Die Fracht kostet 9,40 EUR.

Ferner sind zu berücksichtigen: 17% allgemeine Geschäftskosten, 12 ½% Gewinn und 16% Umsatzsteuer (MWSt).

Zu welchem Preis kann eine Flasche von 0,7 l Inhalt verkauft werden, wenn die Kosten für eine Flasche mit Verschluss 0,25 EUR betragen?

7 Ein Einzelhändler hat eine Einbruchs- und Diebstahlversicherung abgeschlossen. Vertragssumme: 150 000,00 EUR, Versicherungsprämie: 1 ¼ ‰ jährlich vom Versicherungsbetrag.

Wie viel Euro muss er jedes Jahr zahlen?

## Aufgabengruppe 3

1 Von einem Einzelhandelsbetrieb sind folgende Zahlen bekannt:

Jahr 1: 2 400 000,00 EUR Umsatz mit 21 Verkäufern
Jahr 2: 2 600 000,00 EUR Umsatz mit 20 Verkäufern

Berechnen Sie die prozentuale Steigerung des durchschnittlichen Umsatzes je Verkäufer!

2 Ein Einzelhandelsgeschäft erhält für einen Artikel 3 Angebote, Lieferung frei Haus:

1. 100 Stück für 325,00 EUR mit 12% Rabatt, netto Kasse,
2. je Dutzend 36,00 EUR gegen bar mit 3% Skonto,
3. je Stück 2,95 EUR ohne Abzug

Welche Angebot ist das günstigste?

3 Ein Rechnungsbetrag in Höhe von 479,80 EUR war am 24. August fällig. Am 10. Dezember wurde er einschließlich 9% Verzugszinsen durch Scheck beglichen.

Über welchen Betrag musste der Scheck ausgeschrieben werden?

4 Ein Einzelhandelsunternehmen will seinen 4 Filialen für ihre Werbung 21 000,00 EUR zur Verfügung stellen. Der Betrag soll nach den Umsätzen des Vorjahres verteilt werden.

Umsätze der Filialen im Vorjahr:
1. Filiale: 264 000,00 EUR
2. Filiale: 198 000,00 EUR
3. Filiale: 132 000,00 EUR
4. Filiale: 330 000,00 EUR

Wie hoch sind die Anteile der einzelnen Filialen?

5 Kaffee verliert beim Rösten 18% seines Gewichtes.

Wie hoch war das Gewicht des Rohkaffees, wenn der geröstete Kaffee 26,240 kg wiegt?

6 Wie hoch ist die gesamt Bankschuld eines Kaufmanns am 31. Dezember einschließlich 6% Sollzinsen bei folgenden Schuldbeträgen:

4 500,00 EUR fällig am 20.07.
600,00 EUR fällig am 31.08.
3 200,00 EUR fällig am 05.09.
1 500,00 EUR fällig am 18.10.

7 Ein Kaufmann bezog eine Ware im Bruttogewicht von 630 kg. Die Verpackung wog 30 kg. Der Einkaufspreis ab Werk betrug 245,00 EUR je 100 kg netto. Die Fracht belief sich auf 4,80 EUR je 100 kg. Für Rollgeld wurden 12,50 EUR gezahlt.

Zu welchem Preis kann $^1/_2$ kg verkauft werden, wenn noch 15 % allgemeine Geschäftskosten, 12 $^1/_2$ % Gewinn und 16 % Mehrwertsteuer einkalkuliert sind?

## Aufgabengruppe 4

1 Ein Schweizer Geschäftsmann wechselt bei einer Geschäftsreise in Deutschland 4 000,00 Schweizer Franken in kanadische Dollar um.

Wie viel kanadische Dollar erhält er (Wechselkurse: 1,5147 CHF/1,00 EUR; 1,4130 CAD/1,00 EUR)?

2 Eine Sendung umfasst 3 Warenposten im Wert von 186,00 EUR, 528,00 EUR und 234,00 EUR. Die Bezugskosten betragen insgesamt 86,90 EUR und sind nach dem Wert auf die 3 Warengruppen zu verteilen.

Ermitteln Sie den Einstandspreis für jede Warenart!

3 Eine Rechnung über 1 560,00 EUR ist am 10. Juni fällig. Am Fälligkeitstag werden nur 600,00 EUR bezahlt. Der Rest wird unter Anrechnung von 7 % Verzugszinsen erst am 25. Oktober beglichen.

Wie viel Euro müssen am 25. Oktober insgesamt überwiesen werden?

4 Infolge einer Mängelrüge wurde uns ein Preisnachlass von 4 $^1/_2$ % = 22,50 EUR gewährt.

Wie hoch war die Rechnungssumme und welchen Betrag müssen wir nach Abzug von 3 % Skonto überweisen?

5 Aus Remscheid werden 80 Kaffeefilter zum Preis von je 5,80 EUR mit 2 % Skonto bezogen. Für Fracht und Rollgeld sind 22,60 EUR, für 4 Kisten je 3,50 EUR berechnet.

Ermitteln Sie den Verkaufspreis für 1 Kaffeefilter, wenn die Handlungskosten 15 %, der Gewinn 8 % und die Mehrwertsteuer 16 % betragen! (Auf 10 Cent aufrunden.)

6 Auf eine Sendung von 216 kg wurden 926,10 EUR bar bezahlt, nachdem von dem Rechnungsbetrag 12,5 % Rabatt und außerdem 2 % Skonto abgezogen waren.

Wie hoch ist der Rechnungsbetrag und mit wie viel Euro war 1 kg in Rechnung gestellt?

7 Ein Artikel mit einem Bezugspreis in Höhe von 48,90 EUR wird mit 110,20 EUR (MWSt 16 %) angeboten.

Wie hoch ist die Handelsspanne?

## Aufgabengruppe 5

1 Der Umsatz einer Abteilung ist gegenüber dem Vorjahr um 20 % gestiegen und beträgt jetzt 75 846,00 EUR.

Wie viel Euro beträgt die Steigerung?

2 Ein Geschäftsmann nimmt zur Begleichung einer Rechnung bei seiner Bank einen Kredit in Höhe von 6 300,00 EUR für die Zeit vom 5. Juni bis zum 26. August auf. Er muss 6 $^1/_2$ % Zinsen zahlen.

a) Berechnen Sie die Zinsen!

b) Mit Hilfe dieses Kredites kann er die Rechnung sofort bezahlen und 2 $^1/_2$ % Skonto abziehen. War es sinnvoll, diesen Bankkredit in Anspruch zu nehmen?

3 Für ein Elektrogerät liegen zwei Angebote vor:

1. Rechnungspreis 540,00 EUR, 25% Rabatt, 3% Skonto, Verpackung frei, Lieferung frei Haus.
2. Rechnungspreis 540,00 EUR, 30% Rabatt, 2% Skonto, Bezugskosten und Verpackung 21,00 EUR.

Welches Angebot ist günstiger?

4 Als Verkaufsschlager soll ein Oberhemd zum Preis von 12,05 EUR angeboten werden.
Wie hoch darf der Einkaufspreis höchstens sein, wenn für Geschäftskosten 15%, für Gewinn 10% und für Mehrwertsteuer 16% zu berechnen sind?

5 Der Warenumsatz eines Einzelhandelsbetriebes betrug (einschließlich 16% Mehrwertsteuer) in einem Geschäftsjahr 904 800,00 EUR.
Wie viel Euro betrug der Wareneinsatz bei einer Handelsspanne von 62%?

6 25 Dutzend einer Ware kosten im Einkauf 1 274,00 EUR.
Hinzu kommen 15,60 EUR Bezugskosten. Die allgemeinen Geschäftskosten werden mit 28%, der Gewinnzuschlag mit $12\,^1/_2$% und die Umsatzsteuer mit 16% kalkuliert.
Wie teuer ist ein Stück im Verkauf?

7 Die Buchhaltung eines Einzelhandelsbetriebes wies am Jahresende folgende Zahlen aus:

| | |
|---|---|
| Warenanfangsbestand | 45 600,00 EUR |
| Wareneinkauf | 685 300,00 EUR |
| Warenendbestand | 52 800,00 EUR |
| Warenumsatz | 834 200,00 EUR |
| Geschäftskosten | 81 700,00 EUR |

Wie hoch waren:

a) der Warenausgang zu Einstandspreisen,
b) der Warenrohgewinn,
c) der Geschäftskostenzuschlag,
d) der Reingewinn und der Gewinnzuschlag?

## Aufgabengruppe 6

1 Der Preis einer Ware ist um 14,20 EUR herabgesetzt und beträgt jetzt 99,40 EUR.
Wie viel % beträgt die Ermäßigung?

2 An einem Einzelhandelsunternehmen (OHG) sind drei Gesellschafter beteiligt:

A 180 000,00 EUR, B 240 000,00 EUR und C 120 000,00 EUR.

Nach dem Gesellschaftsvertrag erhält jeder Teilhaber zunächst 6% Kapitalverzinsung, vom Rest ein Drittel.
Privatentnahmen: A 15 600,00 EUR, B 14 800,00 EUR, C 12 400,00 EUR. Der Jahresgewinn beträgt 58 500,00 EUR.

a) Wie hoch ist der Gewinn eines jeden Teilhabers?
b) Wie hoch sind die neuen Kapitalanteile?
c) Wie hoch wäre der Anteil eines jeden Teilhabers, wenn der Jahresgewinn entsprechend den Kapitalanteilen verteilt würde?

3 Ein Geschäftsmann ist seit 3 Jahren mit 45 000,00 EUR an einem Unternehmen beteiligt. Im 1. Jahr wurden ihm als Gewinnanteil 2 350,00 EUR, im 2. Jahr 4 120,00 EUR und im 3. Jahr 3 860,00 EUR ausgezahlt.

Mit wie viel % verzinst sich seine Kapitaleinlage in den einzelnen Jahren und im Durchschnitt der 3 Jahre?

4 Bei einer Umschlagshäufigkeit von 3,5 betrug in einem Betrieb während eines Geschäftsjahres der Wareneinsatz 525 000,00 EUR.

Welche Umschlagshäufigkeit hätte der Betrieb erreichen müssen für einen geplanten Umsatz (zu Einstandspreisen) von 600 000,00 EUR?

5 Am 14. Oktober reichte ein Kaufmann folgende Wechsel bei seiner Bank zur Diskontierung ein:

2 160,00 EUR fällig am 04.11.
1 340,00 EUR fällig am 27.11.
1 650,00 EUR fällig am 29.12.

Die Bank berechnet 5 $^1/_2$ % Diskont.

Welchen Betrag schreibt die Bank gut?

6 Der Verkaufspreis für den Restposten einer Ware wurde um 40 % herabgesetzt und die Ware wird nunmehr mit 16,80 EUR angeboten.

a) Welches war der Einstandspreis der Ware, wenn vorher 33 $^1/_3$ % auf den Einstandspreis aufgeschlagen waren?

b) Wie viel % unter dem Einstandspreis lag der Preis für diesen Restposten?

7 Berechnen Sie den Verkaufspreis für 1 Dutzend, wenn ein Karton, der 10 Gros enthält, laut Einkaufsrechnung 243,60 EUR kostet und darauf 2 % Skonto gewährt werden! Die Bezugskosten betragen 8,50 EUR, die allgemeinen Geschäftskosten 25 % des Einstandspreises, der Gewinnzuschlag 12 $^1/_2$ % des Selbstkostenpreises. Außerdem ist die Umsatzsteuer in Höhe von 16 % auf den Netto-Verkaufspreis aufzuschlagen.

## Aufgabengruppe 7

1 Ein Kaufmann bezieht Waren aus der Schweiz zum Preis von 20 000,00 CHF (Kurs: 1,4865 CHF/1,00 EUR) abzüglich 3 % Skonto.

Wie hoch ist der Preis in Euro?

2 Ein Einzelhandelsgeschäft hat an einem Tag 1 005,66 EUR eingenommen.

Wie hoch ist der an diesem Tag erzielte Gewinn, wenn auf die Selbstkostenpreise im Durchschnitt 16 % aufgeschlagen wurden?

3 Eine Rechnung in Höhe von 960,00 EUR war am 12 April fällig. Da sie erst am 22. Juni bezahlt wurde, berechnet der Lieferer 16,80 EUR Verzugszinsen.

Wie hoch war der Zinsfuß?

4 Das Kassenprotokoll eines Einzelhandelsbetriebes weist folgende Kassenvorgänge aus:

| | |
|---|---|
| Wechselgeld | 500,00 EUR |
| Wareneinkäufe | 340,00 EUR |
| Warennebenkosten | 60,00 EUR |
| Privatentnahmen | 90,00 EUR |
| Kassenbestand | 2850,00 EUR |

Wie hoch ist die Tageslosung?

5 In einem Einzelhandelsbetrieb betrugen am Anfang des abgelaufenen Geschäftsjahres der Warenanfangsbestand 64000,00 EUR, der Bezugspreis der eingekauften Waren 186700,00 EUR und der Warenumsatz 254200,00 EUR (ohne MWSt).

Berechnen Sie

a) den Einstandspreis der verkauften Waren und den Warenbestand am Jahresende (Kalkulationszuschlag 25%),

b) den Reingewinn in Euro und in Prozenten vom Selbstkostenpreis (Betriebskosten 21400,00 EUR)!

6 Von einer Warenkalkulation sind bekannt:

| | |
|---|---|
| Listenpreis | 60,00 EUR |
| Zieleinkaufspreis | 40,00 EUR |
| Bareinkaufspreis | 39,00 EUR |
| Bezugspreis | 45,00 EUR |
| Selbstkostenpreis | 56,25 EUR |
| Nettoverkaufspreis | 63,00 EUR |
| Bruttoverkaufspreis | 73,08 EUR |

Berechnen Sie

a) Kalkulationszuschlag und Kalkulationsfaktor,

b) Handelsspanne,

c) Skontosatz,

d) Handlungskostenzuschlag,

e) Gewinnzuschlag!

7 Eine Ware hat einen Bezugspreis in Höhe von 485,00 EUR. Der Liefererrabatt betrug 10%, der Liefererskonto 3%, Bahnfracht 28,10 EUR und die Hausfracht betrug 14,50 EUR.

Wie hoch war der Zieleinkaufspreis?

## Aufgabengruppe 8

1 Sie kaufen einen Fernsehapparat für 1360,00 EUR bei Barzahlung. Bei Ratenzahlung müssen Sie 25% des Barkaufspreises anzahlen und den Rest in 6 gleichen monatlichen Raten tilgen. Der Händler berechnet bei jeder Rate einen Aufschlag von $1\,{}^1\!/_2$% des nach der Anzahlung verbliebenen Restes.

a) Wie viel Euro bezahlen Sie beim Ratenkauf mehr für den Apparat?

b) Wie viel % beträgt der Gesamtaufschlag auf den Barpreis?

2 Ein Kaufmann bezieht am 12. Juli für 540,00 EUR Waren zu folgenden Bedingungen:

30 Tage Ziel, bei Zahlung innerhalb 10 Tagen 3% Skonto, bei Überschreitung des Zieles Berechnung von 8% Verzugszinsen.

a) Welchen Betrag muss er bei Zahlung am 20. Juli überweisen?

b) Wie hoch ist die Zahlung am 3. Dezember?

3 Eine Firma liefert einem Kunden am 26. März Waren im Werte von 684,00 EUR. Zahlungsbedingungen: Ziel 3 Monate. Nach wiederholten erfolglosen Mahnungen wird der Betrag am 10. November zuzüglich 1,80 EUR Mahnspesen und 6 % Verzugszinsen durch Nachnahme eingezogen.

Welcher Betrag müsste eingehen?

4 Ein Kaufmann konnte seinem Lieferer folgende 2 Rechnungen am Verfalltag nicht begleichen:

642,20 EUR, fällig am 24.06.,
1 758,20 EUR, fällig am 12.09.

Am 20. Oktober zieht der Lieferer auf den Einzelhändler einen Wechsel über 2 000,00 EUR, fällig am 15. Dezember. Den Restbetrag zuzüglich 8 % Verzugszinsen und $6\,^1/_2$ % Wechseldiskont zahlt der Einzelhändler am 20. Oktober.

Wie viel Euro sind zu überweisen?

5 Unser Geschäft bezieht 125 Stück einer Ware zu je 2,40 EUR gegen bar mit 2 % Skonto. Für Verpackung sind 2,50 EUR berechnet und für Fracht und Rollgeld 7,60 EUR bezahlt worden. Die Handlungskosten werden mit 14 % kalkuliert.

Wie viel % Gewinnzuschlag dürfen wir berechnen, wenn die Konkurrenz die gleiche Ware zu 3,00 EUR zuzüglich 16 % MWSt verkauft und wir auch zu diesem Preis anbieten wollen?

6 In einem Einzelhandelsgeschäft betragen die Geschäftskosten 18 % der Einstandspreise. Es wird mit einem Gewinnzuschlag von 12 % auf die Selbstkosten gerechnet.

Welcher Preis darf beim Einkauf eines Artikels, den die Konkurrenz mit 139,20 EUR einschließlich 16 % MWSt anbietet, höchstens zugrunde gelegt werden, wenn noch 3,80 EUR für Bezugskosten zu berücksichtigen sind?

7 In einem Einzelhandelsbetrieb ergeben sich am Jahresschluss aus den Konten der Buchhaltung folgende Zahlen:

| | |
|---|---|
| Warenanfangsbestand | 43 200,00 EUR |
| Wareneinkäufe | 216 800,00 EUR |
| Warenverkäufe | 284 500,00 EUR |
| Warenendbestand | 38 600,00 EUR |
| Allgemeine Geschäftskosten | 27 200,00 EUR |

Nach diesen Zahlen sind zu berechnen:

a) der Umsatz zu Einstandspreisen,
b) der Rohgewinn,
c) der Kalkulationszuschlag,
d) der Selbstkostenpreis und der Kostenaufschlag auf den Einstandspreis,
e) der Reingewinn in Euro und in % vom Selbstkostenpreis,
f) der durchschnittliche Lagerbestand,
g) die Umschlagshäufigkeit (Umsatzgeschwindigkeit),
h) die durchschnittliche Lagerdauer.

(Die MWSt ist in dieser Aufgabe nicht berücksichtigt.)

## Aufgabengruppe 9

1 Der Reingewinn einer OHG beträgt 44 700,00 EUR. Nach dem Gesellschaftsvertrag erhält der Gesellschafter A zunächst 24 000,00 EUR. Der Rest wird unter die Gesellschafter entsprechend ihrer Kapitalbeteiligung verteilt.

| | |
|---|---|
| Kapital A | 115 000,00 EUR |
| Kapital B | 158 000,00 EUR |
| Kapital C | 72 000,00 EUR |

a) Wie viel erhält jeder Gesellschafter?

b) Wie viel Prozent beträgt die Kapitalverzinsung?

2 In einer Holzfabrik stellen 25 Arbeiter bei einer täglichen Arbeitszeit von 8 Stunden und der 5-Tage-Woche 1 200 Paletten her. Der Betrieb erhält einen Auftrag über 1 800 Paletten. Weil 5 Arbeiter wegen Urlaubs ausfallen, wird täglich eine Stunde länger gearbeitet.

In welcher Zeit (Tage und Arbeitsstunden) wird der Auftrag ausgeführt?

3 Eine am 15. Juli fällige Rechnung über 2 450,00 EUR wurde erst am 27. September einschließlich Verzugszinsen mit 2 479,40 EUR bezahlt.

Wie viel Prozent Verzugszinsen sind berechnet worden?

4 Ein Handlungsreisender erhält monatlich ein festes Gehalt von 1 500,00 EUR und eine Umsatzprovision von 2,5 %.

Welchen Umsatz muss er erreichen, um ein monatliches Gesamteinkommen von 3 500,00 EUR zu erzielen?

5 Für einen Kredit, der vom 30. Mai bis zum 31. Juli in Anspruch genommen wurde, zahlte ein Betrieb einschließlich 12 % Zinsen 91 800,00 EUR zurück.

Wie hoch waren der Kredit und die Zinsen?

6 In der Schlussbilanz eines Unternehmens zum 31. Dezember stand den Vermögenswerten (Aktiva) in Höhe von 438 000,00 EUR ein Fremdkapital in Höhe von 284 000,00 EUR gegenüber. Die Gewinn- und Verlustrechnung zeigte 83 835,00 EUR Aufwendungen und 99 180,00 EUR Erträge. Einlagen sind nicht gemacht worden; die Privatentnahmen betrugen 8 345,00 EUR.

Wie hat sich das Eigenkapital (Anfangskapital) im Geschäftsjahr verzinst?

7 In einem Einzelhandelsbetrieb betrugen:

| | |
|---|---|
| Warenanfangsbestand | 24 500,00 EUR |
| Aufwendungen für Waren | 186 450,00 EUR |
| Warenendbestand | 28 730,00 EUR |

Berechnen Sie:

a) den Wareneinsatz,

b) den durchschnittlichen Lagerbestand,

c) die Umsatzgeschwindigkeit,

d) die durchschnittliche Lagerdauer!

## Aufgabengruppe 10

1 Für ein am 17. Januar ausgeliehenes Kapital wurden am 22. Mai 6% Zinsen in Höhe von 151,25 EUR gezahlt.

Wie hoch ist das Kapital?

2 Ein Unternehmer hat Ware für 8500,00 EUR bestellt. Lieferung sofort. Zahlung: 30 Tage Ziel oder 2% Skonto, falls er beim Eingang der Ware zahlt. Um den Skonto ausnutzen zu können, nimmt er einen Bankkredit über 6000,00 EUR zum Jahreszinssatz von 10% auf.

a) Wie viel Euro spart er bei sofortiger Zahlung?

b) Welchem Zinssatz entspricht der Skonto?

3 Die Buchhaltung eines Einzelhändlers wies am Jahresende folgende Zahlen aus:

| | |
|---|---|
| Warenanfangsbestand | 45600,00 EUR |
| Wareneinkauf | 685300,00 EUR |
| Bezugskosten | 26400,00 EUR |
| Warenendbestand | 52800,00 EUR |
| Umsatzerlöse | 834200,00 EUR |
| Geschäftskosten | 81700,00 EUR |

Wie hoch waren:

a) der Wareneinsatz,

b) der Warenrohgewinn,

c) der Geschäftskostenzuschlag,

d) der Kalkulationszuschlag und die Handelsspanne,

e) der Reingewinn und der Gewinnzuschlag?

(Die Mehrwertsteuer ist in dieser Aufgabe nicht berücksichtigt.)

4 Nach einer Steigerung von $6\,^1/_4$%, einem Rückgang von 10% und einer anschließenden Steigerung von $3\,^1/_3$% beträgt der Umsatz eines Unternehmens 256912,50 EUR.

Wie hoch war der ursprüngliche Umsatz?

5 Ein Unternehmen erwirbt ein Geschäftsgebäude für 450000,00 EUR. Finanziert wird der Kauf durch eine Hypothek über 150000,00 EUR und durch eigene Mittel. Die monatlichen Mieteinnahmen betragen 4500,00 EUR. Folgende Aufwendungen fallen an: 8% Hypothekenzinsen, 2% Abschreibungen, sonstige Kosten monatlich 1200,00 EUR.

Wie hoch ist die Eigenkapitalverzinsung?

6 Ein Unternehmen kauft eine Maschine zum Preis von 80000,00 EUR. 20000,00 EUR werden am 15. Februar bei Lieferung bezahlt, der Rest ist in drei gleichen Raten am 15. Mai, 15. August und am 15. November zu bezahlen.

Wie viel Euro sind am 15. November einschließlich 9% Zinsen zu überweisen?

7 Wie hoch ist die Handelsspanne bei einem Kalkulationsfaktor von 1,5?



4 Groh/Schröer - ISBN 3-8120-0423-2

## Aufgabengruppe 11

1 Der Neubau eines Lagerhauses wurde mit 48 600,00 EUR veranschlagt. Bei Beginn des Baus wurde eine Abschlagzahlung von 24 000,00 EUR geleistet. Der Rest soll vier Monate nach Fertigstellung zuzüglich 7 ½ % Zinsen bezahlt werden. Die endgültige Kostenrechnung lautet über 49 815,00 EUR.

a) Um wie viel Prozent wurde der Kostenanschlag überschritten?

b) Wie hoch ist die Restzahlung?

2 Ein Kunde überweist nach Abzug von 3 % Skonto 9 312,00 EUR. Zahlungsbedingungen: Zahlbar innerhalb von 10 Tagen mit 3 % Skonto oder innerhalb von 30 Tagen netto Kasse. Um den Skonto in Anspruch nehmen zu können, musste der Kunde einen Kredit aufnehmen, für den 77,60 EUR Zinsen zu zahlen waren.

a) Wie hoch war der Rechnungsbetrag?

b) Welchem Zinssatz entspricht der Skontosatz?

c) Welcher Kreditzinssatz lag zugrunde?

3 Eine Bank zahlte nach Abzug von 8 % Zinsen und 1 % Bearbeitungsgebühr (vom Kredit) 24 250,00 EUR aus. Der Kredit wurde beansprucht vom 24. August bis zum 24. November.

Wie hoch waren der Kredit, die Zinsen und die Bearbeitungsgebühr?

4 Der Verkaufspreis eines Restpostens einer Ware wurde um 40 % herabgesetzt und nunmehr auf 168,00 EUR festgesetzt.

a) Welches war der Einstandspreis der Ware, wenn seinerzeit mit 33 ⅓ % Zuschlag kalkuliert worden war?

b) Wie viel % unter dem Einstandspreis lag demnach der Preis für den Restposten?

5 Eine Sendung von 5 Kisten wurde mit 624,00 EUR eingekauft. Die Bezugskosten betrugen 15,20 EUR. Die allgemeinen Geschäftskosten wurden mit 24 % und der Gewinnzuschlag mit 12 ½ % einkalkuliert.

Zu welchem Bruttoverkaufspreis (einschließlich 7 % MWSt) kann 1 Karton angeboten werden, wenn jede Kiste 50 Kartons enthält?

6 Ein Einzelhandelsbetrieb kalkuliert mit folgenden Sätzen: 28 % Geschäftskosten, 12 ½ % Gewinn und 16 % MWSt.

a) Wie hoch sind Kalkulationszuschlag und Handelsspanne? (Auf volle Prozentsätze aufrunden!)

b) Ein Großhändler bietet einen Markenartikel, empfohlener Verkaufspreis 84,71 EUR einschließlich 16 % MWSt, mit 59,00 EUR an (ohne MWSt). Wird der Einzelhändler diesen Artikel übernehmen? Wie viel Euro Gewinn oder Verlust hätte er?

c) Wie viel % Rabatt müsste der Großhändler mindestens gewähren, damit der Einzelhändler keinen Verlust erzielt?

d) Zu welchem Preis müsste der Einzelhändler den Artikel verkaufen, wenn er den unter a) errechneten Kalkulationszuschlag auf den Angebotspreis von 59,00 EUR aufschlagen würde?

7 Ein Kaufmann will aus den Zahlen seiner Buchhaltung den Kalkulationszuschlag für das nächste Jahr ermitteln. Am Ende des abgelaufenen Jahres zeigten die Konten folgende Eintragungen:

| | | | |
|---|---|---|---|
| Anfangsbestand an Waren | 22 300,00 EUR | Warenverkäufe | 138 600,00 EUR |
| Wareneinkäufe | 96 800,00 EUR | Allgemeine | |
| Endbestand an Waren | 15 200,00 EUR | Geschäftskosten | 16 700,00 EUR |

a) Wie hoch war der Wareneinsatz im abgelaufenen Jahr?

b) Wie viel Euro betrug der Rohgewinn? Wie hoch war der Reingewinn?

c) Wie viel % betrug der Reingewinn vom Selbstkostenpreis der verkauften Waren?

d) Wie hoch sind Kalkulationszuschlag und Handelsspanne?

(Die Mehrwertsteuer wird in dieser Aufgabe nicht berücksichtigt.)

## Aufgabengruppe 12

1 Für eine Geschäftsreise in die Schweiz braucht ein Kaufmann 650 Schweizer Franken.

Wie hoch ist der Gegenwert in Euro bei einem Kurs von 1,4731 CHF/1,00 EUR?

2 Eine Sparkasse vergütet einem Kunden für eine Festeinlage auf 9 Monate bei einem Zinsfuß von $4\frac{1}{2}$% 202,50 EUR Zinsen.

Wie viel Euro hatte der Kunde festgelegt?

3 Auf dem Grundstück eines Kaufmanns lastet eine zu $5\frac{1}{2}$% verzinsliche Hypothek. Er zahlt vierteljährlich 170,50 EUR Hypothekenzinsen.

Auf welchen Betrag lautet die Hypothek?

4 Eine Liefererrechnung über 4850,00 EUR trägt den Vermerk: Zahlbar in 10 Tagen mit $2\frac{1}{2}$% Skonto oder in 30 Tagen ohne Abzug. Um den Skonto ausnutzen zu können, muss der Käufer für 20 Tage einen Bankkredit in Höhe des Barzahlungsbetrages zu einem Zinssatz von 8% aufnehmen.

a) Welchen Betrag überweist der Käufer, wenn er innerhalb 10 Tagen zahlt?

b) Wie viel Euro betragen die Bankzinsen für 20 Tage?

c) Wie viel Euro hat der Käufer gespart, wenn er den Bankkredit in Anspruch nimmt?

5 Ein Textilwarengeschäft bezieht von seinem Lieferanten 2 Dutzend Blusen zum Preis von 18,50 EUR je Stück. Für Verpackung und Porto sind ihm 8,20 EUR berechnet worden. Der Aufschlag beträgt 40%.

a) Zu welchem Brutto-Preis (16% MWSt) wird eine Bluse verkauft?

b) Wie viel Euro Reingewinn verbleiben, wenn mit einem Handlungskostensatz von 25% gerechnet wird?

6 Ein Einzelhändler erhielt auf einen Markenartikel zum Nettoeinkaufspreis von 630,00 EUR einen Wiederverkaufsrabatt von $33\frac{1}{3}$% und verkauft die Ware zu dem von dem Hersteller empfohlenen Preis von 630,00 EUR (ohne MWSt).

a) Wie hoch ist der Reingewinn unter Berücksichtigung von 12,40 EUR Bezugsspesen und 22% Geschäftskosten?

b) Wie viel % beträgt der Reingewinn?

c) Wie hoch ist der Brutto-Verkaufspreis einschließlich 16% MWSt?

7 Eine Schachtel Pralinen mit einem Listenpreis von 4,00 EUR soll zum Preis von 4,00 EUR verkauft werden. Beim Bezug von 200 Schachteln erhält der Einzelhändler 30% Wiederverkäuferrabatt. Er bezahlt die Rechnung sofort und zieht 2% Skonto ab. Er rechnet mit 18% Geschäftskosten. Die Mehrwertsteuer beträgt 7%.

Wie hoch ist sein Reingewinn nach Verkauf der ganzen Sendung und wie viel % beträgt er vom Selbstkostenpreis?

## Aufgabengruppe 13

1 Für eine Warenlieferung gewährt der Lieferant 25 % Rabatt und 2 % Skonto. Der Bezugspreis für die Lieferung beträgt 2 192,00 EUR. Die Bahnfracht beträgt 72,30 EUR und die Hausfracht 17,60 EUR.

Berechnen Sie

a) den Bareinkaufspreis,

b) den Listenpreis!

2 Der Bruttoverkaufspreis einer Ware beträgt 810,30 EUR; der Listenpreis beträgt 403,80 EUR; die Bezugskosten betragen 34,20 EUR.

Berechnen Sie

a) den Kalkulationszuschlag,

b) den Kalkulationsfaktor!

3 Für eine bestimmte Warengruppe wird mit folgenden Zuschlagssätzen kalkuliert:

| | |
|---|---|
| Handlungskosten | 86 % |
| Gewinnzuschlag | 9 % |
| Mehrwertsteuer | 16 % |

Berechnen Sie den Kalkulationsfaktor!

4 Einem Einzelhändler liegt folgendes Angebot vor:

Bruttogewicht 280 kg
Preis je 100 kg netto 760,00 EUR
Tara 7 %
Frachtkosten je 100 kg 5,90 EUR

Berechnen Sie jeweils für 1 kg der Ware und für die gesamte Lieferung

a) den Listenpreis der Ware,

b) den Bezugspreis der Ware!

5 Eine Ware soll (einschließlich 16 % MWSt) für 285,87 EUR angeboten werden. Kalkuliert wird mit einem Faktor von 1,8325.

Wie viel Euro dürfen für den Bezugspreis höchstens aufgewendet werden?

6 Der durchschnittliche Umsatz je Verkäufer ist im abgelaufenen Geschäftsjahr im Vergleich zum Vorjahr um 4 % gestiegen. Die Steigerung betrug 4 587,20 EUR.

Wie hoch war der durchschnittliche Umsatz je Verkäufer im abgelaufenen Geschäftsjahr?

7 Im Warenlager eines Einzelhandelsbetriebes ist ein Brandschaden in Höhe von 45 000,00 EUR entstanden. Das Warenlager, das einen Wert von 620 000,00 EUR hatte, war mit 400 000,00 EUR versichert.

Welchen Betrag ersetzt die Versicherung?

## Aufgabengruppe 14

1 Eine Ware soll mit 89,76 EUR ausgezeichnet werden.

Welchen Betrag darf der Bezugspreis nicht überschreiten, wenn der Kalkulationsfaktor 1,87 beträgt?

2 Eine Ware wird mit einer Handelsspanne von 45 % und mit 16 % MWSt kalkuliert; der Bezugspreis beträgt 112,00 EUR.

Mit welchem Betrag ist die Ware auszuzeichnen?

3 Von einer Ware mit einem Bezugspreis von 87,79 EUR sind bekannt: Listenpreis 95,00 EUR, Liefererskonto 2 %, Bezugskosten 4,00 EUR.

Wie viel Prozent betrug der Liefererrabatt?

4 Für einen Kredit in Höhe von 50 000,00 EUR sind für die Zeit vom 25. Juli bis zum 14. Dezember 7,5 % Zinsen und eine Bearbeitungsgebühr von 1,5 % zu zahlen.

a) Wie viel Euro Kreditkosten sind insgesamt zu zahlen,

b) wie hoch ist der effektive Zinssatz für den Kredit?

5 Der Warenumsatz in einer Rechnungsperiode betrug (einschließlich MWSt) 1 044 000,00 EUR. Der Handlungskostensatz betrug 60 %, kalkuliert wurde mit einem Gewinnzuschlag von 12,5 %.

Berechnen Sie

a) den Selbstkostenpreis,

b) den Wareneinsatz!

6 In einer Rechnungsperiode betrug der Wareneinsatz 560 000,00 EUR, die Handlungskosten betrugen 320 000,00 EUR. Erzielt wurde ein Gewinn in Höhe von 80 000,00 EUR.

Berechnen Sie den Gewinnzuschlag!

7 Der Verkäufer A soll nach der Verkäuferumsatz-Planung einen Jahresumsatz in Höhe von 165 000,00 EUR erzielen. Der Gesamtumsatz von Verkäufer A und Verkäufer B soll 340 000,00 EUR betragen.

Wie viel Prozent muss Verkäufer B mehr umsetzen als Verkäufer A?

## Aufgabengruppe 15

1 Der Bezugspreis einer Ware beträgt 528,00 EUR. Kalkuliert wird mit einer Handelsspanne (ohne MWSt) von 40%.

Wie hoch ist der Bruttoverkaufspreis?

2 Ein Einzelhandelsbetrieb bezieht zwei Warensorten:

| | |
|---|---|
| Sorte I | 260 kg zu 7,90 EUR/kg |
| Sorte II | 620 kg zu 8,60 EUR/kg. |

Für die Warensendung sind an Versicherungskosten für den Transport 147,72 EUR angefallen.

Wie viel Euro Transportversicherungskosten entfallen auf jede Warensorte?

3 Für eine bestimmte Ware liegen zwei Angebote vor:

1. Bezugspreis je 100 kg, 800,00 USD, Kurs: 1,0280 USD/1,00 EUR.
2. Bezugspreis je 50 kg, 550,00 CAD, Kurs: 1,3658 CAD/1,00 EUR.

Ermitteln Sie das günstigste Angebot!

4 Für eine Warenart liefert die Lagerbuchführung folgende Werte:

| | |
|---|---|
| Jahresanfangsbestand | 15 000,00 EUR |
| Summe der 12 Monatsendbestände | 310 000,00 EUR |
| Wareneinsatz | 150 000,00 EUR |

Wie hoch ist die durchschnittliche Lagerdauer?

5 Aus der Lagerbuchführung sind folgende Zahlenwerte bekannt:

| | |
|---|---|
| Wareneinsatz | 570 000,00 EUR |
| Lagerumschlag | 6 |
| bankenüblicher Zinssatz | 8%. |

a) Wie viel Euro betragen die Lagerzinsen?

b) Wie hoch ist der Lagerzinssatz?

6 Aus der Lagerhaltung sind gegeben:

| | |
|---|---|
| Warenbestand am Jahresanfang | 320 000,00 EUR |
| Warenbestand am Jahresende | 280 000,00 EUR |
| Wareneinsatz | 1 200 000,00 EUR |

Berechnen Sie

a) die Umschlagshäufigkeit,

b) die durchschnittliche Lagerdauer!

7 Für eine Ware liegen folgende Werte vor:

| | |
|---|---|
| Mindestbestand | 150 Einheiten |
| Istbestand | 950 Einheiten |
| Bestell- und Lieferdauer | 10 Tage |
| Tagesabsatz | 50 Einheiten |

Nach wie viel Tagen muss die Bestellung erfolgen?

## Aufgabengruppe 16

1 Die durchschnittliche Lagerdauer für eine Ware beträgt 40 Tage, der Lagerzinssatz beträgt 1,2 %.

Berechnen Sie

a) die Umschlagshäufigkeit,

b) den bankenüblichen Jahreszinssatz!

2 Ein Betrieb kalkuliert mit einem Kalkulationsfaktor von 1,9; der Netto-Warenumsatz betrug 1 200 000,00 EUR (MWSt 16 %).

Berechnen Sie den Wareneinsatz!

3 Einem Betrieb gelingt es, bei einem unveränderten Wareneinsatz in Höhe von 480 000,00 EUR die Umschlagshäufigkeit von 6 auf 8 zu erhöhen.

Wie hoch war der Kapitaleinsatz vor und nach der Erhöhung der Umschlagshäufigkeit?

4 In einem Einzelhandelsgeschäft werden folgende Zahlen ermittelt:

| | |
|---|---:|
| Wareneinsatz | 150 000,00 EUR |
| Jahresanfangsbestand | 85 000,00 EUR |
| Summe der 12 Monatsendbestände | 305 000,00 EUR |

a) Berechnen Sie den durchschnittlichen Lagerbestand!

b) Berechnen Sie die Umschlagshäufigkeit!

c) Berechnen Sie die durchschnittliche Lagerdauer!

d) Wie hoch ist die Kapitalbindung?

5 Ein Einzelhandelsunternehmen plant einen Jahresumsatz von 960 000,00 EUR (einschließlich MWSt), erwartet eine Umschlagshäufigkeit von 4 und kalkuliert mit einem Kalkulationszuschlag von 60 %.

Wie hoch ist der zu erwartende Kapitaleinsatz des Unternehmens?

6 Von einem Einzelhandelsbetrieb sind folgende Zahlen bekannt:

| | |
|---|---:|
| Durchschnittlicher Lagerdauer | 45 Tage |
| Durchschnittlicher Lagerbestand | 100 000,00 EUR |
| Handlungskosten pro Jahr | 250 000,00 EUR |

Wie hoch ist der Gewinn in Euro, wenn der Betrieb mit einem Gewinnzuschlag von 10 % kalkuliert?

7 Von einem Einzelhandelsbetrieb sind bekannt:

| | |
|---|---:|
| Umschlagshäufigkeit | 5 |
| Wareneinsatz | 300 000,00 EUR |
| Jahreszinssatz | 12,5 % |

a) Wie hoch ist die durchschnittliche Lagerdauer?

b) Wie hoch ist der durchschnittliche Lagerbestand?

c) Wie hoch ist der Lagerzinssatz?

d) Wie hoch sind die Lagerzinsen?

# II. Buchführung

## 1 Grundbegriffe der Buchführung

Aufgabe 1:

Unterscheiden Sie folgende Begriffe:

a) Inventur, Inventar und Bilanz,
b) Grundbuch, Hauptbuch und Nebenbücher,
c) Bestandskonten und Erfolgskonten,
d) Personenkonten und Sachkonten,
e) Kontenrahmen (EKR) und Kontenplan!

Lösung:

a) **Inventur** ist die mengen- und wertmäßige Bestandsaufnahme (durch Zählen, Messen, Wiegen) aller Vermögensgegenstände und Schulden eines Unternehmens; die Bestände sind Ist-Bestände, die zu Einstandspreisen bewertet werden (siehe zu den verschiedenen Inventurarten Einzelhandelsbetriebslehre, Frage 91 f.).

**Inventar** ist ein ausführliches Verzeichnis aller Vermögensgegenstände und Schulden an einem Stichtag. Den Unterschiedsbetrag zwischen Vermögen und Schulden bezeichnet man als Reinvermögen (Eigenkapital).

In der **Bilanz** werden Vermögen (Aktiva) und Kapital (Passiva) in Form von zusammengefassten Bilanzposten kontenmäßig gegenübergestellt; die Bilanzsumme auf beiden Seiten der Bilanz ist gleich (Summe der Aktiva = Summe der Passiva).

b) Das **Grundbuch** (Journal, Tagebuch) enthält alle Geschäftsvorfälle in zeitlicher Reihenfolge.

Das **Hauptbuch** erfasst auf den Konten des Kontenplans alle Vorgänge des Grundbuchs entsprechend ihrem sachlichen Zusammenhang.

Die **Nebenbücher** ergänzen und erläutern in Form von Karteien bzw. Dateien bestimmte Sachkonten des Hauptbuchs. Die Nebenbücher sind mit den entsprechenden Konten des Hauptbuchs abzustimmen. Nebenbücher sind

- **Geschäftsfreundebuch** (Kontokorrentbuch), es erläutert die Konten Forderungen (Kundenkonten = Debitoren) und Verbindlichkeiten (Liefererkonten = Kreditoren), indem für jeden Kunden und jeden Lieferer ein eigenes Konto eingerichtet wird; bei den Abschlussarbeiten (z. B. am Monats- oder Jahresende) muss die Summe der Salden der Debitoren mit dem Saldo des Kontos Forderungen des Hauptbuches übereinstimmen; ebenfalls übereinstimmen muss die Summe der Salden der Kreditoren mit dem Saldo des Kontos Verbindlichkeiten.
- **Anlagebuch,** es erläutert alle Anlagekonten, indem für jeden Anlagegegenstand eine Kartei bzw. Datei angelegt wird (erfasst werden z. B. Anschaffungsjahr, geplante Nutzungsdauer, Abschreibungen);
- **Wechselbuch,** erfasst werden alle Wechselforderungen und -verbindlichkeiten;
- **Lohn- und Gehaltsbuch,** erfasst werden für jeden Arbeitnehmer alle mit der Lohn- und Gehaltszahlung verbundenen Daten;
- **Lagerbuch** (Lagerbuchführung, siehe Einzelhandelsbetriebslehre, Frage 87 ff.).

c) **Bestandskonten** erfassen die Bestände an Vermögen und Kapital (Bilanzposten) und deren Veränderungen (Aktiv- und Passivkonten).

**Erfolgskonten** erfassen alle Aufwendungen und Erträge im Laufe eines Geschäftsjahres (Aufwands- und Ertragskonten).

d) **Personenkonten** sind die Konten der Kunden (Debitoren) und der Lieferer (Kreditoren). Die Personenkonten werden meist in Form eines Nebenbuches geführt, und zwar als Geschäftsfreundebuch (es handelt sich um namentlich geführte Konten).

   **Sachkonten** sind alle Hauptbuchkonten, d. h. alle Konten, die über das Schlussbilanzkonto bzw. das Gewinn- und Verlustkonto abgeschlossen werden.

e) Der **Einzelhandelskontenrahmen (EKR)** ordnet alle für Einzelhandelsbetriebe wichtigen Konten nach folgendem System:

   - Aktivkonten (Kontenklassen 0, 1 und 2),
   - Passivkonten (Kontenklassen 3 und 4),
   - Ertragskonten (Kontenklasse 5),
   - Aufwandskonten (Kontenklassen 6 und 7),
   - Ergebnisrechnungen (Kontenklasse 8).

   (Vgl. ausführlich den beigefügten Kontenrahmen.)

   Der **Kontenplan** wird aus dem Kontenrahmen entwickelt; er enthält nur die für das Unternehmen erforderlichen Konten.

## Aufgabe 2:

Nennen Sie die wichtigsten gesetzlichen Bestimmungen der Buchführung nach dem

a) Bilanzrichtlinien - Gesetz,
b) Handelsgesetzbuch,
c) Steuerrecht!

## Lösung:

a) Das **Bilanzrichtlinien-Gesetz** besagt, dass alle handelsrechtlichen Bewertungs- und Buchführungsvorschriften für alle Einzelkaufleute und Personengesellschaften, für alle Kapitalgesellschaften sowie für eingetragene Genossenschaften im 3. Buch (Handelsbücher) des HGB einheitlich geregelt werden. Dementsprechend enthalten die Einzelgesetze (wie z. B. Aktiengesetz, GmbH-Gesetz) keine Vorschriften über die Rechnungslegung.

b) Das 3. Buch des **HGB** enthält u. a. folgende Vorschriften:

   - **1. Abschnitt** (gilt für alle Kaufleute):
     Buchführungspflicht (§ 238); Pflicht zur Aufstellung des Inventars (§ 240) und des Jahresabschlusses (§ 242); Bewertungsgrundsätze und Bewertungsvorschriften (§§ 252 – 256, siehe Buchführung, Seite 93 f.); Aufbewahrungspflicht (§ 257);

   - **2. Abschnitt** (enthält ergänzende Vorschriften für Kapitalgesellschaften):
     Gliederung der Bilanz (§ 266), Gliederung der Gewinn- und Verlustrechnung (§ 275), Erläuterung der Bilanz und der Gewinn- und Verlustrechnung im Anhang (§§ 284 – 288), Lagebericht (§ 289), Offenlegung (§ 325); (zum Lagebericht und zur Offenlegung siehe Wirtschafts- und Sozialkunde, Frage 131 ff.);

   - **3. Abschnitt** (enthält ergänzende Vorschriften für eingetragene Genossenschaften):
     Pflicht zur Aufstellung von Jahresabschluss und Lagebericht; Vorschriften zur Bilanz, zum Anhang und zur Offenlegung.

c) **Steuerrechtliche Vorschriften** für die Buchführung sind enthalten in:

- **Abgabenordnung:** ergänzende Vorschriften über die ordnungsgemäße Buchführung; Recht zur Betriebsprüfung durch das Finanzamt;
- **Einkommensteuergesetz:** Bewertungsvorschriften für Vermögensgegenstände und Schulden.

Aufgabe 3:

Beschreiben Sie folgende **Grundsätze ordnungsmäßiger Buchführung (GoB):**

a) Verständlichkeit,
b) Kopien abgesandter Handelsbriefe,
c) Sprache der Buchführung,
d) Vollständigkeit,
e) Änderungen in den Büchern,
f) Speicherung auf Datenträgern,
g) Aufbewahrung,
h) Belegprinzip!

Lösung:

a) Die Buchführung muss so beschaffen sein, dass ein **sachverständiger Dritter** sich in angemessener Zeit darin zurechtfinden kann.

b) Der Kaufmann ist verpflichtet, **Kopien** abgesandter **Handelsbriefe** zurückzubehalten (z.B. Durchschriften, Mikrofilm oder Datenträger wie z.B. Diskette).

c) Die Handelsbücher und Aufzeichnungen müssen in einer **lebenden Sprache** abgefasst sein.

d) Alle Eintragungen müssen **vollständig** (lückenlos), **richtig** (fiktive Buchungen und Konten sind verboten), **zeitgerecht** und **geordnet** (z.B. Belegnummerierung) sein.

e) Eintragungen dürfen nicht überschrieben oder radiert werden, der **ursprüngliche Inhalt** muss feststellbar sein. Notwendige Korrekturen sind mit Stornobuchungen durchzuführen.

f) Die Buchführung wird vielfach mit Hilfe der Datenverarbeitung durchgeführt. Dabei sind neben den GoB zusätzlich die **Grundsätze ordnungsmäßiger DV-gestützter Buchführungssysteme** (GoBS) zu beachten. Wichtige Grundsätze der GoBS sind: **Verfahrensdokumentation** (genaue Beschreibung der eingesetzten Verfahren und Programme), **Gewährleistung des Zugriffs** (jederzeitiger und sicherer Zugriff auf die gespeicherten Geschäftsfälle und Buchungen), **Zugriffsschutz** (keine Veränderung der Daten ohne Nachweis des vorausgegangenen Zustandes).

g) Handelsbücher, Buchungsbelege, Inventare, Bilanzen und GuV-Rechnungen sind 10 Jahre, Handelsbriefe sind 6 Jahre **aufzubewahren.** Die Aufbewahrungsfrist beginnt mit dem Schluss des Kalenderjahres, in dem die Unterlagen angefallen sind.

h) Das **Belegprinzip** besagt, dass keine Buchung ohne Beleg erfolgen darf. Man unterscheidet **Fremdbelege** (z.B. Eingangsrechnungen, Bank- und Postbelege), **Eigenbelege** (z.B. Ausgangsrechnungen, Kassenberichte, Wareneingangsbuch, Lohn- und Gehaltslisten, Belege über den Eigenverbrauch) sowie **Notbelege** (erforderlich bei Fehlen bzw. Verlust von Fremd- oder Eigenbelegen).

Merke:

- Das **betriebliche Rechnungswesen** umfasst die Bereiche Buchführung, Kosten- und Leistungsrechnen (siehe Wirtschaftsrechnen, Seite 32ff.), Statistik (siehe Wirtschaftsrechnen, Seite 38ff.) sowie Planungsrechnung.
- Hauptaufgabe der **Buchführung** ist die lückenlose und ordnungsgemäße Erfassung aller Geschäftsvorfälle eines Unternehmens.

- Jeder Geschäftsvorfall wird doppelt gebucht: im Soll und im Haben (Buchungssatz: Sollkonto[en] an Habenkonto[en]).
- Summe der Sollbuchungen = Summe der Habenbuchungen.
- Für die **Aktivkonten** gilt:

  Anfangsbestand und Mehrungen stehen im Soll,
  Minderungen und Schlussbestand stehen im Haben.
- Für die **Passivkonten** gilt:

  Anfangsbestand und Mehrungen stehen im Haben,
  Minderungen und Schlussbestand stehen im Soll.
- **Aufwendungen** werden im Soll gebucht,
  **Erträge** werden im Haben gebucht.
- Die Eröffnung der **Bestandskonten** erfolgt über das **Eröffnungsbilanzkonto** (Aktivkonten an EBK; EBK an Passivkonten). Der Abschluss der Bestandskonten erfolgt über das **Schlussbilanzkonto** (SBK an Aktivkonten; Passivkonten an SBK).
- Die **Schlussbilanz** enthält die durch die Inventur festgestellten Bestände (Zeitpunktrechnung); das **Schlussbilanzkonto** enthält die buchungsmäßig festgestellten Bestände. Differenzen zwischen den Inventur- und Buchbeständen sind buchhalterisch auszugleichen.
- Die **Erfolgskonten** werden über das Gewinn- und Verlustkonto (Zeitraumrechnung) abgeschlossen; der Saldo stellt den Unternehmenserfolg (Gewinn bzw. Verlust) dar.
- Die **Jahresabschlussarbeiten** umfassen die zeitlichen Abgrenzungen, die Bestandsaufnahme durch die Inventur, die Bewertung von Vermögen und Schulden, die Erstellung der Betriebsübersicht, den Abschluss der Erfolgs- und Bestandskonten und die Erstellung der Jahresbilanz sowie der Gewinn- und Verlustrechnung.
- Der **Jahresabschluss** der Einzelkaufleute und Personengesellschaften umfasst die Bilanz und die Gewinn- und Verlustrechnung; der Jahresabschluss der Kapitalgesellschaften umfasst die Bilanz, die Gewinn- und Verlustrechnung und den Anhang (siehe Buchführung, Seite 95 ff.). Grundlegende Aufgaben des Jahresabschlusses sind die Informations-, Rechenschaftslegungs- und Gewinnverwendungsfunktion.

# 2 Bestandskonten

## 2.1 Aktivkonten

Beispiel:

Ein Einzelhandelsbetrieb führt ein Bankkonto mit einem Anfangsbestand in Höhe von 12 000,00 EUR.

Es liegen folgende Geschäftsfälle vor:

a) Bareinzahlung auf das (eigene) Bankkonto 2 600,00 EUR,

b) Kunde begleicht Forderung durch Banküberweisung 4 000,00 EUR,

c) Barabhebung vom (eigenen) Bankkonto 1 700,00 EUR.

Bilden Sie die Buchungssätze, führen Sie das Bankkonto und schließen Sie es ab!

Buchungssätze:

| | | | | |
|---|---|---|---|---|
| a) | 280 Bank | an | 288 Kasse | 2 600,00 EUR |
| b) | 280 Bank | an | 240 Forderungen | 4 000,00 EUR |
| c) | 288 Kasse | an | 280 Bank | 1 700,00 EUR |

Buchung:

| S | 280 Bank | | H |
|---|---|---|---|
| EBK) | 12 000,00 | 288) | 1 700,00 |
| 288) | 2 600,00 | SBK) | 16 900,00 |
| 240) | 4 000,00 | | |
| | 18 600,00 | | 18 600,00 |

Merke:

- **Aktivkonten** sind Bestandskonten; sie werden auch als Vermögenskonten bezeichnet.
- Für jeden Aktivposten der Bilanz (Aktiva) wird ein eigenes Konto (Aktivkonto) eingerichtet.
- Aus der Eröffnungsbilanz wird für jedes Aktivkonto der **Anfangsbestand** übernommen, Gegenkonto ist das Eröffnungsbilanzkonto (Aktivkonto an EBK).
- Für die Aktivkonten gilt:

  Anfangsbestand und Mehrungen (Zugänge) stehen im Soll.
  Minderungen (Abgänge) und Schlussbestand stehen im Haben.
- Der **Schlussbestand** wird als Saldo ermittelt, Gegenkonto ist das Schlussbilanzkonto (SBK an Aktivkonto).
- Beispiele für **Aktivkonten** sind: 053 Betriebsgebäude, 084 Fuhrpark, 086 Büromaschinen, 200 Waren, 240 Forderungen, 280 Bank, 288 Kasse.

## 2.2 Passivkonten

Beispiel:

Ein Einzelhandelsbetrieb führt ein Konto Verbindlichkeiten mit einem Anfangsbestand in Höhe von 35 000,00 EUR.

Es liegen folgende Geschäftsfälle vor:

a) Begleichung einer Liefererschuld durch Banküberweisung 3 800,00 EUR,
b) Umwandlung einer Verbindlichkeit in ein Darlehen 10 000,00 EUR,
c) Kauf einer Schreibmaschine auf Ziel 1 300,00 EUR netto, Mehrwertsteuer 16 %.

Bilden Sie die Buchungssätze, führen Sie das Konto Verbindlichkeiten und schließen Sie es ab!

Buchungssätze:

| | Soll | | | Haben | |
|---|---|---|---|---|---|
| a) | 440 Verbindlichkeiten | | an | 280 Bank | 3 800,00 EUR |
| b) | 440 Verbindlichkeiten | | an | 425 Darlehen | 10 000,00 EUR |
| c) | 086 Büromaschinen | 1 300,00 EUR | | | |
| | 260 Vorsteuer | 208,00 EUR | an | 440 Verbindlichkeiten | 1 508,00 EUR |

Buchung:

| S | 440 Verbindlichkeiten | | H |
|---|---|---|---|
| 280) | 3 800,00 | EBK) | 35 000,00 |
| 425) | 10 000,00 | 086/260) | 1 508,00 |
| SBK) | 22 708,00 | | |
| | 36 508,00 | | 36 508,00 |

Merke:

- **Passivkonten** sind Bestandskonten; für jeden Passivposten der Bilanz (Passiva) wird ein eigenes Konto eingerichtet.
- Aus der Eröffnungsbilanz wird für jedes Passivkonto der **Anfangsbestand** übernommen, Gegenkonto ist das Eröffnungsbilanzkonto (EBK an Passivkonto).
- Für die Passivkonten gilt:

  Anfangsbestand und Mehrungen (Zugänge) stehen im Haben.
  Minderungen (Abgänge) und Schlussbestand stehen im Soll.
- Der **Schlussbestand** wird als Saldo ermittelt, Gegenkonto ist das Schlussbilanzkonto (Passivkonto an SBK).
- Beispiele für **Passivkonten** sind: 300 Eigenkapital, 425 langfristige Bankverbindlichkeiten, 440 Verbindlichkeiten aus Lieferungen und Leistungen.

## 2.3 Bilanzveränderungen

Beispiel:

Bilden Sie die Buchungssätze zu folgenden Geschäftsvorfällen:

a) Bareinzahlung auf das Bankkonto 1 400,00 EUR,

b) Umwandlung einer Verbindlichkeit in ein Darlehen 13 000,00 EUR,

c) Kauf einer Ladentheke auf Ziel 27 000,00 EUR netto, Mehrwertsteuer 16 %,

d) Begleichung einer Liefererschuld durch Banküberweisung 900,00 EUR.

Geben Sie auch für jeden Geschäftvorfall die Auswirkung auf die Bilanz an!

Buchungssätze:

| | Soll | Betrag | | Haben | Betrag |
|---|---|---|---|---|---|
| a) | 280 Bank | | an | 288 Kasse | 1 400,00 EUR |
| b) | 440 Verbindlichkeiten | | an | 425 Darlehen | 13 000,00 EUR |
| c) | 081 Ladenausstattung | 27 000,00 EUR | | | |
| | 260 Vorsteuer | 4 320,00 EUR | an | 440 Verbindlichkeiten | 31 320,00 EUR |
| d) | 440 Verbindlichkeiten | | an | 280 Bank | 900,00 EUR |

Lösung:

a) Aktivtausch,

b) Passivtausch,

c) Aktiv-Passivmehrung,

d) Aktiv-Passivminderung.

Merke:

- Bei der Auswirkung von Geschäftsvorfällen auf die Bilanz gibt es nur vier Möglichkeiten.
- Ein **Aktivtausch** liegt vor, wenn durch einen Geschäftsvorfall ein Aktivposten (der Bilanz) in der gleichen Höhe zunimmt, wie ein anderer Aktivposten abnimmt (Tauschvorgang auf der Aktivseite). Die Bilanzsumme verändert sich nicht.
- Ein **Passivtausch** liegt vor, wenn durch einen Geschäftsvorfall ein Passivposten (der Bilanz) in der gleichen Höhe zunimmt, wie ein anderer Passivposten abnimmt (Tauschvorgang auf der Passivseite). Die Bilanzsumme verändert sich nicht.
- Eine **Aktiv-Passivmehrung** liegt vor, wenn durch einen Geschäftsvorfall sowohl ein Aktiv- als auch ein Passivposten um den gleichen Betrag zunehmen. Die Bilanzsumme nimmt zu.
- Eine **Aktiv-Passivminderung** liegt vor, wenn durch einen Geschäftsvorfall sowohl ein Aktiv- als auch ein Passivposten um den gleichen Betrag abnehmen. Die Bilanzsumme nimmt ab.
- Alle vier Möglichkeiten der Bilanzveränderung erhalten das Gleichgewicht der Bilanz (Summe der Aktiva = Summe der Passiva).

# 3 Erfolgskonten

## 3.1 Aufwands- und Ertragskonten

Beispiel:

Bilden Sie die Buchungssätze zu folgenden Geschäftsvorfällen:

a) Barkauf von Büromaterial 280,00 EUR netto, 16% Mehrwertsteuer,

b) Barverkauf von Waren 710,00 EUR netto, 16% Mehrwertsteuer.

Buchungssätze:

| | | | | | |
|---|---|---|---|---|---|
| a) | 680 Büromaterial | 280,00 EUR | | | |
| | 260 Vorsteuer | 44,80 EUR | an | 288 Kasse | 324,80 EUR |
| b) | 288 Kasse | 823,60 EUR | an | 500 Umsatzerlöse | 710,00 EUR |
| | | | an | 480 Umsatzsteuer | 113,60 EUR |

Merke:

- Aufwendungen bzw. Erträge werden auf den **Aufwands- bzw. Ertragskonten** erfasst.
- **Aufwendungen** vermindern das Eigenkapital; **Erträge** erhöhen das Eigenkapital. Die Aufwands- und Ertragskonten sind Unterkonten des Eigenkapitalkontos. Sie werden **Erfolgskonten** genannt, weil sie den Erfolg (Gewinn bzw. Verlust) eines Unternehmens beeinflussen.
- Buchungen auf den Erfolgskonten sind **erfolgswirksam.** Buchungen, die nur Bestandskonten betreffen und das Eigenkapital nicht beeinflussen, sind **erfolgsunwirksam.**
- Aufwendungen werden im **Soll,** Erträge werden im **Haben** gebucht.
- **Aufwendungen** werden z.B. auf folgenden Konten erfasst: 600 Aufwendungen für Waren, 611 Aufwendungen für bezogene Leistungen (z.B. Ausgangsfrachten, Reparaturen), 620 Löhne, 630 Gehälter, 652 Abschreibungen auf Sachanlagen, 670 Mieten und Pachten, 680 Büromaterial, 690 Versicherungsbeiträge, 702 Grundsteuer, 751 Zinsaufwendungen.
- **Erträge** werden z.B. auf folgenden Konten erfasst: 500 Umsatzerlöse für Waren, 540 Nebenerlöse aus Vermietung und Verpachtung, 542 Eigenverbrauch, 571 Zinserträge.

## 3.2 Gewinn- und Verlustkonto

Beispiel:

Es liegen folgende Geschäftsfälle vor:

a) Banküberweisung für Leasinggebühren 1700,00 EUR,

b) Banküberweisung der Kfz-Versicherung für Geschäfts-Pkw 850,00 EUR,

c) Bankgutschrift für Zinsen 620,00 EUR,

d) Bankgutschrift für vermietete Geschäftsräume 2900,00 EUR.

Geben Sie die Buchungssätze an, buchen Sie die Geschäftsfälle auf den Erfolgskonten, schließen Sie die Erfolgskonten und das GuV-Konto ab und geben Sie die Abschlussbuchungssätze an!

Buchungssätze:

| | | | | |
|---|---|---|---|---|
| a) | 671 Leasing | an | 280 Bank | 1 700,00 EUR |
| b) | 690 Versicherungsbeiträge | an | 280 Bank | 850,00 EUR |
| c) | 280 Bank | an | 571 Zinserträge | 620,00 EUR |
| d) | 280 Bank | an | 540 Mieterträge | 2 900,00 EUR |

Buchung:

| S | 671 Leasing | | H |
|---|---|---|---|
| 280) | 1 700,00 | 802) | 1 700,00 |

| S | 690 Versicherungsbeiträge | | H |
|---|---|---|---|
| 280) | 850,00 | 802) | 850,00 |

| S | 571 Zinserträge | | H |
|---|---|---|---|
| 802) | 620,00 | 280) | 620,00 |

| S | 540 Mieterträge | | H |
|---|---|---|---|
| 802) | 2 900,00 | 280) | 2 900,00 |

| S | 802 Gewinn und Verlust | | H |
|---|---|---|---|
| 671) | 1 700,00 | 571) | 620,00 |
| 690) | 850,00 | 540) | 2 900,00 |
| 300) | 970,00 | | |
| | 3 520,00 | | 3 520,00 |

| S | 300 Eigenkapital | | H |
|---|---|---|---|
| SBK) | 120 970,00 | EBK) | 120 000,00 |
| | | 802) | 970,00 |
| | 120 970,00 | | 120 970,00 |

Buchungssätze für den Abschluss:

| | | | |
|---|---|---|---|
| 802 Gewinn und Verlust | an | 671 Leasing | 1 700,00 EUR |
| 802 Gewinn und Verlust | an | 690 Versicherungsbeiträge | 850,00 EUR |
| 571 Zinserträge | an | 802 Gewinn und Verlust | 620,00 EUR |
| 540 Mieterträge | an | 802 Gewinn und Verlust | 2 900,00 EUR |
| 802 Gewinn und Verlust | an | 300 Eigenkapital | 970,00 EUR |
| 300 Eigenkapital | an | 801 Schlussbilanzkonto | 121 970,00 EUR |

Merke:

- Die Erfolgskonten werden über das **Gewinn- und Verlustkonto** (802 GuV) abgeschlossen.
- Das GuV-Konto enthält auf der Sollseite die Salden der Aufwandskonten und auf der Habenseite die Salden der Ertragskonten.

  Der Saldo des GuV-Kontos stellt den **Erfolg** des Unternehmens dar: Gewinn oder Verlust.
- Das GuV-Konto ist ein Unterkonto des Eigenkapitalkontos und es wird deshalb über das Eigenkapitalkonto abgeschlossen.
- Bei einem **Gewinn** (Erträge > Aufwendungen) vermehrt sich das Eigenkapital (802 Gewinn und Verlust an 300 Eigenkapital).

  Bei einem **Verlust** (Aufwendungen > Erträge) vermindert sich das Eigenkapital (300 Eigenkapital an 802 Gewinn und Verlust).

# 4 Mehrwertsteuer

## 4.1 Mehrwertsteuer beim Ein- und Verkauf

Beispiel:

Bilden Sie die Buchungssätze für folgende Geschäftsfälle:

a) Wareneinkauf auf Ziel 3 200,00 EUR netto, 16 % Mehrwertsteuer,

b) Barverkauf von Waren 1 430,00 EUR netto, 16 % Mehrwertsteuer.

Buchungssätze:

| | | | | | |
|---|---|---|---|---|---|
| a) | 600 Aufwendungen für Waren | 3 200,00 EUR | | | |
| | 260 Vorsteuer | 512,00 EUR | an | 440 Verbindlichkeiten | 3 712,00 EUR |
| b) | 288 Kasse | 1 658,80 EUR | an | 500 Umsatzerlöse | 1 430,00 EUR |
| | | | an | 480 Umsatzsteuer | 228,80 EUR |

Merke:

- Auf jeder Stufe des Warenweges entsteht ein Mehrwert (Wertschöpfung), welcher der **Mehrwertsteuer** unterliegt.
- Nach dem **Umsatzsteuergesetz** unterliegen alle Lieferungen und Leistungen, die ein Unternehmen im Inland gegen Entgelt ausführt, der Mehrwertsteuer (Ausfuhrlieferungen sind von der Mehrwertsteuer befreit). Besteuert wird auch die Einfuhr von Gegenständen aus Drittländern in das EU-Gemeinschaftsgebiet (Einfuhrumsatzsteuer). Der gewerbliche Erwerb von Gütern aus EU-Mitgliedstaaten (so genannter innergemeinschaftlicher Erwerb) unterliegt ebenfalls der Umsatzsteuer. Zur Besteuerung von Entnahmen durch einen Unternehmer aus seinem Unternehmen für private Zwecke siehe Seite 68.
- Bemessungsgrundlage für die Mehrwertsteuerberechnung ist der **Nettowarenwert.**
- Die Mehrwertsteuer trägt allein der Letztverbraucher; für das Unternehmen ist sie ein durchlaufender Posten, sie stellt keine Kosten dar.
- Die Mehrwertsteuer beim Einkauf wird immer auf dem Konto 260 **Vorsteuer** gebucht (im Soll).
  Die Vorsteuer stellt eine Forderung an das Finanzamt (Aktivkonto) dar.
- Die Mehrwertsteuer beim Verkauf wird immer auf dem Konto 480 **Umsatzsteuer** gebucht (im Haben).
  Die Umsatzsteuer stellt eine Verbindlichkeit gegenüber dem Finanzamt dar (Passivkonto).

## 4.2 Zahllast und Vorsteuerüberhang

Beispiel 1:

In einem Monat betrug die Vorsteuer (beim Einkauf) 25 200,00 EUR; die Umsatzsteuer betrug in diesem Monat 34 800,00 EUR.

Bilden Sie die Buchungssätze zur Ermittlung der Zahllast und für die Banküberweisung der Zahllast; buchen Sie auf den Konten Vorsteuer und Umsatzsteuer!

5 Groh/Schröer – ISBN 3-8120-0423-2

Buchung:

| S | 260 Vorsteuer | | H |
|---|---|---|---|
| | 25 200,00 | 480) | 25 200,00 |

→

| S | 480 Umsatzsteuer | | H |
|---|---|---|---|
| 260) | 25 200,00 | | 34 800,00 |
| 280) | 9 600,00 | | |
| | 34 800,00 | | 34 800,00 |

Buchungssätze:

**Abschluss des Kontos Vorsteuer**

| | | | |
|---|---|---|---|
| 480 Umsatzsteuer | an | 260 Vorsteuer | 25 200,00 EUR |

**Überweisung der Zahllast**

| | | | |
|---|---|---|---|
| 480 Umsatzsteuer | an | 280 Bank | 9 600,00 EUR |

Beispiel 2:

Die Zahllast aus Beispiel 1 ist bis zum 31. Dezember noch nicht überwiesen.

Wie lauten die Buchungssätze am Jahresende und im neuen Jahr?

Buchungssätze:

**Im alten Jahr (Passivierung der Zahllast):**

| | | | |
|---|---|---|---|
| 480 Umsatzsteuer | an | 801 Schlussbilanzkonto | 9 600,00 EUR |

**Im neuen Jahr:**

| | | | |
|---|---|---|---|
| 800 Eröffnungsbilanzkonto | an | 480 Umsatzsteuer | 9 600,00 EUR |
| 480 Umsatzsteuer | an | 280 Bank | 9 600,00 EUR |

Beispiel 3:

Im Monat Dezember entstanden Vorsteuer in Höhe von 9 700,00 EUR und Umsatzsteuer in Höhe von 7 300,00 EUR. Wie wird am 31. Dezember gebucht?

Buchung:

| S | 260 Vorsteuer | | H |
|---|---|---|---|
| | 9 700,00 | 480) | 7 300,00 |
| | | 801) | 2 400,00 |
| | 9 700,00 | | 9 700,00 |

←

| S | 480 Umsatzsteuer | | H |
|---|---|---|---|
| 260) | 7 300,00 | | 7 300,00 |

Buchungssätze:

**Abschluss des Kontos Umsatzsteuer**

| | | | |
|---|---|---|---|
| 480 Umsatzsteuer | an | 260 Vorsteuer | 7 300,00 EUR |

**Aktivierung des Vorsteuerüberhangs**

| | | | |
|---|---|---|---|
| 801 Schlussbilanzkonto | an | 260 Vorsteuer | 2 400,00 EUR |

Merke:

- Vorsteuer wird über Umsatzsteuer abgeschlossen (Vorsteuerabzug[1]). Der Saldo des Kontos Umsatzsteuer ergibt die **Zahllast,** welche an das Finanzamt abzuführen ist.

  | Zahllast = Umsatzsteuer – Vorsteuer |
  |---|

- Die Zahllast ist i. d. R. monatlich zu ermitteln (Voranmeldungszeitraum) und bis zum 10. des folgenden Monats an das Finanzamt zu überweisen.
- Am Jahresende ist die Zahllast als Verbindlichkeit zu **passivieren.**
- Übersteigt die Vorsteuer die Umsatzsteuer, liegt ein **Vorsteuerüberhang** vor (Abschluss von Umsatzsteuer über Vorsteuer); dieser ist am Jahresende als Forderung zu **aktivieren.** Der Vorsteuerüberhang wird vom Finanzamt ausgezahlt.

## 4.3 Vorsteuer bei Aufwendungen

Beispiel:

Ein Einzelhandelsbetrieb kauft Schreibmaschinenpapier gegen bar, 50,00 EUR brutto, Mehrwertsteuer 16 %.

Wie lautet der Buchungssatz?

Buchungssatz:

| | | | | |
|---|---|---|---|---|
| 680 Büromaterial | 43,10 EUR | | | |
| 260 Vorsteuer | 6,90 EUR | an | 288 Kasse | 50,00 EUR |

Merke:

- Bestimmte Aufwendungen der Kontenklassen 6 und 7 unterliegen der Mehrwertsteuer; diese Mehrwertsteuer stellt für den Betrieb **Vorsteuer** dar.

  Beispiele sind: 600 Aufwendungen für Waren, 610 Aufwendungen für Material, 611 Aufwendungen für bezogene Leistungen (z. B. Frachten, Fremdinstandhaltung), 680 Büromaterial, 687 Werbung.
- Sind Rechnungsbeträge einschließlich der Mehrwertsteuer (brutto, Bruttobetrag) angegeben, muss der Mehrwertsteueranteil mit einer Prozentrechnung auf Hundert errechnet werden (Bruttobetrag = 116 % bzw. 107 %).
- Bei Rechnungen, deren Gesamtbetrag 100,00 EUR nicht übersteigt, muss die Mehrwertsteuer nicht gesondert ausgewiesen werden; allerdings muss der anzuwendende Steuersatz angegeben sein.

1 Ein Vorsteuerabzug ist nur dann zulässig, wenn eine ordnungsgemäß ausgestellte Rechnung vorliegt, d. h., die Rechnung muss auf jeden Fall enthalten die Steuernummer bzw. die Umsatzsteuer-Identifikationsnummer des Rechnungsausstellers.

# 5 Privatkonto

Beispiel 1:

Ein Unternehmer

a) tätigt am 15. Februar eine Kapitaleinlage auf das Bankkonto in Höhe von 12000,00 EUR,

b) entnimmt am 18. Juli der Geschäftskasse für Privatzwecke 2300,00 EUR,

c) entnimmt am 19. November Erzeugnisse für den Haushalt im Nettowert von 650,00 EUR (MWSt 16%).

Buchungssätze:

| | | | | | |
|---|---|---|---|---|---|
| a) | 280 Bank | | an | 3001 Privat | 12000,00 EUR |
| b) | 3001 Privat | | an | 288 Kasse | 2300,00 EUR |
| c) | 3001 Privat | 754,00 EUR | an | 5420 Entnahme mit Umsatzsteuer | 650,00 EUR |
| | | | an | 480 Umsatzsteuer | 104,00 EUR |

Beispiel 2:

Ein Unternehmer kauft am 1. März 20.. einen neuen Pkw zum Listenpreis von 45000,00 EUR netto auf Ziel; der Pkw wird auch für Privatfahrten genutzt.

Bilden Sie den Buchungssatz für den monatlichen privaten Nutzungsanteil nach der 1%-Regelung!

Buchungssatz:

| | | | | |
|---|---|---|---|---|
| 3001 Privat | 522,00 EUR | an | 5420 Entnahme mit Umsatzsteuer | 450,00 EUR |
| | | an | 4800 Umsatzsteuer | 72,00 EUR |

Merke:

- Das **Privatkonto** ist ein Unterkonto des Kapitalkontos (nur Einzelkaufleute und Personengesellschaften führen ein Privatkonto).
- Auf der Sollseite des Privatkontos stehen die Privatentnahmen (Minderung des Eigenkapitals), auf der Habenseite stehen die Privateinlagen (Mehrung des Eigenkapitals).
- Die **Entnahme von Waren** und die **Nutzung von betrieblichen Gegenständen für private Zwecke** sind umsatzsteuerpflichtig (z.B. wird ein betriebliches Fahrzeug privat genutzt).[1]
- Die **private Nutzung eines betrieblichen Kraftfahrzeugs** ist für jeden Kalendermonat mit 1% des inländischen Listenpreises im Zeitpunkt der Erstzulassung einschließlich der Umsatzsteuer anzusetzen. Abweichend von dieser Regelung kann die private Nutzung mit den auf die Privatfahrten entfallenden Aufwendungen angesetzt werden, wenn die für das Kraftfahrzeug insgesamt entstehenden Aufwendungen durch Belege und das Verhältnis der privaten zu den übrigen Fahrten durch ein ordnungsgemäßes Fahrtenbuch nachgewiesen werden.
- Die Entnahme von Waren und die private Nutzung von betrieblichen Gegenständen werden auf den Ertragskonten 5420 Entnahme von Waren und Leistungen mit Umsatzsteuer bzw. 5421 Entnahme von Waren und Leistungen ohne Umsatzsteuer gebucht.
- Das Privatkonto wird über das Kapitalkonto, die Entnahmekonten werden über das GuV-Konto abgeschlossen.

1 Die private Nutzung von Kraftfahrzeugen, die vor dem 1. Januar 2004 angeschafft wurden, ist nicht umsatzsteuerpflichtig. In diesem Fall darf der Vorsteuerabzug nur 50% betragen, die restlichen 50% der Vorsteuer zählen zu den Anschaffungskosten.

# 6 Kassenbericht

Beispiel 1:

Stellen Sie für folgende Angaben einen Kassenbericht auf (Mehrwertsteuer 16 %)!

a) Kassenbestand bei Geschäftsschluss 977,80 EUR,
b) Barzahlung der Eingangsrechnung 212 von Maier, Saarbrücken, 278,40 EUR brutto,
c) Barzahlung der Fracht für die Eingangsrechnung 212 29,00 EUR brutto,
d) Barzahlung für Büromaterial 34,80 EUR brutto,
e) Barzahlung für Reparatur der Registrierkasse 208,80 EUR brutto,
f) Privatentnahme bar 200,00 EUR,
g) Bareinzahlung auf Bankkonto 500,00 EUR,
h) Kassenbestand des Vortages 290,00 EUR,
i) Mieteinnahme bar 400,00 EUR.

Lösung:

**Kassenbericht** Nr. 154 Datum 9. Juli 20 . .

| Kassenbestand bei Geschäftsschluss | | | 977,80 | Buchungsvermerke |
|---|---|---|---|---|
| **Ausgaben im Laufe des Tages** Wareneinkäufe und Warennebenkosten | Vorsteuer | Netto-/Brutto Betrag | | |
| ER 212 v. Maier Saarbr. | 38,40 | 240,00 | | |
| Fracht auf ER 212 | 4,00 | 25,00 | | |
| | | | 265,00 | |
| Geschäftsausgaben | | | | |
| Büromaterial | 4,80 | 30,00 | | |
| Reparatur | 28,80 | 180,00 | | |
| | | | 210,00 | |
| Privatentnahmen bar | — | 200,00 | 200,00 | |
| Sonstige Ausgaben | | | | |
| Einzahlung Bank | | 500,00 | | |
| | | | 500,00 | |
| | | Vorsteuer bei Nettobetrag ▶ | 76,00 | |
| | Summe | | 2228,80 | |
| | abzüglich Kassenbestand des Vortages | | 290,00 | |
| abzüglich sonstige Einnahmen | **Kasseneingang** | | 1938,80 | |
| Mieteinnahme bar | | 400,00 | | |
| | | | 400,00 | |
| Kundenzahl 32 | **Einnahmen** (Tageslosung) | | 1538,80 | |

Betrag/Kunde 48,09

Unterschrift Wagner

## Lösungsweg:

① Kassenbestand bei Geschäftsschluss übernehmen.
② Beträge für Barzahlung der ER 212, der Fracht, des Büromaterials und der Reparatur übernehmen, und zwar jeweils Vorsteuer- und Nettobetrag (auf Hundert-Rechnung).
③ Beträge für Privatentnahme und Bareinzahlung übernehmen.
④ Zwischensummen der Nettobeträge ermitteln.
⑤ Beträge in die Zwischensummenspalte übernehmen.
⑥ Summe aller Vorsteuerbeträge bilden.
⑦ Kassenbestand bei Geschäftsschluss + Summe der Ausgaben.
⑧ Kasseneingang = Betrag aus ⑦ − Kassenbestand des Vortages.
⑨ Tageslosung = Kasseneingang − sonstige Einnahmen.

## Beispiel 2:

Bilden Sie für die Geschäftsfälle von Beispiel 1 und für die Tageslosung die Buchungssätze!

## Buchungssätze:

| | | | | | |
|---|---|---|---|---|---|
| **Barzahlung der Rechnungen** | | | | | |
| 600 | Aufwendungen für Waren | 240,00 EUR | | | |
| 260 | Vorsteuer | 38,40 EUR | an | 288 Kasse | 278,40 EUR |
| 6110 | Frachten | 25,00 EUR | | | |
| 260 | Vorsteuer | 4,00 EUR | an | 288 Kasse | 29,00 EUR |
| 680 | Büromaterial | 30,00 EUR | | | |
| 260 | Vorsteuer | 4,80 EUR | an | 288 Kasse | 34,80 EUR |
| 6112 | Fremdinstandhaltung | 180,00 EUR | | | |
| 260 | Vorsteuer | 28,80 EUR | an | 288 Kasse | 208,80 EUR |
| **Privatentnahme** | | | | | |
| 3001 | Privat | | an | 288 Kasse | 200,00 EUR |
| **Bareinzahlung** | | | | | |
| 280 | Bank | | an | 288 Kasse | 500,00 EUR |
| **Mieteinnahme** | | | | | |
| 288 | Kasse | | an | 540 Mieteinnahmen | 400,00 EUR |
| **Tageslosung** | | | | | |
| 288 | Kasse | 1 538,80 EUR | an | 500 Umsatzerlöse | 1 326,55 EUR |
| | | | | 480 Umsatzsteuer | 212,25 EUR |

## Beispiel 3:

Die Ist-Einnahmen (Tageslosung) betragen lt. Kassenbericht 1 538,80 EUR; die Soll-Einnahmen betragen entsprechend den Verkaufsdaten der Kasse 1 558,80 EUR.

Wie lautet der Buchungssatz für den Kassenfehlbetrag?

## Buchungssatz:

| | | | | |
|---|---|---|---|---|
| 693 | Andere sonst. betr. Aufwendungen | an | 288 Kasse | 20,00 EUR |

Beispiel 4:

Die Tageslosung beträgt 1 538,80 EUR, die Soll-Einnahmen betragen 1 533,80 EUR.

Wie lautet der Buchungssatz für den Kassenüberschuss?

Buchungssatz:

| 288 Kasse | an | 543 Andere sonst. betr. Erträge | 5,00 EUR |
|---|---|---|---|

Merke:

- Der **Kassenbericht** ist ein im Einzelhandel vorgeschriebenes Instrument der Buchführung, in dem die täglichen Bargeldeingänge und Bargeldausgänge erfasst werden. Das Ergebnis des Kassenberichts ist die **Tageslosung** (Einnahmen eines Tages).
- Die Ausgaben im Laufe des Tages werden entweder nach dem Nettoverfahren oder nach dem Bruttoverfahren erfasst.

  Beim **Nettoverfahren** werden die Vorsteuerbeträge gesondert ausgewiesen; beim **Bruttoverfahren** werden nur die Bruttobeträge erfasst, die Vorsteuerbeträge werden nicht ausgewiesen (siehe Buchführung, Seite 74 und Ware und Verkauf, Frage 84).
- Die Tageslosung (Ist-Einnahmen eines Tages) wird nach Geschäftsschluss mit den Soll-Einnahmen (entsprechend den Verkaufsdaten der Kasse) verglichen.

  Man unterscheidet dabei drei Fälle:

  **Übereinstimmung**

  Tageslosung $=$ Soll-Einnahmen

  **Kassenfehlbetrag**

  Tageslosung $<$ Soll-Einnahmen
  → 693 Andere sonstige betriebliche Aufwendungen

  **Kassenüberschuss**

  Tageslosung $>$ Soll-Einnahmen
  → 543 Andere sonstige betriebliche Erträge
- Die Tageslosung kann entweder nach dem Nettoverfahren (mit sofortiger Umsatzsteuerbuchung) oder nach dem Bruttoverfahren (mit späterer Buchung des Umsatzsteueranteils) gebucht werden.

# 7 Buchungen beim Wareneinkauf

## 7.1 Einkauf von Waren

Beispiel:

Gegeben sind folgende Angaben im Wareneingangsbuch:

| Lfd. Nr. | Beleg Nr. | Datum der Rechnung | Datum des Wareneingangs | Lieferer | Art der Ware oder Leistung | Brutto-Rechnungsbetrag (einschließlich Vorsteuer) Warenbezüge | Brutto-Rechnungsbetrag Sonstige Rechnungen | darin enthaltene Vorsteuer voll 16% | darin enthaltene Vorsteuer ermäßigt 7% | Netto-Betrag (Wareneinkaufswert ohne Vorst.) | Warennebenkosten (Fracht, Verp. usw.) | Abzüge a) b) c) d) | Abzüge Skonti Rücksend. Preis-Diff. Nachlässe | Rechn. bezahlt am |
|---|---|---|---|---|---|---|---|---|---|---|---|---|---|---|
| 1 | 2 | 3 | | 4 | 5 | 6 | 7 | 8 | 9 | 10 | 11 | | 12 | 13 |
| 1 | 44 | 05.02 | 07.02 | Müller | Lampen | 1450,00 | | 200,00 | | 1250,00 | 51,30 | | | |
| 2 | 45 | 05.02. | 01.02. | Habicht | Fernseher | 9512,00 | | 1312,00 | | 8200,00 | 182,40 | | | |
| 3 | 46 | 06.02. | 06.02. | Hofmann | Radios | 3944,00 | | 544,00 | | 3400,00 | 102,50 | | | |
| | | | | | | | | | | | | | | |
| | | | | | | | | | | | | | | |

Bilden Sie (summarisch) die Buchungssätze für den Wareneinkauf und für die Warennebenkosten (Bruttobeträge sind angegeben)!

Buchungssätze:

**Wareneinkauf**

600 Aufwendungen für Waren 12 850,00 EUR
260 Vorsteuer 2 056,00 EUR an 440 Verbindlichkeiten 14 906,00 EUR

**Warennebenkosten**

6001 Bezugskosten 289,91 EUR
260 Vorsteuer 46,39 EUR an 440 Verbindlichkeiten 336,30 EUR

Merke:

- Auf der Grundlage der Wareneingangsrechnungen werden im **Wareneingangsbuch** alle Wareneinkäufe fortlaufend eingetragen. Das Wareneingangsbuch enthält i. d. R. die Angaben, welche im Beispiel enthalten sind.
- Anhand der Eintragungen im Wareneingangsbuch werden die Wareneinkäufe, die Warennebenkosten sowie die Abzüge (siehe Buchführung, Seite 74) in regelmäßigen Abständen (z. B. monatlich) summarisch gebucht.
- Der **Einkauf von Waren** wird mit dem Nettobetrag als Aufwand (im Soll) des Kontos 600 Aufwendungen für Waren gebucht. Es ist möglich, für unterschiedliche Warengruppen einzelne Aufwandskonten einzurichten.
- **Bezugskosten** (z. B. Fracht, Rollgeld, Transportversicherung, Verpackung) unterliegen der Mehrwertsteuer, diese stellt für den Betrieb Vorsteuer dar.
- Die Bezugskosten (Warennebenkosten) werden auf Unterkonten der Konten Aufwendungen für Waren gebucht (z. B. 6001 Bezugskosten), und zwar mit ihrem Nettobetrag.
- Die Konten Bezugskosten werden über die entsprechenden Aufwandskonten abgeschlossen (z. B. 600 Aufwendungen für Waren an 6001 Bezugskosten).

## 7.2 Rücksendungen an Lieferanten

Beispiel:

Ein Einzelhandelsbetrieb kauft auf Ziel Waren für 12 000,00 EUR netto + 16% Mehrwertsteuer. Waren im Wert von 500,00 EUR netto sind unbrauchbar und werden an den Lieferer zurückgeschickt.

Wie lauten die Buchungssätze:

Buchungssätze:

**Einkauf**

| | | | | |
|---|---|---|---|---|
| 600 Aufwendungen für Waren | 12 000,00 EUR | | | |
| 260 Vorsteuer | 1 920,00 EUR | an | 440 Verbindlichkeiten | 13 920,00 EUR |

**Rücksendungen**

| | | | | |
|---|---|---|---|---|
| 440 Verbindlichkeiten | 580,00 EUR | an | 600 Aufwendungen für Waren | 500,00 EUR |
| | | an | 260 Vorsteuer | 80,00 EUR |

Merke:

- **Rücksendungen** von mangelhaften und falsch gelieferten Waren an den Lieferer werden mit dem Nettobetrag auf 600 Aufwendungen für Waren (im Haben) als Korrektur erfasst.
- Das Konto **260 Vorsteuer** ist um den anteiligen Mehrwertsteuerbetrag zu berichtigen (im Haben).

## 7.3 Nachlässe von Lieferanten

Beispiel:

Aufgrund einer Mängelrüge erhält ein Einzelhändler von seinem Lieferanten für bezogene Waren eine Gutschrift über 2 320,00 EUR (brutto).

Wie lauten die Buchungssätze für die Netto- und Bruttobuchung?

Buchungssätze:

**Nettobuchung**

| | | | | |
|---|---|---|---|---|
| 440 Verbindlichkeiten | 2 320,00 EUR | an | 6002 Nachlässe | 2 000,00 EUR |
| | | an | 260 Vorsteuer | 320,00 EUR |

**Bruttobuchung**

**bei Gutschrift**

| | | | | |
|---|---|---|---|---|
| 440 Verbindlichkeiten | | an | 6002 Nachlässe | 2 320,00 EUR |

**am Monatsende**

| | | | | |
|---|---|---|---|---|
| 6002 Nachlässe | | an | 260 Vorsteuer | 320,00 EUR |

Merke:

- **Gutschriften aufgrund von Mängelrügen** sowie **Boni beim Einkauf** werden als Abzüge auf 6002 Nachlässe (im Haben) erfasst.
- Boni beim Einkauf sind nachträglich gewährte Rabatte durch den Lieferanten; sie werden z. B. am Jahresende als Umsatzrückvergütung gewährt.

- Das Konto 260 **Vorsteuer** ist um den anteiligen Mehrwertsteuerbetrag zu berichtigen (im Haben).
- Netto- und Bruttobuchung sind möglich.
- Bei der **Nettobuchung** wird die anteilige Vorsteuer sofort berichtigt.
- Bei der **Bruttobuchung** wird der Vorgang zunächst brutto (d.h. inklusive Mehrwertsteuer) gebucht. Die Berichtigung der Vorsteuer (im Haben) erfolgt am Monatsende.
- Das Konto 6002 Nachlässe wird über 600 Aufwendungen für Waren abgeschlossen (6002 an 600).
- Beim Einkauf erhaltene **Sofortrabatte** werden buchhalterisch nicht berücksichtigt, d.h., die um die Rabatte verminderten Beträge sind zu buchen.

## 7.4 Lieferantenskonti

Beispiel:

Ein Einzelhändler überweist an einen Lieferer eine Rechnung über 5800,00 EUR brutto (16% Mehrwertsteuer) unter Abzug von 2% Skonto.

Buchen Sie netto und brutto!

**Nettobuchung**

Buchung:

| S | 280 Bank | | H |
|---|---|---|---|
| AB | | 440) | 5684,00 |

| S | 6002 Nachlässe | | H |
|---|---|---|---|
| | | 440) | 100,00 |

| S | 260 Vorsteuer | | H |
|---|---|---|---|
| 440) | 800,00 | 440) | 16,00 |

| S | 440 Verbindlichkeiten | | H |
|---|---|---|---|
| 280/6002/260) | 5800,00 | 600/260) | 5800,00 |

Buchungssatz:

| | | | | | |
|---|---|---|---|---|---|
| 440 Verbindlichkeiten | 5800,00 EUR | an | 280 | Bank | 5684,00 EUR |
| | | an | 6002 | Nachlässe | 100,00 EUR |
| | | an | 260 | Vorsteuer | 16,00 EUR |

**Bruttobuchung**

Buchungssätze:

**bei Eingang der Banklastschrift**

| | | | | | |
|---|---|---|---|---|---|
| 440 Verbindlichkeiten | 5800,00 EUR | an | 280 | Bank | 5684,00 EUR |
| | | an | 6002 | Nachlässe | 116,00 EUR |

**am Monatsende**

| | | | | | |
|---|---|---|---|---|---|
| 6002 Nachlässe | | an | 260 | Vorsteuer | 16,00 EUR |

Merke:

- **Lieferantenskonti** (Skonto beim Einkauf) werden auf 6002 Nachlässe (im Haben) erfasst.
- Der **Skontoabzug** wird vom Rechnungsbetrag (einschließlich MWSt) ermittelt. Von diesem Bruttoskonto ist die anteilige Mehrwertsteuer (Prozentrechnung auf Hundert) zu berechnen; dieser Betrag ist auf 260 **Vorsteuer** (im Haben) zu berichtigen.

| | | |
|---|---|---|
| Rechnungsbetrag | 440 | Verbindlichkeiten |
| – Bruttoskonto | 6002 | Nachlässe |
| (einschließlich MWSt) | 260 | Vorsteuer |
| Überweisung | 280 | Bank |

- Netto- und Bruttobuchung sind möglich.
- Das Konto 602 Nachlässe wird über 600 Aufwendungen für Waren abgeschlossen (6002 an 600).

# 8 Buchungen beim Warenverkauf

## 8.1 Verkauf von Waren

Beispiel 1:

Die Tageslosung beträgt lt. Kassenbericht 4350,00 EUR, 16% Mehrwertsteuer.

Bilden Sie den Buchungssatz für den Warenverkauf!

Buchungssatz:

| | | | | |
|---|---|---|---|---|
| 288 Kasse | 4350,00 EUR | an | 500 Umsatzerlöse | 3750,00 EUR |
| | | an | 480 Umsatzsteuer | 600,00 EUR |

Beispiel 2:

Verkauf von Waren auf Ziel 680,00 EUR netto, Mehrwertsteuer 16%.

Wie lautet der Buchungssatz?

Buchungssatz:

| | | | | |
|---|---|---|---|---|
| 240 Forderungen | 788,80 EUR | an | 500 Umsatzerlöse | 680,00 EUR |
| | | an | 480 Umsatzsteuer | 108,80 EUR |

Merke:

- Der **Verkauf von Waren** wird mit dem Nettobetrag auf dem Ertragskonto 500 Umsatzerlöse für Waren (im Haben) erfasst. Es ist möglich, für unterschiedliche Warengruppen einzelne Erlöskonten einzurichten.
- Der Verkauf von Waren kann als **Barverkauf** (lt. Kassenbericht) oder als **Zielverkauf** (lt. Ausgangsrechnung) gebucht werden.
- **Nebenkosten,** die beim Verkauf den Kunden in Rechnung gestellt werden (z.B. Kosten der Warenzustellung), sind unmittelbar den Umsatzerlösen hinzuzurechnen, d.h., beim Verkauf gibt es kein eigenes Konto für die Nebenkosten. Die Umsatzsteuer wird demzufolge von den um die Nebenkosten erhöhten Umsatzerlösen berechnet.

## 8.2 Warenrückgabe und Rücksendungen von Kunden

Beispiel 1:

Ein Kunde kauft bar Waren für 120,00 EUR netto, 16% Mehrwertsteuer.

Der Kunde gibt später die Waren gegen Erstattung des Kaufpreises zurück.

Wie lauten die Buchungssätze?

Buchungssätze:

**Verkauf**

| | | | | |
|---|---|---|---|---|
| 288 Kasse | 139,20 EUR | an | 500 Umsatzerlöse | 120,00 EUR |
| | | an | 480 Umsatzsteuer | 19,20 EUR |

**Warenrückgabe**

| | | | | |
|---|---|---|---|---|
| 500 Umsatzerlöse | 120,00 EUR | | | |
| 480 Umsatzsteuer | 19,20 EUR | an | 288 Kasse | 139,20 EUR |

Beispiel 2:

Ein Kunde kauft auf Ziel 5 Einheiten einer Ware zum Einzelpreis netto 90,00 EUR, Mehrwertsteuer 16%.

Eine beschädigte Einheit der Ware schickt er zurück.

Wie lauten die Buchungssätze?

Buchungssätze:

**Verkauf**

| | | | | |
|---|---|---|---|---|
| 240 Forderungen | 522,00 EUR | an | 500 Umsatzerlöse | 450,00 EUR |
| | | an | 480 Umsatzsteuer | 72,00 EUR |

**Warenrücksendung**

| | | | | |
|---|---|---|---|---|
| 500 Umsatzerlöse | 90,00 EUR | | | |
| 480 Umsatzsteuer | 14,40 EUR | an | 240 Forderungen | 104,40 EUR |

Merke:

- **Warenrückgaben** und **Warenrücksendungen von Kunden** (z. B. aufgrund von Mängelrügen, Falschlieferungen) werden als Berichtigungsbuchungen erfasst.
- Die Konten Umsatzerlöse und Umsatzsteuer werden (im Soll) korrigiert.

## 8.3 Nachlässe an Kunden

Beispiel 1:

Ein Einzelhandelsbetrieb gewährt einem Kunden aufgrund einer Reklamation einen Preisnachlass in Höhe von 100,00 EUR brutto, der bar ausgezahlt wird.

Wie lauten die Buchungssätze für die Netto- und Bruttobuchung?

Buchungssätze:

**Nettobuchung**

| | | | | |
|---|---|---|---|---|
| 5001 Erlösberichtigungen | 86,21 EUR | | | |
| 480 Umsatzsteuer | 13,79 EUR | an | 288 Kasse | 100,00 EUR |

**Bruttobuchung**

| | | | |
|---|---|---|---|
| 5001 Erlösberichtigungen | an | 288 Kasse | 100,00 EUR |
| 480 Umsatzsteuer | an | 5001 Erlösberichtigungen | 13,79 EUR |

Beispiel 2:

Ein Einzelhandelsbetrieb gewährt einem Großkunden für bezogene Waren im Nettowert von 30 000,00 EUR (16% Mehrwertsteuer) einen Bonus von 3%.

Buchen Sie netto und brutto!

Buchungssätze:

**Nettobuchung**

| | | | | |
|---|---|---|---|---|
| 5001 Erlösberichtigungen | 900,00 EUR | | | |
| 480 Umsatzsteuer | 144,00 EUR | an | 240 Forderungen | 1 044,00 EUR |

**Bruttobuchung**

| | | | |
|---|---|---|---|
| 5001 Erlösberichtigungen | an | 240 Forderungen | 1 044,00 EUR |
| 480 Umsatzsteuer | an | 5001 Erlösberichtigungen | 144,00 EUR |

Merke:

- **Boni beim Verkauf** sowie **Nachlässe aufgrund von Mängelrügen** mindern die Erlöse und werden (als Erlösberichtigungen) auf Unterkonten der Erlöskonten erfasst (5001 Erlösberichtigungen).
- Man unterscheidet Netto- und Bruttobuchung.
- Die **Umsatzsteuer** muss (im Soll) berichtigt werden.
- Das Konto **Erlösberichtigungen** wird über das entsprechende Erlöskonto abgeschlossen (500 Umsatzerlöse an 5001 Erlösberichtigungen).

## 8.4 Kundenskonti

Beispiel:

Banküberweisung eines Kunden für Waren, Bruttorechnungsbetrag 4 640,00 EUR (16% Mehrwertsteuer) abzüglich 3% Skonto; diesem Geschäftsfall liegt ein Warenverkauf auf Ziel zugrunde.

Buchen Sie netto und brutto!

### Nettobuchung

Buchung:

| S | 240 Forderungen | | H |
|---|---|---|---|
| 500/480) | 4 640,00 | 280/5001/480) | 4 640,00 |

| S | 280 Bank | | H |
|---|---|---|---|
| 240) | 4 500,80 | | |

| S | 5001 Erlösberichtigungen | | H |
|---|---|---|---|
| 240) | 120,00 | | |

| S | 480 Umsatzsteuer | | H |
|---|---|---|---|
| 240) | 19,20 | 240) | 640,00 |

Buchungssatz:

| | | | | |
|---|---|---|---|---|
| 280 Bank | 4 500,80 EUR | | | |
| 5001 Erlösberichtigungen | 120,00 EUR | | | |
| 480 Umsatzsteuer | 19,20 EUR | an | 240 Forderungen | 4 640,00 EUR |

### Bruttobuchung

Buchungssätze:

| | | | | |
|---|---|---|---|---|
| 280 Bank | 4 500,80 EUR | | | |
| 5001 Erlösberichtigungen | 139,20 EUR | an | 240 Forderungen | 4 640,00 EUR |
| 480 Umsatzsteuer | | an | 5001 Erlösberichtigungen | 19,20 EUR |

Merke:

- **Kundenskonti** (Skonti beim Verkauf) mindern die Erlöse und werden (als Erlösberichtigungen) auf dem Unterkonto des entsprechenden Erlöskontos erfasst.
- Man unterscheidet Netto- und Bruttobuchung.
- Die **Umsatzsteuer** muss (im Soll) berichtigt werden.
- Das Konto **Erlösberichtigungen** wird über das entsprechende Erlöskonto abgeschlossen (500 Umsatzerlöse an 5001 Erlösberichtigungen).

# 9 Abschluss der Konten des Warenverkehrs

Beispiel:

Von einem Einzelhandelsbetrieb sind folgende Werte bekannt:

| | |
|---|---:|
| Warenanfangsbestand | 6 100,00 EUR |
| Warenschlussbestand lt. Inventur | 3 000,00 EUR |
| Aufwendungen für Waren (netto) | 17 000,00 EUR |
| Bezugskosten für Waren (netto) | 1 350,00 EUR |
| Nachlässe für Waren (netto) | 920,00 EUR |
| Umsatzerlöse für Waren (netto) | 28 000,00 EUR |
| Erlösberichtigungen (netto) | 800,00 EUR |

Führen Sie die Konten 200 Waren, 500 Umsatzerlöse für Waren, 600 Aufwendungen für Waren und 802 Gewinn und Verlust!

Geben Sie die Buchungssätze an für

a) den Abschluss der Konten 5001 Erlösberichtigungen, 6001 Bezugskosten und 6002 Nachlässe,

b) die Buchung des Warenminderbestandes,

c) den Abschluss des Kontos 200 Waren,

d) den Abschluss der Konten 500 Umsatzerlöse und 600 Aufwendungen für Waren!

Buchung:

**S — 200 Waren — H**

| S | | H | |
|---|---:|---|---:|
| 800) | 6 100,00 | 600) | 3 100,00 |
| | | 801) | 3 000,00 |
| | 6 100,00 | | 6 100,00 |

**S — 600 Aufwendungen für Waren — H**

| S | | H | |
|---|---:|---|---:|
| Aufwend.) | 17 000,00 | 6002) | 920,00 |
| 6001) | 1 350,00 | 802) | 20 530,00 |
| 200) | 3 100,00 | | |
| | 21 450,00 | | 21 450,00 |

**S — 500 Umsatzerlöse — H**

| S | | H | |
|---|---:|---|---:|
| 5001) | 800,00 | Erlöse | 28 000,00 |
| 802) | 27 200,00 | | |
| | 28 000,00 | | 28 000,00 |

**S — 802 GuV — H**

| S | | H | |
|---|---:|---|---:|
| 600) | 20 530,00 | 500) | 27 200,00 |

Buchungssätze:

**a) Abschluss der Unterkonten**

| | | | | |
|---|---|---|---|---|
| 500 Umsatzerlöse | an | 5001 Erlösberichtigungen | 800,00 EUR |
| 600 Aufwendungen für Waren | an | 6001 Bezugskosten | 1 350,00 EUR |
| 6002 Nachlässe | an | 600 Aufwendungen für Waren | 920,00 EUR |

**b) Warenminderbestand**

| | | | |
|---|---|---|---|
| 600 Aufwendungen für Waren | an | 200 Waren | 3 100,00 EUR |

**c) Abschluss des Warenkontos**

| | | | |
|---|---|---|---|
| 801 Schlussbilanzkonto | an | 200 Waren | 3 000,00 EUR |

**d) Abschluss der Erfolgskonten**

| | | | |
|---|---|---|---|
| 500 Umsatzerlöse | an | 802 Gewinn und Verlust | 27 200,00 EUR |
| 802 Gewinn und Verlust | an | 600 Aufwendungen für Waren | 20 530,00 EUR |

Der Warenrohgewinn beträgt 6 670,00 EUR.

Merke:

- Für die Reihenfolge beim **Abschluss der Konten des Warenverkehrs** gilt:
  1. Abschluss der Unterkonten von 500 Umsatzerlöse und 600 Aufwendungen für Waren (siehe Buchführung, Seite 72 ff.).
  2. Buchen des Warenmehr- bzw. Warenminderbestandes.
  3. Abschluss des Kontos 200 Waren über 801 Schlussbilanzkonto.
  4. Abschluss der Erfolgskonten 500 Umsatzerlöse und 600 Aufwendungen für Waren (siehe Buchführung, Seite 63 f.).
- Für den **Warenmehrbestand** gilt:

  Schlussbestand $>$ Anfangsbestand
  $\Rightarrow$ 200 Waren an 600 Aufwendungen für Waren

- Für den **Warenminderbestand** gilt:

  Schlussbestand $<$ Anfangsbestand
  $\Rightarrow$ 600 Aufwendungen für Waren an 200 Waren

- Der **Warenrohgewinn** kann mit Hilfe des Kontos 802 GuV ermittelt werden; er ergibt sich als Differenzbetrag von den berichtigten Umsatzerlösen (Saldo des Kontos 500 Umsatzerlöse) und dem Wareneinsatz (Saldo des Kontos 600 Aufwendungen für Waren).

# 10 Buchungen im Personalbereich

Beispiel 1:

Ein Arbeitnehmer erhält ein Bruttogehalt in Höhe von 1 710,00 EUR. Lohn- und Kirchensteuer sowie Solidaritätszuschlag betragen 240,62 EUR, der Arbeitnehmeranteil zur Sozialversicherung beträgt 343,71 EUR. Der Arbeitgeberanteil zur Sozialversicherung beträgt ebenfalls 343,71 EUR. Die noch abzuführenden Abgaben werden überwiesen.

Wie lauten die Buchungssätze?

Buchungssätze:

**Gehaltsbuchung**

| | | | | |
|---|---|---|---|---|
| 630 Gehälter | 1 710,00 EUR | an | 280 Bank | 1 125,67 EUR |
| | | an | 483 Verb. g. Finanzbehörden | 240,62 EUR |
| | | an | 484 Verb. g. Sozialvers.-Tr. | 343,71 EUR |

**Arbeitgeberanteil**

| | | | | |
|---|---|---|---|---|
| 640 Arbeitgeberanteil zur Soz. | | an | 484 Verb. g. Sozialvers.-Tr. | 343,71 EUR |

**Begleichung der Verbindlichkeiten**

| | | | | |
|---|---|---|---|---|
| 483 Verb. g. Finanzbehörden | 240,62 EUR | | | |
| 484 Verb. g. Sozialvers.-Tr. | 687,42 EUR | an | 280 Bank | 928,04 EUR |

Beispiel 2:

Ein Arbeitnehmer erhält einen Vorschuss bar in Höhe von 200,00 EUR.

Wie lautet der Buchungssatz?

Buchungssatz:

| | | | | |
|---|---|---|---|---|
| 265 Forderungen an Mitarbeiter | | an | 288 Kasse | 200,00 EUR |

Beispiel 3:

Ein Arbeitnehmer erhält ein Bruttogehalt von 2 110,00 EUR. Lohn- und Kirchensteuer sowie Solidaritätszuschlag betragen 372,88 EUR, der Arbeitnehmeranteil zur Sozialversicherung beträgt 425,16 EUR. Vorschuss in Höhe von 200,00 EUR ist zu verrechnen. Der Arbeitgeberanteil zur Sozialversicherung beträgt 425,16 EUR. Die noch abzuführenden Abgaben werden überwiesen.

Wie lauten die Buchungssätze?

Buchungssätze:

**Gehaltsbuchung**

| | | | | |
|---|---|---|---|---|
| 630 Gehälter | 2 110,00 EUR | an | 280 Bank | 1 111,96 EUR |
| | | an | 483 Verb. g. Finanzbehörden | 372,88 EUR |
| | | an | 484 Verb. g. Sozialvers.-Tr. | 425,16 EUR |
| | | an | 265 Ford. an Mitarbeiter | 200,00 EUR |

**Arbeitgeberanteil**

| | | | | |
|---|---|---|---|---|
| 640 Arbeitgeberanteil zur Soz. | | an | 484 Verb. g. Sozialvers.-Tr. | 425,16 EUR |

**Begleichung der Verbindlichkeiten:**

| | | | | |
|---|---|---|---|---|
| 483 Verb. g. Finanzbehörden | 372,88 EUR | | | |
| 484 Verb. g. Sozialvers.-Tr. | 850,32 EUR | an | 280 Bank | 1 223,20 EUR |



6 Groh/Schröer – ISBN 3-8120-0423-2

Merke:

- Der **Personalaufwand** wird erfasst in den Kontengruppen 62 Löhne, 63 Gehälter und 64 Soziale Abgaben und Aufwendungen für Altersversorgung und für Unterstützung; innerhalb dieser Kontengruppen ist auf den entsprechenden Unterkonten zu buchen.
- Die vom Arbeitgeber einbehaltene Lohn- und Kirchensteuer sowie der Solidaritätszuschlag werden auf 483 Sonstige Verbindlichkeiten gegenüber Finanzbehörden erfasst; der einbehaltene Arbeitnehmeranteil zur Sozialversicherung wird auf 484 Verbindlichkeiten gegenüber Sozialversicherungsträgern erfasst. Der Arbeitgeberanteil zur Sozialversicherung wird als Aufwand auf 640 Arbeitgeberanteil zur Sozialversicherung erfasst.
- Die Konten 483 und 484 können zusammengefasst werden und werden dann als **noch abzuführende Abgaben** bezeichnet.
- Die noch abzuführenden Abgaben sind bis zum 10. des folgenden Monats an die entsprechenden Institutionen abzuführen (siehe Wirtschafts- und Sozialkunde, Frage 258).
- Sind die **noch abzuführenden Abgaben** am Bilanzstichtag noch nicht überwiesen, müssen sie in der Bilanz passiviert werden (z. B. 483 Verbindlichkeiten gegenüber Finanzbehörden an 801 SBK).
- **Vorschüsse** an Arbeitnehmer werden bei der Gewährung auf dem Konto 265 Forderungen an Mitarbeiter (im Soll) erfasst, sie werden mit der nächsten Lohn- und Gehaltszahlung verrechnet.
- Beiträge zur **Unfallversicherung** (trägt der Arbeitgeber allein) werden auf dem Konto 642 Beiträge zur Berufsgenossenschaft (im Soll) erfasst.

# 11 Wechselbuchungen

## 11.1 Besitzwechsel

Beispiel 1:

**Umwandlung einer Buchforderung in eine Wechselforderung**

Eine Kundenforderung in Höhe von 4 400,00 EUR wird in eine Wechselforderung umgewandelt.

Buchungssatz:

| | | | |
|---|---|---|---|
| 245 Besitzwechsel | an | 240 Forderungen | 4 400,00 EUR |

Beispiel 2:

**Vorlage des Wechsels (Präsentieren)**

Am Verfalltag wird der Besitzwechsel über 4 400,00 EUR bar eingelöst.

Buchungssatz:

| | | | |
|---|---|---|---|
| 288 Kasse | an | 245 Besitzwechsel | 4 400,00 EUR |

Beispiel 3:

**Einzug des Wechsels durch die Bank (Inkasso)**

Ein Besitzwechsel über 6428,00 EUR wird am Verfalltag von der Bank eingezogen und unter Berechnung von 18,00 EUR Spesen gutgeschrieben.

Buchungssatz:

| | | | | |
|---|---|---|---|---|
| 280 Bank | 6410,00 EUR | | | |
| 675 Aufw. des Geldverkehrs | 18,00 EUR | an | 245 Besitzwechsel | 6428,00 EUR |

Beispiel 4:

**Weitergabe des Wechsels (Indossieren)**

Weitergabe eines Besitzwechsels über 3850,00 EUR an einen Lieferer.

Buchungssatz:

| | | | | |
|---|---|---|---|---|
| 440 Verbindlichkeiten | | an | 245 Besitzwechsel | 3850,00 EUR |

Beispiel 5:

**Diskontieren**

Diskontierung eines Besitzwechsels über 5200,00 EUR unter Abzug von 48,00 EUR Diskont.

Buchungssatz:

| | | | | |
|---|---|---|---|---|
| 280 Bank | 5152,00 EUR | | | |
| 753 Diskontaufwendungen | 48,00 EUR | an | 245 Besitzwechsel | 5200,00 EUR |

Beispiel 6:

**Diskontbelastung**

Belastung eines Kunden für einen in Zahlung gegebenen Wechsel mit 40,00 EUR Diskont.

Buchungssatz:

| | | | | |
|---|---|---|---|---|
| 240 Forderungen | | an | 573 Diskonterträge | 40,00 EUR |

Merke:

- **Besitzwechsel** sind Wechsel, die eine Forderung darstellen (245 Wechselforderungen aus Lieferungen und Leistungen); auf diesem Konto werden nur Warenwechsel (siehe Wirtschafts- und Sozialkunde, Frage 318) erfasst. Finanzwechsel (siehe auch Frage 318) zählen zu den Wertpapieren des Umlaufvermögens.
- Bei der **Diskontierung** eines Besitzwechsels erfolgt i.d.R. keine Steuerberichtigung.
- Ein dem Kunden in Rechnung gestellter **Diskont** stellt im Rahmen der Kreditgewährung eine gesonderte Leistung dar und ist mehrwertsteuerfrei.

## 11.2 Schuldwechsel

Beispiel 1:

**Umwandlung einer Buchschuld in eine Wechselschuld**

Ein Lieferer zieht einen Wechsel über 4820,00 EUR, der akzeptiert wird.

Buchungssätze:

| | | | |
|---|---|---|---|
| 440 Verbindlichkeiten | an | 450 Schuldwechsel | 4820,00 EUR |

Beispiel 2:

**Einlösung des Wechsels**

Ein Lieferer legt am Verfalltag einen Schuldwechsel über 1280,00 EUR zur Bareinlösung vor.

Buchungssatz:

| | | | |
|---|---|---|---|
| 450 Schuldwechsel | an | 288 Kasse | 1280,00 EUR |

Beispiel 3:

**Einlösung eines Schuldwechsels durch die Bank**

Einlösung eines Schuldwechsels über 3810,00 EUR durch die Bank unter Berücksichtigung von 16,00 EUR Spesen.

Buchungssatz:

| | | | | |
|---|---|---|---|---|
| 450 Schuldwechsel | 3810,00 EUR | | | |
| 675 Aufw. des Geldverkehrs | 16,00 EUR | an | 280 Bank | 3826,00 EUR |

Beispiel 4:

**Diskontbelastung**

Diskontbelastung durch den Lieferer in Höhe von 60,00 EUR.

Buchungssatz:

| | | | |
|---|---|---|---|
| 753 Diskontaufwendungen | an | 440 Verbindlichkeiten | 60,00 EUR |

Merke:

- **Schuldwechsel** sind Wechsel, die eine Verbindlichkeit darstellen.
- Vgl. zum Wechsel Wirtschafts- und Sozialkunde, Frage 311 ff.

# 12 Buchungen im Anlagebereich

## 12.1 Kauf von Anlagegütern

Beispiel:

Ein Einzelhandelsbetrieb kauft eine Verkaufstheke auf Ziel für 25 000,00 EUR netto, Transport- und Montagekosten 2 400,00 EUR netto. Die Mehrwertsteuer beträgt 16 %. Die Rechnung wird durch Banküberweisung unter Abzug von 3 % Skonto beglichen.

Buchungssätze:

**Kauf**

| | | | | |
|---|---|---|---|---|
| 081 Ladenausstattung | 27 400,00 EUR | | | |
| 260 Vorsteuer | 4 384,00 EUR | an | 440 Verbindlichkeiten | 31 784,00 EUR |

**Rechnungsausgleich**

| | | | | |
|---|---|---|---|---|
| 440 Verbindlichkeiten | 31 784,00 EUR | an | 280 Bank | 30 830,48 EUR |
| | | an | 081 Ladenausstattung | 822,00 EUR |
| | | an | 260 Vorsteuer | 131,52 EUR |

Merke:

- Beim **Anlagevermögen** sind nur die Gegenstände auszuweisen, die bestimmt sind, dauernd dem Geschäftsbetrieb zu dienen.
- **Anschaffungskosten** sind die Aufwendungen, die geleistet werden, um einen Vermögensgegenstand zu erwerben und ihn in einen betriebsbereiten Zustand zu versetzen. Dabei sind die Anschaffungsnebenkosten und die Anschaffungspreisminderungen zu berücksichtigen.
- **Anschaffungsnebenkosten** (z. B. Bezugs- und Montagekosten bei Maschinen, Beurkundungskosten und Grunderwerbsteuer bei Grundstücken und Gebäuden sowie Erschließungsbeiträge für Grundstücke) werden aktiviert.
- **Minderungen der Anschaffungskosten** (Rabatte, Boni, Skonti) verringern den Anschaffungspreis und werden im Haben des entsprechenden Bestandskontos gebucht.
- Die **aktivierungspflichtigen Anschaffungskosten** bilden die Grundlage für die Abschreibung (AfA).

| |
|---|
| Anschaffungspreis (netto) |
| + Anschaffungsnebenkosten |
| – Minderungen der Anschaffungskosten |
| = aktivierungspflichtige Anschaffungskosten |

## 12.2 Arten der Abschreibung

Beispiel:

Die Anschaffungskosten eines Pkw betragen 40 000,00 EUR netto; die voraussichtliche Nutzungsdauer beträgt 4 Jahre.

Ermitteln Sie die Abschreibungsbeträge und die Buchwerte bei der

a) linearen Abschreibung;

b) geometrisch-degressiven Abschreibung (AfA-Satz 20 %)!

Lösung:

a) und b)

| Jahr | lineare Abschreibung | | | degressive Abschreibung | | |
|---|---|---|---|---|---|---|
| | Buchwert am Jahresanfang | Abschreibungsbetrag pro Jahr | Buchwert am Jahresende | Buchwert am Jahresanfang | Abschreibungsbetrag pro Jahr | Buchwert am Jahresende |
| 1 | 40000,00 | 10000,00 | 30000,00 | 40000,00 | 8000,00 | 32000,00 |
| 2 | 30000,00 | 10000,00 | 20000,00 | 32000,00 | 6400,00 | 25600,00 |
| 3 | 20000,00 | 10000,00 | 10000,00 | 25600,00 | 5120,00 | 20480,00 |
| 4 | 10000,00 | 10000,00 | 0,00 | 20480,00 | 4096,00 | 16384,00 |

Merke:

- **Abschreibungen** erfassen die Wertminderung von Anlagegütern (z. B. Abnutzung durch Gebrauch, natürlicher Verschleiß, Entwicklung neuer und verbesserter Anlagegüter aufgrund des technischen Fortschritts).

  Man unterscheidet die lineare und die degressive Abschreibung.

- Bei der **linearen Abschreibung** werden die Abschreibungsbeträge durch die Division der Anschaffungskosten eines Anlagegutes durch die geschätzte Lebensdauer ermittelt.

  $$\text{Abschreibung} = \frac{\text{Anschaffungswert}}{\text{geschätzte Nutzungsdauer}}$$

  $$\text{Abschreibungssatz} = \frac{100}{\text{geschätzte Nutzungsdauer}}$$

  Die jährlichen Abschreibungsbeträge sind gleich hoch; im letzten Abschreibungsjahr wird der Restbuchwert von null erreicht.

- Bei der **degressiven Abschreibung** (geometrisch-degressive Abschreibung, Buchwert-AfA) wird die jährliche Abschreibungsquote als fester Prozentsatz vom jeweiligen Restbuchwert ermittelt. Eine volle Abschreibung bis zum Restbuchwert von null wird nicht erreicht.

  Die degressive Abschreibung arbeitet mit sinkenden Abschreibungsbeträgen; diese sind im ersten Jahr der Nutzung am höchsten, im letzten am geringsten. Ihre Anwendung wird mit dem hohen Wertverlust in den ersten Nutzungsjahren begründet.

- Für die lineare Abschreibung hat die Finanzverwaltung einheitlich für bestimmte Wirtschaftsgüter die betriebsgewöhnliche Nutzungsdauer sowie die linearen AfA-Sätze (in **AfA-Tabellen**) festgelegt. Im Steuerrecht nennt man die Abschreibung „Absetzung für Abnutzung" (AfA).

  Für die degressive Abschreibung gilt, dass der Abschreibungsprozentsatz das Zweifache des linearen Satzes nicht übersteigen und höchstens 20 % betragen darf. Der Übergang von der degressiven zur linearen Abschreibung ist steuerrechtlich möglich, der umgekehrte Fall ist nicht erlaubt.

- Die **planmäßige Abschreibung** erfasst die normale Wertminderung eines Anlagegutes entsprechend der betriebsgewöhnlichen Nutzungsdauer (in einem Abschreibungsplan) auf dem Konto 652 Abschreibungen auf Sachanlagen.

- Wird ein Anlagegut nach vollständiger Abschreibung weiterhin im Betrieb genutzt, ist es mit dem **Erinnerungswert** von 1,00 EUR zu aktivieren.

## 12.3 Direkte Abschreibung

Beispiel:

Ein Lkw mit einem Anschaffungswert von 160 000,00 EUR wird am Jahresende mit 20 % abgeschrieben.

Schreiben Sie direkt ab und geben Sie die Abschlussbuchungen an!

Buchungssätze:

**Buchung der Abschreibung**

| | | | |
|---|---|---|---|
| 652 Abschreibungen a. Sachanlagen | an | 084 Fuhrpark | 32 000,00 EUR |

**Abschlussbuchungen**

| | | | |
|---|---|---|---|
| 802 GuV | an | 652 Abschreibungen a. S. | 32 000,00 EUR |
| 801 SBK | an | 084 Fuhrpark | 128 000,00 EUR |

Merke:

- Bei der **direkten Abschreibung** wird die Wertminderung direkt auf dem Anlagekonto erfasst. In der Schlussbilanz steht der Restbuchwert.
- Die Abschreibung wird erfasst auf dem Konto 652 Abschreibungen auf Sachanlagen.

## 12.4 Verkauf von Anlagegütern bei der direkten Abschreibung

Beispiel 1:

Eine Schreibmaschine, Buchwert 560,00 EUR, wird für 650,00 EUR netto zuzüglich 16 % MWSt bar verkauft.

Buchungssatz:

| | | | | |
|---|---|---|---|---|
| 288 Kasse | 754,00 EUR | an | 086 Büromaschinen | 560,00 EUR |
| | | an | 480 Umsatzsteuer | 104,00 EUR |
| | | an | 543 And. sonst. betr. Erträge | 90,00 EUR |

Beispiel 2:

Ein Gabelstapler, Buchwert 5 000,00 EUR, wird für 4 200,00 EUR netto gegen Bankscheck verkauft.

Buchungssätze:

**Zahlungseingang**

| | | | | |
|---|---|---|---|---|
| 280 Bank | 4 872,00 EUR | an | 083 Lagerausstattung | 4 200,00 EUR |
| | | an | 480 Umsatzsteuer | 672,00 EUR |

**Buchung des Verlusts**

| | | | |
|---|---|---|---|
| 693 And. sonst. betr. Aufwendungen | an | 083 Lagerausstattung | 800,00 EUR |

Merke:

- Der **Verkauf von Anlagegütern** unterliegt der Mehrwertsteuer; Bemessungsgrundlage ist der Nettoverkaufspreis.
- Man unterscheidet:

| | | | |
|---|---|---|---|
| Nettoverkaufspreis | = | Buchwert | |
| Nettoverkaufspreis | > | Buchwert | → 543 Andere sonstige betriebliche Erträge |
| Nettoverkaufspreis | < | Buchwert | → 693 Andere sonstige betriebliche Aufwendungen |

- Beim **Verkauf von Anlagegütern** kann (im Gegensatz zur oben dargestellten Methode) der gesamte Nettoverkaufspreis auf 543 Andere sonstige betriebliche Erträge gebucht werden; der Buchwert wird über 693 Andere sonstige betriebliche Aufwendungen ausgebucht (693 an Anlagekonto).

  Der tatsächliche Ertrag bzw. Verlust beim Verkauf eines Anlagegutes kann aus dem GuV-Konto ersehen werden.

## 12.5 Geringwertige Wirtschaftsgüter

Beispiel:

Kauf einer Rechenmaschine für 290,00 EUR netto und 16 % Mehrwertsteuer gegen Bankscheck.

Buchungssätze:

**Bei Anschaffung**

| | | | | |
|---|---|---|---|---|
| 089 Geringwertige Wirtschaftsgüter | 290,00 EUR | | | |
| 260 Vorsteuer | 46,40 EUR | an | 280 Bank | 336,40 EUR |

**Am Jahresende**

| | | | |
|---|---|---|---|
| 654 Abschr. a. geringw. W. | an | 089 Geringwertige Wirtschaftsgüter | 290,00 EUR |

Merke:

- **Geringwertige Wirtschaftsgüter** (GWG) sind bewegliche, abnutzbare, selbstständig nutzbare und selbstständig bewertbare Gegenstände des Anlagevermögens, deren Anschaffungs- bzw. Herstellungskosten nicht mehr als 410,00 EUR netto betragen. Sie werden gebucht auf 089 Geringwertige Wirtschaftsgüter.
- Geringwertige Wirtschaftsgüter können entweder im Jahr der Anschaffung bzw. Herstellung in voller Höhe oder während der gesamten Nutzungsdauer abgeschrieben werden (Wahlrecht).
- Welche Abschreibungsmöglichkeit das Unternehmen wählt, ist abhängig davon, ob das Unternehmen im laufenden Geschäftsjahr einen hohen oder niedrigen Gewinn ausweisen will.
- Gegenstände des Anlagevermögens mit Anschaffungs- oder Herstellungskosten bis zu 60,00 EUR (netto) können als Aufwand erfasst werden, z. B. auf 680 Büromaterial.

# 13 Zeitliche Abgrenzungen

## 13.1 Sonstige Forderungen und sonstige Verbindlichkeiten (Antizipative Posten)

Beispiel 1:

Ein Darlehensschuldner zahlt die Halbjahreszinsen in Höhe von 1 200,00 EUR nachträglich Ende Februar durch Banküberweisung.

Buchungssätze:

**31. Dezember**

| | | | | |
|---|---|---|---|---|
| 269 Sonstige Forderungen | | an | 571 Zinserträge | 800,00 EUR |

**28. Februar**

| | | | | |
|---|---|---|---|---|
| 280 Bank | 1 200,00 EUR | an | 269 Sonstige Forderungen | 800,00 EUR |
| | | an | 571 Zinserträge | 400,00 EUR |

Beispiel 2:

Einem Handelsvertreter werden am 31. Januar 5 700,00 EUR Provision + 16 % MWSt für die Zeit vom 15. Dezember bis 31. Januar überwiesen. Auf das alte Jahr entfallen 2 100,00 EUR. Die Provisionsabrechnung wird erst am 31. Januar erstellt.

Buchungssätze:

**31. Dezember**

| | | | | |
|---|---|---|---|---|
| 6111 Vertriebsprovisionen | | an | 489 Sonst. Verbindlichkeiten | 2 100,00 EUR |

**31. Januar**

| | | | | |
|---|---|---|---|---|
| 489 Sonst. Verbindlichkeiten | 2 100,00 EUR | | | |
| 6111 Vertriebsprovisionen | 3 600,00 EUR | | | |
| 260 Vorsteuer | 912,00 EUR | an | 280 Bank | 6 612,00 EUR |

Merke:

- Aufgabe der **zeitlichen Abgrenzung** ist die periodengerechte Gewinnermittlung, d.h., Aufwendungen und Erträge werden unabhängig vom Zeitpunkt der Ausgabe bzw. Einnahme dem Geschäftsjahr zugeordnet, zu dem sie wirtschaftlich gehören.
- Bei der zeitlichen Abgrenzung unterscheidet man die **antizipativen Posten** (Sonstige Forderungen und Sonstige Verbindlichkeiten) und die **transitorischen** Posten (Aktive und Passive Rechnungsabgrenzung).
- Die **antizipativen Posten** beeinflussen im laufenden Geschäftsjahr die Höhe des Erfolgs. Die Buchung der Sonstigen Forderungen erhöht den Gewinn (bzw. mindert den Verlust); die Buchung der Sonstigen Verbindlichkeiten mindert den Gewinn (bzw. erhöht den Verlust).
- Ertrag altes Jahr und Zahlung (Einnahme) neues Jahr<br>→ 269 Sonstige Forderungen
- Aufwand altes Jahr und Zahlung (Ausgabe) neues Jahr<br>→ 489 Sonstige Verbindlichkeiten
- Liegt zum Bilanzstichtag für die antizipativen Posten keine Rechnung vor, wird die Vorsteuer erst bei Vorliegen der Rechnung gebucht.

## 13.2 Aktive und passive Rechnungsabgrenzungsposten (Transitorische Posten)

Beispiel 1:

Am 1. September wird die Kfz-Steuer in Höhe von 1 500,00 EUR für einen Lkw im Voraus für ein Jahr überwiesen (Steuerzeitraum: 1. September – 31. August).

Buchungssätze:

**1. September**

| | | | |
|---|---|---|---|
| 703 Kfz-Steuer | an | 280 Bank | 1 500,00 EUR |

**31. Dezember**

| | | | |
|---|---|---|---|
| 290 Aktive Jahresabgrenzung | an | 703 Kfz-Steuer | 1 000,00 EUR |

**1. Januar**

| | | | |
|---|---|---|---|
| 703 Kfz-Steuer | an | 290 Aktive Jahresabgrenzung | 1 000,00 EUR |

Beispiel 2:

Ein Mieter überweist am 1. Dezember die Miete in Höhe von 2 550,00 EUR für drei Monate im Voraus.

Buchungssätze:

**1. Dezember**

| | | | |
|---|---|---|---|
| 280 Bank | an | 540 Mieterträge | 2 550,00 EUR |

**31. Dezember**

| | | | |
|---|---|---|---|
| 540 Mieterträge | an | 490 Passive Jahresabgrenzung | 1 700,00 EUR |

**1. Januar**

| | | | |
|---|---|---|---|
| 490 Passive Jahresabgrenzung | an | 540 Mieterträge | 1 700,00 EUR |

Merke:

- Die transitorischen Posten werden als **Aktive und Passive Rechnungsabgrenzungsposten** ausgewiesen. Die Buchung der aktiven Rechnungsabgrenzung mindert die bereits beim Zahlungsausgang gebuchten Aufwendungen; die Buchung der Passiven Rechnungsabgrenzung mindert die bereits beim Zahlungseingang gebuchten Erträge.
- Als **Rechnungsabgrenzungsposten** sind auf der Aktivseite Ausgaben vor dem Abschlussstichtag auszuweisen, soweit sie Aufwand für eine bestimmte Zeit nach diesem Tag darstellen.

  Zahlung (Ausgabe) altes Jahr und Aufwand neues Jahr
  → 290 Aktive Jahresabgrenzung

- Auf der Passivseite sind als Rechnungsabgrenzungsposten Einnahmen vor dem Abschlussstichtag auszuweisen, soweit sie Ertrag für eine bestimmte Zeit nach diesem Tag darstellen.

  Zahlung (Einnahme) altes Jahr und Ertrag neues Jahr
  → 490 Passive Jahresabgrenzung

- Die Rechnungsabgrenzungsposten (RAP) werden als Bestandskonten über SBK abgeschlossen.

## 14 Rückstellungen

Beispiel 1:

Am Bilanzstichtag rechnet man für einen laufenden Prozess mit Kosten in Höhe von 8700,00 EUR. Am 5. April des nächsten Jahres werden überwiesen:

a) 8700,00 EUR,
b) 6500,00 EUR,
c) 9600,00 EUR.

Buchungssätze:

**31. Dezember**

| | | | | |
|---|---|---|---|---|
| 677 Rechts- und Beratungsaufwendungen | | an | 370 Rückstellungen | 8700,00 EUR |

**5. April**

| | | | | | |
|---|---|---|---|---|---|
| a) | 370 Rückstellungen | | an | 280 Bank | 8700,00 EUR |
| b) | 370 Rückstellungen | 8700,00 EUR | an | 280 Bank | 6500,00 EUR |
| | | | an | 548 Erträge a. Rückst. | 2200,00 EUR |
| c) | 370 Rückstellungen | 8700,00 EUR | | | |
| | 699 Periodenfremde Aufw. | 900,00 EUR | an | 280 Bank | 9600,00 EUR |

Merke:

- **Rückstellungen** sind Passivposten (Fremdkapital), die zur Berücksichtigung bestimmter künftiger Ausgaben gebildet werden. Sie werden gebildet für Aufwendungen des alten Jahres, die am Bilanzstichtag wahrscheinlich oder sicher, aber in ihrer Höhe und Fälligkeit noch unbestimmt sind (sie müssen geschätzt werden). Rückstellungen sind im Gegensatz zu den Sonstigen Verbindlichkeiten „ungewisse Schulden (Ausgaben)".
- Rückstellungen werden erfasst auf 370 Rückstellungen.
- Rückstellungen dürfen nur **aufgelöst** werden, soweit der Grund hierfür entfallen ist.

  Bei der Auflösung unterscheidet man

| | | | | |
|---|---|---|---|---|
| Rückstellung | = | Ausgabe | | |
| Rückstellung | > | Ausgabe | → | 548 Erträge aus der Herabsetzung von Rückstellungen |
| Rückstellung | < | Ausgabe | → | 699 Periodenfremde Aufwendungen |

## 15 Rücklagen

Beispiel:

Eine Aktiengesellschaft mit einem Jahresüberschuss von 650000,00 EUR bildet eine gesetzliche Rücklage von 5%, eine satzungsmäßige Rücklage in Höhe von 20000,00 EUR und eine freie Rücklage in Höhe von 80000,00 EUR.

Wie hoch ist der Bilanzgewinn?

Lösung:

| | | |
|---|---|---|
| | Jahresüberschuss | 650000,00 EUR |
| – | Gesetzliche Rücklage | 32500,00 EUR |
| – | Andere Gewinnrücklagen | 80000,00 EUR |
| – | Satzungsmäßige Rücklage | 20000,00 EUR |
| | Bilanzgewinn | 517500,00 EUR |

Merke:

- **Rücklagen** werden nur in Kapitalgesellschaften gebildet (lt. HGB); sie stellen **Eigenkapital** dar und werden in der Bilanz (auf der Passivseite) ausgewiesen als Kapitalrücklage und Gewinnrücklagen. Rücklagen dienen dem Schutz des Eigenkapitals, der Deckung zukünftiger Verluste und der Selbstfinanzierung.
- Rücklagen werden erfasst auf 310 Kapitalrücklage, 321 Gesetzliche Rücklagen und auf 324 Andere Gewinnrücklagen (Passivkonten).
- Als **Kapitalrücklage** ist z. B. der Betrag auszuweisen, der bei der Ausgabe von Anteilen (z. B. Aktien) über den Nennbetrag hinaus (Aufgeld, Agio) erzielt wird.
- **Gewinnrücklagen** werden aus dem bereits versteuerten Jahresgewinn gebildet und ausgewiesen als gesetzliche Rücklage oder andere Gewinnrücklagen.
- Aktiengesellschaften müssen **gesetzliche Rücklagen** (lt. AktG) zur Deckung zukünftiger Jahresverluste bilden. Ihnen sind 5 % des Jahresüberschusses so lange zuzuführen, bis die gesetzliche Rücklage und die Kapitalrücklage zusammen 10 % des Grundkapitals erreicht haben.
- **Andere Gewinnrücklagen** (freie Rücklagen) können (lt. AktG) bis zur Hälfte des Jahresüberschusses für beliebige Zwecke gebildet werden (z. B. für zukünftige Investitionen).

# 16 Steuern

Beispiel:

Ein Unternehmen überweist Grundsteuer 4 500,00 EUR, Einkommensteuer 21 000,00 EUR, Grunderwerbsteuer 28 000,00 EUR und Umsatzsteuerzahllast 34 700,00 EUR.

Buchungssatz:

| | | | | | |
|---|---|---|---|---|---|
| 702 | Grundsteuer | 4 500,00 EUR | | | |
| 3001 | Privat | 21 000,00 EUR | | | |
| 050 | Grundstücke | 28 000,00 EUR | | | |
| 480 | Umsatzsteuer | 34 700,00 EUR | an | 280 Bank | 88 200,00 EUR |

Merke:

- Nach dem Kontenrahmen werden Steuern erfasst als betriebliche Steuern (z. B. 702 Grundsteuer, 703 Kfz-Steuer) und als Steuern vom Einkommen und Ertrag (z. B. 770 Gewerbesteuer).

  Darüber hinaus unterscheidet man aktivierungspflichtige Steuern, Aufwandsteuern, Personensteuern und Steuern als durchlaufende Posten.
- **Aktivierungspflichtige Steuern** sind als Anschaffungsnebenkosten auf den entsprechenden Bestandskonten zu erfassen, z. B. Grunderwerbsteuer (auf dem Konto Grundstücke).
- **Aufwandsteuern** (Kostensteuern, Betriebssteuern) mindern den Gewinn; sie werden im Steuerrecht als Betriebsausgaben (abzugsfähige Steuern) bezeichnet. Beispiele sind 702 Grundsteuer, 703 Kfz-Steuer, 770 Gewerbesteuer.
- **Personensteuern** stellen keinen Aufwand (keine abzugsfähigen Betriebsausgaben) dar; sie werden aus dem Gewinn des Unternehmens gezahlt.

  Einzelunternehmen und Personengesellschaften erfassen Einkommen-, Kirchen- und Vermögensteuer über das entsprechende Privatkonto (Privatentnahme).

  Kapitalgesellschaften erfassen die Körperschaftsteuer auf 7710.

- **Steuern als durchlaufende Posten** sind durch das Unternehmen von Dritten einzuziehen und an das Finanzamt abzuführen, z.B. 480 Umsatzsteuer, 483 Lohn- und Kirchensteuer, 708 Verbrauchsteuern (wie Mineralölsteuer).

# 17 Bewertung in der Bilanz

Beispiel 1:

Ein Unternehmen besitzt ein Grundstück mit einem Anschaffungswert von 300000,00 EUR.

Wie ist das Grundstück am Bilanzstichtag zu bewerten, wenn

a) aufgrund eines Umlegungsverfahrens (Grundstück wird als zukünftiges Bebauungsland ausgewiesen) der zu erzielende Verkaufspreis auf 550000,00 EUR gestiegen ist?

b) aufgrund einer Stromtrasse über das Grundstück der Verkehrswert auf 130000,00 EUR gefallen ist?

Lösung:

a) Das Grundstück wird mit 300000,00 EUR bewertet.

b) Das Grundstück wird mit 130000,00 EUR bewertet.

Beispiel 2:

Die Lagerdatei liefert für einen Gegenstand des Vorratsvermögens folgende Daten:

| | | Stück | Anschaffungskosten/Stück |
|---|---|---|---|
| AB | 01.01. | 400 | 72,00 EUR |
| Zug. | 02.03. | 800 | 75,00 EUR |
| Zug. | 08.07. | 600 | 74,00 EUR |
| Zug. | 15.11. | 900 | 76,00 EUR |

Am Bilanzstichtag sind noch 250 Stück auf Lager. Mit welchem Wert ist der Bestand nach der Durchschnittsbewertung anzusetzen bei einem Tageswert von

a) 77,00 EUR,

b) 74,50 EUR?

Lösung:

$$
\begin{array}{rl}
 & 400 \cdot 72{,}00 \text{ EUR} \\
+ & 800 \cdot 75{,}00 \text{ EUR} \\
+ & 600 \cdot 74{,}00 \text{ EUR} \\
+ & 900 \cdot 76{,}00 \text{ EUR} \\
\hline
= & 201\,600{,}00 \text{ EUR} : 2\,700 \text{ Stück} = 74{,}67 \text{ EUR/Stück}
\end{array}
$$

a) 74,67 EUR · 250 = 18667,50 EUR Wertansatz

b) 74,50 EUR · 250 = 18625,00 EUR Wertansatz

Merke:

- In der **Handelsbilanz** erfolgt die Bewertung nach dem Handelsgesetzbuch; im Vordergrund stehen der Schutz der Gläubiger und das Prinzip der kaufmännischen Vorsicht.
- In der **Steuerbilanz** erfolgt die Bewertung nach dem Einkommensteuergesetz (bzw. Körperschaftsteuergesetz); im Vordergrund steht die gerechte Besteuerung.

- Die Wertansätze in der Handelsbilanz gelten grundsätzlich auch für die Steuerbilanz **(Maßgeblichkeitsprinzip der Handelsbilanz),** wenn nicht das Steuerrecht eine andere Bewertung vorschreibt.

  Im Rahmen des Jahresabschlusses können die Unternehmen zwei Bilanzen erstellen: eine Handelsbilanz und eine an der Handelsbilanz orientierte Steuerbilanz. Die Unternehmen können aber auch nur eine Bilanz erstellen, die gleichzeitig Handels- und Steuerbilanz ist, wobei von vornherein die Bewertungsvorschriften des Einkommensteuergesetzes beachtet werden müssen.

- Nach dem HGB gelten u.a. folgende allgemeine **Bewertungsvorschriften.** Die Vermögensgegenstände und Schulden sind einzeln zu bewerten (Grundsatz der **Einzelbewertung**). Nach dem Prinzip der kaufmännischen Vorsicht dürfen Gewinne nur dann berücksichtigt werden, wenn sie am Abschlussstichtag realisiert sind **(Realisationsprinzip);** nicht realisierte Verluste müssen dagegen ausgewiesen werden (die ungleiche Behandlung von Gewinnen und Verlusten bezeichnet man als **Imparitätsprinzip**).

  Die auf den vorhergehenden Jahresabschluss angewandten Bewertungsmethoden sollen beibehalten werden (Grundsatz der **Bewertungsstetigkeit**); dies gilt z.B. für die Abschreibungsmethoden.

- **Nicht abnutzbare Gegenstände des Anlagevermögens** (z.B. Grundstücke) werden nach dem **HGB** höchstens mit den Anschaffungskosten angesetzt. Ein niedrigerer Wert am Bilanzstichtag (Tageswert) kann angesetzt werden, wenn die Wertminderung vorübergehend ist **(gemildertes Niederstwertprinzip);** der niedrigere Wert muss angesetzt werden, wenn die Wertminderung von Dauer ist **(strenges Niederstwertprinzip).** Die Wertminderungen werden jeweils durch außerplanmäßige Abschreibungen berücksichtigt.

- **Abnutzbare Gegenstände des Anlagevermögens** (z.B. Betriebs- und Geschäftsausstattung) werden nach dem **HGB** zu Anschaffungs- oder Herstellungskosten, vermindert um planmäßige Abschreibungen, bewertet. Außerplanmäßige Abschreibungen können vorgenommen werden, um die Vermögensgegenstände mit dem niedrigeren Wert anzusetzen, der ihnen am Abschlussstichtag beizulegen ist (gemildertes Niederstwertprinzip); sie sind vorzunehmen bei einer voraussichtlich dauernden Wertminderung (strenges Niederstwertprinzip).

- **Gegenstände des Umlaufvermögens** (z.B. Waren, Wertpapiere) sind nach dem **HGB** entweder mit den Anschaffungskosten (Wertobergrenze) oder mit dem Tageswert (z.B. Börsen- oder Marktpreis) anzusetzen. Liegt der Tageswert unter den Anschaffungskosten, muss auf den Tageswert abgeschrieben werden (strenges Niederstwertprinzip).

- Gleichartige Vermögensgegenstände des **Vorratsvermögens** (z.B. Waren) können handelsrechtlich nach folgenden Verfahren bewertet werden: **Durchschnittspreisverfahren** (vgl. Beispiel 2), **Fifo-Methode** (Bewertung des Schlussbestandes mit den Preisen der letzten Zugänge), **Lifo-Methode** (Bewertung des Schlussbestandes mit den Preisen des Anfangsbestandes bzw. der ersten Zugänge), **Hifo-Methode** (Bewertung des Schlussbestandes mit den niedrigsten Anschaffungspreisen).

- **Anschaffungskosten** umfassen nach dem **HGB** den Anschaffungspreis (für den Vermögensgegenstand) und die Anschaffungsnebenkosten (siehe Buchführung, Seite 85); Anschaffungspreisminderungen (siehe Buchführung, Seite 85) sind abzusetzen.

- Das **gezeichnete Kapital** (Stamm- bzw. Grundkapital) ist zum Nennbetrag anzusetzen. Gezeichnetes Kapital ist das Kapital, auf das die Haftung der Gesellschafter für die Verbindlichkeiten der Kapitalgesellschaft gegenüber den Gläubigern beschränkt ist.

- **Verbindlichkeiten** sind zu ihrem Rückzahlungsbetrag anzusetzen; nach dem **Höchstwertprinzip** muss der höhere Tageswert (z.B. bei Währungsverbindlichkeiten) angesetzt werden.

- **Rückstellungen** sind nur in Höhe des Betrages anzusetzen, der nach vernünftiger kaufmännischer Beurteilung notwendig ist.

# 18 Jahresabschluss nach dem HGB

## 18.1 Grundsätze ordnungsmäßiger Bilanzierung

Aufgabe 1:

Beschreiben Sie folgende Grundsätze ordnungsmäßiger Buchführung zum Jahresabschluss:

a) Aufstellung und Unterzeichnung,
b) Klarheit und Vollständigkeit,
c) Verrechnungsverbot,
d) Kontinuität,
e) Einzelbewertung,
f) Grundsatz der Vorsicht,
g) Periodengerechte Gewinnermittlung!

Lösung:

a) Jeder Kaufmann hat zu Beginn seines Handelsgewerbes und zu jedem Geschäftsjahresende eine Bilanz und eine GuV-Rechnung aufzustellen; dieser Jahresabschluss ist nach den Grundsätzen ordnungsmäßiger Buchführung (siehe Buchführung, Seite 58) aufzustellen **(Pflicht zur Aufstellung).** Der Jahresabschluss ist in Euro aufzustellen.

   Der Jahresabschluss ist vom Kaufmann unter Angabe des Datums zu unterzeichnen. Sind mehrere persönlich haftende Gesellschafter vorhanden, so haben sie alle zu unterzeichnen (Grundsatz der **Unterzeichnung**).

b) Der Jahresabschluss muss klar und übersichtlich sein; er muss sämtliche Vermögensgegenstände, Schulden, Rechnungsabgrenzungsposten, Aufwendungen und Erträge enthalten **(Klarheit, Übersichtlichkeit, Vollständigkeit).**

c) Posten der Aktivseite dürfen nicht mit Posten der Passivseite, Aufwendungen nicht mit Erträgen verrechnet werden **(Verrechnungsverbot).**

d) Die Wertansätze in der Eröffnungsbilanz des Geschäftsjahres müssen mit denen der Schlussbilanz des vorhergehenden Geschäftsjahres übereinstimmen **(Bilanzidentität).**

   Die auf den vorhergehenden Jahresabschluss angewandten Bewertungsmethoden sollen beibehalten werden **(Bewertungsstetigkeit).**

e) Die Vermögensgegenstände und Schulden sind zum Abschlussstichtag einzeln zu bewerten **(Grundsatz der Einzelbewertung)** (Ausnahmen siehe Buchführung, Seite 94).

f) Nach dem **Prinzip der Vorsicht** sind das Niederstwertprinzip, das Imparitätsprinzip und das Realisationsprinzip zu beachten (siehe Buchführung, Seite 94).

g) Aufwendungen und Erträge des Geschäftsjahres sind unabhängig von den Zeitpunkten der entsprechenden Zahlungen (Ausgaben) im Jahresabschluss zu berücksichtigen; die **periodengerechte Gewinnermittlung** erfolgt z. B. durch die zeitlichen Abgrenzungen (siehe Buchführung, Seite 89 f.).

Merke:

- Die **Grundsätze ordnungsmäßiger Bilanzierung** gelten für **alle** Kaufleute (lt. HGB).
- Allgemein geregelt sind auch die Bewertungsvorschriften in Form von allgemeinen Bewertungsgrundsätzen und in Form von Wertansätzen für Vermögensgegenstände und Schulden (siehe Buchführung, Seite 93 f.).

## 18.2 Jahresabschluss der Einzelkaufleute und Personengesellschaften

Aufgabe:

Beschreiben Sie die gesetzlichen Bestimmungen für den Jahresabschluss der Einzelkaufleute und Personengesellschaften!

Lösung:

Die Bilanz und die GuV-Rechnung bilden den **Jahresabschluss.**

Es gibt weder für die Bilanz noch für die GuV-Rechnung eine Gliederungsvorschrift. Vorgeschrieben ist lediglich der **Inhalt der Bilanz:** Das Anlage- und das Umlaufvermögen, das Eigenkapital, die Schulden sowie die Rechnungsabgrenzungsposten sind gesondert auszuweisen und hinreichend aufzugliedern.

Merke:

- Einzelkaufleute und Personengesellschaften unterliegen mit ihrem Jahresabschluss **keiner Publizitätspflicht;** eine Ausnahme liegt vor, wenn sie unter das Publizitätsgesetz fallen.
- Das **Publizitätsgesetz** besagt, dass auch die Nicht-Kapitalgesellschaften ihren Jahresabschluss offen legen müssen, wenn mindestens zwei der folgenden Größenmerkmale überschritten werden:

  65 Millionen EUR Bilanzsumme, 130 Millionen EUR Umsatzerlöse, 5000 Arbeitnehmer.

## 18.3 Jahresabschluss der Kapitalgesellschaften

Aufgabe 1:

Nennen Sie die Bestandteile des Jahresabschlusses einer Kapitalgesellschaft!

Lösung:

Der **Jahresabschluss einer Kapitalgesellschaft** umfasst nach dem HGB die Bilanz, die GuV-Rechnung und den Anhang; er hat ein den tatsächlichen Verhältnissen entsprechendes Bild der Vermögens-, Finanz- und Ertragslage des Unternehmens zu vermitteln.

Aufgabe 2:

Wie ist die Bilanz der Kapitalgesellschaft zu gliedern?

Lösung:

Die Bilanz ist in **Kontoform** aufzustellen. Das HGB (§ 266) schreibt die **Gliederung der Bilanz** zwingend vor (vgl. die Bilanzgliederung in der Beilage des Buches).

Große und mittelgroße Kapitalgesellschaften müssen alle Posten gesondert und in der vorgeschriebenen Reihenfolge ausweisen. Kleine Kapitalgesellschaften dürfen eine verkürzte Bilanz aufstellen. (Zur Abgrenzung der Größenklassen siehe Wirtschafts- und Sozialkunde, Frage 132.)

## Aufgabe 3:

Wie ist die GuV-Rechnung der Kapitalgesellschaft zu gliedern?

## Lösung:

Die **Guv-Rechnung** ist in **Staffelform** aufzustellen. Das HGB (§ 275) schreibt die **Gliederung** der GuV- Rechnung zwingend vor (vgl. die Gliederung der GuV-Rechnung nach dem Gesamtkostenverfahren in der Beilage des Buches).

## Aufgabe 4:

Welche Aufgaben hat der Anhang?

## Lösung:

Der **Anhang** erläutert die Bilanz und die GuV-Rechnung der Kapitalgesellschaft.

Im Anhang müssen z.B. angegeben werden:

a) angewandte Bilanzierungs- und Bewertungsmethoden,
b) Abweichungen von bisherigen Bilanzierungs- und Bewertungsmethoden,
c) Aufgliederung der Umsatzerlöse (z.B. nach Tätigkeitsbereichen, Märkten),
d) durchschnittliche Beschäftigtenzahl,
e) Gesamtbezüge (z.B. Gehälter, Tantiemen) von Mitgliedern der Geschäftsführung und des Aufsichtsrats.

## Merke:

- Die **Grundsätze ordnungsgemäßer Bilanzierung,** wie sie für alle Kaufleute gelten, werden für Kapitalgesellschaften ergänzt durch die Gliederungsvorschriften für den Jahresabschluss und spezielle Bewertungsregeln (siehe Buchführung, Seite 93f.).
- Die Gliederungsvorschriften für den Jahresabschluss der Kapitalgesellschaften gelten auch für alle Unternehmen, die unter das **Publizitätsgesetz** fallen.
- Alle Kapitalgesellschaften unterliegen grundsätzlich der **Publizitätspflicht** (Offenlegung). Für kleine und mittelgroße Kapitalgesellschaften gibt es größenabhängige Erleichterungen (siehe Wirtschafts- und Sozialkunde, Frage 131).
- Die Kapitalgesellschaften sind verpflichtet, zusammen mit dem Jahresabschluss einen **Lagebericht** aufzustellen, i.d.R. innerhalb von 3 Monaten (siehe Wirtschafts- und Sozialkunde, Frage 133). Kleine Kapitalgesellschaften können den Jahresabschluss innerhalb von 6 Monaten nach Ende des Geschäftsjahres aufstellen; die Aufstellung eines Lageberichtes ist nicht erforderlich.

7 Groh/Schröer - ISBN 3-8120-0423-2

# 19 Auswertung des Jahresabschlusses

## 19.1 Auswertung der Bilanz

Beispiel:

Gegeben ist folgende aufbereitete Bilanz:

| Aktiva | Bilanz zum 31. Dezember 20.. | | Passiva |
|---|---|---|---|
| Sachanlagen | 410000,00 | Eigenkapital | 390000,00 |
| Finanzanlagen | 60000,00 | langfristige Verbindlichkeiten | 210000,00 |
| Waren | 90000,00 | kurzfristige Verbindlichkeiten | 70000,00 |
| Forderungen | 70000,00 | | |
| flüssige Mittel | 40000,00 | | |
| | 670000,00 | | 670000,00 |

Ermitteln Sie die Kennzahlen für:

a) Vermögensstruktur,
b) Anteil des Anlagevermögens,
c) Anteil des Umlaufvermögens,
d) Kapitalstruktur,
e) Grad der finanziellen Unabhängigkeit,
f) Verschuldungsgrad,
g) Deckung des Anlagevermögens (Investierung),
h) Liquidität (Liquidität 1. und 2. Grades)!

Lösung:

a) Vermögensstruktur $= \frac{470000 \cdot 100}{200000} = 235{,}00\,\%$

b) Anteil des Anlagevermögens $= \frac{470000 \cdot 100}{670000} = 70{,}15\,\%$

c) Anteil des Umlaufvermögens $= \frac{200000 \cdot 100}{670000} = 29{,}85\,\%$

d) Kapitalstruktur $= \frac{390000 \cdot 100}{280000} = 139{,}29\,\%$

e) Grad der finanziellen Unabhängigkeit $= \frac{390000 \cdot 100}{670000} = 58{,}21\,\%$

f) Verschuldungsgrad $= \frac{280000 \cdot 100}{670000} = 41{,}79\,\%$

g) Deckungsgrad I $= \frac{390000 \cdot 100}{470000} = 82{,}98\,\%$

Deckungsgrad II $= \frac{600000 \cdot 100}{470000} = 127{,}66\,\%$

h) Liquidität 1. Grades $= \frac{40000 \cdot 100}{70000} = 57{,}14\,\%$

Liquidität 2. Grades $= \frac{110000 \cdot 100}{70000} = 157{,}14\,\%$

Merke:

- **Bilanzkennzahlen** dienen dem innerbetrieblichen Vergleich (Zeitvergleich), dem zwischenbetrieblichen Vergleich (Betriebsvergleich) und der Gesamtbeurteilung des Unternehmens.
- Zur Beurteilung des **Vermögensaufbaus (Konstitution)** einer Unternehmung werden das Anlagevermögen und das Umlaufvermögen berücksichtigt.

$$\text{Vermögensstruktur} = \frac{\text{Anlagevermögen} \cdot 100}{\text{Umlaufvermögen}}$$

$$\text{Anteil des Anlagevermögens (Anlagenintensität)} = \frac{\text{Anlagevermögen} \cdot 100}{\text{Gesamtvermögen}}$$

$$\text{Anteil des Umlaufvermögens (Umlaufvermögensintensität)} = \frac{\text{Umlaufvermögen} \cdot 100}{\text{Gesamtvermögen}}$$

- Zur Beurteilung der **Kapitalstruktur (Finanzierung)** werden das Eigenkapital und das Fremdkapital berücksichtigt.

$$\text{Kapitalstruktur} = \frac{\text{Eigenkapital} \cdot 100}{\text{Fremdkapital}}$$

$$\text{Grad der finanziellen Unabhängigkeit (Eigenkapitalanteil)} = \frac{\text{Eigenkapital} \cdot 100}{\text{Gesamtkapital}}$$

$$\text{Verschuldungsgrad}^{1} = \frac{\text{Fremdkapital} \cdot 100}{\text{Gesamtkapital}}$$

- Zur Beurteilung der **Anlagendeckung (Investierung)** werden das langfristige Kapital und das Anlagevermögen berücksichtigt.

$$\text{Deckungsgrad I} = \frac{\text{Eigenkapital} \cdot 100}{\text{Anlagevermögen}}$$

$$\text{Deckungsgrad II} = \frac{(\text{Eigenkapital} + \text{langfristiges Fremdkapital}) \cdot 100}{\text{Anlagevermögen}}$$

- Zur Beurteilung der **Liquidität (Zahlungsfähigkeit)** werden Teile des Umlaufvermögens und die kurzfristigen Verbindlichkeiten berücksichtigt.

$$\text{Liquidität 1. Grades} = \frac{\text{flüssige Mittel} \cdot 100}{\text{kurzfristige Verbindlichkeiten}}$$

$$\text{Liquidität 2. Grades} = \frac{(\text{flüssige Mittel} + \text{Forderungen}) \cdot 100}{\text{kurzfristige Verbindlichkeiten}}$$

$$\text{Liquidität 3. Grades} = \frac{\text{Umlaufvermögen} \cdot 100}{\text{kurzfristige Verbindlichkeiten}}$$

1 Bezugsgrundlage für die Berechnung des Verschuldungsgrades kann anstelle des Gesamtkapitals auch das Eigenkapital sein.

## 19.2 Auswertung der GuV-Rechnung

Beispiel:

Aus der Buchhaltung liegen folgende Zahlen vor:

| | |
|---|---|
| Gewinn | 40 000,00 EUR |
| Umsatzerlöse | 600 000,00 EUR |
| Aufwendungen für Waren | 190 000,00 EUR |
| Lohnkosten (Personalaufwand) | 130 000,00 EUR |
| Fremdkapitalzinsen | 25 000,00 EUR |
| Gesamtkosten (Gesamtaufwand) | 560 000,00 EUR |
| durchschnittliches Eigenkapital | 200 000,00 EUR |
| durchschnittliches Fremdkapital | 280 000,00 EUR |
| durchschnittlicher Forderungsbestand | 30 000,00 EUR |

Berechnen Sie:

a) Unternehmerrentabilität,
b) Unternehmungsrentabilität,
c) Umsatzrentabilität,
d) Umschlagshäufigkeit der Forderungen,
e) durchschnittliche Kreditdauer,
f) Umschlagshäufigkeit des Kapitals,
g) Anteil für Warenaufwendungen,
h) Lohnkostenanteil!

Lösung:

a) Unternehmerrentabilität $= \frac{40\,000 \cdot 100}{200\,000} = 20\,\%$

b) Unternehmungsrentabilität $= \frac{65\,000 \cdot 100}{480\,000} = 13{,}54\,\%$

c) Umsatzrentabilität $= \frac{40\,000 \cdot 100}{600\,000} = 6^2/_3\,\%$

d) Umschlagshäufigkeit der Forderungen $= \frac{600\,000}{30\,000} = 20$

e) Durchschnittliche Kreditdauer $= \frac{360}{20} =$ 18 Tage

f) Umschlagshäufigkeit des Kapitals $= \frac{600\,000}{480\,000} = 1{,}25$

g) Anteil für Warenaufwendungen $= \frac{190\,000 \cdot 100}{560\,000} = 33{,}93\,\%$

h) Lohnkostenanteil $= \frac{130\,000 \cdot 100}{560\,000} = 23{,}21\,\%$

Merke:

- **Rentabilitätskennzahlen** berücksichtigen den Gewinn und den Kapitaleinsatz bzw. den Umsatz.

$$\text{Unternehmerrentabilität (Eigenkapitalrentabilität)} = \frac{\text{Gewinn} \cdot 100}{\text{durchschnittliches Eigenkapital}}$$

$$\text{Unternehmungsrentabilität (Gesamtkapitalrentabilität)} = \frac{(\text{Gewinn} + \text{Fremdkapitalzinsen}) \cdot 100}{\text{durchschnittliches Gesamtkapital}}$$

$$\text{Umsatzrentabilität} = \frac{\text{Gewinn} \cdot 100}{\text{Umsatz}}$$

- **Umschlagskennzahlen** sind:

$$\text{Umschlagshäufigkeit der Forderungen} = \frac{\text{Umsatzerlöse}}{\text{durchschnittlicher Forderungsbestand}}$$

$$\text{durchschnittliche Kreditdauer} = \frac{360}{\text{Umschlagshäufigkeit der Forderungen}}$$

$$\text{Umschlagshäufigkeit des Kapitals} = \frac{\text{Umsatzerlöse}}{\text{durchschnittliches Kapital}}$$

- **Kennzahlen der Kostenstruktur** berechnen den prozentualen Anteil einzelner Kostenarten an den Gesamtkosten.

# 20 Aufgaben

## 20.1 Buchung nach Geschäftsvorfällen

Die Lösungen der Aufgaben sind im Anhang, Seite 429 ff. zu finden.

**Anmerkung:**

Den Aufgaben sind **16 % Mehrwertsteuer** zugrunde gelegt.

### Aufgabengruppe 1

1 Der Geschäftsinhaber entnimmt für Privatzwecke 1 800,00 EUR Bargeld und Waren im Wert von 720,00 EUR netto.

2 Kunde begleicht Rechnung über 2 784,00 EUR (brutto) unter Abzug von 2 % Skonto.

Buchen Sie

a) netto,

b) brutto!

3 Ein Einzelhandelsbetrieb zieht auf einen Kunden einen Wechsel über 20 100,00 EUR, den dieser akzeptiert.

4 Kauf von Waren, netto 2 100,00 EUR, gegen Akzept.

5 Ein Lieferer gewährt einen Bonus in Höhe von 1 450,00 EUR brutto.

Buchen Sie

a) netto,

b) brutto!

6 Banküberweisung für: Gewerbesteuer 14 800,00 EUR, Einkommensteuer 24 300,00 EUR, Kfz-Steuer 2 760,00 EUR, Grunderwerbsteuer 7 000,00 EUR und Umsatzsteuer 11 900,00 EUR.

7 a) Verkauf von Erzeugnissen auf Ziel für 5 000,00 EUR netto.

b) Der Kunde akzeptiert einen Wechsel über 5 800,00 EUR.

8 Kunde erhält am Jahresende einen Preisnachlass über 3 600,00 EUR netto.

Buchen Sie

a) brutto,

b) netto!

9 Barkauf eines elektronischen Taschenrechners für brutto 301,60 EUR.

Wie wird beim Kauf und am Jahresende gebucht?

10 Passivieren Sie die Zahllast und geben sie die Buchungssätze an!

| S | 260 | H |
|---|---|---|
| 15 620,00 | | 1 247,00 |

| S | 480 | H |
|---|---|---|
| 2 155,00 | | 27 426,00 |

## Aufgabengruppe 2

1 Kunde begleicht Rechnung durch Bankscheck 1 950,00 EUR.

2 Banküberweisung an Lieferer, Rechnungsbetrag 3 190,00 EUR abzüglich 3 % Skonto.

Buchen Sie

a) nach dem Bruttoverfahren,

b) nach dem Nettoverfahren!

3 a) Zielverkauf von Waren, netto 4 800,00 EUR.

b) Kunde sendet unbrauchbare Waren im Wert von 220,00 EUR netto zurück.

c) Für leicht beschädigte Waren im Nettowert von 350,00 EUR erhält der Kunde einen Preisnachlass in Höhe von 30 % (Bruttobuchung).

4 Abschreibung auf Büromöbel, 10 % auf 60 000,00 EUR.

5 a) Warenlieferung an Arbeitnehmer, netto 380,00 EUR.

b) Bruttogehalt 1 720,00 EUR, einbehaltene Abzüge 589,41 EUR, Verrechnung der Warenlieferung in Höhe von 440,85 EUR; Arbeitgeberanteil zur Sozialversicherung 345,72 EUR.

6 Ein Arbeiter erhält von seinem Arbeitgeber einen Vorschuss in Höhe von 400,00 EUR durch Banküberweisung.

7 Ein Lieferwagen, Anschaffungswert 45 000,00 EUR, abgeschrieben bis auf 9 000,00 EUR, wird für 8 200,00 EUR netto gegen Bankscheck verkauft.

8 a) Kauf einer Datenverarbeitungsanlage auf Ziel für 31 000,00 EUR netto.

b) Rechnungsausgleich durch Banküberweisung unter Abzug von 2 % Skonto (Nettobuchung).

9 Die Nachlässe an Kunden wurden im Dezember mit 1 508,00 EUR brutto gebucht.

Wie lauten die Buchungssätze

a) für die Steuerberichtigung,

b) für den Kontenabschluss?

10 Kunde begleicht AR über 16 200,00 EUR netto unter Abzug von 3 % Skonto.

a) Nettobuchung,

b) Bruttobuchung.

## Aufgabengruppe 3

1 Im Februar wurden Einkäufe in Höhe von 96 000,00 EUR (netto) und Verkäufe in Höhe von 147 500,00 EUR (netto) getätigt. Die Zahllast wird am 10. März überwiesen.

Geben Sie die entsprechenden Buchungssätze an!

2 a) Zielkauf von 200 Artikeln für 62 300,00 EUR netto.

b) 5 Artikel sind stark beschädigt und werden zurückgeschickt.

c) Für 12 Artikel wird aufgrund leichter Beschädigungen ein Preisnachlass von 20 % gewährt (Nettobuchung).

3 a) Banküberweisung für Löhne, brutto 23 700,00 EUR, Lohn- und Kirchensteuer sowie Solidaritätszuschlag 4 266,00 EUR, Arbeitnehmeranteil zur Sozialversicherung 4 740,00 EUR, Arbeitgeberanteil zur Sozialversicherung 4 740,00 EUR.

b) Banküberweisung der noch abzuführenden Abgaben.

4 Banküberweisung der Beiträge für die gesetzliche Unfallversicherung 711,00 EUR.

5 Weitergabe eines Kundenwechsels über 6 420,00 EUR an einen Lieferer.

6 Kassenfehlbetrag 160,00 EUR.

7 Privatentnahme von Waren, Einstandspreis 620,00 EUR, Verkaufspreis (netto) 970,00 EUR, Mehrwertsteuer 16 %.

8 Verkauf eines gebrauchten Pkw für 5 000,00 EUR netto in bar, Anschaffungswert 20 000,00 EUR, Abschreibung 16 000,00 EUR.

9 a) Ein Angestellter erhält einen Vorschuss von 250,00 EUR bar.

b) Banküberweisung des Gehalts, brutto 2 490,00 EUR, Lohn- und Kirchensteuer sowie Solidaritätszuschlag 197,22 EUR, Arbeitnehmeranteil zur Sozialversicherung 498,72 EUR, zu verrechnender Vorschuss 250,00 EUR, zu verrechnende Miete für die Werkswohnung 350,00 EUR.

c) Arbeitgeberanteil zur Sozialversicherung 498,72 EUR.

d) Passivierung der noch abzuführenden Abgaben.

10 Die Lieferantenskonti, die brutto gebucht wurden und 5 220,00 EUR betragen, sind am Monatsende um die Mehrwertsteueranteile zu berichtigen.

## Aufgabengruppe 4

1 Im Monat Dezember fielen 33 640,00 EUR Vorsteuer und 27 310,00 EUR Umsatzsteuer an.

Wie lauten die Buchungen am 31. Dezember?

2 a) Kauf von Waren lt. ER für 1 260,00 EUR netto.

b) Barzahlung der Fracht und des Rollgeldes für die Lieferung, 63,00 EUR netto.

3 Ein Lieferer gewährt einen Bonus von 480,00 EUR netto für gelieferte Waren.

4 Am Verfalltag wird ein Besitzwechsel von einem Kunden bar eingelöst, 4 950,00 EUR.

5 a) Mieteinnahmen bar 635,00 EUR.

b) Banküberweisung der Geschäftsmiete 2 900,00 EUR.

6 Rücksendung von Waren an einen Lieferer in Höhe von 1 665,00 EUR netto.

7 Eine Kassenanlage, Anschaffungswert 25 000,00 EUR, wurde 7 Jahre im Betrieb genutzt und jährlich mit 2 500,00 EUR abgeschrieben. Sie wird für 7 200,00 EUR netto gegen Bankscheck verkauft.

8 a) Verkauf von Waren lt. AR netto 5 670,00 EUR.

b) Ausgangsfracht hierauf bar 224,00 EUR netto.

9 Ein Einzelhändler entnimmt für Privatzwecke Waren im Wert von 719,20 EUR brutto.

10 Barkauf von Büromaterial, Rechnungsbetrag 65,00 EUR.

### Aufgabengruppe 5

Welche Geschäftsvorfälle liegen folgenden Buchungssätzen zugrunde?

| Nr. | Soll | Betrag | | Haben | Betrag |
|---|---|---|---|---|---|
| 1 | 280) | | an | 240) | 1 850,00 EUR |
| 2 | 600) | 3 200,00 EUR | | | |
| | 260) | 512,00 EUR | an | 440) | 3 712,00 EUR |
| 3 | 288) | 174,00 EUR | an | 500) | 150,00 EUR |
| | | | an | 480) | 24,00 EUR |
| 4 | 3001) | 301,60 EUR | an | 5420) | 260,00 EUR |
| | | | an | 480) | 41,60 EUR |
| 5 | 440) | | an | 280) | 3 790,00 EUR |
| 6 | 440) | 522,00 EUR | an | 600) | 450,00 EUR |
| | | | an | 260) | 72,00 EUR |
| 7 | 680) | 50,00 EUR | | | |
| | 260) | 8,00 EUR | an | 288) | 58,00 EUR |
| 8 | 265) | | an | 288) | 200,00 EUR |
| 9 | 693) | | an | 288) | 100,00 EUR |
| 10 | 288) | 6 960,00 EUR | an | 084) | 5 500,00 EUR |
| | | | an | 480) | 960,00 EUR |
| | | | an | 543) | 500,00 EUR |

## 20.2 Buchung nach Belegen

Sie sind Mitarbeiter(in) der Unterhaltungselectronic OHG Martin & Wagner, Obere Kaiserstraße 136, 66386 St. Ingbert-Rohrbach.

Das Unternehmen unterhält folgende Konten:

| | | |
|---|---|---|
| Kreissparkasse Saarpfalz | BLZ 594 500 10 | Konto-Nr. 26 61 22 |
| Vereinigte Volksbanken, St. Ingbert | BLZ 594 901 00 | Konto-Nr. 44 43 |
| Vereinigte Volksbanken, Blieskastel | BLZ 594 912 00 | Konto Nr. 11 18 |
| Postbank Niederlassung, Saarbrücken | BLZ 590 100 66 | Konto-Nr. 2 79 16-668 |

Geben Sie die Buchungssätze für die folgenden Belege an!

(Die entsprechenden Kontoauszüge, Kassenberichte sowie das Wareneingangsbuch liegen als eigentliche Buchungsunterlagen vor.)

①

**Martin & Wagner** — Mitglied der RFT-Leistungsgemeinschaft — Audio – Video
Unterhaltungselectronic — Reparatur · Wartung · Verkauf — Meisterbetrieb
Obere Kaiserstraße 136 · 66386 Rohrbach · Tel.: 06894 57606

**Geschäftsführer:**
**Edgar Martin**
**Gert Wagner**
**Radio- u. Fernsehtechniker-Meister**
**HRB 2585 St. Ingbert**

**Bankverbindungen:**
**Volksbank Blieskastel**
**(BLZ 594 912 00)**
**Kto.-Nr.: 1118**
**Volksbank St. Ingbert**
**(BLZ 594 901 00)**
**Kto.-Nr.: 4 443**

Electronic Partner EP

Martin & Wagner · Obere Kaiserstraße 136 · 66386 Rohrbach

Frau Helene Baumann
Knappenstr. 17
66386 St. Ingbert

❑ wenn Gerät fertig: anrufen! Telefon:

| Fabrikat | Gerät | Type | Geräte-Nr. |
|---|---|---|---|
| Siemens | Fernseher | A 19 | 1339-7 |

Verpackung: ❑ original ❑ fremd ☒ keine
Zubehör: ❑ Fernst. ☒ Netzk. ❑ DIN/Cinchk. ❑ Serv.-U.
Sonst. Zubehör: ❑ Kass./Typ:
❑ Gerät beschädigt:

Eingang am: ❑ beim Kunden:
Angenommen durch: ❑ in Werkstatt:
**Gar.-Karte:** ❑ anbei ☒ fehlt
**Kaufquittung:** ❑ anbei ❑ fehlt
❑ wird nachgereicht bis:
❑ Vollgar.: gek. am: ❑ Mat.-Gar. ❑ Werkst.-Gar.
❑ Reklamation vom: ❑ kostenpflichtig
❑ Kostenvoranschlag EUR ❑ Kulanz
❑ sonstiges:

**Werkstatt-Auftrag/Rechnung-Nr.** 434
❑ Außendienst-Reparatur | Rechnungs-Datum: 15. Jan. 20..
Fehlerangaben des Kunden:

| Pos. | Reparatur (Erklärung siehe Rückseite) | AW | Stück | Material | Einzelpreis EUR | Cent | Gesamtpreis EUR | Cent |
|---|---|---|---|---|---|---|---|---|
| 1 | Reparatur eines Schalters | | 1 | Schalter | | | 21 | 40 |
| 2 | Austausch des Netzteils | | 1 | Netzteil | | | 80 | 00 |
| | Gesamt - Arbeitswerte | 12 | | Für den Auftrag gelten unsere Liefer- und Zahlungsbedingungen. je EUR 4,50 → | Kleinmaterial | | | |
| | | | | | Arbeitsaufwand | | 54 | 00 |
| | | | | | Fahrtkostenanteil | | | |
| | | | | | Zwischensumme | | 155 | 40 |
| | | | | | gesetzl. MwSt. | | 24 | 86 |
| | | | | | Rechnungsbetrag EUR | | 180 | 26 |

Reparaturen sind sofort ohne jeden Abzug zahlbar.

| Kanal | | | | | | Geschäftsbedingungen erhalten und Auftrag erteilt. | Gerät einwandfrei erhalten und Rechnung anerkannt. | Betrag dankend erhalten ❑ bar ❑ Scheck |
|---|---|---|---|---|---|---|---|---|
| vorher | | | | | | | | |
| nachher | | | | | | Datum/Unterschrift | Datum/Unterschrift | Datum/Unterschrift |



Für den Auftrag gelten die nachfolgend im Auszug wiedergegebenen **Allgemeinen Geschäftsbedingungen** für das Radio- und Fernsehtechniker - Handwerk und den Radio- und Fernseh - Handel. Der vollständige Text hängt in den Geschäftsräumen aus.

**Auftragsbestätigung Nr.** 434
**Ihr Abholschein!** (Bitte gut aufbewaren)

**II. Leistungs- und Reparaturbedingungen**

**1. Auftragsauslegung und Fehlerangaben**
Bei der Auftragserteilung soll sich der Werkunternehmer nach Fehlern, bzw. deren Auswirkung erkundigen. Der Kunde soll darüber Auskunft geben. Soweit technisch möglich, wird dem Kunden bei Auftragserteilung der vermutliche Reparaturpreis genannt, andernfalls kann der Kunde eine Kostengrenze setzen. Kann die Reparatur zu diesen Kosten nicht durchgeführt werden, so ist das Einverständnis des Kunden für die weitere Durchführung der Reparatur einzuholen.

**2. Kosten für nicht ausgeführte Aufträge**
Da Fehlersuchzeit Arbeitszeit ist, wird der entstandene und zu belegende Aufwand dem Kunden in Rechnung gestellt, wenn ein Auftrag nicht ausgeführt werden kann, weil:

- der beanstandete Fehler bei der Überprüfung nicht auftrat;
- ein benötigtes Ersatzteil nicht mehr zu beschaffen ist;
- der Kunde durch sein Verschulden zum vereinbarten Termin nicnt anwesend war,
- der Auftrag während der Ausführung zurückgezogen wurde;
- die Empfangsbedingungen nicht einwandfrei gegeben sind.

Unsere speziell ausgebildeten und ausgewählten Techniker bemühen sich nach bestem technischen Ermessen Ihr Gerät zu reparieren. (Bitte wenden!)

Martin & Wagner — Mitglied der RFT-Leistungsgemeinschaft — Audio – Video
Unterhaltungselectronic — Reparatur · Wartung · Verkauf — Meisterbetrieb
Obere Kaiserstraße 136 · 66386 Rohrbach · Tel.: 06894 57606

Geschäftsführer:
Edgar Martin
Gert Wagner
Radio- u. Fernsehtechniker-Meister
HRB 2585 St. Ingbert

②

**Überweisungsauftrag an**

**Deutsche Bank 24**
Aktiengesellschaft

Bankleitzahl des Auftraggebers: 000000 24

Bitte möglichst in > GROSSBUCHSTABEN < ausfüllen.

Begünstigter: Name, Vorname / Firma
MARTIN & WAGNER, ST.INGBERT

Konto-Nr. des Begünstigten: 4443
Begünstigter-Bankleitzahl: 59490100

bei (Kreditinstitut)
VOLKSBANK ST.INGBERT

EUR — Betrag: 180,26--------

Kunden-Referenznummer (Verwendungszweck)
RECHNUNG VOM 15.01.20..

noch Verwendungszweck, ggf. Name und Anschrift, falls vom Kontoinhaber abweichend (nur für Begünstigten)
RECHNUNGSNUMMER 434

Kontoinhaber: Name, Vorname / Firma
HELENE BAUMANN, ROHRBACH

Bitte ankreuzen, wenn Anschrift weitergegeben werden soll ☐

Konto-Nr des Kontoinhabers: 171719
Ausführungs-Datum TTMMJJ: 09.02.20..
Bitte nur bei Terminwunsch (max. 30 Tage) angeben. Bei Angabe eines Wochenendes/Feiertages erfolgt die Ausführung am darauffolgenden Arbeitstag.
24

002 02150 00 9 99

Datum — Unterschrift

③

**Vereinigte Volksbanken SAARBRÜCKEN ST. INGBERT eG** — Einzahlung

KONTO-NUMMER: 4443
BETRAG: 2 000,00

KONTOINHABER: Martin & Wagner

Empfangsbestätigung erfolgt in der durch Aushang bekanntgegebenen Form.

Kontoinhaber — Bitte dieses Feld nicht beschriften
Konto-Nummer — Datum — EUR

**Vereinigte Volksbanken**
**Saarbrücken-St. Ingbert eG**

Wagner
Unterschrift des Einzahlers

④

Überweisung durch 590 100 66
**Postbank**
66111 Saarbrücken

**Diese Durchschrift für den Kontoinhaber bitte nicht einsenden!**
**Falls eine besondere Buchungsbestätigung gewünscht wird, bitte Feld C des Auftragbeleges kennzeichnen!**

Begünstigter:
Finanzamt St. Ingbert

Konto-Nr. des Begünstigten: 6 900 473
Auftr.-Nr.:
Bankleitzahl: 594 500 10

bei (Kreditinstitut)
Kreissparkasse Saarpfalz

EUR — Betrag: 2 900,00 ----------

Verwendungszweck
Steuer-Nr. 871/672
Umsatzsteuer Monat Januar 20..

Kontoinhaber: Name, Vorname/Firma, Ort
Martin & Wagner, St. Ingbert

Konto-Nr. des Kontoinhabers: 279 16-668
A — B — C

⑤

# Auto Radio · CB Funk Center Gebr. Henkes

GROSS- UND EINZELHANDEL

66869 KUSEL
Am Hofacker 26
Telefon 06381 59834

CB FUNK · Am Hofacker 26 · 66869 Kusel

Bankverbindung
Commerzbank St. Wendel
(BLZ 592 410 00) Kto.-Nr. 56 43 895

Martin & Wagner
Obere Kaiserstr. 136

66386 St. Ingbert

| Ihre Zeichen | Ihr Schreiben von | Unsere Zeichen | Datum |
|---|---|---|---|
| | | | 15. Febr. 20.. |

Rechnung

| | | |
|---|---|---|
| 5 Autoradios Augsburger SQR29 | 239,00 | 1 195,00 |
| 5 Lautsprecher RT 19/30 | 115,00 | 575,00 |
| | | 1 770,00 |
| + 16 % Mehrwertsteuer | | 283,20 |
| Rechnungsbetrag | | 2 053,20 |

**Autoradio-CB Funk Center**
Am Hofacker 26
**66869 Kusel**
Henkes

Zahlbar ohne Abzug

⑥

Durchschrift 594 500 10

**Kreissparkasse Saarpfalz**

Begünstigter: CB Funk Center, 66869 Kusel

Konto-Nr. des Begünstigten: 5643895

Bankleitzahl: 592 410 00

bei (Kreditinstitut): Commerzbank St. Wendel

EUR

Betrag: 2 053,20 ----------

Kunden-Referenznummer - noch Verwendungszweck, ggf. Name und Anschrift des Auftraggebers - (nur für Begünstigten): Rechnung vom 15. Febr. 20. .

Kontoinhaber: Martin & Wagner, Rohrbach

Konto-Nr. des Kontoinhabers: 266 122

3. März 20. . Wagner

Datum Unterschrift

⑦

Angenommen

St. Ingbert, den 6. April 20. .

Hans Müller

St. Ingbert, den 5. April 20. .

Ort und Tag der Ausstellung (Monat in Buchstaben)

Nr. d. Zahl-Ortes | St. Ingbert (Zahlungsort) | 20. .-06-05 (Verfalltag)

Gegen diesen **Wechsel** – erste Ausfertigung – zahlen Sie am (Monat in Buchstaben) 5. Juni 20. .

an eigene Order

EUR Betrag in Ziffern 2 400,00

Betrag in Worten Zweitausendvierhundert ----------------------------------------

**Bezogener** Hans Müller

in Im Alten Tal 10, 66386 St. Ingbert

Ort und Straße (genaue Anschrift)

Zahlbar in St. Ingbert (Zahlungsort)

bei Vereinigte Volksbanken (Name des Kreditinstituts) 134 819 (z.L. Konto Nr.)

Martin & Wagner
Obere Kaiserstr. 136
66386 St. Ingbert

Wagner

Unterschrift und genaue Anschrift des Ausstellers

⑧

Angenommen

St. Ingbert, 25. April 20. .

Wagner

Neuss, den 20. April 20. .

Ort und Tag der Ausstellung (Monat in Buchstaben)

Nr. d. Zahl-Ortes | St. Ingbert (Zahlungsort) | 20. .-07-20 (Verfalltag)

Gegen diesen **Wechsel** – erste Ausfertigung – zahlen Sie am (Monat in Buchstaben) 20. Juli 20. .

an eigene Order

EUR Betrag in Ziffern 8 250,00

Betrag in Worten Achttausendzweihundertfünfzig ----------------------------------------

**Bezogener** Unterhaltungselektronic
Martin & Wagner

in Obere Kaiserstr. 136, 66386 St. Ingbert

Ort und Straße (genaue Anschrift)

Zahlbar in St. Ingbert (Zahlungsort)

bei Vereinigte Volksbanken (Name des Kreditinstituts) 4 443 (z.L. Konto Nr.)

ASAHI GmbH
Görlitzer Str. 1
41460 Neuss

ppa. Altmaier

Unterschrift und genaue Anschrift des Ausstellers

⑨

**Deutsche Shell Aktiengesellschaft**

Martin & Wagner St Ingbert

Verkauf im Namen und Rechnung der Deutschen Shell Aktiengesellschaft

| Liter | Produkt | EUR | Cent |
|---|---|---|---|
| | Shell Benzin | | |
| 92,4 | Supershell | 81 | 12 |
| | Dieselshell | | |
| | Shell Autogas | | |
| | | | |

Verkauf im Namen der unterzeichneten Firma

| Menge | Produkt/Leistung | EUR | Cent |
|---|---|---|---|
| | | | |
| | | | |
| | | | |
| | | | |

| Zu zahlen incl. Umsatzsteuer | | |
|---|---|---|

Im Verkaufspreis für Kraftstoffe ist der gesetzliche Bevorratungsbeitrag enthalten.

Betrag dankend erhalten

den 27.05.20. . Rubeck

(Stempel und Unterschrift)

*) Bei Beträgen bis zu 200 EUR kein Ausweis des Umsatzsteuer-Betrages

1311 100x100 784

⑩

**VEREINIGTE LICHTSPIELE HOMBURG-SAAR**

HEINZ SCHRÖER

| EDEN-THEATER | PALAST-THEATER | RESI-THEATER | FILM-STUDIO |
|---|---|---|---|
| Zweibrücker Straße 21 | Kaiserstraße 4 | Dürerstraße 11 | Dürerstraße 11 |

Unterhaltungselektronic
Martin & Wagner
Obere Kaiserstr. 136

66386 St. Ingbert

**66424 HOMBURG**
Büro: Zweibrücker Straße 21
Telefon: 2387

Bankkonto: Kreissparkasse Homburg 7374

Ihr Zeichen | Ihre Nachricht | Mein Zeichen | Homburg, Tag 7. Juni 20. .

**Rechnung**

```
Werbung Monat Mai 20..        150,00 EUR
+ 16 % USt.                    24,00 EUR
                              ----------
                              174,00 EUR
                              ==========
```

⑪

**Martin & Wagner**

Mitglied der RFT-Leistungsgemeinschaft

Audio – Video

Unterhaltungselectronic
Reparatur Wartung Verkauf
Meisterbetrieb

Obere Kaisertraße 136 · 66386 Rohrbach · Tel.: 06894 57606

Geschäftsführer:
Edgar Martin
Gert Wagner

Radio- u. Fernsehtechniker-Meister

HRB 2585 St. Ingbert

Bankverbindungen:
Volksbank Blieskastel
(BLZ 594 912 00)
Kto.-Nr.: 1118

Volksbank St. Ingbert
(BLZ 594 901 00)
Kto.-Nr.: 4 443

Electronic Partner EP

Martin & Wagner Obere Kaiserstraße 136 · 66386 Rohrbach

Stadtverwaltung
Am Rathaus

66386 St. Ingbert

| Auftragsannahme am | Lieferung/Leistung am |
|---|---|
| | |

Bei Zahlung und Rückfragen bitte angeben

| Datum | Nr. |
|---|---|
| 20..-07-18 | 981 |

| Menge | Bezeichnung | Einzelpreis EUR | Gesamtpreis EUR |
|---|---|---|---|
| | Lautsprecheranlage | | 13 800,00 |
| | Einbau der Anlage in der Stadthalle | | 1 200,00 |
| | Zahlbar innerhalb von 10 Tagen unter Abzug von 3 % Skonto oder innerhalb von 30 Tagen rein netto. | | |
| | | Zwischensumme | 15 000,00 |
| | | gesetzliche MwSt. | 2 400,00 |
| | | **Rechnungsbetrag** | 17 400,00 |

Die gelieferte Ware bleibt bis zur restlichen Bezahlung unser Eigentum. Reparaturen sind sofort ohne jeden Abzug zahlbar. Es gelten die umseitig abgedruckten und im Ladenlokal aushängenden Allgemeinen Geschäftsbedingungen.

| Ware ordnungsgemäß erhalten | Betrag dankend erhalten |
|---|---|
| Datum/Unterschrift | Datum/Unterschrift |

⑫

(Überweisung durch 590 100 66

**Postbank**
Saarbrücken

**Diese Durchschrift für den Kontoinhaber bitte nicht einsenden!**
**Falls eine besondere Buchungsbestätigung gewünscht wird, bitte Feld C des Auftragbeleges kennzeichnen!**

Begünstigter: MARTIN & WAGNER, ROHRBACH

Konto-Nr. des Begünstigten: 4 443 — Auftr.-Nr.: — Bankleitzahl: 594 901 00

bei (Kreditinstitut): VOLKSBANK ST. INGBERT

EUR — Betrag: 16 878,00 -------

Verwendungszweck:
RECHN. V. 20..-07-18 – 17 400,00
RECHN.-NR. 981 – 3 % Sk. – 522,00

Kontoinhaber: Name, Vorname/Firma, Ort: STADTKASSE ST. INGBERT

Konto-Nr. des Kontoinhabers: 30 39-660 — A — B — C

⑬

G. KIRCHNER
SCHREINEREI INNENAUSBAU
RAUMGESTALTUNG MÖBEL KÜCHEN
66386 St. Ingbert, Eckstraße 27 Telefon 06894 51141

G. Kirchner · Eckstraße 27 · 66386 St. Ingbert

Firma
Martin & Wagner
Obere Kaiserstr. 136

66386 St. Ingbert

Rechnung Nr. 1314

Rohrbach, den 2. Juli 20..

| Position | Gegenstand | Einzelpreis | Gesamtpreis EUR |
|---|---|---|---|
| | Lieferung und Montage von Büromöbeln laut Angebot Nr. 518 vom 15. Juni 20.. | | 9 800,00 |
| | + 16 % Umsatzsteuer | | 1 568,00 |
| | | | 11 368,00 |
| | Zahlbar innerhalb von 10 Tagen mit 2% Skonto oder 30 Tagen netto. | | |

Kreissparkasse Saarpfalz Nr. 20051
Volksbank St. Ingbert Nr. 4522

⑭

Durchschrift 594 500 100

**Kreissparkasse Saarpfalz**

Begünstigter: SCHREINEREI G. KIRCHNER, ST. INGBERT

Konto-Nr. des Begünstigten: 20 051

Bankleitzahl: 594 500 10

bei (Kreditinstitut): KREISSPARKASSE SAARPFALZ

EUR Betrag: 11 140,64 --------

Kunden-Referenznummer - noch Verwendungszweck, ggf. Name und Anschrift des Auftraggebers - (nur für Begünstigten)

RECHN.-NR. 1314 ÜBER 11 368,00

VOM 20..-07-02 - 2 % SKONTO 227,36

Kontoinhaber: MARTIN & WAGNER, ROHRBACH

Konto-Nr. des Kontoinhabers: 266 122

11.Juli 20.. Wagner

Datum Unterschrift

⑮

Überweisung durch 590 100 66

**Postbank**

66111 Saarbrücken

**Diese Durchschrift für den Kontoinhaber bitte nicht einsenden!**

**Falls eine besondere Buchungsbestätigung gewünscht wird, bitte Feld C des Auftragbeleges kennzeichnen!**

Begünstigter: EDGAR MARTIN, ST. INGBERT-ROHRBACH

Konto-Nr. des Begünstigten: 1118

Auftr.-Nr.

Bankleitzahl: 594 912 00

bei (Kreditinstitut): VOLKSBANK BLIESKASTEL

EUR Betrag: 3 780,50 ---------

Verwendungszweck: ERSTATTUNG VON EINKOMMENSTEUER FÜR 20..

STEUER-NR. 784/182

Kontoinhaber: Name, Vorname/Firma, Ort: FINANZKASSE, FINANZAMT ST. INGBERT

Konto-Nr. des Kontoinhabers: 6 900 473

A B C

⑰

Deutsche Post AG

**Beleg über gezahlte Entgelte**

**Nachentgelt** 5 EUR 80 Cent

**Auszahlungsentgelt** für eurocheque oder Zahlungsanweisung zur Verrechnung

EUR Cent

8.95

912-528-000
DA P III Anl. 39

⑯

Deutsche Post AG
66396 St. Ingbert
8861357 3396 13.07.00

*34,20 EUR

Postwertzeichen ohne Zuschlag

⑱

# Lohn-/Gehaltsabrechnung

Firma (Stempel)

Name Meiser, Norbert

Spedition

Zeitraum Juli 20 . .    Nr. 181

Zweckform Lohn-/Gehaltsabrechnung

| | | | | | |
|---|---|---|---|---|---|
| Steuerpflichtiger Lohn/Gehalt | Lohn/Gehalt in Euro ____ Std à ____ | | | | 2 300,00 |
| | Weihnachts-/Urlaubsgeld | | | + | |
| | ____ Überstunden ........ à ____ | | | + | |
| | Überstd.-/Akkord-Zuschläge | | | + | |
| | Sonderzahlung/Sachbezüge | | | + | |
| | Sonn-, Feiertags- und Nachtzuschläge aus Grundlohn | | | + | |
| | Fahrgeld-Erstattung | | | + | |
| | | | | + | |
| | | | | + | |
| | Vermögenswirksame Leistungen des Arbeitgebers | | | + | 24,00 |
| Bemessungsgrundlage | Brutto-Verdienst ........... | 2 324,00 | | = | 2 324,00 |
| | Lohnsteuer-Freibetrag ...... | – 200,00 | | | |
| Abzüge | Lohnsteuer Kl. III/1 aus | 2 124,00 | = 92,00 | | |
| | Solidaritätszuschlag ........ | | + 0,00 | | |
| | Kirchensteuer: ev. ____ kath. | | + 2,31 | | |
| | Sozialversicherungsbeiträge Arbeitnehmer-Anteil: Krankenkasse | | + 151,06 | | |
| | Pflegeversicherung .......... | | + 19,75 | | |
| | Rentenversicherung .......... | | + 221,94 | | |
| | Arbeitslosenversicherung ..... | | + 75,53 | | |
| | Vorschuß/Abschlagszahlungen ........ | | + | | |
| | Vermögenswirks. Leistg. an | | + 24,00 | – | 586,59 |
| Steuerfr. Bez. | Sonn-, Feiertags- und Nachtzuschläge .......... | | + | = | 1 737,41 |
| | Auslagen-Erstattung/Fahrgeld ........ | | + | | |
| | Ersatzkassen-Erstatt./Zuschuß z. freiw. Krankenvers. | | + | | |
| | Kindergeld ........ | | + | + | |

Errechnet

**Auszuzahlender Betrag** ................ 1 737,41

Abrechnung anerkannt und Betrag richtig erhalten

Datum 20 . .-07-28

Meiser

Zeichen W

Datum/Unterschrift

(19)

# Kassenbericht

Nr. 231 Datum 13. Okt. 20..

| Kassenbericht bei Geschäftsschluss | | | 815,00 | Buchungsvermerke |
|---|---|---|---|---|
| **Ausgaben im Laufe des Tages** Wareneinkäufe und Warennebenkosten | Vorsteuer | Netto-/Brutto Betrag | | |
| ER 1718 v. Schmidt, NK | 20,80 | 130,00 | | |
| | | | 130,00 | |
| Geschäftsausgaben | | | | |
| Büromaterial | 9,28 | 58,00 | | |
| | | | 58,00 | |
| Privatentnahmen | | | | |
| bar, Martin | -,-- | 400,00 | 400,00 | |
| Sonstige Ausgaben | | | | |
| Einzahlung Bank | | 1 000,00 | | |
| | | | 1 000,00 | |
| | | Vorsteuer bei Nettobetrag | 30,08 | |
| | Summe | | 2 433,08 | |
| | abzüglich Kassenbestand des Vortages | | 180,20 | |
| abzüglich sonstige Einnahmen | **Kasseneingang** | | 2 252,88 | |
| | | | 2 252,88 | |
| | **Einnahmen** (Tageslosung) | | | |

Kundenzahl 15

Betrag/Kunde 150,19

Unterschrift Wagner

(20)

Kohlen · Koks
Briketts · Brikolett
Anthrazit
Holz · Holzkohlen
Kaminholz

Heizöl
Heizöltanks,-
Wannen- und Öfen
Dieselkraftstoff
Schmierstoffe

Kartoffeln
Düngemittel · Torf
Spritzmittel
Rasenmäher
Gartengeräte

**Jacob**
**KOHLEN · HEIZÖL · GARTENCENTER**
Familienbesitz seit 1903

Georg Jacob · 66386 St. Ingbert-Rohrbach · Postfach 220

Firma
Martin & Wagner
Obere Kaiserstr. 136

66386 St. Ingbert-Rohrbach

**Hausanschrift:**
Jugendheimstraße 2
66386 St. Ingbert-Rohrbach

**Fernruf:**
(0 68 94) 5 10 12
5 10 13
5 16 03

## RECHNUNG

Ihr Auftrag | Lieferart

Datum 25. November 20 . .

| Warenbezeichnung | St/to/Ztr. kg/ltr. | Preis p. St. % ‰ | Betrag |
|---|---|---|---|
| Reparatur der Ölheizung | | | |

Nettowarenwert 620,00

MWSt. 99,20

Rechnungsbetrag 719,20

66386 St. Ingbert-Rohrbach Jugendheimstr. 2
66386 St. Ingbert-Rohrbach am Güterbahnhof
66440 Blieskastel-Niederwürzbach am Bahnhof

**Zahlbar sofort in bar ohne Abzug.**

**Beanstandungen** können nur innerhalb 14 Tagen nach Empfang der Ware berücksichtigt werden.
**Eigentumsvorbehalt** Die gelieferte Ware bleibt bis zur restlosen Bezahlung unser Eigentum.
Erfüllungsort – Gerichtsstand für Lieferung und Zahlung ist St. Ingbert.
Um baldige Überweisung auf eines der nachstehenden Konten wird gebeten. Besten Dank!
**Postscheck:** Saarbrücken 81 19-662

**Banken:**

| | | |
|---|---|---|
| Volksbank St. Ingbert | 204 | (BLZ 594 901 00) |
| Dresdner Bank St. Ingbert | 380 191 300 | (BLZ 590 800 90) |
| Kreissparkasse St. Ingbert | 200 741 | (BLZ 594 500 00) |
| Deutsche Bank Saar St. Ingbert | 90 19 233 | (BLZ 594 700 70) |
| Gebr. Röchling Bank St. Ingbert | 200 60 760 | (BLZ 594 300 00) |
| Kreissparkasse Blieskastel | 1 629 | (BLZ 594 512 60) |
| Volksbank Blieskastel | 821 | (BLZ 594 912 00) |
| BNP Homburg | 22 20026 013 | (BLZ 590 106 00) |
| Commerz-Credit-Bank Homburg | 500 2241 | (BLZ 590 400 00) |
| Volksbank Sulzbach eG. | 2020 | (BLZ 590 915 00) |
| SaarLB | 61 13-005 | (BLZ 590 500 00) |

(21)

Durchschrift **594 500 10**

***Kreissparkasse Saarpfalz***

Begünstigter: FIRMA JACOB, ROHRBACH
Konto-Nr. des Begünstigten: 200 741
Bankleitzahl: 594 500 10
bei (Kreditinstitut): KREISSPARKASSE SAARPFALZ
EUR | Betrag: 719,20 -----------
Kunden-Referenznummer - noch Verwendungszweck, ggf. Name und Anschrift des Auftraggebers - (nur für Begünstigten): RECHNUNG VOM 25.11.20 . .
Kontoinhaber: MARTIN & WAGNER, ROHRBACH
Konto-Nr. des Kontoinhabers: 266 122

1. Dez. 20 . . Wagner
Datum Unterschrift

(22)

| Kontonummer | Die Finanzgruppe: Sparkasse, SaarLB, LBS und SAARLAND Versicherungen | Bankleitzahl |
|---|---|---|
| 266 122 | Kreissparkasse Saarpfalz | 594 500 10 |

| Buchungstag | Tag der Wertstellung | Verwendungszweck/Buchungstext | Buchungsnummer | | alter Kontostand |
|---|---|---|---|---|---|
| | | | | EUR | 2317,90 + |
| 0312 | 0312 | Barabhebung | 14 | | 1100,00 – |
| | | | | EUR | 1217,90 + neuer Kontostand |

| Kontoauszug vom | Auszug | Blatt |
|---|---|---|
| 03.12.20.. | 1 | 1 |

(23)

**Beleg für Kontoinhaber**/Einzahler-Quittung

Kreissparkasse Saarpfalz 594 500 10

Name und Sitz des Kreditinstituts des Überweisenden — Bankleitzahl

Begünstigter: Name, Vorname/Firma (max. 27 Stellen): UNICEF

Konto-Nr. des Begünstigten: 300000 — Bankleitzahl: 370 501 98

unicef — EUR — Betrag: Euro, Cent: 300,00 -------------

Kunden-Referenznummer - Verwendungszweck, ggf. Name und Anschrift des Überweisenden - (nur für Begünstigten): Obere Kaiserstr. 136

noch Verwendungszweck (insgesamt max. 2 Zeilen à 27 Stellen): 66386 St. Ingbert

Kontoinhaber/Einzahler: Name, Vorname/Firma, Ort (max. 27 Stellen, keine Straßen- oder Postfachangaben): Edgar Martin

Konto-Nr. des Kontoinhabers: 266 122

SPENDE

(24)

Überweisung durch 590 100 66

Postbank

66111 Saarbrücken

**Diese Durchschrift für den Kontoinhaber bitte nicht einsenden!**

**Falls eine besondere Buchungsbestätigung gewünscht wird, bitte Feld C des Auftragbeleges kennzeichnen!**

Begünstigter: Finanzamt St. Ingbert

Konto-Nr. des Begünstigten: 6 900 473 — Auftr.-Nr. — Bankleitzahl: 594 500 10

bei (Kreditinstitut): Kreissparkasse Saarpfalz

EUR — Betrag: 4 698,30 ----------

Verwendungszweck:

Lohn- u. Kirchensteuer November 20.. – 1 498,30

Einkommensteuervorauszahlung, E. Martin – 3 200,00

Kontoinhaber: Name, Vorname/Firma, Ort: Martin & Wagner, Rohrbach

Konto-Nr. des Kontoinhabers: 279 16-668 — A — B — C

㉕

# Auto Radio · CB Funk Center Gebr. Henkes

GROSS- UND EINZELHANDEL

66869 KUSEL
Am Hofacker 26
Telefon 06381 59834

CB FUNK · Am Hofacker 26 · 66869 Kusel

Martin & Wagner
Obere Kaiserstr. 136

66386 St. Ingbert

Bankverbindung
Commerzbank St. Wendel
(BLZ 592 410 00) Kto.-Nr. 56 43 895

| Ihre Zeichen | Ihr Schreiben von | Unsere Zeichen | Datum |
|---|---|---|---|
| | | | 18. Dez. 20.. |

Gewährung eines Bonus

Sehr geehrte Herren,

für Ihre Umsätze in den Monaten Januar bis November gewähren wir Ihnen den vereinbarten Bonus in Höhe von

| | |
|---|---|
| netto | 2 340,00 EUR |
| + 16 % Umsatzsteuer | 374,40 EUR |
| | 2 714,40 EUR |

Mit freundlichen Grüßen

Autoradio-CB Funk
Center
Am Hofacker 26
66869 Kusel
Henkes

# III. Wirtschafts- und Sozialkunde

## 1 Grundlagen des Wirtschaftens

### 1.1 Notwendigkeit des Wirtschaftens

| |  |  |
|---|---|---|
| 1 | Was sind Bedürfnisse? | Die menschlichen **Bedürfnisse** bilden die Grundlage des Wirtschaftens. Sie sind Mangelerscheinungen, die das Bestreben auslösen, den Mangel zu beseitigen.<br><br>Bedürfnisse sind unbegrenzt; sie sind abhängig von der Umwelt und der Gesellschaft, der Kulturstufe und dem Lebensstandard sowie der technischen Entwicklung. Bedürfnisse wandeln sich demzufolge im Laufe der Zeit. |
| 2 | Unterscheiden Sie Bedarf und Nachfrage! | Wenn Bedürfnisse mit Kaufkraft befriedigt werden können, spricht man von **Bedarf.**<br><br>Wird Bedarf am Markt wirksam, liegt **Nachfrage** vor. |
| 3 | Unterscheiden Sie Existenz-, Kultur- und Luxusbedürfnisse! | **Existenzbedürfnisse** gehören zu den elementaren Lebensbedürfnissen; sie müssen auf jeden Fall befriedigt werden. Beispiele sind Nahrung, Kleidung, Wohnung.<br><br>**Kulturbedürfnisse** entspringen dem geistigen Wesen des Menschen; ihre Befriedigung ist nicht lebensnotwendig, aber oft unentbehrlich. Beispiele sind Schulbildung, Unterhaltung, Kunstgenuss.<br><br>**Luxusbedürfnisse** entwickeln sich oft aus gesellschaftlichen Zwängen und Geltungsdrang. Beispiele sind Schmuck, Segeljacht, Swimmingpool. |
| 4 | Erklären Sie Individual- und Sozialbedürfnisse! | **Individualbedürfnisse** werden vom Einzelnen (Individuum) empfunden und letztlich von ihm persönlich befriedigt. Beispiel: Nahrung.<br><br>**Sozialbedürfnisse** (Kollektivbedürfnisse) werden ebenfalls vom Einzelnen empfunden, können aber nur von der Gesellschaft befriedigt werden. Beispiele: Krankenversorgung, Umweltschutz. |
| 5 | Was sind wirtschaftliche und freie Güter? | **Güter** dienen der Befriedigung menschlicher Bedürfnisse.<br><br>**Wirtschaftliche Güter** (z. B. Lebensmittel, Maschinen)<br>● sind nur in begrenzter Menge vorhanden (sind knapp),<br>● haben einen Preis,<br>● sind Gegenstand wirtschaftlicher Überlegungen.<br><br>**Freie Güter** (z. B. Luft, Sonnenlicht, Meerwasser)<br>● sind nahezu unbegrenzt vorhanden,<br>● kosten nichts,<br>● sind nicht Gegenstand wirtschaftlicher Überlegungen. |

**6** Wie kann man die wirtschaftlichen Güter einteilen?

Die Einteilung kann folgendermaßen vorgenommen werden:

1. **Konsumgüter,** diese dienen der unmittelbaren Befriedigung menschlicher Bedürfnisse.
   Dabei unterscheidet man:
   - **Verbrauchsgüter** (z.B. Nahrungs- und Genussmittel),
   - dauerhafte **Gebrauchsgüter** (z.B. Kleidung, Haushaltsgeräte);
2. **Produktionsgüter,** diese dienen der Herstellung anderer Güter.
   Man unterscheidet:
   - **Verbrauchsgüter** (z.B. Rohstoffe, Hilfsstoffe, Betriebsstoffe),
   - **Gebrauchsgüter** (Maschinen, Werkzeuge u.Ä.);
3. **Dienstleistungen,** sie werden unterschieden nach:
   - persönlicher Art (z.B. Krankenpflege, Unterricht, Rechtsberatung),
   - sachlicher Art (z.B. Kreditgewährung, Vermietung und Verpachtung von Gegenständen);
4. **Rechte,** z.B. Patente, Lizenzen, Lohnforderungen.

**7** Unterscheiden Sie Substitutions- und Komplementärgüter!

Können Güter durch andere Güter ersetzt (substituiert) werden, ohne dass die Bedürfnisbefriedigung wesentlich eingeschränkt wird, spricht man von **Substitutionsgütern** (Butter – Margarine; Blech – Kunststoff; Automarke A – Automarke B).

Können Güter nur gemeinsam mit anderen Gütern genutzt werden, spricht man von **Komplementärgütern;** die Nachfrage nach einem bestimmten Gut beeinflusst direkt die Nachfrage nach dem Komplementärgut (Auto – Benzin; Videorecorder – Videocassetten).

**8** Unterscheiden Sie materielle und immaterielle Güter!

**Materielle Güter** (Sachgüter) sind körperliche Gegenstände, wie Konsum- und Produktionsgüter.

**Immaterielle Güter** sind nicht körperliche (stofflose) Dinge, wie Dienstleistungen und Rechte (z.B. Lizenzen, Patente, Mieten).

**9** Erläutern Sie das ökonomische Prinzip!

Bei jedem wirtschaftlichen Handeln – bedingt durch die Knappheit der Güter – muss das **ökonomische Prinzip** (wirtschaftliches Prinzip, Rationalprinzip) beachtet werden.

Es gibt drei Formulierungen dieses Prinzips:

- Mit einem bestimmten Aufwand an Mitteln soll ein möglichst großer Erfolg erzielt werden (Maximumprinzip),
- ein bestimmter Erfolg soll mit möglichst geringen Mitteln erreicht werden (Minimumprinzip, Sparprinzip),

- das Verhältnis zwischen Aufwand und Ertrag soll möglichst günstig sein (Extremumprinzip).

Alle Wirtschaftssubjekte (Unternehmen, öffentliche und private Haushalte) sollten nach diesem Prinzip handeln.

10 Erläutern Sie den einfachen Wirtschaftskreislauf!

Zwischen den einzelnen Wirtschaftseinheiten kommt es zu einer Vielzahl von wirtschaftlichen Transaktionen (z. B. Käufe und Verkäufe von Gütern). Nahezu jede dieser Transaktionen setzt sich aus einer Güterbewegung und einer entgegengesetzten Geldbewegung zusammen. Gleichgerichtete Geld- und Güterbewegungen zwischen zusammengefassten gleichartigen Wirtschaftseinheiten bezeichnet man als **Geld- und Güterströme** (monetäre und reale Ströme).

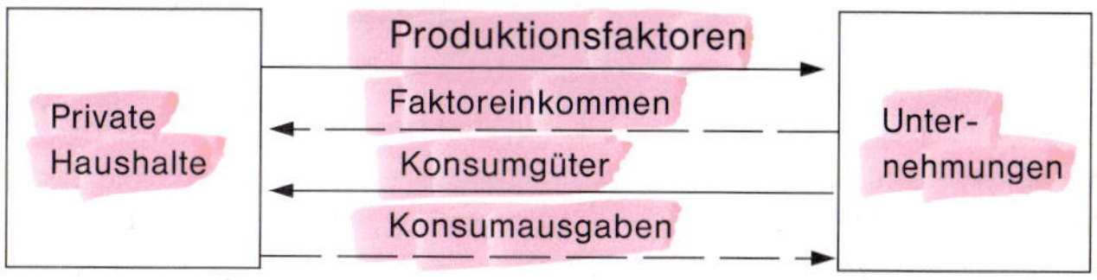


11 Was ist ein Markt?

Jedes Zusammentreffen von Angebot und Nachfrage nennt man **Markt**, gleichgültig an welchem Ort, zu welcher Zeit und unter welchen Umständen das geschieht.

12 Wie bildet sich der Marktpreis?

Auf dem Markt werden Güter gegen Geld ausgetauscht. Das Austauschverhältnis ist der **Marktpreis** als Ergebnis des Zusammentreffens von Angebot und Nachfrage. Ist die Nachfrage nach einem bestimmten Gut größer als das Angebot von diesem Gut, steigt der Marktpreis; ist das Angebot größer als die Nachfrage, sinkt der Preis.

13 Welche Marktarten gibt es?

Es gibt folgende Marktarten:

1. **Faktormärkte** (Märkte für die Produktionsfaktoren),
   - Arbeitsmarkt,
   - Kapitalmarkt (Geld- und Realkapital),
   - Immobilienmarkt;
2. **Gütermärkte,**
   - Konsumgütermarkt,
   - Investitionsgütermarkt.

## 1.2 Produktionsfaktoren

14 Was sind Produktionsfaktoren?

**Produktionsfaktoren** sind elementare Güter, die bei der Güterproduktion eingesetzt werden und einen Mehrwert schaffen.

**15** Unterscheiden Sie die gesamtwirtschaftlichen Produktionsfaktoren!

**Gesamtwirtschaftliche (volkswirtschaftliche) Produktionsfaktoren** sind:

1. **Boden,** er dient als
   - Standort für Betriebe, Wohn- und Verkehrsfläche,
   - Rohstoff- und Energielieferant,
   - Anbaufläche für die Land- und Forstwirtschaft;
2. **Arbeit,**
   - körperliche und geistige Arbeit,
   - ausführende und leitende (dispositive) Arbeit;
3. **Kapital**
   - Realkapital, es umfasst alle produzierten Produktionsmittel,
   - Geldkapital, es sind finanzielle Mittel für Investitionen.

**16** Unterscheiden Sie ursprüngliche und abgeleitete Produktionsfaktoren!

**Ursprüngliche** (originäre) **Produktionsfaktoren** sind Boden und Arbeit; sie sind ursprünglich vorhandene, naturgegebene Faktoren, die nicht aus anderen Faktoren abgeleitet sind.

Der **abgeleitete** (derivative) **Produktionsfaktor** Kapital entsteht durch das Zusammenwirken der ursprünglichen Produktionsfaktoren.

**17** Nennen Sie Bestimmungsgründe für Qualität und Ergiebigkeit der Arbeit!

Qualität und Ergiebigkeit des Faktors **Arbeit** sind abhängig von
- der Bevölkerungszahl und der Altersstruktur der Bevölkerung,
- dem Bildungs- und Ausbildungsstand der Bevölkerung,
- dem Arbeitswillen,
- der technischen Entwicklung und Ausstattung,
- den klimatischen Gegebenheiten.

**18** Beschreiben Sie den Kapitalbildungsprozess!

Die **Kapitalbildung** in einer Volkswirtschaft erfolgt durch
- Konsumverzicht, d.h. Sparen,
- Kreditvergabe an Unternehmen,
- betriebliche Investitionen, d.h. Umwandlung von Geldkapital in Sachkapital.

**19** Unterscheiden Sie die einzelwirtschaftlichen Produktionsfaktoren!

**Einzelwirtschaftliche** (betriebliche) **Produktionsfaktoren** sind:

1. die Elementarfaktoren
   - ausführende Arbeit,
   - Betriebsmittel,
   - Werkstoffe;
2. der dispositive Faktor
   - Unternehmensleitung.

**20** Was ist ausführende Arbeit?

Ausführende Arbeit ist die Tätigkeit eines Arbeitnehmers nach vorgegebenen Anweisungen.

21 Was sind Betriebsmittel?

Unter dem Begriff **Betriebsmittel** werden zusammengefasst:

- Werkzeuge, sie dienen der Unterstützung der menschlichen Arbeitskraft;
- Maschinen, sie können die menschliche Arbeitskraft unterstützen, aber auch teilweise oder ganz ersetzen (z. B. halb- oder vollautomatische Maschinen);
- Fuhrpark, Betriebs- und Geschäftsausstattung sowie Gebäude.

22 Was sind Werkstoffe?

Unter **Werkstoffen** versteht man alle Roh-, Hilfs- und Betriebsstoffe, die als Ausgangs- und Grundstoffe für die Erstellung neuer Produkte dienen.

23 Unterscheiden Sie Roh-, Hilfs- und Betriebsstoffe!

**Rohstoffe** sind Hauptbestandteile der Fertigerzeugnisse, z. B. Holz oder Kunststoff bei der Möbelproduktion.

**Hilfsstoffe** sind Nebenbestandteile der Fertigerzeugnisse. Eine Erfassung pro Stück ist nicht erforderlich, da sie wert- und mengenmäßig unbedeutend sind, z. B. Leim in der Möbelproduktion.

**Betriebsstoffe** gehen nicht in das Produkt ein, sie werden bei der Produktion verbraucht, z. B. Energie.

24 Welche Aufgaben hat der dispositive Faktor?

Hauptaufgabe des **dispositiven Faktors** ist die Kombination der Elementarfaktoren nach dem ökonomischen Prinzip.

Im Einzelnen zählen dazu:

- Festlegung der Betriebspolitik als oberstes Ziel;
- Treffen von Entscheidungen;
- Planung von Beschaffung, Produktion, Absatz, Investition und Finanzierung;
- Aufbau und Organisation des Betriebes;
- Kontrolle des betrieblichen Geschehens.

25 Was ist Substitution der Produktionsfaktoren?

Können Produktionsfaktoren durch andere Produktionsfaktoren ersetzt werden, spricht man von **Substitution.** Bei der betrieblichen Leistungserstellung werden ständig Produktionsfaktoren durch preisgünstigere Faktoren ersetzt (Beispiele: Arbeiter – Maschine; Wachpersonal – Alarmsystem).

26 Was ist Produktivität?

Unter **Produktivität** versteht man das Verhältnis von Leistung (Umsatz, Absatz) zu Faktoreinsatz (Zahl der Mitarbeiter, geleistete Arbeitsstunden, eingesetztes Kapital, $m^2$ Geschäftsfläche).

$$\text{Produktivität} = \frac{\text{Leistung (in Euro, in Stück)}}{\text{Faktoreinsatz (z. B. Beschäftigtenzahl)}}$$

(Vgl. auch Wirtschaftsrechnen, Seite 39.)

27 **Was ist Wirtschaftlichkeit?**

Bei der **Wirtschaftlichkeit** wird die erbrachte Leistung (Umsatz) zum Aufwand bzw. zu den Kosten (Personalkosten, Handlungskosten) in Beziehung gesetzt, um zu erkennen, in welchem Umfang das ökonomische Prinzip verwirklicht wurde.

$$\text{Wirtschaftlichkeit} = \frac{\text{Leistung (in EUR)}}{\text{Aufwand (in EUR)}}$$

## 1.3 Betrieblicher Leistungsprozess

28 **Was sind Sachleistungsbetriebe?**

In **Sachleistungsbetrieben** werden Sachgüter (z.B. Produktions- und Konsumgüter) hergestellt.

Man unterscheidet:

- **Gewinnungsbetriebe** (Betriebe der Urerzeugung, **primärer Wirtschaftsbereich**), z.B. Bergwerksbetriebe, landwirtschaftliche Betriebe, Fischereibetriebe, Kraftwerksbetriebe;
- **Erzeugungsbetriebe** (Betriebe der Weiterverarbeitung, **sekundärer Wirtschaftsbereich**), z.B. Industriebetriebe (Grundstoffindustrie, Produktionsgüterindustrie, Konsumgüterindustrie) und Handwerksbetriebe.

29 **Was sind Dienstleistungsbetriebe?**

In **Dienstleistungsbetrieben (tertiärer Wirtschaftsbereich)** werden Dienstleistungen (Güter immaterieller Art) erbracht.

Man unterscheidet:

- Verkehrsbetriebe (z.B. Deutsche Bahn AG, Deutsche Post AG, Speditionen, Reedereien),
- Bankbetriebe (z.B. Banken, Sparkassen),
- Versicherungsbetriebe (z.B. Sachversicherungen, Personenversicherungen),
- Handelsbetriebe (Einzelhandelsbetriebe, Großhandelsbetriebe, Außenhandelsbetriebe),
- sonstige Dienstleistungsbetriebe (z.B. Steuerberater, Architekten).

30 **Welche Aufgaben hat der Industriebetrieb?**

Aufgaben des **Industriebetriebes** sind:

- Gewinnung von Rohstoffen,
- Herstellung von Produktions- und Konsumgütern.

Die betrieblichen (einzelwirtschaftlichen) **Grundfunktionen** des Industriebetriebes sind Beschaffung, Produktion, Lagerung, Finanzierung und Absatz.

31 | Welche Aufgaben hat der Handel?

Die Aufgabe des **Handels** besteht grundsätzlich darin, einen Ausgleich zu schaffen zwischen dem Angebot der Hersteller und den Wünschen der Verbraucher. Im Einzelnen unterscheidet man folgende Aufgaben (Funktionen):

- **Sortimentsbildung,** d. h., der Handel stellt aus vielen, meist engen Produktionsprogrammen mehrerer Hersteller kundengerechte Sortimente zusammen (Funktion des qualitativen Ausgleichs);
- **Mengenumgruppierung,** d. h., der Handel kauft üblicherweise große Mengen ein und verkauft sie in kleinen Mengen; in manchen Fällen werden kleine Mengen aufgekauft und in großen Mengen weiterverkauft (Funktion des quantitativen Ausgleichs);
- **Raumüberbrückung,** d. h., der Handel bringt die Waren vom Hersteller zum Verwender (Funktion des räumlichen Ausgleichs, Transportfunktion);
- **Zeitüberbrückung,** d. h., der Handel überbrückt die Zeit zwischen Produktion und Verwendung durch bedarfsorientierte Vorratshaltung (Funktion des zeitlichen Ausgleichs, Lagerfunktion);
- **Markterschließung,** d. h., der Handel eröffnet neue Märkte, indem er durch eigene absatzpolitische Maßnahmen mithilft, ein Produkt am Markt einzuführen;
- **Beratung,** d. h., der Handel informiert den Abnehmer z. B. über technische Merkmale, Anwendungsmöglichkeiten, Bedienung und Wartung der Produkte (Anwendungs- und Bedienungsberatung), der Handel informiert auch den Hersteller über Kundenwünsche, -anregungen und -beschwerden (Produzentenberatung);
- **Finanzierung,** d. h., der Handel ermöglicht den Kauf einer Ware auf Ziel (Kreditfunktion);
- **absatzpolitische Maßnahmen,** wie z. B. Verkaufsförderung, Ladengestaltung, Reparatur- und Kundendienst.

32 | Welche Aufgaben haben Bankbetriebe?

**Bankgeschäfte** können eingeteilt werden in:

- Aktivgeschäfte, z. B. die Gewährung von Gelddarlehen und Akzeptkrediten (Kreditgeschäfte);
- Passivgeschäfte, z. B. die Annahme fremder Gelder als Einlagen, deren Verwaltung und Verzinsung (Einlagengeschäfte);
- Dienstleistungsgeschäfte, z. B. die Durchführung des bargeldlosen Zahlungsverkehrs, des Sorten- und Devisenverkehrs (Zahlungsgeschäfte); Kauf, Verkauf, Verwahrung und Verwaltung von Wertpapieren (Wertpapiergeschäfte); Beratung in Finanzfragen und in Fragen der Geldanlage.

33 | Welche Aufgaben haben Versicherungsbetriebe?

**Versicherungen** übernehmen dem Versicherten gegenüber gegen Zahlung eines Entgeltes (Prämie) ein bestimmtes Risiko, d. h., sie erbringen in Schadensfällen Geldleistungen.

34 Erläutern Sie das erwerbswirtschaftliche Prinzip!

Das **erwerbswirtschaftliche Prinzip** besagt, dass die Unternehmer (in der Marktwirtschaft) einen maximalen (möglichst großen) oder zumindest einen angemessenen Gewinn (Gewinnmaximierung) erzielen wollen.

35 Was besagt das gemeinwirtschaftliche Prinzip?

Das **gemeinwirtschaftliche Prinzip** ist ein Leitsatz wirtschaftlichen Handelns, bei dem nicht die Gewinnerzielung im Vordergrund steht, sondern die Versorgung der Allgemeinheit mit wichtigen Gütern und Dienstleistungen.

Die öffentlichen Betriebe (z. B. Stadtwerke, Abwasserverbände, kommunale Verkehrsbetriebe) und sozialen Einrichtungen (z. B. Krankenhäuser, staatliche Altenheime, Kindergärten), die nach diesem Grundsatz handeln, müssen jedoch versuchen, ihre Kosten durch ihre Erlöse zu decken **(Prinzip der Kostendeckung).**

# 2 Rechtliche Rahmenbedingungen des Wirtschaftens

## 2.1 Rechtsnormen des Wirtschaftslebens

36 Was versteht man unter der Rechtsordnung eines Staates?

Die **Rechtsordnung** eines Staates umfasst alle in dem Staat geltenden Rechtsnormen, z. B. Gesetze, Verordnungen, Verwaltungsakte, Entscheidungen der obersten Gerichte. Sie schafft die notwendige Voraussetzung für ein geordnetes Zusammenleben in der menschlichen Gesellschaft.

37 Unterscheiden Sie Gesetz, Verordnung, Satzung und Gewohnheitsrecht!

**Gesetze** sind Rechtsvorschriften, die in einem förmlichen Gesetzgebungsverfahren durch ein Parlament erlassen werden (sie dürfen den Regelungen des Grundgesetzes nicht entgegenstehen).

**Verordnung (Rechtsverordnung)** ist eine von Regierungs- oder Verwaltungsorganen erlassene Vorschrift (Voraussetzung ist eine durch Gesetz geregelte Ermächtigung), d. h., sie kommt im Gegensatz zum Gesetz nicht durch ein förmliches Gesetzgebungsverfahren zustande.

**Satzung** (Statut) ist

- im öffentlichen Recht eine Zusammenfassung der von einer Körperschaft des öffentlichen Rechts aufgrund ihrer Autonomie erlassenen Rechtsvorschriften (z. B. Satzung einer Universität),
- im privaten Recht der Gesellschaftsvertrag in Vereinen und Kapitalgesellschaften.

**Gewohnheitsrecht** umfasst alle ungeschriebenen Regeln, die sich nach langer praktischer Übung als „Recht“ herausgestellt haben.

**38** Was ist öffentliches Recht?

Das **öffentliche Recht** regelt die Beziehungen des Einzelnen zum Staat und den Körperschaften des öffentlichen Rechts (Über-/Untergeordnetenverhältnis) und die Beziehungen dieser Institutionen zueinander.

Beispiele sind:

- Verfassungsrecht (Grundgesetz),
- Verwaltungsrecht (Verwaltungsgesetze),
- Strafrecht (Strafgesetzbuch),
- Steuerrecht (Steuergesetze),
- Straf- und Zivilprozessordnung,
- Teile des Arbeitsrechts (z. B. Arbeitsgerichtsgesetz, Arbeitsförderungsgesetz).

**39** Was ist privates Recht?

Das **private Recht** regelt die rechtlichen Beziehungen der einzelnen Bürger zueinander nach dem Prinzip der Gleichordnung.

Beispiele sind:

- Bürgerliches Recht (Bürgerliches Gesetzbuch),
- Handelsrecht (Handelsgesetzbuch),
- Gesellschaftsrecht (z. B. Aktiengesetz),
- Wechsel- und Scheckrecht,
- Teile des Arbeitsrechts (z. B. Kündigungsschutzgesetz, Arbeitszeitgesetz).

## 2.2 Rechtssubjekte

**40** Unterscheiden Sie natürliche und juristische Personen!

**Natürliche Personen** sind alle Menschen.

**Juristische Personen** sind Personenvereinigungen (Körperschaften, Vereine) oder Vermögensmassen (Anstalten, Stiftungen) mit eigener Rechtspersönlichkeit.

Man unterscheidet:

- juristische Personen des privaten Rechts, z. B. Kapitalgesellschaften, eingetragene Vereine;
- juristische Personen des öffentlichen Rechts, z. B. Körperschaften des öffentlichen Rechts (Gemeinde), Anstalten des öffentlichen Rechts (Schule, Krankenhaus).

**41** Was bedeutet Rechtsfähigkeit?

**Rechtsfähigkeit** ist die Fähigkeit, Träger von Rechten und Pflichten zu sein.

Die Rechtsfähigkeit des Menschen beginnt mit der Vollendung der Geburt.

Juristische Personen erwerben die Rechtsfähigkeit (und Geschäftsfähigkeit) durch die Eintragung in ein Register bzw. durch gesetzliche Regelung (z. B. erhalten AG und GmbH die Rechtsfähigkeit mit der Eintragung ins Handelsregister).

Die Rechtsfähigkeit juristischer Personen des privaten Rechts endet mit der Löschung im entsprechenden Register.

| |  |  |
|---|---|---|
| 42 | Was ist Geschäftsfähigkeit? | **Geschäftsfähigkeit** ist die Fähigkeit, Willenserklärungen rechtswirksam abzugeben bzw. entgegenzunehmen. |
| 43 | Wer ist geschäftsfähig? | **Voll geschäftsfähig** sind Personen, die das 18. Lebensjahr vollendet haben (Volljährigkeit). |
| 44 | Wer ist beschränkt geschäftsfähig? | **Beschränkt geschäftsfähig** sind:<br>● Minderjährige (Personen vom vollendeten 7. bis zum 18. Lebensjahr).<br>Rechtsgeschäfte beschränkt Geschäftsfähiger bedürfen grundsätzlich der Zustimmung des gesetzlichen Vertreters. Bis zur möglichen nachträglichen Zustimmung (Genehmigung) ist das Rechtsgeschäft schwebend unwirksam. |
| 45 | Welche Rechtsgeschäfte darf ein beschränkt Geschäftsfähiger abschließen? | Ein **beschränkt Geschäftsfähiger** darf ohne Zustimmung des gesetzlichen Vertreters Rechtsgeschäfte abschließen,<br>● die ihm einen rechtlichen Vorteil bringen (z.B. Annahme einer Schenkung),<br>● die er mit seinem Taschengeld bestreitet,<br>● die er im Rahmen eines vom gesetzlichen Vertreter erlaubten Arbeitsverhältnisses abschließt wie z.B. die Kündigung des Arbeitsverhältnisses (der Abschluss und die Kündigung des **Ausbildungsvertrages** bedürfen allerdings der Zustimmung des gesetzlichen Vertreters),<br>● die ein Geschäftsbetrieb mit sich bringt, zu dessen selbstständigem Betrieb der Minderjährige ermächtigt ist. |
| 46 | Wer ist geschäftsunfähig? | **Geschäftsunfähig** sind<br>● Kinder (Personen bis zur Vollendung des 7. Lebensjahres),<br>● dauernd Geisteskranke.<br>Die Willenserklärung eines Geschäftsunfähigen ist nichtig. |
| 47 | Was ist Deliktfähigkeit? | Für die **Deliktfähigkeit** gilt:<br>● Wer nicht das siebente Lebensjahr vollendet hat, ist für einen Schaden, den er einem anderen zufügt, nicht verantwortlich (Deliktunfähigkeit);<br>● wer das siebente, aber nicht das achtzehnte Lebensjahr vollendet hat, ist für einen Schaden, den er einem anderen zufügt, nicht verantwortlich, wenn er bei der schädigenden Handlung nicht die erforderliche Einsicht für seine Verantwortlichkeit hat. |

## 2.3 Rechtsobjekte

| Nr. | Frage | Antwort |
|---|---|---|
| 48 | Unterscheiden Sie Sachen und Rechte! | **Sachen** sind körperliche Gegenstände (materielle Güter), z. B. Waren, Gebäude, Grundstücke.<br>**Rechte** sind nicht körperliche Dinge (immaterielle Güter), z. B. Mieten, Lohnforderungen, Patente, Lizenzen, Rechtsberatung. |
| 49 | Unterscheiden Sie bewegliche und unbewegliche Sachen! | **Bewegliche Sachen** (Mobilien) sind alle Sachen, die nicht Grundstücke oder Bestandteile von Grundstücken sind.<br>**Unbewegliche Sachen** (Immobilien) sind Grundstücke und mit diesen fest verbundene Gegenstände wie Gebäude. |
| 50 | Unterscheiden Sie vertretbare und nicht vertretbare Sachen! | **Vertretbare Sachen** (Gattungsware) sind bewegliche Sachen, die nach Zahl, Maß oder Gewicht bestimmt werden können, z. B. Geld, Waren.<br>**Nicht vertretbare Sachen** (Speziesware) gibt es nur einmal (z. B. die „Mona Lisa“ von Leonardo da Vinci). |
| 51 | Was ist Eigentum? | **Eigentum** ist die rechtliche Herrschaft über eine Sache. Der Eigentümer einer Sache kann, soweit nicht das Gesetz oder Rechte Dritter entgegenstehen, beliebig mit der Sache verfahren. |
| 52 | Was ist Besitz? | **Besitz** ist die tatsächliche Herrschaft über eine Sache.<br>Eigentümer und Besitzer einer Sache können<br>● ein und dieselbe Person sein (z. B. Wohnen im eigenen Haus),<br>● verschiedene Personen sein (z. B. Wohnen in einer Mietwohnung). |
| 53 | Wie wird Eigentum übertragen? | Eigentum an beweglichen Sachen wird übertragen durch<br>● Einigung beider Parteien, dass das Eigentum übergeht;<br>● Übergabe der Sache an den Erwerber.<br>Eigentum an unbeweglichen Sachen wird übertragen durch<br>● Einigung beider Parteien vor dem Notar, dass das Eigentum übergehen soll (Auflassung);<br>● Eintragung ins Grundbuch. |

## 2.4 Rechtsgeschäfte

| Nr. | Frage | Antwort |
|---|---|---|
| 54 | Was sind Rechtsgeschäfte? | **Rechtsgeschäfte** sind Willenserklärungen, die ein Rechtsverhältnis begründen (z. B. Kauf) oder aufheben (z. B. Kündigung).<br>**Willenserklärungen** können mündlich, schriftlich und durch bloßes Handeln (z. B. Kopfnicken) abgegeben werden. |



9 Groh/Schröer – ISBN 3-8120-0423-2

**55** Welche Rechtsgeschäfte werden unterschieden?

Die **Rechtsgeschäfte** werden unterteilt in

1. einseitige Rechtsgeschäfte (nur eine Willenserklärung ist erforderlich),
   - nicht empfangsbedürftig, d. h., die Willenserklärung wird bereits mit ihrer Abgabe rechtswirksam (z. B. Testament);
   - empfangsbedürftig, d. h., der Betroffene muss darüber in Kenntnis gesetzt werden (z. B. Kündigung, Mahnung);
2. mehrseitige Rechtsgeschäfte bzw. Verträge (mindestens zwei Willenserklärungen sind erforderlich),
   - schuldrechtlich (Kauf, Miete),
   - sachenrechtlich (Eigentumsübertragung),
   - familienrechtlich (Ehe),
   - erbrechtlich (Erbvertrag).

**56** Unterscheiden Sie einseitig und zweiseitig verpflichtende Rechtsgeschäfte!

Beim **einseitig verpflichtenden Vertrag** werden nur einem Vertragspartner Pflichten auferlegt, z. B. Bürgschaft (siehe Einzelhandelsbetriebslehre, Frage 225 f.), Schenkung (unentgeltliche Übereignung einer Sache).

Beim **mehrseitig verpflichtenden Vertrag** haben beide Vertragspartner Pflichten, z. B. Kauf, Miete.

**57** Unterscheiden Sie Nichtigkeit und Anfechtbarkeit!

Abgeschlossene Rechtsgeschäfte sind nicht immer gültig; sie können sein

- **nichtig,** d. h., sie sind von vornherein ungültig;
- **anfechtbar,** d. h., sie haben so lange Gültigkeit, bis sie angefochten werden. Mit der Anfechtung werden die Rechtsgeschäfte nichtig.

**58** Welche Rechtsgeschäfte sind nichtig?

**Nichtig** (von vornherein ungültig) sind:

- Geschäfte von geschäftsunfähigen Personen;
- Geschäfte von beschränkt geschäftsfähigen Personen ohne Zustimmung des gesetzlichen Vertreters;
- Willenserklärungen, die im Zustand der Bewusstlosigkeit oder vorübergehender Störung der Geistestätigkeit abgegeben werden;
- Willenserklärungen, die nur zum Schein abgegeben werden (Scheingeschäfte);
- Willenserklärungen, die offensichtlich nicht ernst gemeint sind (Scherzgeschäfte);
- Geschäfte, die gegen zwingende gesetzliche Bestimmungen verstoßen (z. B. Verstöße gegen das Strafgesetz);
- Geschäfte, die gegen gesetzliche Formvorschriften verstoßen (z. B. nicht notariell beurkundeter Grundstückskauf);
- Geschäfte, die gegen die guten Sitten verstoßen (z. B. Wucher).

59 **Welche Rechtsgeschäfte sind anfechtbar?**

**Anfechtbar** (gültig bis zur Anfechtung) sind:

1. Irrtum (unbewusstes Abweichen von Wille und Erklärung),
   - Irrtum in der Erklärung (z. B. Versprechen, Verschreiben; eine falsche Preisauszeichnung mit einem offensichtlich zu niedrigen Preis),
   - Irrtum in der Übermittlung (z. B. Fehler durch Post oder Boten),
   - Irrtum über wesentliche Eigenschaften der Person oder Sache (Verwechslung);
2. arglistige Täuschung (z. B. Fehler einer Ware wird bewusst verschwiegen);
3. widerrechtliche Drohung (z. B. wird die Unterschrift mit Gewalt erzwungen) oder Nötigung.

60 **Was ist ein Vertrag?**

Der **Vertrag** ist der Abschluss eines Rechtsgeschäftes. Er kommt zustande, indem sich der Wille von zwei oder mehreren Personen zu einem Willen, dem Vertragswillen vereinigt.

61 **Was besagt der Grundsatz der Vertragsfreiheit?**

**Vertragsfreiheit** bedeutet, dass die Vertragspartner ihre Verträge grundsätzlich nach ihrem Willen gestalten können.

Die Vertragsfreiheit beinhaltet:

- Abschlussfreiheit, d. h., jeder kann frei entscheiden, ob, wann und mit wem er einen Vertrag abschließt;
- Inhaltsfreiheit, d. h., der Vertragsinhalt kann frei vereinbart werden.

Dieser Grundsatz erfährt jedoch erhebliche Einschränkungen durch Gesetze, wie z. B. BGB, Mieterschutzgesetz, Jugendschutzgesetz und Arbeitsschutzgesetze.

62 **Welche Bedeutung haben Allgemeine Geschäftsbedingungen?**

**Allgemeine Geschäftsbedingungen (AGB)** sind (lt. BGB) alle für eine Vielzahl von Verträgen vorformulierte Vertragsbedingungen, die eine Vertragspartei (Verwender) der anderen Vertragspartei bei Abschluss eines Vertrages stellt. Allgemeine Geschäftsbedingungen liegen dann nicht vor, wenn die Vertragsbedingungen zwischen den Vertragsparteien im Einzelnen ausgehandelt sind.

Im Zusammenhang mit den Allgemeinen Geschäftsbedingungen ist z. B. Folgendes geregelt:

1. Einbeziehung der AGB in den Vertrag,
   - sie werden nur dann Bestandteil eines Vertrages, wenn der Verwender ausdrücklich auf sie hinweist (auch möglich durch deutlich sichtbaren Aushang am Ort des Vertragsabschlusses);
   - Individualabreden haben Vorrang vor den Allgemeinen Geschäftsbedingungen;

- Bestimmungen, die so überraschend und mehrdeutig sind, dass der Vertragspartner nicht mit ihnen zu rechnen braucht, werden nicht Bestandteil des Vertrages (z. B. Kleingedrucktes);

2. **Unwirksamkeit der AGB,**
   - Bestimmungen sind unwirksam, wenn sie den Vertragspartner entgegen dem Grundsatz von Treu und Glauben unangemessen benachteiligen (unklare und missverständliche Formulierungen);
   - sind Bestimmungen nicht Bestandteil des Vertrages geworden oder unwirksam, so bleibt der Vertrag im Übrigen wirksam;
3. **Klauselverbote,** unwirksam sind z. B.
   - unangemessen lange Nachfrist für die zu erbringende Leistung (z. B. Nachlieferung, Nachbesserung);
   - kurzfristige Preiserhöhung für Waren oder Leistungen, die innerhalb von vier Monaten geliefert oder erbracht werden sollen;
   - Ausschluss des Anspruchs wegen eines Sachmangels;
   - Beschränkung des Rechts auf Nacherfüllung.

## 2.5 Kaufvertrag

63 Was ist ein Kaufvertrag?

Bei jedem Kauf eines Gutes wird ein **Kaufvertrag** abgeschlossen. Er ist normalerweise formlos, eine Ausnahme bildet der Grundstückskauf, der notariell beurkundet werden muss.

### Zustandekommen des Kaufvertrages

64 Wie kommt ein Kaufvertrag zustande?

Ein Kaufvertrag kommt durch zwei (oder mehrere) übereinstimmende Willenserklärungen zustande. Die zeitlich erste Willenserklärung heißt **Antrag** und die zweite **Annahme.**

Man unterscheidet zwei Fälle:

- Die erste Willenserklärung (Antrag bzw. Angebot) geht vom Verkäufer aus, die Annahme erfolgt durch den Käufer (Bestellung);
- die erste Willenserklärung (Antrag bzw. Bestellung ohne vorausgegangenes Angebot) geht vom Käufer aus, die Annahme erfolgt durch den Verkäufer (Bestellungsannahme).

Der gültig zustande gekommene Kaufvertrag beinhaltet das Verpflichtungs- und das Erfüllungsgeschäft.

**65** Welchen Inhalt hat das Verpflichtungsgeschäft?

Beim Abschluss eines Kaufvertrages werden beiden Parteien Pflichten auferlegt **(Verpflichtungsgeschäft),** die erfüllt werden müssen **(Erfüllungsgeschäft).**

1. Der Verkäufer ist verpflichtet,
   - dem Käufer den Kaufgegenstand ordnungsgemäß (zur rechten Zeit, am rechten Ort, mängelfrei) zu übergeben und das Eigentum daran zu verschaffen,
   - das Geld anzunehmen.
2. Der Käufer ist verpflichtet,
   - die Waren anzunehmen,
   - den vereinbarten Preis zu bezahlen.

**66** Welche Störungen bei der Erfüllung von Kaufverträgen werden unterschieden?

Werden die Verpflichtungen aus dem Kaufvertrag von den Vertragspartnern nicht oder nicht vollständig erfüllt, kommt es zu **Kaufvertragsstörungen** (Erfüllungsstörungen). Man unterscheidet:

- mangelhafte Lieferung,
- Lieferungsverzug,
- Annahmeverzug,
- Zahlungsverzug.

**67** Was versteht man unter einem Angebot?

Mit dem **Angebot** (Antrag) richtet sich der Anbieter an eine bestimmte Person und erklärt, unter welchen Voraussetzungen er bereit ist, Waren zu liefern oder eine Leistung zu erfüllen. Der Anbieter ist rechtlich an sein Angebot gebunden.

Angebote können erfolgen: schriftlich, mündlich, telefonisch, per Telefax; eine gesetzlich vorgeschriebene Form gibt es nicht.

**68** Wann erlischt die Bindung an ein Angebot?

Die Bindung an ein Angebot entfällt bei

- rechtzeitigem Widerruf (spätestens mit Eintreffen des Angebots beim Kunden),
- abgeänderter Bestellung (Abweichung vom Angebot, d.h., der Käufer ändert Angebotsbedingungen ab),
- zu später Bestellung (z.B. bei befristeten Angeboten).

Die abgeänderte Bestellung und die zu späte Bestellung stellen neue Anträge dar, die der Verkäufer annehmen kann oder nicht.

**69** Was sind Freizeichnungsklauseln?

Die Bindung an das Angebot wird aufgehoben oder eingeschränkt durch **Freizeichnungsklauseln** wie

- unverbindlich, ohne Gewähr, ohne Obligo, freibleibend;
- Lieferung vorbehalten;
- Preis vorbehalten, Preis freibleibend;
- solange der Vorrat reicht.

**70** Wann muss die Annahme erfolgen?

Damit ein gültiger Vertrag zustande kommt, muss die **Annahme** des vorangegangenen Antrages erfolgen:

- unter Anwesenden (auch beim Telefongespräch und beim Fernschreiben) sofort,
- unter Abwesenden, bis unter normalen Umständen (übliche Bearbeitungszeit und Beförderungsdauer) Antwort erteilt sein kann; andernfalls liegt eine zu späte Bestellung vor.

**71** Beschreiben Sie die Anpreisung!

Schaufensterauslagen, im Geschäftsraum präsentierte Waren, Werbemaßnahmen in Funk und Fernsehen, Anzeigen in Zeitungen und Zeitschriften u.a. sind **Anpreisungen.** Sie stellen eine Aufforderung an die Allgemeinheit zum Kauf dar; sie sind keine Angebote und sind rechtlich unverbindlich.

Kaufwünsche aufgrund von Anpreisungen (z.B. Entnahme von Waren aus dem Regal) sind Anträge, die für das Zustandekommen eines Kaufvertrages noch angenommen werden müssen (z.B. an der Kasse im Selbstbedienungsgeschäft).

**72** Beschreiben Sie die Anfrage!

Durch die **Anfrage** erkundigt sich der Kunde, zu welchen Preisen, Lieferungs- und Zahlungsbedingungen ein Lieferant Waren liefert. Die Anfrage ist formfrei und rechtlich unverbindlich.

**73** Welche Bedeutung hat eine Bestellung?

Durch die **Bestellung** erklärt der Käufer, dass er von einem Lieferer eine bestimmte Ware zu den angegebenen Bedingungen kaufen will. Die Bestellung ist demnach die unveränderte Annahme eines Angebotes und bewirkt das Zustandekommen eines Kaufvertrages (ohne vorangegangenes Angebot ist die Bestellung ein Antrag).

Die Bestellung ist nicht an eine bestimmte Form gebunden (sie kann z.B. schriftlich, mündlich, telefonisch oder per Telefax erfolgen), sollte aber zur Vermeidung von Irrtümern schriftlich erfolgen.

Die Bestellung ist rechtlich bindend und die Bindung erlischt nur bei rechtzeitigem Widerruf (siehe Wirtschafts- und Sozialkunde, Frage 68).

**74** Wann erfolgt eine Auftragsbestätigung?

Für die **Auftragsbestätigung** (Bestellungsannahme, Annahme des Antrages) gilt:

1. Sie muss erfolgen bei
   - abgeänderter Bestellung,
   - zu später Bestellung,
   - Bestellung ohne vorangegangenes Angebot,
   - freibleibendem Angebot.
2. Sie wird üblicherweise erteilt bei:
   - telefonischer Bestellung zur Vermeidung von Missverständnissen,
   - erstmaliger Bestellung als Dank an den Kunden.

75 Wie ist die Lieferung unbestellter Sachen geregelt?

Bei der **Lieferung unbestellter Sachen** unterscheidet man:

1. Unternehmer sendet an **Unternehmer,**
   - die Lieferung der unbestellten Sachen stellt ein Angebot dar; wenn der Empfänger das Angebot annimmt, kommt der Kaufvertrag zustande;
   - das Stillschweigen des Empfängers nach dem Erhalt der unbestellten Sachen stellt eine Ablehnung des Angebots dar; der Empfänger muss die Ware aufbewahren, aber nicht zurücksenden.
2. Unternehmer sendet an **Verbraucher,**
   - der Unternehmer hat keinen Anspruch gegen den Verbraucher.

## Inhalt des Kaufvertrages

76 Welchen Inhalt hat das Angebot (Überblick)?

Das **Angebot** enthält üblicherweise Angaben über
- Art, Güte und Beschaffenheit der Ware;
- Preis und Menge der Ware;
- Verpackungsart und Verpackungskosten;
- Lieferungsbedingungen (Beförderungskosten);
- Lieferzeit (ist der Liefertermin vertraglich nicht vereinbart, ist die Lieferung sofort fällig);
- Zahlungsbedingungen;
- Erfüllungsort.

77 Welche Regeln gibt es für Art, Güte und Beschaffenheit von Waren?

Die **Art** der Ware wird durch die genaue Bezeichnung der Ware festgelegt.

Die **Güte** und **Beschaffenheit** einer Ware werden z. B. festgelegt durch
- Güteklassen (z. B. Handelsklassen, Standards),
- Marken und Gütezeichen (siehe Ware und Verkauf, Frage 88).
- Muster, Proben, Abbildungen.

Fehlt eine besondere Vereinbarung, so ist mittlere Art und Güte zu liefern.

78 Welche Regelungen bestehen für die Verpackungskosten?

Grundsätzlich hat der Käufer die Kosten der **Versandverpackung** zu tragen, denn der Preis bezieht sich auf das Rein- oder Nettogewicht.

Es kann aber vertraglich vereinbart werden:
- Verpackung frei bzw. Verpackung unberechnet;
- Verpackung leihweise;
- brutto für netto, d. h., die Verpackung wird wie Ware berechnet.

**79** Welche Regelungen gibt es für die Beförderungskosten?

Nach dem Grundsatz „Warenschulden sind Holschulden" muss der Käufer die **Transportkosten** (Fracht, Verladekosten, Rollgeld, Transportversicherungen) übernehmen, wenn er die Ware nicht selbst beim Lieferer abholt.

Für die Berechnung der Transportkosten wird normalerweise das Bruttogewicht der Sendung zugrunde gelegt.

Durch Vertrag können folgende **Lieferungsbedingungen** vereinbart werden:

- **ab Werk** (ab Lager, ab Fabrik), d.h., der Käufer trägt ohne Ausnahme alle Kosten der Beförderung;
- **unfrei** (ab hier, ab Bahnhof, ab Bahnhof hier), d.h., der Verkäufer trägt die Versandkosten bis zum Versandbahnhof, alle weiteren Kosten trägt der Käufer (gesetzliche Regelung);
- **frei Waggon** (Schiff), d.h., der Verkäufer übernimmt das Rollgeld und die Verladekosten und die restlichen Beförderungskosten trägt der Käufer;
- **frachtfrei** (frei dort, frei Bahnhof, frei Bahnhof dort), d.h., der Verkäufer trägt die Kosten bis zum Bestimmungsbahnhof;
- **frei Haus** (frei Keller, frei Lager), d.h., der Verkäufer übernimmt alle Beförderungskosten.

Die Lieferungsbedingungen regeln nur die Übernahme der Transportkosten; auf den Erfüllungsort und damit auf den Gefahrenübergang haben sie keinen Einfluss (siehe Wirtschafts- und Sozialkunde, Frage 84).

**80** Unterscheiden Sie Fracht und Rollgeld!

**Fracht** ist das für die gewerbliche Beförderung von Gütern zu entrichtende Entgelt (z.B. Beförderung mit Bahn, Lkw).

Unter **Rollgeld** (Hausfracht) versteht man die Beförderungskosten vom Lieferer bis zum Versandbahnhof sowie die Beförderungskosten vom Bestimmungsbahnhof bis zum Käufer.

**81** Unterscheiden Sie Frachtbasis und Frachtparität!

Die **Frachtbasis** ist ein vertraglich festgelegter Ort, ab dem der Käufer die Frachtkosten für eine Ware übernehmen muss. In der Bundesrepublik sind für bestimmte Massengüter einheitliche Frachtbasen festgelegt, z.B. Essen für die Lieferung von Kohle. Für die Berechnung ist es ohne Bedeutung, von welchem Ort aus die Ware tatsächlich angeliefert wird.

Die **Frachtparität** ist ein vertraglich festgelegter Ort, bis zu dem der Verkäufer die Frachtkosten übernehmen muss. Wird die Ware an einen anderen Ort geliefert, muss der Verkäufer die Frachtkosten höchstens für die Entfernungskilometer von seinem Geschäftssitz bis zur vereinbarten Frachtparität tragen.

82 Welche Zahlungsbedingungen unterscheidet man?

Nach dem Grundsatz „Geldschulden“ sind „Schickschulden“ muss der Käufer die Kosten und das Risiko der Zahlung tragen; wenn nichts vereinbart wurde, ist die Zahlung mit Lieferung der Ware fällig.

Es können folgende **Zahlungsbedingungen** vereinbart werden:

- Vorauszahlung (zum Schutz vor zahlungsschwachen und unsicheren Kunden),
- Anzahlung (zur Finanzierung größerer Aufträge),
- Zahlung Zug um Zug (sofort, netto Kasse = gesetzliche Regelung),
- Zahlung nach Lieferung (Kunde erhält Zahlungsziel, verzichtet dadurch u. U. auf Skonto),
- Ratenzahlung,
- Zahlung mit Wertstellung (Zahlungsziel wird fest vereinbart durch den Vermerk „Valuta ...“).

83 Was ist der Erfüllungsort?

Der **Erfüllungsort** ist der Ort, an dem der Schuldner seine Leistung zu erbringen hat (der Lieferer schuldet die Ware, der Käufer das Geld).

Man unterscheidet den

- **gesetzlichen Erfüllungsort:** Wenn nichts anderes vereinbart ist, gilt der Wohnsitz (Geschäftssitz) des Schuldners als Erfüllungsort (d. h., es gibt zwei Erfüllungsorte, für die Ware = Firmensitz des Lieferers; für die Bezahlung = Firmensitz des Käufers);
- **vertraglichen Erfüllungsort:** Der Ort wird durch Vereinbarung festgelegt (z. B. „Erfüllungsort für beide Teile ist München“).

84 Welche Bedeutung hat der Erfüllungsort?

Der **Erfüllungsort** hat folgende Bedeutung:

- Am Erfüllungsort geht die Gefahr (Haftung für die Ware) vom Verkäufer auf den Käufer über, auch bei zufälliger Beschädigung, Verschlechterung oder Vernichtung der Ware (der Gefahrenübergang erfolgt z. B. beim Versendungskauf mit der Auslieferung der Ware an den Spediteur oder Frachtführer);
- der Erfüllungsort bestimmt bei Auseinandersetzungen zwischen Verkäufer und Käufer den Gerichtsstand; nach der gesetzlichen Regelung wird der Gerichtsstand durch den Wohnsitz des Schuldners bestimmt (allgemeiner Gerichtsstand), davon abweichend können Vollkaufleute vertraglich einen besonderen Gerichtsstand vereinbaren;
- der Erfüllungsort bestimmt, wer die Kosten der Versendung nach einem anderen Ort als dem Erfüllungsort zu tragen hat (sofern nichts anderes vereinbart ist).

**Beispiel:**

Ein Großhändler mit Geschäftssitz in Saarbrücken schließt mit einem Einzelhändler in Homburg einen Kaufvertrag über die Lieferung von Waren ab; als Lieferungsbedingung wird „frei Haus" vereinbart. Über den Erfüllungsort ist vertraglich nichts vereinbart.

Die Sendung trifft beim Einzelhändler nicht ein und der Großhändler kann nachweisen, dass er die Ware zum Versand an einen Frachtführer übergeben hat.

Der Einzelhändler muss dem Großhändler die Waren bezahlen, da beim Versendungskauf die Gefahr für die Ware mit der Auslieferung an den Frachtführer auf den Einzelhändler übergegangen ist. Der Einzelhändler kann selbstverständlich Ansprüche gegen den Frachtführer geltend machen.

## Eigentumsvorbehalt

85 Erklären Sie den Eigentumsvorbehalt!

**Eigentumsvorbehalt** liegt vor, wenn sich der Verkäufer das Eigentum an der verkauften Sache bis zur Zahlung des Kaufpreises vorbehält (einfacher Eigentumsvorbehalt). Der Eigentumsvorbehalt muss ausdrücklich im Kaufvertrag vereinbart werden.

Wenn der Käufer mit der Zahlung in Verzug kommt, hat der Verkäufer folgende Rechte:

- Rücktritt vom Kaufvertrag (damit verbunden ist das Recht auf Herausgabe der Ware);
- Aussonderungsrecht bei Insolvenz des Käufers;
- Drittwiderspruchsklage bei Pfändung, die Ware muss herausgegeben werden.

Der Käufer ist zunächst nur Besitzer und wird erst mit Zahlung des Kaufpreises (bzw. der letzten Rate beim Abzahlungsgeschäft) Eigentümer der gekauften Sache (damit erlischt der Eigentumsvorbehalt).

86 Wann erlischt der Eigentumsvorbehalt?

Der Eigentumsvorbehalt erlischt, wenn die verkaufte Sache

- vollständig bezahlt ist;
- an einen gutgläubigen Dritten weiterverkauft wird (der Dritte weiß nicht, dass der Verkäufer nicht Eigentümer war);
- zu einer neuen Sache verarbeitet wird;
- mit einem Grundstück so verbunden wird, dass sie einen wesentlichen Bestandteil des Grundstücks bildet;
- verbraucht oder vernichtet wird.

87 Unterscheiden Sie verlängerten und erweiterten Eigentumsvorbehalt!

Beim **verlängerten Eigentumsvorbehalt**

- werden die Forderungen, die bei einem Weiterverkauf entstehen, an den (ursprünglichen) Verkäufer abgetreten;
- wird der Verkäufer anteilsmäßiger Eigentümer, wenn die verkaufte Sache weiterverarbeitet wurde.

Beim **erweiterten Eigentumsvorbehalt** behält sich der Verkäufer das Eigentum an allen von ihm an denselben Käufer gelieferten Sachen vor.

## 2.6 Kaufvertragsstörungen (Leistungsstörungen)[1]

### Lieferung von mangelhaften Sachen

**88** Was ist ein Sachmangel?

Ein **Sachmangel** liegt (lt. BGB) vor, wenn die Kaufsache bei Gefahrübergang (z. B. Übergabe der Sache) nicht die vereinbarte Beschaffenheit hat.

Ein Sachmangel liegt auch vor, wenn der Verkäufer

- eine andere Sache liefert (Falschlieferung);
- eine zu geringe Menge liefert (Mankolieferung);
- in der Werbung bestimmte Eigenschaften der Sache verspricht und dies nicht einhält;
- eine mangelhafte Montageanleitung beilegt.

**89** Wie ist die Verjährung der Mängelansprüche geregelt?

Ansprüche wegen Mängeln der Kaufsache **(Mängelanspruch)** verjähren zwei Jahre nach Ablieferung der Sache.

Wenn der Verkäufer den Mangel arglistig verschwiegen hat, verjähren die Ansprüche in drei Jahren.

**90** Unterscheiden Sie Pflichtverletzung und Unmöglichkeit bei der Lieferung von mangelhaften Sachen (Überblick)!

Bei der mangelhaften Lieferung wird unterschieden:

- **Pflichtverletzung,** der Verkäufer liefert eine Sache, die einen Mangel aufweist, der behebbar ist;
- **Unmöglichkeit,** der Verkäufer liefert eine Sache, die einen Mangel aufweist, der nicht behoben werden kann.

**91** Wie ist die Sachmängelgewährleistung bei der Pflichtverletzung geregelt?

Bei der Pflichtverletzung hat der Käufer **vorrangig** nur das Recht auf **Nacherfüllung,** und zwar wahlweise als

- Beseitigung des Mangels **(Nachbesserung),**
- Lieferung einer mangelfreien Sache **(Nachlieferung).**

Der Verkäufer muss im Rahmen der Nacherfüllung alle erforderlichen Aufwendungen tragen (z. B. Transportkosten).

Der Verkäufer kann die vom Käufer gewählte Art der Nacherfüllung verweigern, wenn sie nur mit unverhältnismäßigen Kosten möglich ist. Der Anspruch des Käufers beschränkt sich dann auf die andere Art der Nacherfüllung.

Der Käufer hat **wahlweise** folgende Rechte entweder **mit** (erfolglos abgelaufener) **Nachfrist** oder **ohne Nachfrist** (der Verkäufer verweigert beide Arten der Nacherfüllung bzw. die Nacherfüllung ist fehlgeschlagen):

- **Rücktritt vom Vertrag** (bei einem unerheblichen Mangel nicht möglich); dieses Recht schließt den Anspruch auf Schadensersatz nicht aus;

1 In diesem Kapitel sind nur die grundlegenden gesetzlichen Vorschriften berücksichtigt; auf eine ausführliche Darstellung aller mit den Leistungsstörungen verbundenen rechtlichen Fragen wurde verzichtet.

- **Minderung des Kaufpreises** (bei einem unerheblichen Mangel möglich), d. h., der Kaufpreis wird um die Wertminderung wegen des Mangels herabgesetzt);
- **Schadensersatz statt Leistung** (bei einem unerheblichen Mangel nicht möglich); statt dessen kann der Käufer auch den Ersatz vergeblicher Aufwendungen verlangen.

**92** Wie ist die Sachmängelgewährleistung bei der Unmöglichkeit geregelt?

Bei der **Unmöglichkeit** hat der Käufer **ohne Nachfristsetzung** folgende Rechte:

- **Rücktritt vom Vertrag;**
- **Minderung des Kaufpreises;**
- **Schadensersatz statt Leistung.**

**93** Wie ist die Haftung bei der Übernahme einer Garantie geregelt?

Sichert der Verkäufer im Kaufvertrag die **Übernahme einer Garantie** für eine bestimmte Eigenschaft der Kaufsache zu (so genannte zugesicherte Eigenschaft), haftet der Verkäufer auch ohne eigenes Verschulden.

**94** Welche Regelungen gelten für den Verbrauchsgüterkauf?

Kauft ein Verbraucher von einem Unternehmer eine bewegliche Sache, liegt ein **Verbrauchsgüterkauf** vor. Für den Verbrauchsgüterkauf gilt ergänzend:

- Bei der Versendung der Kaufsache geht die Gefahr erst mit der Übergabe der Sache auf den Verbraucher über;
- die Verjährungsfrist für Sachmängel (zwei Jahre) kann bei gebrauchten Sachen auf ein Jahr reduziert werden;
- zeigt sich innerhalb von sechs Monaten seit Gefahrübergang ein Sachmangel, muss der Käufer nicht beweisen, dass die Sache einen Mangel hatte (Beweislastumkehr);
- die Garantieerklärung muss einfach und verständlich sein.

**95** Welche Regelungen für die Lieferung mangelhafter Ware gibt es beim zweiseitigen Handelskauf?

Ist der Kauf für beide Teile ein Handelsgeschäft **(zweiseitiger Handelskauf),** gelten ergänzend zum allgemeinen Kaufrecht folgende Regelungen (lt. HGB):

- Der Käufer hat die Ware unverzüglich nach der Ablieferung durch den Verkäufer zu untersuchen **(Prüfungspflicht)** und, wenn sich ein Mangel zeigt, dem Verkäufer unverzüglich Anzeige zu machen **(Rügepflicht);**
- unterbleibt die Anzeige, so gilt die Ware als genehmigt, es sei denn, es liegt ein Mangel vor, der bei der Untersuchung nicht erkennbar war (versteckter Mangel);
- ein versteckter Mangel muss unverzüglich nach der Entdeckung geltend gemacht werden, und zwar innerhalb von zwei Jahren;
- der Käufer muss die beanstandete Ware einstweilig aufbewahren **(Aufbewahrungspflicht);**
- bei verderblicher Ware kann der Käufer ohne vorherige Androhung diese z. B. öffentlich versteigern lassen.

## Lieferungsverzug (Verzug des Lieferers als Warenschuldner)

96 Wann gerät ein Lieferer in Verzug?

Leistet der Lieferer (Schuldner) auf eine Mahnung des Käufers (Gläubiger) nicht, die nach dem Eintritt der Fälligkeit erfolgt, so kommt er durch die Mahnung (mit Nachfristsetzung) in Verzug **(Lieferungsverzug).**

97 Wann entfällt die Pflicht zur Mahnung beim Lieferungsverzug?

Der **Mahnung** (mit Fristsetzung) bedarf es nicht, wenn

- für die Leistung eine Zeit nach dem Kalender bestimmt ist (Fix- und Terminkauf),
- der Schuldner die Leistung verweigert.

98 Welche Rechte hat der Käufer beim Lieferungsverzug?

Der Käufer hat beim Lieferungsverzug wahlweise folgende Rechte (lt. BGB):

- Recht auf **Lieferung;**
- Recht auf **Schadensersatz statt Leistung** (z. B. Schadensersatz für seinen entgangenen Gewinn);
- Recht auf **Rücktritt vom Vertrag** (nach ergebnislosem Ablauf der Frist besteht weiter Anspruch auf Erfüllung).

99 Wie ist die Haftung beim Lieferungsverzug geregelt?

Der Lieferer hat während des Verzugs jede Fahrlässigkeit zu vertreten. Er haftet wegen der Leistung auch für Zufall, es sei denn, dass der Schaden auch bei rechtzeitiger Lieferung eingetreten sein würde.

100 Welche Regelungen für den Lieferungsverzug gibt es beim Handelskauf?

Beim **Handelskauf** (siehe Seite 251) gelten für den Lieferungsverzug ergänzend folgende Regelungen (lt. HGB):

- Beim Fix- bzw. Terminkauf (siehe Seite 252) kann der Käufer vom Vertrag zurücktreten oder statt der Erfüllung Schadensersatz wegen Nichterfüllung verlangen;
- Erfüllung kann der Käufer nur beanspruchen, wenn er sofort nach Zeitablauf auf Erfüllung besteht;
- hat die Ware einen Börsen- oder Marktpreis, kann der Käufer als Schadensersatz den Unterschiedsbetrag zwischen Kaufpreis und Börsen- oder Marktpreis fordern;
- erwirbt der Käufer die Sache anderweitig, hat er nur dann einen Ersatzanspruch, wenn der Kauf sofort nach Ablauf der vereinbarten Zeit erfolgt.

## Annahmeverzug (Verzug des Käufers als Warengläubiger)

101 Wann gerät ein Käufer in Annahmeverzug?

Der Käufer (Gläubiger) kommt in Verzug, wenn er die ihm vereinbarungsgemäß angebotene Kaufsache nicht annimmt **(Annahmeverzug).**

102 Welches Recht hat der Lieferer beim Annahmeverzug?

Der Lieferer (Schuldner) kann beim Annahmeverzug (lt. BGB) **Ersatz der Mehraufwendungen** verlangen, die er für das erfolglose Angebot (z. B. Anlieferung der Ware) sowie für die Aufbewahrung und Pflege der Kaufsache machen musste.

103 Wie ist die Haftung beim Annahmeverzug geregelt?

Für die **Haftung** beim Annahmeverzug gilt:

- Der Lieferer hat während des Verzugs des Käufers nur Vorsatz und grobe Fahrlässigkeit zu vertreten;
- beim Gattungskauf (siehe Seite 252) geht die Gefahr mit dem Eintreten des Verzugs auf den Käufer über.

104 Welche Regelungen für den Annahmeverzug gibt es beim Handelskauf?

Beim **Handelskauf** (siehe Seite 251) gelten für den Annahmeverzug ergänzend folgende Regelungen (lt. HGB):

1. Der Verkäufer kann die Ware auf Gefahr und Kosten des Käufers lagern (z. B. in einem Lagerhaus);
2. der Verkäufer kann selbst für den Verkauf der Ware sorgen **(Selbsthilfeverkauf),** dabei gilt:
   - der Verkäufer kann nach vorheriger Androhung die Ware öffentlich versteigern lassen; der Verkäufer muss den Käufer über Zeit und Ort der Versteigerung vorher benachrichtigen;
   - der Verkäufer kann nach vorheriger Androhung, wenn die Ware einen Börsen- oder Marktpreis hat, den Verkauf aus freier Hand bewirken (z. B. durch einen öffentlich ermächtigten Handelsmakler);
   - ist die Ware dem Verderb ausgesetzt, entfällt die Pflicht zur Androhung **(Notverkauf);**
   - der Verkäufer muss den Käufer über das Ergebnis des Verkaufs unverzüglich benachrichtigen;
   - der Selbsthilfeverkauf erfolgt für Rechnung des säumigen Käufers.

## Zahlungsverzug (Verzug des Käufers als Geldschuldner)

105 Wann gerät ein Käufer in Zahlungsverzug?

Zahlt ein Käufer (Schuldner) auf eine Mahnung (mit Fristsetzung) des Lieferers (Gläubiger) nicht, die nach dem Eintritt der Fälligkeit erfolgt, so kommt er durch die Mahnung (mit Fristsetzung) in **Zahlungsverzug.** Der Mahnung steht die Erhebung der Klage auf Zahlung sowie die Zustellung des Mahnbescheids im Mahnverfahren gleich. Der Käufer kommt **spätestens** (auch ohne Mahnung) in Zahlungsverzug, wenn er nicht innerhalb von 30 Tagen nach Fälligkeit und Zugang einer Rechnung (oder Zahlungsaufstellung) zahlt.

106 Wann entfällt die Pflicht zur Mahnung beim Zahlungsverzug?

Der **Mahnung** (mit Fristsetzung) bedarf es nicht, wenn

- für die Zahlung eine Zeit nach dem Kalender bestimmt ist,
- der Käufer die Zahlung verweigert.

107 Welche Rechte hat der Verkäufer beim Zahlungsverzug?

Der Verkäufer hat beim Zahlungsverzug wahlweise folgende Rechte (lt. BGB):

- Recht auf **Zahlung** (u.U. mit Hilfe von Mahnbescheid);
- Recht auf **Schadensersatz statt Leistung,** der Verkäufer kann z.B. an Stelle der Zahlung seine gesamten Aufwendungen fordern;
- Recht auf **Rücktritt vom Vertrag,** der Verkäufer kann auch nach ergebnislosem Ablauf der Frist weiterhin Zahlung verlangen.

108 Welche Regelungen gibt es für die Verzugszinsen?

Eine Geldschuld ist während des Verzugs zu verzinsen **(Verzugszinsen).** Es gelten (lt. BGB) folgende Regelungen:

- Der Zinssatz beträgt 5% p.a. über dem Basiszinssatz;
- beim zweiseitigen Handelskauf beträgt der Zinssatz 8% p.a. über dem Basiszinssatz;
- der Verkäufer kann höhere Verzugszinsen verlangen (z.B. für einen aufgenommenen Kredit);
- Bezugsgröße für den Basiszinssatz ist der Zinssatz für die jüngste Hauptrefinanzierungsoperation (siehe Seite 231) der Europäischen Zentralbank.

109 Welche Regelungen für den Zahlungsverzug gibt es beim Handelskauf?

Liegt beim **Handelskauf** (siehe Seite 251) ein Fix- bzw. Terminkauf (siehe Seite 252) vor, kann der Lieferer, wenn die Zahlung nicht vereinbarungsgemäß erfolgt, vom Vertrag zurücktreten oder, falls der Käufer in Verzug ist, statt der Erfüllung Schadensersatz wegen Nichterfüllung verlangen.

## 2.7 Sonstige Verträge des Wirtschaftslebens

110 Was ist ein Dienstvertrag?

Durch den **Dienstvertrag** (meist in Form eines Arbeitsvertrages abgeschlossen) verpflichtet sich der Arbeitnehmer zur Leistung der versprochenen Dienste. Der Arbeitgeber ist zur Vergütung der Dienste verpflichtet.

111 Was ist ein Werkvertrag?

Durch den **Werkvertrag** wird der Unternehmer zur Herstellung des versprochenen Werkes verpflichtet (z.B. Reparatur eines Pkw); der Besteller ist zur Zahlung der vereinbarten Vergütung verpflichtet.

Der Unternehmer hat das Werk frei von Mängeln (insbesondere Sachmängel) zu erstellen. Ist das Werk mangelhaft, kann der Besteller die gleichen Rechte wie aus dem Kaufrecht geltend machen (siehe Seite 139f.).

112 Was ist ein Darlehensvertrag?

Durch den **Darlehensvertrag** wird der Darlehensgeber verpflichtet, dem Darlehensnehmer einen Geldbetrag in der vereinbarten Höhe zur Verfügung zu stellen. Der Darlehensnehmer ist verpflichtet, einen geschuldeten Zins zu zahlen und bei Fälligkeit den Darlehensbetrag zurück zu erstatten.

113 Unterscheiden Sie Miet- und Pachtvertrag!

Der **Mietvertrag** beinhaltet die Überlassung von Sachen (auf Zeit) zum Gebrauch gegen Entgelt; die gemietete Sache muss nach Beendigung des Mietverhältnisses zurückgegeben werden.

Der **Pachtvertrag** beinhaltet die Überlassung von Sachen und Rechten zum Gebrauch und „Fruchtgenuss" (z. B. Obst, das auf dem gepachteten Grundstück reift) gegen Entgelt; der Pächter muss den gepachteten Gegenstand nach Beendigung der Pacht zurückgeben.

114 Was ist ein Gesellschaftsvertrag?

Der **Gesellschaftsvertrag** regelt in Unternehmen Fragen der Gesellschaft (z. B. Firma und Sitz der Gesellschaft, Gegenstand des Unternehmens) und die Rechtsverhältnisse der Gesellschafter untereinander (z. B. Kapitalaufbringung, Geschäftsführungs- und Vertretungsbefugnis, Gewinn- und Verlustbeteiligung).

Der Gesellschaftsvertrag

- ist Voraussetzung für das Entstehen der Gesellschaft,
- kann bei den Personengesellschaften formlos abgeschlossen werden,
- bedarf bei den Kapitalgesellschaften der notariellen Beurkundung,
- wird bei der AG und KGaA als Satzung (Statut) bezeichnet.

## 2.8 Kaufleute, Handelsfirma, Handelsregister

115 Welche Kaufleute werden nach dem HGB unterschieden (Überblick)?

Das Handelsgesetzbuch (HGB) unterscheidet:

- Kaufmann (Istkaufmann),
- Kannkaufmann,
- Formkaufmann.

116 Wer ist Kaufmann?

**Kaufmann** (nach § 1 HGB) ist, wer ein Handelsgewerbe betreibt.

**Handelsgewerbe** ist jeder Gewerbebetrieb, es sei denn, dass das Unternehmen nach Art oder Umfang einen in kaufmännischer Weise eingerichteten Geschäftsbetrieb nicht erfordert. (Merkmale für die Abgrenzung sind z. B. Höhe des Umsatzes, des Gewinns, des Vermögens, Anzahl der Mitarbeiter, Anzahl der Geschäftsräume.)

Merkmale eines **Gewerbebetriebes** sind:

- es liegt eine dauernde (nachhaltige) Tätigkeit vor,
- es handelt sich um eine selbstständige Tätigkeit,
- die Tätigkeit ist i. d. R. auf die Erzielung von Gewinn gerichtet,
- es liegt eine planmäßige Beteiligung am wirtschaftlichen Verkehr vor.

Auch Handelsgesellschaften (z.B. OHG, KG) zählen (nach § 6 HGB) zu den Kaufleuten.

**117** Wer ist Kannkaufmann?

Ein gewerbliches Unternehmen, welches nicht bereits nach § 1 HGB ein Handelsgewerbe ist, wird zum Handelsgewerbe, wenn die Firma des Unternehmens in das Handelsregister eingetragen ist **(Kannkaufmann).** Der Unternehmer ist berechtigt, aber nicht verpflichtet, die Eintragung herbeizuführen (Wahlrecht).

Diese Regelung gilt z. B. für Kleingewerbetreibende (Beispiel: Getränkekiosk).

**118** Welche Vorschriften gibt es für land- und forstwirtschaftliche Unternehmen?

**Land- und forstwirtschaftliche Unternehmen** sind keine Kaufleute im Sinne des § 1 HGB.

Nur wenn die land- und forstwirtschaftlichen Unternehmen einen in kaufmännischer Weise eingerichteten Geschäftsbetrieb erfordern, können sie sich ins Handelsregister eintragen lassen (Kannkaufleute).

**119** Wer ist Formkaufmann?

Unternehmen, welche die Rechtsform einer Kapitalgesellschaft (z. B. GmbH, AG) gewählt haben, werden mit dem Zeitpunkt der Eintragung ins Handelsregister Kaufleute (**Formkaufmann,** Kaufmann kraft Rechtsform).

**120** Welche Regelungen gibt es für Kleingewerbetreibende?

**Kleingewerbetreibende** sind grundsätzlich keine Kaufleute im Sinne des HGB; für sie gelten die Vorschriften des BGB.

Kleingewerbetreibende

- können sich jedoch als Kannkaufmann in das Handelsregister eintragen lassen,
- können die Rechtsform einer Handelsgesellschaft (z.B. OHG, KG) wählen und sind damit Kaufleute.

**121** Was versteht man unter Firma?

Die **Firma** eines Kaufmanns **(Handelsfirma)** ist der Name, unter dem er seine Geschäfte betreibt und die Unterschrift abgibt. Ein Kaufmann kann unter seiner Firma klagen und verklagt werden.

**122** Beschreiben Sie die Firmengrundsätze!

Es gelten folgende **Firmengrundsätze:**

- **Firmenöffentlichkeit:** Jeder Kaufmann ist verpflichtet, seine Firma und seinen Geschäftssitz zur Eintragung in das Handelsregister anzumelden;

10 Groh/Schröer – ISBN 3-8120-0423-2

- **Firmenklarheit:** Die Firma muss zur Kennzeichnung des Kaufmanns geeignet sein;
- **Firmenausschließlichkeit:** Die Firma muss Unterscheidungskraft besitzen (sie muss sich eindeutig von allen am gleichen Ort bereits bestehenden Firmen unterscheiden);
- **Firmenwahrheit:** Die Firma darf keine Angaben enthalten, die geeignet sind, über wesentliche geschäftliche Verhältnisse irre zu führen;
- **Firmenbeständigkeit** bei Erwerb: Wer ein bestehendes Handelsgeschäft erwirbt, darf für das Geschäft die bisherige Firma, auch wenn sie den Namen des bisherigen Geschäftsinhabers enthält, mit oder ohne Beifügung eines das Nachfolgeverhältnis andeutenden Zusatzes fortführen, wenn der bisherige Geschäftsinhaber oder dessen Erben in die Fortführung der Firma ausdrücklich einwilligen;
- **Firmenbeständigkeit** bei Änderungen im Gesellschafterbestand: Wird ein Gesellschafter aufgenommen oder scheidet ein Gesellschafter aus, so kann die bisherige Firma fortgeführt werden (z. B. auch wenn der Name des ausscheidenden Gesellschafters in der Firma enthalten ist);
- **Veräußerungsverbot:** Die Firma kann nicht ohne das Handelsgeschäft, für welches sie geführt wird, veräußert werden.

**123** Unterscheiden Sie Personen-, Sach- und Fantasiefirma!

Enthält die Firma den Namen des Inhabers bzw. die Namen der Inhaber, spricht man von einer **Personenfirma.**

Enthält die Firma die Art des Unternehmens (z. B. Textilhandlung), spricht man von einer **Sachfirma.**

Enthält die Firma weder den Namen des Inhabers noch die Art des Unternehmens, spricht man von **Fantasiefirma** (z. B. Mirol 2000).

**124** Was ist das Handelsregister?

Das **Handelsregister** ist ein öffentliches Verzeichnis aller Kaufleute eines Amtsgerichtsbezirks und wird vom Amtsgericht geführt. Die Anmeldungen zum Handelsregister erfolgen schriftlich in öffentlich beglaubigter Form (Notar).

Eingetragen werden z. B.:

- Firma und Name des Inhabers bzw. Namen der Gesellschafter,
- Geschäftssitz (Ort der Niederlassung),
- Art des Geschäftes (Gegenstand des Unternehmens),
- Höhe des gezeichneten Kapitals (Stammkapital, Grundkapital),
- Mitglieder der Geschäftsführung bzw. Vorstandsmitglieder,
- Erteilung und Erlöschen einer Prokura,
- Eröffnung des Insolvenzverfahrens und Liquidation.

Das Handelsregister besteht aus den Abteilungen A (Einzelunternehmungen und Personengesellschaften) und B (Kapitalgesellschaften); die Abkürzungen für die beiden Abteilungen sind HRA und HRB.

Das Handelsregister wird zunehmend als elektronisches Handelsregister geführt. Informationen über alle in einem Bundesland ansässigen Firmen können über dieses elektronische Register abgerufen werden.

125 Welche rechtlichen Wirkungen haben Handelsregistereintragungen?

Die Wirkung der **Handelsregistereintragung** kann sein:

- rechtsbekundend (deklaratorisch), d.h., es werden Tatsachen eingetragen, die auch vorher schon rechtsgültig waren (z.B. Prokura, Kaufleute nach § 1 HGB);
- rechtserzeugend (konstitutiv), d.h., in einigen Fällen entsteht eine Rechtswirkung erst durch die Eintragung (z.B. Form- und Kannkaufleute).

126 Welche Aufgaben erfüllt das Handelsregister?

Hauptaufgaben des Handelsregisters sind:

- Information der Öffentlichkeit über die Rechtsverhältnisse der Firmen, d.h., jedermann kann das Register einsehen; außerdem werden alle Eintragungen im Bundesanzeiger und in einer örtlichen Tageszeitung veröffentlicht;
- Schutz des öffentlichen Glaubens, d.h., eingetragene und bekannt gegebene Tatsachen (z.B. Entziehung der Prokura) muss jeder gegen sich gelten lassen.

## 2.9 Rechtsformen der Unternehmung

127 Welche Rechtsformen unterscheidet man (Überblick)?

Man unterscheidet folgende **Rechtsformen:**

1. Einzelunternehmen;
2. Gesellschaftsunternehmen,
   a) Personengesellschaften,
      - offene Handelsgesellschaft (OHG),
      - Kommanditgesellschaft (KG);
   b) Kapitalgesellschaften,
      - Aktiengesellschaft (AG),
      - Gesellschaft mit beschränkter Haftung (GmbH),
      - Kommanditgesellschaft auf Aktien (KGaA);
3. Genossenschaften.

128 Nennen Sie die Merkmale der Personengesellschaften!

Bei den **Personengesellschaften** teilen sich mehrere Teilhaber Rechte und Pflichten (geregelt im HGB bzw. im Gesellschaftsvertrag).

Kennzeichen sind:

- Das Kapital wird von mehreren Personen aufgebracht,
- die Haftung und das Risiko werden verteilt,
- die Kreditwürdigkeit steigt durch Vergrößerung der Kapitalbasis,
- die Verantwortung tragen mehrere,
- im Vordergrund steht neben der Haftung die persönliche Mitarbeit der Inhaber.

129 Welche Gründe führen zur Auflösung von Personengesellschaften?

**Auflösungsgründe** für Personengesellschaften sind:

- Ablauf der Zeit, für welche sie eingegangen ist;
- Beschluss der Gesellschafter;
- Eröffnung des Insolvenzverfahrens über das Vermögen der Gesellschaft;
- gerichtliche Entscheidung (bei einem wichtigen Grund).

Falls vertraglich nichts geregelt ist, scheidet ein Gesellschafter aus z. B. bei Kündigung und Eröffnung des Insolvenzverfahrens über sein Vermögen.

130 Nennen Sie die Merkmale der Kapitalgesellschaften!

Merkmale der **Kapitalgesellschaften** sind:

- Sie sind **juristische Personen,** d.h. Gesellschaften mit eigener Rechtspersönlichkeit (sie besitzen Rechts- und Geschäftsfähigkeit);
- das aufgebrachte Kapital steht im Vordergrund;
- der Bestand der Kapitalgesellschaft wird durch die Übertragung der Gesellschafteranteile nicht beeinflusst;
- für Schulden der Gesellschaft haftet nicht das persönliche Vermögen der Gesellschafter (Ausnahme: Komplementär der KGaA), sondern die Gesellschafter haften nur bis zur Höhe ihrer Einlage;
- sie werden vertreten durch ihre Organe (z.B. Vorstand, Aufsichtsrat);
- sie entstehen durch die Eintragung ins Handelsregister (HRB).

131 Wie ist die Offenlegung für Kapitalgesellschaften geregelt?

Die **Offenlegung für Kapitalgesellschaften** ist im HGB wie folgt geregelt:

- **Große Kapitalgesellschaften** müssen zum Handelsregister Jahresabschluss (bestehend aus Jahresbilanz, Gewinn- und Verlustrechnung und Anhang) und Lagebericht einreichen; vor der Einreichung zum Handelsregister sind diese Unterlagen im Bundesanzeiger zu veröffentlichen **(Bundesanzeigerpublizität).**
- **Mittelgroße Kapitalgesellschaften** müssen zum Handelsregister Jahresabschluss und Lagebericht einreichen; im Bundesanzeiger zu veröffentlichen, bei welchem Handelsregister die Unterlagen eingereicht worden sind **(Registerpublizität).**
- **Kleine Kapitalgesellschaften** müssen nur die Bilanz und den Anhang zum Handelsregister einreichen; im Bundesanzeiger ist zu veröffentlichen, bei welchem Handelsregister die Unterlagen eingereicht worden sind **(Registerpublizität).**

**132** Unterscheiden Sie kleine, mittelgroße und große Kapitalgesellschaften!

Das HGB unterscheidet für den Einzelabschluss[1] von Kapitalgesellschaften drei **Größenklassen** entsprechend der Merkmale Bilanzsumme, Umsatzerlöse und Anzahl der Arbeitnehmer.

- **Kleine Kapitalgesellschaften** sind solche, die mindestens zwei der drei nachstehenden Merkmale nicht überschreiten: 4,015 Mio. EUR Bilanzsumme, 8,03 Mio. EUR Umsatz, 50 Arbeitnehmer.
- **Mittelgroße Kapitalgesellschaften** sind solche, die mindestens zwei der drei Merkmale der kleinen Kapitalgesellschaften überschreiten und jeweils mindestens zwei der drei nachstehenden Merkmale nicht überschreiten: 16,06 Mio. EUR Bilanzsumme, 32,12 Mio. EUR Umsatz, 250 Arbeitnehmer.
- **Große Kapitalgesellschaften** sind solche, die mindestens zwei der drei Merkmale der mittelgroßen Kapitalgesellschaften überschreiten bzw. deren Aktien an der Börse (in einem Mitgliedstaat der Europäischen Union) gehandelt werden.

**133** Unterscheiden Sie Anhang und Lagebericht!

Der **Anhang** (Bestandteil des Jahresabschlusses bei Kapitalgesellschaften) erläutert die Bilanz und die Gewinn- und Verlustrechnung; angegeben werden u. a. die angewandten Bilanzierungs- und Bewertungsmethoden (siehe Buchführung, Seite 93 f.).

Der **Lagebericht** (kein Bestandteil des Jahresabschlusses) stellt den Geschäftsverlauf und die Lage der Kapitalgesellschaft dar; besonders berücksichtigt werden sollen Vorgänge von besonderer Bedeutung (z. B. Auslandsinvestitionen) sowie die voraussichtliche Entwicklung der Gesellschaft.

**134** Wie ist die Pflicht zur Prüfung von Kapitalgesellschaften geregelt?

Nach dem HGB sind der Jahresabschluss und der Lagebericht von Kapitalgesellschaften (ausgenommen sind kleine Kapitalgesellschaften) durch einen Abschlussprüfer zu prüfen **(Pflicht zur Prüfung).**

**135** Welche Gründe führen zur Auflösung von Kapitalgesellschaften?

Eine Kapitalgesellschaft wird aufgelöst

- durch Ablauf der in der Satzung bestimmten Zeit,
- durch Gesellschafterbeschluss mit qualifizierter Mehrheit (bei der AG sind mindestens drei Viertel des vertretenen Grundkapitals erforderlich; bei der GmbH ist eine Mehrheit von drei Vierteln der abgegebenen Stimmen erforderlich),
- durch die Eröffnung des Insolvenzverfahrens (die Gesellschaft kann fortgeführt werden, wenn das Verfahren aufgrund eines entsprechenden Insolvenzplans aufgehoben wird),
- durch gerichtliches Urteil oder durch Entscheidung der Verwaltungsbehörde, wenn die Gesellschaft das Allgemeinwohl gefährdet.

1 Für den Konzernabschluss gelten andere Werte.

136 Welche Vorschriften gibt es für die Firma bei den einzelnen Unternehmensformen?

Die **Firma** muss enthalten:

1. nach dem Handelsgesetzbuch,
   - bei **Einzelkaufleuten** die Bezeichnung „eingetragener Kaufmann“, „eingetragene Kauffrau“ oder eine allgemein verständliche Abkürzung dieser Bezeichnung, insbesondere „e.K.“, „e.Kfm.“ oder „e.Kfr.“;
   - bei einer **OHG** die Bezeichnung „offene Handelsgesellschaft“ oder eine allgemein verständliche Abkürzung dieser Bezeichnung;
   - bei einer **KG** die Bezeichnung „Kommanditgesellschaft“ oder eine allgemein verständliche Abkürzung dieser Bezeichnung;
2. nach dem Aktiengesetz,
   - bei einer **AG** die Bezeichnung „Aktiengesellschaft“ oder eine allgemein verständliche Abkürzung dieser Bezeichnung;
3. nach dem GmbH-Gesetz,
   - bei einer **GmbH** die Bezeichnung „Gesellschaft mit beschränkter Haftung“ oder eine allgemein verständliche Abkürzung dieser Bezeichnung.

Grundsätzlich kann jedes Unternehmen, unabhängig von der gewählten Rechtsform, als Firma die Personen-, Sach- oder Fantasiefirma wählen.

## Die Einzelunternehmung

137 Nennen Sie die Merkmale der Einzelunternehmung!

In der **Einzelunternehmung** hat der Alleininhaber alle Rechte und trägt alle Pflichten der Unternehmung.

Vorteile sind:

- alleinige, freie und schnelle Entscheidungsmöglichkeit,
- alleiniger Gewinnanspruch.

Nachteile sind:

- unbeschränkte Haftung mit dem gesamten geschäftlichen **und** privaten Vermögen,
- geringe Kreditbasis,
- begrenzte Unternehmensvergrößerung.

Die Rechtsform der Einzelunternehmung ist besonders für kleinere und mittlere Unternehmen geeignet. Sie ist die häufigste Rechtsform in der Bundesrepublik Deutschland.

## Die offene Handelsgesellschaft (OHG)

138 Was ist eine OHG?

Eine **OHG** ist eine Gesellschaft, deren Zweck auf den Betrieb eines Handelsgewerbes unter gemeinschaftlicher Firma gerichtet ist, wenn bei keinem der Gesellschafter die Haftung gegenüber den Gesellschaftsgläubigern beschränkt ist.

Alle Gesellschafter haben gleiche Pflichten und Rechte.

**139** Wie ist die Haftung bei der OHG geregelt?

Alle Gesellschafter **haften** allen Gesellschaftsgläubigern ohne Rücksicht auf besondere vertragliche Vereinbarungen (diese gelten nur im Innenverhältnis):

- **unbeschränkt,** d. h. Haftung mit dem gesamten Geschäfts- und Privatvermögen;
- **unmittelbar,** d. h., die Gläubiger müssen sich nicht zuerst an die OHG, sondern können sich unmittelbar an die Gesellschafter wenden;
- **solidarisch** (gesamtschuldnerisch), d. h., die Gläubiger können sich einen beliebigen Gesellschafter aussuchen, der dann für die gesamte Verbindlichkeit der Firma, und zwar in unbegrenzter Höhe, einstehen muss (dieser Gesellschafter kann von den übrigen Gesellschaftern deren Anteile an der Verbindlichkeit fordern).

**140** Welche Rechte haben die Gesellschafter der OHG?

Die Gesellschafter einer OHG haben:

- Recht zur Geschäftsführung (bei gewöhnlichen Geschäften Einzelentscheidung und bei außergewöhnlichen Geschäften Gesamtbeschluss),
- Recht auf Gewinnanteil (nach dem HGB 4 % vom Kapitalanteil und Rest nach Köpfen, andere Vereinbarungen sind möglich),
- Informations- und Kontrollrecht,
- Recht auf Privatentnahmen (bis 4 % vom Kapitalanteil),
- Recht zur Vertretung der Gesellschaft nach außen, d. h. Dritten gegenüber (Außenverhältnis); bei allen Rechtsgeschäften Einzelvertretungsrecht, Gesamtvertretung nur durch Gesellschaftsvertrag und Handelsregistereintragung;
- Widerspruchsrecht gegen Maßnahmen anderer Gesellschafter,
- Kündigungsrecht (6 Monate auf Geschäftsjahresende),
- Anspruch auf Liquidationserlös.

**141** Welche Pflichten haben die Gesellschafter der OHG?

Die Pflichten der Gesellschafter sind:

- Einlagepflicht (keine Mindesthöhe vorgeschrieben),
- Pflicht zur Mitarbeit,
- Verlustbeteiligung (lt. HGB nach Köpfen),
- Wettbewerbsverbot (siehe Wirtschafts- und Sozialkunde, Frage 183).
- Die Ansprüche gegen einen Gesellschafter aus Verbindlichkeiten der Gesellschaft verjähren in fünf Jahren nach der Auflösung der Gesellschaft oder nach dem Ausscheiden des Gesellschafters, sofern keine kürzeren Verjährungsfristen gelten.

**142** Welche Gründe sprechen für die Rechtsform der OHG?

Für die OHG als Rechtsform sprechen:

- keine Vorschriften über Mindesteinlagen und Mindestkapital (Gründung mit relativ niedrigem Anfangskapital ist möglich),
- Mitarbeit der Gesellschafter steht im Vordergrund,
- hohe Kreditwürdigkeit durch die unbeschränkte Haftung.

## Die Kommanditgesellschaft (KG)

**143** Was ist eine KG?

Die **KG** ist eine Personengesellschaft, deren Zweck auf den Betrieb eines Handelsgewerbes unter gemeinschaftlicher Firma gerichtet ist. Sie besteht aus zwei Arten von Gesellschaftern: mindestens ein Vollhafter (Komplementär) und mindestens ein Teilhafter (Kommanditist).

**144** Wie ist die Haftung bei der KG geregelt?

Die **Komplementäre** haften für Gesellschaftsschulden wie die Gesellschafter der OHG, d.h. unbeschränkt, solidarisch und unmittelbar.

Die **Kommanditisten** haften nur bis zur Höhe ihrer Kapitaleinlage (beschränkte Haftung).

**145** Nennen Sie Rechte und Pflichten der Komplementäre!

Die Komplementäre haben die gleichen Rechte und Pflichten wie die Gesellschafter der OHG.

**146** Nennen Sie Rechte und Pflichten der Kommanditisten!

Zu den Rechten der **Kommanditisten** zählen:

- Kontrollrecht,
- Recht zur Einsicht in Bücher und Bilanzen,
- Widerspruchsrecht bei außergewöhnlichen Geschäften,
- Recht auf Gewinnanteil (4 % auf Kapitalanteil, Rest in angemessenem Verhältnis = gesetzliche Regelung nach dem HGB für alle Gesellschafter der KG; abweichende vertragliche Vereinbarungen sind möglich),
- Recht auf Kündigung (6 Monate auf Geschäftsjahresende).

Zu den Pflichten der Kommanditisten zählen:

- Pflicht zur Kapitaleinlage (keine Mindesthöhe),
- Pflicht zur Verlustbeteiligung (in angemessenem Verhältnis),
- Haftpflicht (nur bis zur Höhe ihrer Kapitaleinlage).

**147** Welche Gründe sprechen für die Rechtsform der KG?

Für die KG als Rechtsform sprechen:

- Eignung für Familiengesellschaften (z.B. Vater wird Komplementär und Kinder werden Kommanditisten),
- Erhöhung des Geschäftskapitals durch die Aufnahme von Kommanditisten (Geschäftsführungsbefugnis des Komplementärs wird dadurch nicht berührt).

## Die Gesellschaft mit beschränkter Haftung (GmbH)

**148** Was ist eine GmbH?

Die **GmbH** ist eine Kapitalgesellschaft (juristische Person), deren Gesellschafter nur mit ihrer Einlage haften. Sie kann zu jedem gesetzlich zulässigen Zweck durch eine Person (Ein-Mann-GmbH) oder mehrere Personen errichtet werden.

**149** Welche Gründungsvoraussetzungen gibt es für die GmbH?

Nach dem GmbH-Gesetz sind folgende **Gründungsvoraussetzungen** zu erfüllen:

- das Stammkapital muss mindestens 25 000,00 EUR betragen,
- die Stammeinlage muss mindestens 100,00 EUR betragen,
- der Gesellschaftsvertrag ist notariell zu beurkunden,
- die Gründung muss ins Handelsregister (Abteilung B) eingetragen werden (die Eintragung kann erst dann erfolgen, wenn auf das Stammkapital mindestens die Hälfte eingezahlt ist, entweder als Geld- oder Sacheinlage).

**150** Welche Rechte und Pflichten haben die Gesellschafter der GmbH?

Zu den Rechten der Gesellschafter zählen:

- Recht auf Anteil am Gewinn (nach der gesetzlichen Regelung lt. GmbH-Gesetz Verteilung im Verhältnis der Geschäftsanteile, falls in der Satzung nichts anderes vereinbart ist),
- Stimmrecht in der Gesellschafterversammlung (Abstimmung nach Geschäftsanteilen),
- Recht auf Liquidationserlös.

Zu den Pflichten der Gesellschafter zählen:

- Einlagepflicht,
- beschränkte Haftpflicht,
- Nachschusspflicht, falls die Satzung dies vorsieht.

**151** Nennen Sie die Organe der GmbH und deren Aufgaben!

Organe der GmbH sind Geschäftsführer, Aufsichtsrat und Gesellschafterversammlung.

Aufgaben der/des **Geschäftsführer(s)** sind:

- Geschäftsführung (nach innen),
- Vertretung (nach außen).

Aufgaben des **Aufsichtsrats** sind:

- Überwachung der Geschäftsführung,
- Prüfung des Jahresabschlusses und des Lageberichts,
- Bericht darüber an die Gesellschafterversammlung.

Ein Aufsichtsrat ist nur für Gesellschaften mit mehr als 500 Arbeitnehmern gesetzlich vorgeschrieben.

Aufgaben der **Gesellschafterversammlung** sind:

- Feststellung des Jahresabschlusses und Verwendung des Ergebnisses,
- Bestellung und Abberufung von Geschäftsführern,
- Überwachung der Geschäftsführung,
- Bestellung von Prokuristen und Generalhandlungsbevollmächtigten.

152 Welche Gründe sprechen für die GmbH?

Die GmbH bietet folgende Vorteile:

- die elastische Unternehmensführung einer Personengesellschaft,
- die Beschränkung der Haftung auf das Gesellschaftsvermögen,
- das geringe Stammkapital.

## Die Aktiengesellschaft (AG)

153 Was ist eine AG?

Eine **AG** ist eine Kapitalgesellschaft (juristische Person), die ein in Aktien (siehe Einzelhandelsbetriebslehre, Frage 199ff.) zerlegtes Grundkapital besitzt. Die Teilhaber (Aktionäre) haften nur mit ihrer Einlage (d.h., die Haftung des Unternehmens beschränkt sich auf das Gesellschaftsvermögen) und haben weder Geschäftsführungs- noch Vertretungsbefugnis.

154 Welche Gründungsvoraussetzungen bestehen für die AG?

Folgende Voraussetzungen sind nach dem AktG zu erfüllen:

- Zur Gründung einer AG ist eine oder sind mehrere Personen erforderlich;
- das Grundkapital muss mindestens 50 000,00 EUR betragen (Bar- oder Sachgründung);
- die Ausgabe von Aktien kann erfolgen in Form von Nennbetragsaktien bzw. Stückaktien (siehe Seite 296f.);
- die Satzung bedarf der notariellen Beurkundung;
- Eintragung ins Handelsregister Abteilung B.

155 Welche Rechte und Pflichten haben die Aktionäre?

**Rechte** der Aktionäre sind:

- Stimmrecht (nach Aktienanteilen) und Auskunftsrecht in der Hauptversammlung,
- Recht auf Anteil am Gesellschaftsvermögen bei einer Auflösung der AG (nach Befriedigung aller Gläubiger),
- Recht auf Anteil am Gewinn (Dividende), der angegebene Prozentsatz bezieht sich auf den Aktiennennbetrag,
- Bezugsrecht bei Ausgabe neuer Aktien.

**Pflichten** der Aktionäre sind:

- Pflicht zur Kapitaleinlage,
- beschränkte Haftpflicht (in Höhe der Einlage).

156 Nennen Sie die Organe der AG!

Die AG besitzt drei gesetzmäßige Organe:

Der **Vorstand** (leitendes Organ; leitet das Unternehmen in eigener Verantwortung) wird vom Aufsichtsrat für höchstens fünf Jahre gegen festes Gehalt und Gewinnanteile (Tantiemen) bestellt und besteht aus einem oder mehreren Mitgliedern. Eine wiederholte Bestellung oder Verlängerung der Amtszeit, jeweils für fünf Jahre, ist zulässig.

Der **Aufsichtsrat** (überwachendes Organ) besteht je nach Höhe des Grundkapitals aus mindestens drei und höchstens einundzwanzig Mitgliedern, die für höchstens vier Jahre gewählt werden (nach AktG). Sie erhalten eine Aufwandsentschädigung und oftmals Tantieme.

Die **Hauptversammlung** (beschließendes Organ) besteht aus den Aktionären und deren Vertretern (z.B. Banken, die das Depotstimmrecht ausüben). Es wird nach Aktiennennbeträgen abgestimmt. Beschlüsse der HV bedürfen der notariellen Beurkundung.

157 Welche Aufgaben hat der Vorstand der AG?

Zu den **Aufgaben des Vorstandes** gehören:

- Geschäftsführung und Vertretung,
- Sorgfalts- und Haftpflicht,
- Beachtung des Wettbewerbsverbots (siehe Wirtschafts- und Sozialkunde, Frage 183).

158 Welche Aufgaben hat der Aufsichtsrat der AG?

**Aufgaben des Aufsichtsrats** sind:

- Wahl des Vorstandes,
- Überwachung des Vorstandes und dessen Geschäftsführung,
- Prüfung des Jahresabschlusses, des Lageberichts und des Vorschlages des Vorstandes für die Verwendung des Bilanzgewinnes,
- Bericht über Jahresabschluss und Lagebericht an die Hauptversammlung.

159 Welche Aufgaben hat die Hauptversammlung der AG?

Zu den **Aufgaben der Hauptversammlung** zählen:

- Die Bestellung der von den Anteilseignern zu wählenden Aufsichtsratsmitglieder,
- die Entscheidung über die Verwendung des Bilanzgewinns,
- die Entlastung des Vorstandes und des Aufsichtsrates,
- die Bestellung der Abschlussprüfer,
- Beschlüsse über Satzungsänderungen, z.B. Kapitalerhöhung (Dreiviertelmehrheit ist erforderlich).

160 Welche wirtschaftliche Bedeutung hat die AG?

Die Bedeutung der AG ist vor allem in Folgendem zu sehen:

- Das oft hohe Grundkapital wird meist von einer größeren Zahl von Kapitalgebern aufgebracht, dadurch können große wirtschaftliche Aufgaben verwirklicht werden;

- die AG ist die typische Form der Großunternehmung, vor allem in der Industrie, bei Versicherungen und Banken;
- durch relativ kleine Kapitalanteile wird eine breite Streuung des Eigentums am Produktionsvermögen erzielt;
- die Aktie ist ein beliebtes Anlagemittel, da sie leicht wieder veräußert werden kann.

## Genossenschaften

161 Was ist eine Genossenschaft?

**Genossenschaften** sind Gesellschaften mit nicht geschlossener Mitgliederzahl, welche den Erwerb oder die Wirtschaft ihrer Mitglieder (Genossen) mittels eines gemeinschaftlichen Geschäftsbetriebes fördern wollen.

Die Genossen sind mit **Geschäftsanteilen,** deren Höhe im Statut festgelegt ist, an der Gesellschaft beteiligt (ein Mindestkapital ist nicht vorgeschrieben).

Grundsätzlich haftet den Gläubigern für die Verbindlichkeiten der Genossenschaft nur das Vermögen der Genossenschaft. Die Genossenschaft firmiert mit dem Zusatz „eingetragene Genossenschaft" oder der Abkürzung „eG".

162 Welche Gründungsvoraussetzungen bestehen für die Genossenschaft?

**Gründungsvoraussetzungen** für eine Genossenschaft sind:

- mindestens sieben Mitglieder (keine Begrenzung nach oben),
- schriftlicher Gesellschaftsvertrag (Statut),
- Eintragung ins Genossenschaftsregister (konstitutive Wirkung: Formkaufmann).

163 Nennen Sie Rechte und Pflichten der Genossen!

Rechte und Pflichten der Genossen (geregelt im Statut) sind:

- Stimmrecht (nach Köpfen),
- Recht auf Gewinnanteil,
- Kündigungsrecht,
- Einlagepflicht,
- Nachschusspflicht.

164 Nennen Sie die Organe der Genossenschaft und deren Aufgaben!

Die **Organe** der Genossenschaft und deren **Aufgaben** sind:

Der **Vorstand:** Er setzt sich aus mindestens zwei von der Generalversammlung gewählten Genossen zusammen; ihm obliegt die Geschäftsführungs- und die Vertretungsbefugnis.

Der **Aufsichtsrat:** Er besteht aus mindestens drei Genossen; seine Rechte entsprechen denen der Aufsichtsratsmitglieder der AG.

Die **Generalversammlung:** Sie ist das oberste Entscheidungsorgan und beschließt insbesondere über die Führung der Geschäfte und die Gewinnverteilung; ihre Rechte entsprechen denen der Hauptversammlung der AG.

165 Welche Arten von Genossenschaften unterscheidet man?

Man unterscheidet folgende **Arten von Genossenschaften:**

- Einkaufsgenossenschaften (gemeinsamer Bezug von Waren),
- Absatzgenossenschaften (gemeinsamer Verkauf von Waren),
- Kreditgenossenschaften (Gewährung von Krediten),
- Baugenossenschaften (Bau von Wohnungen),
- Betriebsgenossenschaften (Beschaffung von Maschinen und Anlagen zur gemeinsamen Nutzung),
- Verbrauchergenossenschaften (Konsumgenossenschaften; Zusammenschluss von privaten Haushalten zum gemeinsamen Einkauf).

Auch rechtlich selbstständige Einzelhandelsbetriebe können sich zu Genossenschaften zusammenschließen.

## 2.10 Institutionen

166 Welche Aufgaben hat die IHK?

**Industrie- und Handelskammern** (IHK) sind Körperschaften des öffentlichen Rechts, denen alle im Kammerbezirk tätigen Gewerbetreibenden als Pflichtmitglieder angehören.

Aufgaben sind:

- Wahrnehmung der Interessen der Mitglieder,
- Förderung der Wirtschaft (z.B. durch Gutachten, Lehrgänge),
- Förderung der kaufmännischen und gewerblichen Berufsausbildung.

167 Welche Aufgaben hat das Gewerbeaufsichtsamt?

Das **Gewerbeaufsichtsamt** hat folgende Aufgaben:

- Überwachung der Einhaltung von arbeitsrechtlichen Vorschriften und von Arbeitsschutzbestimmungen (z.B. Gewerbeordnung, Jugendarbeitsschutzgesetz, Preisangabenverordnung),
- Überwachung der Umweltschutzbestimmungen (z.B. Bundes-Immissionsschutzgesetz).

168 Welche Aufgaben haben die Berufsgenossenschaften?

Die **Berufsgenossenschaften** sind Körperschaften des öffentlichen Rechts, in denen alle Unternehmer der versicherungspflichtigen Betriebe (nach Wirtschaftszweigen gegliedert) zusammengefasst sind:

Aufgaben sind:

- Träger der gesetzlichen Unfallversicherung,
- Aufstellung von Vorschriften zur Verhütung von Berufsunfällen (Unfallverhütungsvorschriften) und Berufskrankheiten und deren Überwachung.

169 Welche Aufgaben haben die Agenturen für Arbeit?

Die **Agenturen für Arbeit** sind die untersten (örtlichen) Verwaltungsstellen der Bundesagentur für Arbeit. Sie haben vor allem folgende Aufgaben:

- Arbeitsvermittlung,
- Berufsberatung,
- Abwicklung der Arbeitslosenversicherung,
- Umschulung.

170 Welche Aufgaben hat das Finanzamt?

Das **Finanzamt** ist die unterste (örtliche) Verwaltungsstelle der Finanzbehörde. Es ist insbesondere zuständig für die Festsetzung der Steuern (Steuerveranlagung), wie z.B. Einkommensteuer, Körperschaftsteuer, Mehrwertsteuer, Grundsteuer, Gewerbesteuer.

171 Welche Aufgaben hat die Kommunalverwaltung?

Unter **Kommunalverwaltung** versteht man die Gemeinde- bzw. Stadtverwaltung, die alle nicht dem Staat vorbehaltenen örtlichen Angelegenheiten regelt (kommunale Selbstverwaltung).

Zu ihren Hauptaufgaben zählen:

- kommunales Finanzwesen (z.B. Verwaltung der kommunalen Einnahmen und Ausgaben),
- kommunales Wirtschaftswesen (z.B. Industrieansiedlung, Straßenbau),
- kommunales Bildungswesen (z.B. Sachausstattung für Grund- und Hauptschulen),
- kommunales Sozialwesen (z.B. Fürsorge).

172 Welche Aufgaben haben Wirtschaftsverbände?

**Wirtschaftsverbände** sind Vereinigungen von Unternehmen des gleichen Wirtschaftszweiges; Beispiele für Spitzenverbände sind Bundesverband der Deutschen Industrie e.V., Bundesverband des Deutschen Groß- und Außenhandels e.V., Hauptgemeinschaft des Deutschen Einzelhandels e.V., Bundesvereinigung der Deutschen Arbeitgeberverbände e.V., Deutscher Industrie- und Handelskammertag.

Die Wirtschaftsverbände fördern die wirtschaftlichen Interessen ihrer Mitglieder und vertreten diese gegenüber der Öffentlichkeit und gegenüber den staatlichen Institutionen.

173 Welche Gerichte unterscheidet man?

Man unterscheidet folgende Gerichte:

1. **Ordentliche Gerichtsbarkeit** für Zivil- und Strafsachen,
   - Amtsgericht,
   - Landgericht (auch Berufungsinstanz für Urteile des Amtsgerichts),
   - Oberlandesgericht (Berufungsinstanz für Urteile des Landgerichts),
   - Bundesgerichtshof in Karlsruhe (in Zivilsachen Revisionsinstanz für Urteile des Oberlandesgerichts);
2. **Arbeitsgerichte,** zuständig für Rechtsstreitigkeiten aus einem Arbeitsverhältnis und zwischen Tarifvertragsparteien,

- Arbeitsgericht,
- Landesarbeitsgericht (Berufungsinstanz),
- Bundesarbeitsgericht in Erfurt (Revisionsinstanz);

3. **Verwaltungsgerichte,** zuständig für Klagen gegen die öffentliche Verwaltung,
   - Verwaltungsgericht,
   - Oberverwaltungsgericht bzw. Verwaltungsgerichtshof (Berufungsinstanz),
   - Bundesverwaltungsgericht in Leipzig (Revisionsinstanz);
4. **Sozialgerichte,** zuständig für Klagen gegen die Sozialversicherungsträger,
   - Sozialgericht,
   - Landessozialgericht (Berufungsinstanz),
   - Bundessozialgericht in Kassel (Revisionsinstanz);
5. **Finanzgerichte,** zuständig für Klagen gegen die Finanzverwaltung,
   - Finanzgericht,
   - Bundesfinanzhof in München (Revisionsinstanz);
6. **Bundesverfassungsgericht** in Karlsruhe, zuständig für Fragen, welche die Verfassungswidrigkeit von Gesetzen betreffen, für Verfassungsbeschwerden von Bürgern u. a.

174 Welchen Institutionen ist die Betriebsgründung mitzuteilen?

Die **Betriebsgründung** ist folgenden Institutionen mitzuteilen:

- Ortspolizeibehörde (Gewerbeaufsichtsamt),
- Finanzamt,
- Amtsgericht (Handelsregister),
- Industrie- und Handelskammer,
- Sozialversicherungsträger.

Zu den erforderlichen Angaben gehören vor allem Firma, Sitz der Firma, Name(n) des bzw. der Inhaber(s), Gründungstag und Branche.

# 3 Menschliche Arbeit im Betrieb

## 3.1 Mitarbeiter im Betrieb

**175** Wie können die Mitarbeiter eingeteilt werden (Überblick)?

Die **Mitarbeiter** können eingeteilt werden entsprechend

1. der Stellung in der Betriebshierarchie:
   - leitende Mitarbeiter,
   - ausführende Mitarbeiter;
2. der betrieblichen Tätigkeit:
   - Angestellte,
   - Arbeiter,
   - Auszubildende;
3. der Ausbildung:
   - wissenschaftlich ausgebildete Mitarbeiter (z. B. Ingenieure),
   - berufsbezogen ausgebildete Mitarbeiter (z. B. Kaufmann/-frau im Einzelhandel),
   - angelernte Mitarbeiter,
   - ungelernte Mitarbeiter;
4. dem Umfang der Vollmacht:
   - Handlungsbevollmächtigter,
   - Prokurist,
   - Generalbevollmächtigter.

### Leitende und ausführende Mitarbeiter

**176** Beschreiben Sie die leitende Tätigkeit!

Merkmale **leitender Tätigkeit** (dispositive Tätigkeit) sind:

- Planung,
- Organisation,
- Entscheidung,
- Kontrolle.

Anforderungen sind:

- Selbstständigkeit im Denken und Handeln,
- Verhandlungsgeschick,
- Menschenkenntnis,
- Durchsetzungsvermögen,
- Organisationstalent,
- Persönlichkeit.

**177** Beschreiben Sie die ausführende Tätigkeit!

**Ausführende Tätigkeit** ist die eigenverantwortliche Ausführung von angeordneten Aufgaben (Anweisungen).

Anforderungen sind:

- bestimmte Kenntnisse und Fertigkeiten,
- Sorgfalt und Gründlichkeit,
- Fleiß und Arbeitsbereitschaft,
- Pünktlichkeit.

## Angestellte und Arbeiter

**178** Unterscheiden Sie Angestellte und Arbeiter!

**Angestellte**

- verrichten überwiegend geistige Arbeit (in der Verwaltung),
- beziehen Gehalt (Bezahlung nach Zeit),
- sind versicherungspflichtig in der Angestelltenrentenversicherung,
- unterliegen der gesetzlichen Kündigungsfrist von 4 Wochen zum Fünfzehnten oder zum Ende eines Kalendermonats.

**Arbeiter**

- verrichten vorwiegend körperliche Arbeit (in der Produktion),
- beziehen Lohn (Zeit- oder Leistungslohn),
- sind versicherungspflichtig in der Arbeiterrentenversicherung,
- haben die gleiche gesetzliche Kündigungsfrist wie Angestellte.

**179** Wer ist leitender Angestellter nach dem Betriebsverfassungsgesetz?

**Leitender Angestellter** nach dem Betriebsverfassungsgesetz ist, wer

- selbstständig Beschäftigte einstellen und entlassen darf,
- Generalvollmacht oder Prokura hat,
- im Wesentlichen eigenverantwortlich unternehmerische Aufgaben erfüllt.

Für die leitenden Angestellten gelten die Vorschriften des Betriebsverfassungsgesetzes nicht, z. B. dürfen sie bei der Betriebsratswahl nicht wählen und nicht gewählt werden.

**180** Wer ist Handlungsgehilfe?

**Handlungsgehilfe** (kaufmännischer Angestellter) ist, wer in einem Handelsgewerbe zur Leistung kaufmännischer Dienste gegen Entgelt angestellt ist, z. B. Buchhalter, Kassierer, Einkäufer.

**181** Welche Rechte hat der kaufmännische Angestellte?

Der **kaufmännische Angestellte** hat das Recht auf

- Vergütung der geleisteten Dienste,
- Fürsorge durch den Arbeitgeber,
- Gewährung von Urlaub,
- Beschäftigung im Rahmen des Arbeitsvertrages,
- Ausstellung eines Zeugnisses (auf Wunsch des Arbeitnehmers mit Angaben über Führung und Leistung = qualifiziertes Zeugnis).

**182** Welche Pflichten hat der kaufmännische Angestellte?

Der kaufmännische Angestellte hat folgende Pflichten:

- Dienstleistungspflicht (die vereinbarte Arbeit ist persönlich zu erbringen),
- Treuepflicht (voller Einsatz für das Unternehmen),
- Verbot der Annahme von Schmiergeldern,

11 Groh/Schröer – ISBN 3-8120-0423-2

- Pflicht zur Wahrung der Betriebsgeheimnisse,
- Wettbewerbsverbot.

Kommt der Arbeitnehmer seinen Pflichten nicht nach, kann der Arbeitgeber eine **Abmahnung** aussprechen; dies ist oft Voraussetzung für die Kündigung (siehe Wirtschafts- und Sozialkunde, Frage 227 ff.).

**183** Was ist Wettbewerbsverbot?

Das HGB unterscheidet:

- **gesetzliches Wettbewerbsverbot** (Konkurrenzverbot):
  Der kaufmännische Angestellte darf ohne Einwilligung des Arbeitgebers kein Handelsgewerbe betreiben und im Geschäftszweig des Arbeitgebers nicht für eigene oder fremde Rechnung Geschäfte machen.
  Bei Verletzung des gesetzlichen Wettbewerbsverbots hat der Arbeitgeber das Recht zur fristlosen Entlassung und das Recht auf Schadensersatz.
  (Das gesetzliche Wettbewerbsverbot gilt sinngemäß für die Gesellschafter der OHG.)
- **vertragliches Wettbewerbsverbot** (Konkurrenzklausel):
  Durch eine vertragliche Vereinbarung wird sichergestellt, dass der Angestellte nach Beendigung des Dienstverhältnisses seine Kenntnisse nicht zum Nachteil des ehemaligen Arbeitgebers einsetzt (z. B. Bierbrauer).
  Der Arbeitgeber muss dem Arbeitnehmer für dieses auf höchstens zwei Jahre befristete Wettbewerbsverbot eine Entschädigung zahlen.

## Handlungsvollmacht und Prokura

**184** Was versteht man unter Vollmacht?

**Vollmacht** ist das Recht, in fremdem Namen gültige Geschäfte abzuschließen. Man unterscheidet zwei Formen der Vollmacht (Vertretungsbefugnis):

- Handlungsvollmacht,
- Prokura.

**185** Was ist Handlungsvollmacht?

**Handlungsvollmacht** ist jede von einem Kaufmann im Rahmen seines Geschäftsbetriebes erteilte Vollmacht, die nicht Prokura ist.

**186** Welche Arten der Handlungsvollmacht gibt es?

Die **Generalhandlungsvollmacht (allgemeine Handlungsvollmacht, Gesamtvollmacht)** ermächtigt (nach dem HGB) zu allen Rechtshandlungen, soweit sie im Rahmen des betreffenden Handelsgewerbes üblich sind.

Die **Artvollmacht (Teilvollmacht)** erstreckt sich auf bestimmte, regelmäßig anfallende Geschäfte (gilt z. B. für Abteilungsleiter, Kassierer durch die Inkassovollmacht, Verkäufer).

Die **Spezialvollmacht** (Einzel- oder Sondervollmacht) ermächtigt nur zur Vornahme einzelner Rechtsgeschäfte, nach deren Erledigung sie erlischt (z.B. Einlösen eines Schecks).

**187** Welche Rechte sind mit der allgemeinen Handlungsvollmacht verbunden?

Der Inhaber der **allgemeinen Handlungsvollmacht** darf nach dem HGB z.B. folgende Rechtsgeschäfte ausführen:

- Zahlungsgeschäfte erledigen,
- Ein- und Verkäufe tätigen,
- Mitarbeiter einstellen und entlassen.

Folgende Rechtsgeschäfte darf der Handlungsbevollmächtigte nur mit einer besonderen Befugnis (Sondervollmacht) vornehmen:

- Veräußerung und Belastung von Grundstücken,
- Eingehen von Wechselverbindlichkeiten,
- Aufnahme von Darlehen,
- Führen eines Prozesses.

Rechtsgeschäfte, die ein Prokurist nach dem HGB nicht vornehmen darf, sind auch dem Handlungsbevollmächtigten verboten.

**188** Was ist Generalvollmacht?

Die **Generalvollmacht,** die nicht zur Handlungsvollmacht gehört, ermächtigt zur Vertretung des Geschäftsinhabers in allen auch außergewöhnlichen Geschäften. Sie kann in ihrem Umfang die Prokura übertreffen. Eine eindeutige gesetzliche Regelung gibt es nicht.

**189** Wie wird Handlungsvollmacht erteilt?

Die **allgemeine Handlungsvollmacht** kann nur von Kaufleuten und Prokuristen erteilt werden. Die anderen Formen der Vollmacht kann jeder Bevollmächtigte als Untervollmacht erteilen.

Die Erteilung der Vollmacht ist an keine Form gebunden. Die Übertragung kann ausdrücklich erfolgen oder durch die stillschweigende Duldung von Geschäften (z.B. Kassieren).

Die Eintragung in das Handelsregister ist nicht erlaubt.

**190** Wie erlischt die Handlungsvollmacht?

Die Handlungsvollmacht erlischt durch

- Widerruf des Vollmachtgebers,
- Auflösung des Dienstverhältnisses,
- Auflösung des Geschäftes.

Die Einzelvollmacht erlischt nach Durchführung des betreffenden Auftrages.

**191** Was ist Prokura?

**Prokura** ist die umfassendste Art der Vollmacht. Sie ermächtigt zu allen Arten von gerichtlichen und außergerichtlichen Geschäften und Rechtshandlungen, die der Betrieb eines Handelsgewerbes mit sich bringt (z.B. Einstellen und Entlassen von Mitarbeitern, Erteilung von Vollmacht, Aufnahme eines Darlehens, Kauf eines Betriebsgrundstücks).

192 **Welche Beschränkungen gibt es bei der Prokura?**

Einem **Prokuristen** ist es gesetzlich verboten,

- Bilanz und Inventar zu unterschreiben,
- die Firma aufzulösen, die Firma zu verändern oder zu verkaufen,
- Konkurs anzumelden,
- neue Gesellschafter aufzunehmen,
- Prokura zu erteilen.

Grundstücke belasten und verkaufen darf der Prokurist nur mit besonderer Erlaubnis.

193 **Wie ist die vertragliche Beschränkung der Prokura geregelt?**

Eine Beschränkung der Prokura ist im Innenverhältnis möglich; Dritten gegenüber (Außenverhältnis) ist die Beschränkung unwirksam. (Beispiel: Einem Prokuristen wird vom Unternehmer untersagt, Wechsel zu akzeptieren; wenn er trotzdem eine Wechselverpflichtung eingeht, ist das Akzept voll gültig. Der Prokurist kann aber wegen Verletzung der Dienstpflicht zur Rechenschaft gezogen werden.)

194 **Welche Arten der Prokura gibt es?**

Bei der **Einzelprokura** ist eine Person berechtigt, die Vollmacht allein in vollem Umfang wahrzunehmen.

Wenn zwei (oder mehrere) Personen nur gemeinsam die Vollmacht ausüben dürfen, liegt **Gesamtprokura** vor (z. B. müssen in diesem Fall alle Prokuristen Geschäftsbriefe und Verträge unterschreiben).

Die **Filialprokura** beschränkt die Vollmacht des Prokuristen auf den Geschäftsbereich einer Filiale (Zweigniederlassung).

195 **Wie wird die Prokura erteilt?**

Die Erteilung der Prokura

- darf nur vom Geschäftsinhaber persönlich vorgenommen werden,
- muss ausdrücklich erklärt werden (kein Formzwang),
- muss in das Handelsregister eingetragen werden (Prokura wird dadurch bekannt gemacht, aber nicht begründet).

196 **Wie erlischt die Prokura?**

Die Prokura erlischt durch

- Widerruf,
- Auflösung des Dienstvertrages,
- Auflösung oder Verkauf des Geschäftes.

Die Prokura erlischt nicht beim Tod des Geschäftsinhabers. Nach außen hin bleibt die Prokura bis zur Streichung im Handelsregister gültig.

197 **Wie unterzeichnen Handlungsbevollmächtigte und Prokuristen?**

**Handlungsbevollmächtigte** unterzeichnen i. d. R. bei der

- Einzelvollmacht mit dem Zusatz i. A. (im Auftrag),
- Art- und Gesamtvollmacht mit dem Zusatz i. V. (in Vollmacht).

**Prokuristen** unterzeichnen mit dem Zusatz per procura, pp. oder ppa.

## 3.2 Arbeitsrecht

198 Welche Quellen des Arbeitsrechts gibt es?

Das **Arbeitsrecht** hat folgende Quellen:

1. Gesetze,
   - allgemeine Gesetze, z. B. BGB, HGB, Gewerbeordnung;
   - spezielle arbeitsrechtliche Gesetze, z. B. Betriebsverfassungsgesetz, Tarifvertragsgesetz, Arbeitszeitordnung, Mitbestimmungsgesetze, Bundesausbildungsförderungsgesetz, Arbeitsplatzförderungsgesetz;
2. Verträge,
   - Einzelarbeitsverträge (Individualarbeitsrecht),
   - Betriebsvereinbarungen (Kollektivarbeitsrecht),
   - Tarifverträge (Kollektivarbeitsrecht).

199 Welche Gerichte sind für das Arbeitsrecht zuständig?

Für Rechtsstreitigkeiten aus einem Arbeitsverhältnis sind in erster Instanz die **Arbeitsgerichte** zuständig. Berufungsinstanz für deren Urteile ist das Landesarbeitsgericht, Revisionsinstanz ist das Bundesarbeitsgericht (in Erfurt).

### Tarifpartner

200 Wer sind die Tarifpartner?

**Tarifpartner** (Sozialpartner) sind vor allem

- die Gewerkschaften als Vereinigungen der Arbeitnehmer; der Deutsche Gewerkschaftsbund (DGB) umfasst als Dachverband mehrere selbstständige Einzelgewerkschaften, wie z. B. Industriegewerkschaft Metall, Industriegewerkschaft Bauen – Agrar – Umwelt, Gewerkschaft Nahrung – Genuss – Gaststätten, Vereinigte Dienstleistungsgewerkschaft;
- einzelne Arbeitgeber oder Zusammenschlüsse der Arbeitgeber (Arbeitgeberverbände); die Arbeitgeberverbände sind zusammengefasst in der Bundesvereinigung der Deutschen Arbeitgeberverbände (BDA).

201 Welche Aufgaben haben die Gewerkschaften?

Die **Gewerkschaften** haben die Aufgabe, die sozialen und wirtschaftlichen Lebensbedingungen der Arbeitnehmer zu verbessern und deren Interessen den Arbeitgebern gegenüber wahrzunehmen. Folgende Einzelaufgaben ergeben sich daraus:

- Verbesserung der Arbeitsbedingungen,
- Lohnsteigerungen (Arbeitnehmer sollen mit ihrem Einkommen am Wirtschaftswachstum beteiligt werden),
- Ausbau der staatlichen Sozialversicherung,
- Förderung der Vermögensbildung der Arbeitnehmer,
- Führen von Tarifverhandlungen mit den Arbeitgebern,
- Vertretung der Arbeitnehmer vor Arbeitsgerichten,
- Sicherung der Arbeitsplätze.

202 Welche Aufgaben haben die Arbeitgeberverbände?

Die **Arbeitgeberverbände** haben die Aufgabe, die arbeitsrechtlichen und sozialpolitischen Interessen ihrer Mitglieder wahrzunehmen. Im Einzelnen sind es folgende Aufgaben:

- Führen von Tarifverhandlungen mit den Gewerkschaften,
- arbeitsrechtliche Beratung,
- Beobachtung und Lenkung des Arbeitsmarktes,
- soziale Betriebsgestaltung,
- internationale Sozialpolitik.

203 Was sind Tarifverhandlungen?

**Tarifverhandlungen** sind Verhandlungen tariffähiger Parteien, d. h. der Arbeitgeber oder Arbeitgeberverbände einerseits und der Gewerkschaften andererseits, mit dem Ziel, Tarifverträge entsprechend dem Tarifvertragsgesetz (TVG) abzuschließen.

Tarifverhandlungen enden i.d.R. mit einem Kompromiss zwischen den Forderungen der Gewerkschaften und den Vorstellungen der Arbeitgeber.

204 Was versteht man unter Tarifautonomie?

**Tarifautonomie** bedeutet, dass der Tarifvertrag durch freie Vereinbarung der (unabhängigen) Tarifvertragsparteien ohne Mitwirkung einer staatlichen Stelle zustande kommt. Ein wichtiger Bestandteil der Tarifautonomie ist das Streikrecht (festgelegt im Grundgesetz).

Ein Verstoß gegen die Tarifautonomie stellt z. B. das Eingreifen der Regierung in laufende Tarifverhandlungen dar.

205 Was ist Schlichtung?

**Schlichtung** ist ein Verfahren zur Beilegung von Streitigkeiten zwischen Gewerkschaften und Arbeitgebern (bzw. Arbeitgeberverbänden) bei Tarifverhandlungen.

Zum Arbeitskampf wird i.d.R. erst dann aufgerufen, wenn die Vermittlungsbemühungen des unparteiischen Schlichters (häufig Personen des öffentlichen Lebens, z. B. Landesarbeitsminister) gescheitert sind.

206 Was ist Urabstimmung?

**Urabstimmung** ist die Meinungsbefragung der (gewerkschaftlich organisierten) Arbeitnehmer durch die Gewerkschaften vor der Durchführung eines Streiks (mindestens 75 % der befragten Gewerkschaftsmitglieder müssen dem Streikvorhaben zustimmen).

207 Unterscheiden Sie Streik und Aussperrung!

Streik und Aussperrung sind rechtlich zulässige Mittel des Arbeitskampfes zur Durchsetzung bestimmter Forderungen.

**Streik** ist die gemeinsame, gleichzeitige und planmäßige Arbeitsniederlegung mehrerer Arbeitnehmer eines Betriebes oder eines Wirtschaftszweiges. Unterschieden werden:

- organisierter (von den Gewerkschaften geleiteter) Streik,
- nicht organisierter (wilder) Streik,
- Teilstreik (umfasst nur einen Teil der Betriebe),

- Generalstreik (umfasst alle Betriebe),
- Warnstreik,
- Sympathiestreik (für andere streikende Arbeitnehmer).

**Aussperrung** ist die planmäßige Ausschließung der Arbeitnehmer von der Arbeit. Durch die Aussperrung werden die Arbeitsverträge durch den Arbeitgeber vorübergehend aufgehoben, d.h., die Rechte und Pflichten aus dem Arbeitsverhältnis gelten nicht mehr.

Man unterscheidet:

- Angriffsaussperrung (selten),
- Abwehraussperrung (Reaktion auf ausgebrochenen Streik).

**208** Was ist Friedenspflicht?

**Friedenspflicht** bedeutet, dass die Tarifparteien während der Gültigkeit des Tarifvertrages den Arbeitsfrieden wahren müssen, d.h. keine Kampfmaßnahmen gegen die Vereinbarungen ergreifen dürfen.

## Arbeitsverträge

**209** Welche Arten von Arbeitsverträgen gibt es?

Arbeitsverhältnisse sind rechtlich geregelt in Gesetzen (z.B. Betriebsverfassungsgesetz, Bundesurlaubsgesetz) und Arbeitsverträgen. Man unterscheidet folgende Arten von Arbeitsverträgen:

- Einzelarbeitsvertrag,
- Betriebsvereinbarung,
- Tarifvertrag.

**210** Was ist ein Einzelarbeitsvertrag?

Der **Einzelarbeitsvertrag** (individueller Arbeitsvertrag), der i.d.R. ein Dienstvertrag ist, wird zwischen dem einzelnen Arbeitnehmer und dem einzelnen Arbeitgeber geschlossen. Er regelt nur das Arbeitsverhältnis zwischen diesen Personen. Er enthält u.a. Abmachungen über Art der Beschäftigung, Lohnhöhe, Arbeitszeit.

Gesetzliche Bestimmungen, Bedingungen der Tarifverträge und der Betriebsvereinbarungen dürfen in Einzelarbeitsverträgen nur zugunsten des Arbeitnehmers abgeändert werden (**Begünstigungsprinzip,** Günstigkeitsprinzip).

Wird die Dauer des Arbeitsverhältnisses bei Vertragsabschluss vereinbart, spricht man von einem **befristeten Arbeitsvertrag.** Dieser Vertrag endet durch Zeitablauf; eine Kündigung ist nicht notwendig.

**211** Was ist eine Betriebsvereinbarung?

Die **Betriebsvereinbarung** (kollektiver Arbeitsvertrag, Gruppenarbeitsvertrag) wird zwischen dem Arbeitgeber und dem Betriebsrat eines bestimmten Betriebes getroffen. Sie muss schriftlich niedergelegt und an geeigneter Stelle im Betrieb ausgelegt werden. Die Betriebsvereinbarung regelt die Ordnung und auch einzelne Angelegenheiten des betreffenden Betriebes, z. B. Beginn und Ende der täglichen Arbeitszeit (z. B. auch die gleitende Arbeitszeit) und der Pausen, Aufstellung eines Urlaubsplanes, Maßnahmen zur Verhütung von Arbeitsunfällen, das Verhalten der Arbeitnehmer im Betrieb.

Die Betriebsvereinbarung ergänzt die Bestimmungen des Tarifvertrages, die als Mindestbestimmungen beachtet werden müssen.

212 Was versteht man unter gleitender Arbeitszeit?

Bei der **gleitenden Arbeitszeit** wird die tägliche Arbeitszeit aufgeteilt in

- die Kernarbeitszeit, der Arbeitnehmer muss in dieser Zeit anwesend sein;
- die Gleitarbeitszeit, der Arbeitnehmer kann in bestimmten Grenzen Beginn und Ende der Arbeitszeit selbst bestimmen.

Die Anwendung der gleitenden Arbeitszeit erfordert eine genaue Kontrolle der Arbeitszeit eines jeden Arbeitnehmers (z. B. mit Hilfe von Stechuhren).

213 Was ist ein Sozialplan?

Der **Sozialplan** ist eine Vereinbarung zwischen Arbeitgeber und Betriebsrat (Sonderform der Betriebsvereinbarung), die getroffen wird, um die wirtschaftlichen Nachteile der Arbeitnehmer bei geplanten Betriebsveränderungen (z. B. Rationalisierung, Betriebsstilllegung) zu mildern. Der Sozialplan enthält insbesondere Regelungen über Abfindungen bei vorzeitiger Entlassung und über Zuschüsse bei vorzeitiger Pensionierung.

214 Was ist ein Tarifvertrag?

Der **Tarifvertrag** ist ein kollektiver Arbeitsvertrag und er wird zwischen den Tarifpartnern abgeschlossen. Er regelt die Arbeitsverhältnisse und Arbeitsbedingungen für alle unter seinen Geltungsbereich fallende Personen (Tarifgebiet).

Nach dem Inhalt unterscheidet man:

- Manteltarifverträge,
- Lohntarifverträge.

215 Unterscheiden Sie Manteltarifvertrag und Lohntarifvertrag!

Der **Manteltarifvertrag** (Rahmentarifvertrag) regelt bestimmte Arbeitsbedingungen für eine längere Zeit (i. d. R. 3 bis 5 Jahre), z. B. Bestimmungen über Arbeitszeit, Mehrarbeit, Sonn- und Feiertagsarbeit, Urlaubsdauer, Kündigungsfristen (die über die gesetzlichen Regelungen hinausgehen).

Der **Lohn- und Gehaltstarifvertrag** legt die Löhne und Gehälter der Arbeiter und Angestellten (sowie die Ausbildungsvergütung) fest und staffelt sie nach der Vorbildung der Arbeitnehmer und nach dem Schwierigkeitsgrad ihrer Arbeit in bestimmte Lohn- und Gehaltsgruppen. Lohn- und Gehaltstarifverträge haben eine kürzere Laufzeit als der Manteltarifvertrag, i. d. R. ein Jahr.

216 Für welchen Personenkreis gelten Tarifverträge?

Tarifverträge gelten zunächst nur für die Mitglieder der Tarifvertragsparteien. Auf Antrag einer der am Tarifvertrag beteiligten Parteien kann ein Tarifvertrag jedoch auch durch den Bundesminister für Arbeit und Sozialordnung für allgemein verbindlich erklärt werden, wenn

- die Allgemeinverbindlichkeit im öffentlichen Interesse liegt,
- die tarifgebundenen Arbeitgeber mindestens 50 % der unter den Geltungsbereich des Vertrages fallenden Arbeitnehmer beschäftigen.

Durch die **Allgemeinverbindlichkeitserklärung** gilt der Tarifvertrag für alle Arbeitgeber und Arbeitnehmer einer bestimmten Berufssparte, gleichgültig, ob sie einem Arbeitgeberverband bzw. einer Gewerkschaft angehören oder nicht.

## Ausbildungsvertrag

217 Welche Aufgabe hat das Berufsbildungsgesetz?

Das **Berufsbildungsgesetz** regelt die Berufsausbildung einschließlich des Prüfungswesens. (Daneben gelten die Bestimmungen für den Arbeitsvertrag und insbesondere das Jugendarbeitsschutzgesetz.)

218 Welchen Inhalt hat der Berufsausbildungsvertrag?

Der Ausbildende hat unverzüglich nach Abschluss des **Berufsausbildungsvertrages** den wesentlichen Inhalt des Vertrages schriftlich niederzulegen.

Der Vertrag muss Angaben enthalten über:

- Ausbildungsberuf,
- Beginn und Dauer der Berufsausbildung,
- tägliche Arbeitszeit,
- Dauer der Probezeit,
- Ausbildungsvergütung,
- Urlaubsdauer,
- Kündigungsvoraussetzungen,
- Pflichten des Auszubildenden.

Der Vertrag ist von dem Ausbildenden, dem Auszubildenden und dessen gesetzlichem Vertreter zu unterzeichnen.

219 Nennen Sie Pflichten des Ausbildenden!

Zu den Pflichten des **Ausbildenden** zählen:

- Ausbildung entsprechend dem Vertrag (untersagt sind z. B. Beschäftigungen, die nicht dem Ausbildungszweck dienen),
- Freistellung für den Berufsschulunterricht und Überwachung des Schulbesuchs,
- angemessene Vergütung,
- Ausstellung eines Zeugnisses nach Beendigung der Ausbildung.

220 Nennen Sie Pflichten des Auszubildenden!

Zu den Pflichten des **Auszubildenden** zählen:

- sorgfältige Ausführung übertragener Arbeiten,
- Befolgung von Anordnungen weisungsberechtigter Personen,
- Wahrung von Betriebsgeheimnissen,
- regelmäßiger Besuch der Berufsschule.

221 Wie ist die Probezeit geregelt?

Die **Probezeit** muss mindestens einen Monat und darf höchstens drei Monate betragen. Das Ausbildungsverhältnis kann in dieser Zeit von beiden Seiten jederzeit und ohne Angabe von Gründen gekündigt werden.

222 Wie ist die Vergütung geregelt?

Für die Vergütung des Auszubildenden **(Ausbildungsvergütung)** gilt:

- Die Vergütung ist so zu bemessen, dass sie mit fortschreitender Berufsausbildung, mindestens jährlich, ansteigt;
- Überstunden sind besonders zu vergüten;
- die Vergütung ist auch zu zahlen z. B. für die Zeit der Freistellung (Berufsschulunterricht, Prüfungen), bei Krankheit des Auszubildenden (bis zur Dauer von sechs Wochen).

223 Wie ist die Kündigung geregelt?

Die **Kündigung** des Ausbildungsverhältnisses kann nach der Probezeit nur (schriftlich) vorgenommen werden

- aus einem wichtigen Grund (z. B. Arbeitsverweigerung) ohne Einhaltung einer Kündigungsfrist,
- vom Auszubildenden mit einer Kündigungsfrist von vier Wochen bei Aufgabe der Berufsausbildung bzw. beim Wechsel in eine andere Berufsausbildung.

Wird das Berufsausbildungsverhältnis nach der Probezeit vorzeitig gelöst, so kann der Ausbildende oder der Auszubildende Ersatz des Schadens verlangen, wenn der andere den Grund für die Auflösung zu vertreten hat.

224 Nennen Sie wichtige Vorschriften für die Ausstellung eines Zeugnisses!

Der Ausbildende hat dem Auszubildenden bei Beendigung des Berufsausbildungsverhältnisses ein **Zeugnis** auszustellen. Es muss Angaben enthalten über

- Art, Dauer und Ziel der Berufsausbildung;
- die erworbenen Fertigkeiten und Kenntnisse des Auszubildenden.

Auf Wunsch des Auszubildenden sind aufzunehmen Angaben über

- Führung und Leistung,
- besondere fachliche Fähigkeiten.

225 Wann endet das Berufsausbildungsverhältnis?

Die **Beendigung des Ausbildungsverhältnisses** erfolgt
- mit dem Ablauf der Ausbildungszeit;
- mit Bestehen der Abschlussprüfung, wenn der Auszubildende vor Ablauf der Ausbildungszeit die Abschlussprüfung besteht;
- bei nicht bestandener Abschlussprüfung nach der nächstmöglichen Wiederholungsprüfung, wenn der Auszubildende dies verlangt (die Ausbildungszeit wird höchstens um ein Jahr verlängert).

## 3.3 Arbeitsschutzbestimmungen

226 Nennen Sie wichtige Arbeitsschutzvorschriften (Überblick)!

Wichtige **Arbeitsschutzvorschriften** sind:
- Kündigungsschutzgesetz,
- Jugendarbeitsschutzgesetz,
- Mutterschutzgesetz,
- Bundeserziehungsgeldgesetz,
- Bundesurlaubsgesetz,
- Arbeitszeitgesetz,
- Entgeltfortzahlungsgesetz,
- Arbeitsförderungsrecht,
- Bundesausbildungsförderungsgesetz,
- Aufstiegsfortbildungsförderungsgesetz,
- Arbeitssicherheitsgesetz,
- Arbeitsstättenverordnung.

227 Welche Arten der Kündigung gibt es (Überblick)?

Man unterscheidet folgende Arten der Kündigung:
1. ordentliche Kündigung,
   - gesetzliche Kündigung,
   - vertragliche Kündigung,
2. außerordentliche Kündigung.

228 Was ist gesetzliche Kündigung?

Das Arbeitsverhältnis eines Arbeitnehmers kann mit einer Frist von 4 Wochen zum Fünfzehnten oder zum Ende eines Kalendermonats gekündigt werden (**gesetzliche Kündigungsfrist** lt. BGB); Schriftform ist erforderlich.

Während einer vereinbarten **Probezeit,** längstens für die Dauer von 6 Monaten, kann das Arbeitsverhältnis mit einer Frist von 2 Wochen gekündigt werden (lt. BGB).

229 Was ist vertragliche Kündigung?

Abweichend von der gesetzlichen Regelung kann die Kündigung im Arbeitsvertrag (einzelvertraglich) lt. BGB gesondert festgelegt sein.

Die **vertragliche Kündigung** besagt, dass die Kündigungsfrist
- unter 4 Wochen liegen kann, wenn ein Arbeitnehmer zur vorübergehenden Aushilfe eingestellt ist;
- für den Arbeitnehmer nicht länger sein darf als für den Arbeitgeber;
- länger sein kann als die gesetzliche Kündigungsfrist.

230 Was ist fristlose Kündigung?

Die **fristlose Kündigung** kann im Gegensatz zur ordentlichen Kündigung nur bei einem wichtigen Grund ausgesprochen werden. Beispiele sind: Ehrverletzungen oder Tätlichkeiten des Arbeitgebers oder Arbeitnehmers, Pflichtverletzungen wie Arbeitsverweigerung oder fehlende Entlohnung.

231 Was bedeutet der allgemeine Kündigungsschutz?

Die wichtigste Bestimmung des **Kündigungsschutzes** (geregelt im Kündigungsschutzgesetz) besagt, dass Arbeitnehmern nur dann gekündigt werden darf, wenn die Kündigung sozial gerechtfertigt ist. Das bedeutet, eine Kündigung ist unwirksam, wenn sie nicht

- durch die Person oder das Verhalten des Arbeitnehmers oder
- durch dringende wirtschaftliche Erfordernisse bedingt ist.

Hält der Arbeitnehmer eine Kündigung für sozial ungerechtfertigt, so muss er innerhalb von 3 Wochen nach Zugang der Kündigung Klage beim Arbeitsgericht erheben **(Kündigungsschutzklage).**

232 Wer genießt besonderen Kündigungsschutz?

**Besonderen Kündigungsschutz** genießen

- Betriebsratsmitglieder und Jugendvertreter: Ihnen kann während ihrer Amtszeit nicht gekündigt werden, es sei denn, es liegt ein wichtiger Grund vor (Kündigungsschutzgesetz);
- werdende Mütter: Ihnen darf während der Schwangerschaft und vier Monate nach der Geburt nicht gekündigt werden (Mutterschutzgesetz);
- Schwerbehinderte: Sie dürfen nur mit Zustimmung des Integrationsamtes entlassen werden (Sozialgesetzbuch IX);
- langjährig beschäftigte Angestellte und Arbeiter: Die Kündigungsfrist ist nach der Beschäftigungsdauer gestaffelt (lt. BGB).

233 Welche Kündigungsfristen gibt es für langjährig beschäftigte Angestellte?

Für eine Kündigung durch den Arbeitgeber beträgt die Kündigungsfrist, und zwar jeweils zum Monatsende, für folgende Beschäftigungsdauer im Unternehmen:

- 2 Jahre: 1 Monat,
- 5 Jahre: 2 Monate,
- 8 Jahre: 3 Monate,
- 10 Jahre: 4 Monate,
- 12 Jahre: 5 Monate,
- 15 Jahre: 6 Monate,
- 20 Jahre: 7 Monate.

Bei der Berechnung der Beschäftigungsdauer werden Zeiten, die vor Vollendung des 25. Lebensjahres des Arbeitnehmers liegen, nicht berücksichtigt.

234 Nennen Sie wichtige Bestimmungen des Jugendarbeitsschutzgesetzes!

Das **Jugendarbeitsschutzgesetz,** das für alle Beschäftigten unter 18 Jahren gilt, beinhaltet z. B.

- das Verbot der Beschäftigung von Kindern (Personen unter 15 Jahren),
- das Beschäftigungsverbot für die Zeit zwischen 20:00 und 06:00 Uhr (Ausnahmeregelung für Jugendliche über 16 Jahre in Gastwirtschaften, Bäckereien usw.),
- das grundsätzliche Verbot der Samstags-, Sonn- und Feiertagsarbeit (Ausnahmen: Einzelhandel, Gaststätten usw.),
- die Fünf-Tage-Woche,
- die Arbeitszeit (i. d. R. nicht mehr als 8 Stunden täglich und 40 Stunden wöchentlich),
- Freistellung für die Teilnahme am Berufsschulunterricht,
- die Urlaubsregelung (z. B. mindestens 30 Werktage, wenn der Jugendliche zu Beginn des Kalenderjahres noch nicht 16 Jahre alt ist; mindestens 27 Werktage, wenn er noch nicht 17 Jahre alt ist; mindestens 25 Werktage, wenn er noch nicht 18 Jahre alt ist),
- die Pausenregelung (im Voraus feststehende Ruhepausen von angemessener Dauer müssen gewährt werden); die Ruhepausen müssen mindestens betragen 30 Minuten bei einer Arbeitszeit von mehr als viereinhalb sowie 60 Minuten bei einer Arbeitszeit von mehr als 6 Stunden,
- das Verbot der Akkord- und Fließbandarbeit.

235 Nennen Sie wichtige Bestimmungen des Mutterschutzgesetzes!

Das **Mutterschutzgesetz** regelt z. B.

- das Beschäftigungsverbot für die Zeit von 6 Wochen vor bis 8 Wochen nach der Niederkunft (Schutzfrist);
- den Kündigungsschutz, der für die Zeit während der Schwangerschaft und für 4 Monate danach gilt;
- das Verbot schwerer körperlicher Arbeiten, der Akkord- und Fließarbeit für werdende Mütter;
- das Verbot der Mehrarbeit, der Nachtarbeit und der Sonn- und Feiertagsarbeit für werdende und stillende Mütter.

236 Nennen Sie wichtige Bestimmungen des Bundeserziehungsgeldgesetzes!

Das **Bundeserziehungsgeldgesetz** regelt z. B.

- Berechtigte für Erziehungsgeld: Anspruch auf Erziehungsgeld hat, wer mit einem Kind in einem Haushalt lebt und es selbst betreut;
- Beginn und Ende des Anspruchs: Für Kinder wird Erziehungsgeld vom Tag der Geburt bis höchstens zur Vollendung des 24. Lebensmonats gewährt;
- Höhe des Erziehungsgeldes: Es beträgt grundsätzlich für längstens bis zur Vollendung des 12. Lebensmonats 450,00 EUR monatlich bzw. bis zum 24. Lebensmonat 300,00 EUR monatlich;

- Elternzeit: Sie besteht bis zum Ende des 3. Lebensjahres und kann von einem Elternteil allein oder von beiden gemeinsam genommen werden (anteilig);
- den Kündigungsschutz, grundsätzlich darf der Arbeitgeber das Arbeitsverhältnis während der Elternzeit nicht kündigen.

237 Nennen Sie wichtige Bestimmungen des Bundesurlaubsgesetzes!

Das **Bundesurlaubsgesetz** regelt z. B.

- den Urlaubsanspruch: Jeder Arbeitnehmer hat in jedem Kalenderjahr Anspruch auf bezahlten Erholungsurlaub;
- die Urlaubsdauer: Der Urlaub beträgt jährlich mindestens 24 Werktage (Werktage sind alle Kalendertage, die nicht Sonntage oder gesetzliche Feiertage sind);
- die Wartezeit: Der volle Urlaubsanspruch wird erstmalig nach sechsmonatigem Bestehen des Arbeitsverhältnisses erworben.

238 Nennen Sie wichtige Bestimmungen des Arbeitszeitgesetzes!

Das **Arbeitszeitgesetz** regelt z. B.

- die regelmäßige Arbeitszeit: Sie beträgt werktäglich höchstens 8 Stunden;
- die verlängerte Arbeitszeit: Sie beträgt unter bestimmten Voraussetzungen höchstens 10 Stunden werktäglich. Das Gewerbeaufsichtsamt kann in dringenden Fällen darüber hinaus eine befristete Regelung der Arbeitszeit zulassen;
- Mehrarbeitsvergütung (Zuschläge für Überstunden).

239 Nennen Sie wichtige Bestimmungen des Entgeltfortzahlungsgesetzes!

Das **Entgeltfortzahlungsgesetz** regelt z. B.

- die Entgeltfortzahlung (Lohnfortzahlung): Der Arbeitgeber muss einem infolge Krankheit arbeitsunfähigen Arbeiter bis zu 6 Wochen 100 % des Arbeitsentgeltes weiterzahlen (danach tritt die gesetzliche Sozialversicherung ein);
- die Anzeige- und Nachweispflicht: Der Arbeiter ist verpflichtet, dem Arbeitgeber die Arbeitsunfähigkeit und deren voraussichtliche Dauer unverzüglich anzuzeigen. Nach Ablauf des dritten Kalendertages ab Beginn der Arbeitsunfähigkeit muss der Arbeiter eine ärztliche Bescheinigung vorlegen;
- das Leistungsverweigerungsrecht: Der Arbeitgeber kann die Lohnfortzahlung verweigern, solange der Arbeiter die ärztliche Bescheinigung nicht vorlegt.

240 Nennen Sie wichtige Bestimmungen des Arbeitsförderungsrechts!

Das **Arbeitsförderungsrecht** (Buch III des Sozialgesetzbuches) regelt z. B.

- Aufgaben der Arbeitsförderung: Beratung der Ausbildungs- und Arbeitssuchenden, Besetzung offener Stellen, Maßnahmen zur Vermeidung bzw. Verkürzung der Arbeitslosigkeit wie z. B. berufliche Weiterbildung, berufliche Eingliederung von Behinderten, Gewährung von Mobilitätshilfen;

- Träger der Arbeitsförderung: Bundesanstalt für Arbeit;
- Voraussetzungen, Dauer und Höhe des Anspruchs auf Arbeitslosengeld, Kurzarbeitergeld, Wintergeld, Insolvenzgeld;
- Übernahme der Beiträge zur Renten-, Kranken- und Pflegeversicherung für Arbeitslose.

241 Nennen Sie wichtige Bestimmungen des Bundesausbildungsförderungsgesetzes!

Wichtige Bestimmungen des **Bundesausbildungsförderungsgesetzes** (BAföG) sind:

- ein Anspruch auf Ausbildungsförderung besteht, wenn dem Auszubildenden die erforderlichen Mittel für seinen Lebensunterhalt und seine Ausbildung fehlen;
- gefördert wird z.B. der Besuch von weiterführenden allgemein bildenden Schulen, Abendschulen, Berufsfachschulen, Fachschulen und Hochschulen;
- Schüler erhalten den Förderungsbetrag als Zuschuss (wird nicht zurückgezahlt), Studierende erhalten den Betrag zu 50% als Zuschuss und den Rest als zinsloses Darlehen;
- die Förderungsausgaben tragen der Bund und die Länder gemeinsam.

242 Welches Ziel hat das Aufstiegsfortbildungsförderungsgesetz?

Ziel des **Aufstiegsfortbildungsförderungsgesetzes** ist es, Teilnehmerinnen und Teilnehmer an Maßnahmen der beruflichen Aufstiegsfortbildung durch Beiträge zu den Kosten der Maßnahmen und zum Lebensunterhalt finanziell zu unterstützen.

Leistungen zum Lebensunterhalt werden gewährt, soweit die dafür erforderlichen Mittel anderweitig nicht zur Verfügung stehen.

243 Nennen Sie wichtige Bestimmungen des Arbeitssicherheitsgesetzes!

Nach dem Gesetz über Betriebsärzte, Sicherheitsingenieure und andere Fachkräfte für Arbeitssicherheit **(Arbeitssicherheitsgesetz)** hat der Arbeitgeber Betriebsärzte und Fachkräfte für Arbeitssicherheit zu bestellen, die ihn beim Arbeitsschutz und bei der Unfallverhütung unterstützen sollen.

Damit soll erreicht werden, dass

- die dem Arbeitsschutz dienenden Vorschriften (z.B. Betriebsverfassungsgesetz, Gewerbeordnung, Jugendarbeitsschutzgesetz, Mutterschutzgesetz, Arbeitsstättenverordnung, Arbeitszeitordnung) und
- die der Unfallverhütung dienenden Vorschriften (Unfallverhütungsvorschriften der Berufsgenossenschaften) den besonderen Betriebsverhältnissen entsprechend angewandt werden.

244 Was sind Sicherheitsbeauftragte?

Nach dem **Sozialgesetzbuch** (SGB VII) hat ein Unternehmen einen oder mehrere **Sicherheitsbeauftragte** zu bestellen, die den Unternehmer in Zusammenarbeit mit den sonstigen für den Arbeitsschutz verantwortlichen Personen (nach dem Arbeitssicherheitsgesetz) bezüglich der Verhütung von Arbeitsunfällen und Berufskrankheiten unterstützen.

245 Nennen Sie wesentliche Bestimmungen der Arbeitsstättenverordnung!

Die **Arbeitsstättenverordnung** ist für Arbeitgeber, Betriebsräte und Sicherheitsfachkräfte eine wichtige Grundlage für die Einrichtung und den Betrieb von Arbeitsstätten; sie dient damit dem Schutz der Arbeitnehmer.

Für die Arbeitsstätten (z.B. Arbeitsräume, Pausenräume, Umkleideräume, Waschräume, Verkaufsstände im Freien) sind z.B. geregelt:

- Lüftung;
- Raumtemperaturen;
- Beleuchtung;
- Schutz gegen Brände, Gase, Lärm;
- Reinhaltung der Arbeitsstätten;
- Flucht- und Rettungsplan.

## 3.4 Soziale Sicherung der Arbeitnehmer

246 Nennen Sie Ziele des Sozialrechts!

Das **Sozialrecht** (die zahlreichen gesetzlichen Bestimmungen sind in dem Sozialgesetzbuch zusammengefasst) strebt folgende Ziele an:

- Schutz vor den wirtschaftlichen Folgen von Krankheit, Arbeitsunfähigkeit, Arbeitsunfällen und Arbeitslosigkeit;
- Bildungs- und Arbeitsförderung;
- Unterstützung von sozial Schwachen (z.B. Wohngeld und Sozialhilfe).

247 Zählen Sie die Zweige der Sozialversicherung auf (Überblick)!

Zur gesetzlichen **Sozialversicherung** zählen:

- Krankenversicherung (Entstehung 1883),
- allgemeine Rentenversicherung (ursprünglich für Arbeiter 1889 und für Angestellte 1911);
- Unfallversicherung (1884);
- Arbeitslosenversicherung (1927);
- Pflegeversicherung[1] (1995).

248 Wer ist sozialversicherungspflichtig?

**Sozialversicherungspflichtig** sind in der

- **gesetzlichen Rentenversicherung:** Arbeiter, Auszubildende sowie Angestellte ohne Rücksicht auf die Einkommenshöhe (die Beitragsbemessungsgrenze beträgt 2005 monatlich 5 200,00 EUR).[2] Jeder Versicherte erhält einen Sozialversicherungsausweis, und zwar von den Trägern der gesetzlichen Rentenversicherung;

1 Durch die Pflegeversicherung werden Pflegebedürftige und deren pflegende Angehörigen sozial abgesichert; der Beitrag beträgt 1,7 % vom Bruttoverdienst, höchstens von der Beitragsbemessungsgrenze der gesetzlichen Krankenversicherung. Innerhalb bestimmter Höchstgrenzen werden Leistungen bei häuslicher und bei stationärer Pflege gezahlt.

2 Die Beitragsbemessungsgrenze in den neuen Bundesländern für 2005 beträgt 4 400,00 EUR.

- **gesetzlichen Krankenversicherung:** alle Arbeiter, Auszubildende und Rentenempfänger sowie Angestellte bis zu einem Einkommen in Höhe der Versicherungspflichtgrenze (die Versicherungspflichtgrenze entspricht der Jahresarbeitsentgeltgrenze, die 46 800,00 EUR im Jahr 2005 beträgt); die Beitragsbemessungsgrenze beträgt 2005 monatlich 3 525,00 EUR; die Mitgliedschaft beginnt mit der Aufnahme der Beschäftigung;
- **Pflegeversicherung:** alle Versicherten in der gesetzlichen Krankenversicherung (die Beitragsbemessungsgrenze für 2005 beträgt monatlich 3 525,00 EUR);
- **gesetzlichen Unfallversicherung:** alle Arbeitnehmer und Auszubildende ohne Rücksicht auf Einkommen oder Beschäftigungsdauer (ausgenommen Beamte und Selbstständige);
- **Arbeitslosenversicherung:** alle Arbeitnehmer (bis zur Vollendung des 65. Lebensjahres) und Auszubildende (ausgenommen Beamte und Selbstständige).

249 Was versteht man unter der Beitragsbemessungsgrenze?

Die Beiträge für die Renten-, Kranken-, Pflege- und Arbeitslosenversicherung werden bei den Pflichtversicherten als Prozentsatz vom Bruttoverdienst berechnet.

Ab einer bestimmten Höhe des Arbeitsverdienstes steigt der Beitrag nicht weiter an; diese Einkommensgrenze bezeichnet man als **Beitragsbemessungsgrenze.** Die Beitragsbemessungsgrenze in der Rentenversicherung wird i. d. R. jährlich der allgemeinen Einkommensentwicklung angepasst.

250 Nennen Sie die Träger der Sozialversicherungen!

Die **Sozialversicherungsträger** sind für die

- Kranken- und Pflegeversicherung vor allem die Allgemeinen Ortskrankenkassen (AOK), die Ersatz-, Betriebs- und Knappschaftskrankenkassen;
- Rentenversicherung die Bundesträger Deutsche Rentenversicherung Bund bzw. Deutsche Rentenversicherung Knappschaft-Bahn-See und deren Regionalträger:[1]
- Unfallversicherung die Berufsgenossenschaften;
- Arbeitslosenversicherung die Bundesagentur für Arbeit in Nürnberg.

251 Welche Leistungen umfasst die Krankenversicherung?

Leistungen der **Krankenversicherung** sind:

- Krankenhilfe (ambulante und stationäre ärztliche Behandlung, Arznei- und Heilmittel, Krankenhausaufenthalt),
- Krankengeld (zeitlich begrenzt),
- Gesundheitsfürsorge (Vorsorgeuntersuchungen),
- Mutterschaftshilfe,
- Familienhilfe (für erkrankte Familienangehörige des Versicherten).

1 Diese Umbenennung der Rentenversicherungsträger gilt ab dem 1. Oktober 2005.



12 Groh/Schröer – ISBN 3-8120-0423-2

**252** Welche Leistungen umfasst die Rentenversicherung?

Leistungen der **Rentenversicherung** sind:
- Altersruhegeld (abhängig vom Lebensalter, der Wartezeit und von persönlichen Verhältnissen),
- Rente wegen Erwerbsminderung,
- Hinterbliebenenrente (als Witwen- oder Waisenrente),
- Heilbehandlung zur Verbesserung der Arbeits- bzw. Erwerbsfähigkeit,
- Berufsförderung (insbesondere Umschulung),
- soziale Betreuung.

**253** Was besagt die dynamische Rente?

Die **dynamische Rente** besagt, dass die laufenden Renten regelmäßig durch Zuschläge an die gesamtwirtschaftliche Entwicklung (entsprechend der allgemeinen Nettoeinkommensentwicklung) angepasst werden.

**254** Welche Leistungen umfasst die Unfallversicherung?

Leistungen der **Unfallversicherung** sind:
- Krankenhilfe bei Arbeitsunfällen, Arbeitswegeunfällen und Berufskrankheiten (Leistungen wie bei der Krankenversicherung),
- Verletztengeld,
- Unfall- bzw. Verletztenrente (als Voll- oder Teilrente),
- Berufshilfe (insbesondere Umschulung),
- Sterbegeld,
- Hinterbliebenenrente (als Witwen- oder Waisenrente),
- Aufwendungen zur Unfallverhütung.

**255** Welche Leistungen umfasst die Arbeitslosenversicherung?

Leistungen der **Arbeitslosenversicherung** sind:
- Arbeitslosengeld I, Arbeitslose mit Kindern erhalten 67%, Arbeitslose ohne Kinder erhalten 60% des bisherigen Nettolohns, und zwar maximal 12 Monate (für über 55-Jährige maximal 18 Monate),[1]
- Kurzarbeitergeld und Winterausfallgeld,
- Beiträge zur Krankenversicherung,
- Arbeitsvermittlung und Berufsberatung,
- berufliche Fortbildung und Umschulung.

**256** Nennen Sie die Beitragshöhen der Sozialversicherungszweige!

Die an die Versicherungsträger zu zahlenden Beiträge betragen 2005 für die
- Rentenversicherung 19,5% vom Bruttoverdienst (jedoch höchstens von der Beitragsbemessungsgrenze der Rentenversicherung),
- Krankenversicherung zwischen 13 und 16% vom Bruttoverdienst (jedoch höchstens von der Beitragsbemessungsgrenze der Krankenversicherung),
- Pflegeversicherung 1,7% für Versicherte mit Kindern bzw. 1,95% für kinderlose Versicherte (über 23 Jahre) bis zur Beitragsbemessungsgrenze in der Krankenversicherung,
- Arbeitslosenversicherung 6,5% des Bruttoverdienstes (jedoch höchstens von der Beitragsbemessungsgrenze der Rentenversicherung).

1 Im Anschluss an das Arbeitslosengeld I erhalten Arbeitslose das Arbeitslosengeld II, welches auf dem Niveau der Sozialhilfe liegt.

Die Beiträge für die Unfallversicherung sind abhängig von der Gefahrenklasse und der Lohnsumme des Betriebes.

257 Wer zahlt die Beiträge zur Sozialversicherung?

Die Beiträge zur Kranken-, Pflege-[1], Renten- und Arbeitslosenversicherung tragen Arbeitnehmer und Arbeitgeber je zur Hälfte (bis zu einem Monatsgehalt von 325,00 EUR muss der Arbeitgeber die Sozialversicherungsbeiträge alleine tragen, z. B. für Auszubildende). Die Beiträge zur Unfallversicherung trägt der Arbeitgeber allein.

258 An welche Institutionen sind die Beiträge zur Sozialversicherung zu zahlen?

Die **Beiträge zur Sozialversicherung** für sozialversicherungspflichtige Arbeitnehmer werden vom Arbeitgeber an folgende Institutionen gezahlt:

- Krankenkasse (in dessen Bezirk der Geschäftssitz des Unternehmens liegt): Beiträge zur Kranken-, Renten- und Arbeitslosenversicherung;
- Berufsgenossenschaft: Beiträge zur Unfallversicherung.

Die Beiträge zur Renten- und Arbeitslosenversicherung (sowie die Kirchensteuer) werden an die entsprechenden Institutionen weitergeleitet. (Lohn- und Kirchensteuer sind an das Finanzamt zu zahlen, in dessen Bezirk der Geschäftssitz des Unternehmens liegt.)

259 Welche Gerichte sind für das Sozialrecht zuständig?

Ansprüche aus der Sozialversicherung werden zunächst bei den Sozialversicherungsträgern erhoben. Nach einem ablehnenden Bescheid ist das **Sozialgericht** für die Klage zuständig. Berufungsinstanz für dessen Urteil ist das Landessozialgericht, Revisionsinstanz ist das Bundessozialgericht (in Kassel).

## 3.5 Mitwirkung und Mitbestimmung der Arbeitnehmer

260 Unterscheiden Sie Mitbestimmung und Mitwirkung!

**Mitbestimmung** bedeutet, dass betriebliche Entscheidungen nicht mehr ausschließlich von den Kapitaleignern, sondern gemeinsam mit Vertretern der Arbeitnehmerschaft getroffen werden.

Von **Mitwirkung** dagegen spricht man, wenn Unternehmensleitung und Arbeitnehmervertretung bei betrieblichen Entscheidungen zusammenarbeiten, die Unternehmensführung jedoch auch gegen den Willen der Arbeitnehmervertreter handeln kann. Die Arbeitnehmerseite hat also bei der Mitwirkung kein Stimmrecht wie bei der Mitbestimmung, sondern das Recht der Beratung, das Recht, Vorschläge zu unterbreiten und das Recht auf Information.

261 In welchen Gesetzen ist die Mitbestimmung geregelt?

Das Mitbestimmungsrecht ist vor allem geregelt in

- dem Betriebsverfassungsgesetz (BetrVG) von 1972,
- dem Montan-Mitbestimmungsgesetz von 1951 (Gesetz über die Mitbestimmung der Arbeitnehmer in den Aufsichtsräten und Vorständen der Unternehmen des Bergbaus und der Eisen und Stahl erzeugenden Industrie),

1 Für kinderlose Versicherte (über 23 Jahre) beträgt der Arbeitnehmeranteil 1,1 % und der Arbeitgeberanteil 0,85 %. In Sachsen beträgt der Arbeitnehmeranteil für Versicherte mit Kindern 1,35 % und der Arbeitgeberanteil 0,35 % bzw. für kinderlose Versicherte (über 23 Jahre) 1,6 % und 0,35 %.

- dem Ergänzungsgesetz zum Montan-Mitbestimmungsgesetz von 1956,
- dem Mitbestimmungsgesetz von 1976.

262 Welche Aufgabe hat das Betriebsverfassungsgesetz?

Das **Betriebsverfassungsgesetz** regelt die Beziehungen zwischen Arbeitgeber und Belegschaft. Es enthält im Einzelnen Bestimmungen über den Betriebsrat, die Betriebsversammlung, die Jugend- und Auszubildendenvertretung und die Mitwirkung und Mitbestimmung der Arbeitnehmer.

Arbeitgeber und Betriebsrat arbeiten unter Beachtung der geltenden Tarifverträge vertrauensvoll zum Wohl der Arbeitnehmer zusammen.

263 Was versteht man unter dem Betriebsrat?

Der **Betriebsrat** ist die gewählte Vertretung der Arbeitnehmer eines Betriebes. Er nimmt die Interessen der Arbeitnehmer gegenüber dem Arbeitgeber wahr.

In Betrieben mit mindestens fünf ständigen wahlberechtigten Arbeitnehmern (Arbeitnehmer über 18 Jahre), von denen drei wählbar sind (Arbeitnehmer über 18 Jahre, die dem Betrieb mindestens sechs Monate angehören), werden Betriebsräte geheim und unmittelbar gewählt. (Der Betriebsrat wird auf Verlangen der Arbeitnehmer eingerichtet.) Die Amtszeit des Betriebsrates beträgt vier Jahre. Die Zahl der Betriebsratsmitglieder ist abhängig von der Zahl der wahlberechtigten Arbeitnehmer.

264 Welche Aufgaben hat der Betriebsrat?

Der **Betriebsrat** hat vor allem folgende allgemeine Aufgaben:

- Überwachung der Einhaltung von Gesetzen, die zugunsten der Arbeitnehmer gelten, z. B. Unfallverhütungsvorschriften, Tarifverträge und Betriebsvereinbarungen;
- Beantragung von Maßnahmen beim Arbeitgeber, die der Belegschaft dienen;
- Durchsetzung der Gleichstellung von Männern und Frauen;
- Förderung der Eingliederung Schwerbehinderter;
- Förderung der Beschäftigung älterer Arbeitnehmer;
- Förderung der Eingliederung ausländischer Arbeitnehmer.

265 Welche Mitbestimmungsrechte hat der Betriebsrat nach dem Betriebsverfassungsgesetz?

**Mitbestimmungs- bzw. Mitwirkungsrechte** hat der **Betriebsrat**

- im **sozialen Bereich,** z. B. Fragen der Entlohnung, Fragen der Ordnung im Betrieb, Beginn und Ende der täglichen Arbeitszeit einschließlich der Pausen sowie Verteilung der Arbeitszeit auf die einzelnen Wochentage, vorübergehende Verkürzung oder Verlängerung der betriebsüblichen Arbeitszeit, Aufstellung allgemeiner Urlaubsgrundsätze, Einführung von technischen Einrichtungen zur Überwachung der Arbeitnehmer, Grundsätze über das betriebliche Vorschlagswesen;
- im **personellen Bereich,** z. B. Einstellungen, Versetzungen, Kündigungen;

- im **wirtschaftlichen Bereich,** z.B. Rationalisierungsvorhaben, Einführung neuer Arbeitsmethoden, betriebliche Erweiterungen, Einschränkung oder Stilllegung von Betrieben oder Betriebsteilen.

In sozialen und personellen Angelegenheiten hat der Betriebsrat überwiegend das Recht auf Mitbestimmung, d.h., die Maßnahmen werden grundsätzlich erst mit Zustimmung des Betriebsrates wirksam (Einigungsstelle bzw. Arbeitsgericht können die Zustimmung ersetzen).

Im wirtschaftlichen Bereich hat der Betriebsrat nur Mitwirkungsrechte; diese werden wahrgenommen über den so genannten Wirtschaftsausschuss, der in Betrieben mit mehr als 100 Beschäftigten zu bilden ist.

266 Welche Rechte hat der Betriebsrat in Fragen der Entlohnung?

Der **Betriebsrat** hat nach dem Betriebsverfassungsgesetz, soweit eine gesetzliche oder tarifliche Regelung nicht besteht, das Recht auf Mitbestimmung

- bei der Festlegung der Auszahlungsart der Arbeitsentgelte,
- in Fragen der betrieblichen Lohngestaltung (insbesondere bei der Aufstellung von Entlohnungsgrundsätzen und Einführung von neuen Entlohnungsmethoden),
- bei der Festsetzung der Akkord- und Prämiensätze (einschließlich der Vorgabezeiten).

267 Welche Rechte hat der Betriebsrat im Personalbereich?

Nach dem Betriebsverfassungsgesetz hat der **Betriebsrat** in personellen Angelegenheiten folgende Mitwirkungs- bzw. Mitbestimmungsrechte:

- er muss vom Arbeitgeber über alle Maßnahmen der Personalplanung unterrichtet werden;
- er kann bei Stellenbesetzungen innerbetriebliche Stellenausschreibungen verlangen;
- er muss Richtlinien über die personelle Auswahl bei Einstellungen, Versetzungen, Umgruppierungen und Kündigungen zustimmen;
- er bestimmt mit bei Maßnahmen der betrieblichen Berufsbildung, bei der Aufstellung von Personalfragebogen und allgemeinen Beurteilungsgrundsätzen;
- er muss i.d.R. zustimmen bei Einstellungen, Eingruppierungen, Umgruppierungen und Versetzungen;
- er muss vor jeder Kündigung gehört werden (ohne Anhörung ist die Kündigung unwirksam);
- er muss der außerordentlichen Kündigung von Betriebsratsmitgliedern und von Mitgliedern der Jugend- und Auszubildendenvertretung zustimmen.

Bei Meinungsverschiedenheiten zwischen Arbeitgeber und Betriebsrat ersetzt die **Einigungsstelle** (die Mitglieder werden je zur Hälfte von Arbeitgeber und Betriebsrat bestimmt; Vorsitzender ist ein unparteiischer Dritter) die Einigung und das Arbeitsgericht die Zustimmung.

268 Welche Rechte hat der Arbeitnehmer nach dem Betriebsverfassungsgesetz?

Der Arbeitnehmer hat folgende Rechte:

- Anhörungsrecht, der Arbeitnehmer hat das Recht, in betrieblichen Angelegenheiten, die seine Person betreffen, gehört zu werden;
- Recht auf Einsicht in die über ihn geführten Personalakten;
- Recht auf Beschwerde bei Benachteiligungen oder bei ungerechter Behandlung.

269 Was ist die Betriebsversammlung?

Die **Betriebsversammlung** besteht aus den Arbeitnehmern des Betriebes.

Der Betriebsrat beruft einmal in jedem Kalendervierteljahr die Betriebsversammlung ein und erstattet ihr einen Tätigkeitsbericht.

Der Arbeitgeber ist zur Betriebsversammlung einzuladen; er ist berechtigt, in der Versammlung zu sprechen.

270 Was ist die Jugend- und Auszubildendenvertretung?

In Betrieben mit in der Regel mindestens fünf Arbeitnehmern, die das 18. Lebensjahr noch nicht vollendet haben (jugendliche Arbeitnehmer) oder die zu ihrer Berufsausbildung beschäftigt sind und das 25. Lebensjahr noch nicht vollendet haben, werden **Jugend- und Auszubildendenvertretungen** gewählt. Wählbar sind alle Arbeitnehmer des Betriebs, die das 25. Lebensjahr noch nicht vollendet haben. Die Amtszeit der Jugendvertretung beträgt zwei Jahre. Mitglieder des Betriebsrats können nicht zu Jugendvertretern gewählt werden.

Die Jugend- und Auszubildendenvertretung hat vor allem folgende Aufgaben:

- Beantragung von Maßnahmen beim Betriebsrat, die den jugendlichen Arbeitnehmern dienen, z. B. Fragen der Berufsbildung;
- Überwachung und Einhaltung von Gesetzen, die zugunsten der jugendlichen Arbeitnehmer gelten.

271 Wie ist die Mitbestimmung im Aufsichtsrat geregelt?

Bei der Mitbestimmung im Aufsichtsrat und Vorstand von Unternehmen sind drei Fälle zu unterscheiden:

- Mitbestimmung in Betrieben der Montanindustrie (Kohle, Eisen und Stahl) mit mehr als 1 000 Arbeitnehmern **(Montan-Mitbestimmungsgesetz),**
- Mitbestimmung in Kapitalgesellschaften mit mehr als 2 000 Beschäftigten **(Mitbestimmungsgesetz von 1976),**
- Mitbestimmung in Form der Drittelparität **(Gesetz über die Drittelbeteiligung der Arbeitnehmer im Aufsichtsrat).**

272 Welche Mitbestimmungsvorschriften gelten für die Montanindustrie?

Der Aufsichtsrat in Betrieben der **Montanindustrie** mit der Rechtsform einer AG oder einer GmbH setzt sich aus der gleichen Anzahl von Anteilseignern und Arbeitnehmern und einem weiteren (neutralen) Mitglied zusammen **(paritätische Mitbestimmung).**

Die Zahl der Aufsichtsratsmitglieder beträgt im Normalfall 11, kann aber je nach Höhe des Grundkapitals bei 15 oder 21 liegen.

Die Vertreter der Anteilseigner (Kapitalvertreter) werden von der Hauptversammlung gewählt. Der Betriebsrat und die Gewerkschaften bestimmen die Arbeitnehmervertreter. Das neutrale Mitglied wird auf Vorschlag der übrigen Aufsichtsratsmitglieder benannt.

Dem Vorstand muss für soziale und personelle Belange ein **Arbeitsdirektor** als Vertreter der Arbeitnehmer ständig angehören.

**273** Welche Mitbestimmungsvorschriften gelten für Kapitalgesellschaften mit mehr als 2000 Beschäftigten?

Dem Aufsichtsrat von **Kapitalgesellschaften** mit mehr als 2000 Beschäftigten (ausgenommen sind Unternehmen der Montanindustrie) gehören je nach Arbeitnehmerzahl 12, 16 oder 20 Mitglieder an. Anteilseigner und Arbeitnehmer haben die gleiche Zahl von Sitzen.

Die Vertreter der Anteilseigner werden von der Hauptversammlung gewählt. Die Belegschaft (oder Delegierte) wählt die Arbeitnehmervertreter; diesen müssen eine bestimmte Anzahl von Arbeitnehmern des Unternehmens, eine bestimmte Anzahl von Gewerkschaftsvertretern und ein leitender Angestellter angehören.

Der Vorsitzende und sein Stellvertreter werden vom Aufsichtsrat mit Zweidrittelmehrheit gewählt. Kommt diese Mehrheit nicht zustande, wählen die Anteilseigner den Vorsitzenden und die Arbeitnehmer den Stellvertreter.

Ergibt eine Abstimmung im Aufsichtsrat Stimmengleichheit, so hat bei einer erneuten Abstimmung, wenn auch sie Stimmengleichheit ergibt, der Aufsichtsratsvorsitzende zwei Stimmen.

Als gleichberechtigtes Mitglied des zur gesetzlichen Vertretung des Unternehmens befugten Organs (z.B. Vorstand einer AG, Geschäftsführung einer GmbH) wird ein Arbeitsdirektor bestellt.

**274** Erklären Sie die Mitbestimmung nach dem Drittelbeteiligungsgesetz!

Nach dem **Drittelbeteiligungsgesetz** gibt es ein Mitbestimmungsrecht der Arbeitnehmer im Aufsichtsrat von Unternehmen mit mehr als 500 Arbeitnehmern,[1] und zwar insbesondere für

- Aktiengesellschaften,
- Kommanditgesellschaften auf Aktien,
- Gesellschaften mit beschränkter Haftung.

Der Aufsichtsrat dieser Unternehmen muss zu einem Drittel aus Arbeitnehmervertretern bestehen (Drittelparität).

Die Aufsichtsratsmitglieder der Arbeitnehmer werden von den Arbeitnehmern, die das 18. Lebensjahr vollendet haben, gewählt (die Vertreter der Anteilseigner werden von der Hauptversammlung gewählt).

1 Für Unternehmen mit mehr als 2000 Arbeitnehmern gilt das Mitbestimmungsgesetz von 1976.

# 4 Zahlungsverkehr

## 4.1 Arten und Funktionen des Geldes

275 Welche Geldarten werden unterschieden?

Man unterscheidet folgende **Geldarten:**

1. Metallgeld (Münzen),
   - Kurantmünzen, d.h. vollwertig geprägte Münzen (Nennwert gleich Materialwert),
   - Scheidemünzen, d.h. unterwertig geprägte Münzen (Nennwert größer als Materialwert);
2. Papiergeld (Banknoten);
3. Buchgeld (Giralgeld), d.h. Einlagen auf Giro- und Kontokorrentkonten.

276 Welche Aufgaben hat das Geld?

Das **Geld** hat folgende Aufgaben (Funktionen), es ist:

- Tausch- und Zahlungsmittel, d.h. Tausch von Gütern gegen Geld;
- Wertmesser, d.h., Güter werden durch ihren Preis bewertet und damit vergleichbar;
- Recheneinheit, d.h., ungleiche Güter können mit Hilfe ihrer Preise „addiert" werden, z.B. in einer Bilanz;
- Wertaufbewahrungsmittel, d.h. Sparen von Geld;
- Wertübertragungsmittel, d.h. Übertragung von Geld, z.B. bei einer Schenkung.

277 Unterscheiden Sie gesetzliche Zahlungsmittel und Zahlungsersatzmittel!

**Gesetzliches Zahlungsmittel** ist nur das Tauschmittel, das der Staat zu Geld erklärt hat (gesamtes Bargeld: Münzen und Papiergeld). Dieses Geld muss als Zahlungsmittel angenommen werden.

**Zahlungsersatzmittel** (Geldersatzmittel) erfüllen die Funktion des Geldes, eine Annahmepflicht besteht nicht (Buchgeld, Scheck, Wechsel).

## 4.2 Barzahlung

278 Was versteht man unter Barzahlung?

Bei der **Barzahlung** (zweiseitiges Bargeldgeschäft) erscheint beim Zahlenden (Käufer) und beim Zahlungsempfänger (Verkäufer) bares Geld. Keiner der Geschäftspartner hat ein Konto, das berührt wird.

Die Barzahlung spielt heute nur noch im Einzelhandel, d.h. bei Alltagsgeschäften, eine Rolle, da sie bei größeren Geldbeträgen zeitraubend, unbequem und vor allem risikoreich ist.

279 Welche Formen der Barzahlung unterscheidet man?

Die Barzahlung wird unterschieden in:

- **direkte Zahlung,** d. h., der Zahlende übergibt dem Zahlungsempfänger unmittelbar den zu zahlenden Betrag (üblich im Einzelhandelsgeschäft);
- **Minuten-Service Geldtransfer,** Bargeld wird von einem Ort zum anderen übermittelt (einen Höchstbetrag gibt es nicht); der Empfänger kann innerhalb Deutschlands den Betrag in Minutenschnelle in jeder größeren Filiale der Deutschen Post, außerhalb Deutschlands bei Agenturen des Vertragspartners Western Union entgegennehmen (beim Telefon-Banking kann der zu übermittelnde Betrag vom Postbankkonto abgebucht werden).

280 Welche Angaben enthält eine Quittung?

Bei der direkten Barzahlung wird die Zahlung oft durch eine **Quittung** bestätigt (beweiskräftige Urkunde). Die Quittung enthält üblicherweise folgende Angaben:

- Name des Zahlers,
- Grund der Zahlung,
- Betrag,
- Empfangsbestätigung,
- Ort und Datum,
- Unterschrift.

## 4.3 Halbbare Zahlung

281 Was ist halbbare Zahlung?

Von der **halbbaren Zahlung** (einseitiges Bargeldgeschäft) spricht man, wenn nur einer der beiden Geschäftspartner mit Bargeld in Berührung kommt; entweder hat der Zahler (Käufer) oder der Zahlungsempfänger (Verkäufer) ein Konto.

282 Welche Formen der halbbaren Zahlung unterscheidet man (Überblick)?

Die **halbbare Zahlung** wird unterschieden in:

- Nachnahme,
- Zahlschein (bei Banken und bei der Deutschen Postbank AG),
- Barscheck (bei den Banken und bei der Deutschen Postbank AG).

283 Beschreiben Sie die Nachnahme!

Die **Nachnahme** ist beim Briefdienst (Deutsche Post AG) und bei Paketdiensten (z. B. DHL, Hermes) möglich. Die Sendung (z. B. Brief, Paket) wird nur dann an den Empfänger ausgeliefert, wenn dieser sofort den Rechnungsbetrag und das Nachnahmeentgelt bezahlt. Der Rechnungsbetrag wird dem Zahlungsempfänger (Lieferant) anschließend überwiesen. Der Höchstbetrag für Nachnahmebriefe liegt bei 1 600,00 EUR und für Nachnahmepakete von DHL bei 3 500,00 EUR.

284 Beschreiben Sie den Zahlschein!

Der Zahlende zahlt mit dem **Zahlschein** den zu begleichenden Betrag bar bei der Bank bzw. bei der Postbank (und zwar am Postschalter) ein, der anschließend dem Konto des Zahlungsempfängers gutgeschrieben wird.

## 4.4 Bargeldlose Zahlung

285 | Was ist bargeldlose Zahlung?

Bei der **bargeldlosen Zahlung** (siehe auch moderne Zahlungssysteme, Seite 391 ff.) besitzen Zahler und Empfänger ein Konto. Keiner der Betroffenen kommt mit Bargeld in Berührung. Die Zahlung wird buchungsmäßig über die Konten abgewickelt (Buchgeld, Giralgeld).

Die unbare Zahlung ist bequem, billig, schnell und sicher.

286 | Welche Formen der bargeldlosen Zahlung unterscheidet man (Überblick)?

Die **bargeldlose Zahlung** kann erfolgen durch

- Überweisung (Bank- bzw. Postbanküberweisung),
- Verrechnungsscheck,
- Wechsel,
- Kreditkarte.

287 | Beschreiben Sie die Überweisung!

Bei der **Überweisung** müssen sowohl der Zahlende als auch der Zahlungsempfänger über ein Konto verfügen. Auf dem Konto des Schuldners erfolgt eine Lastschrift, auf dem Konto des Gläubigers eine Gutschrift. Der Zahler erhält in der Regel über jeden Zahlungsvorgang einen Kontoauszug und die Lastschriftanzeige; der Zahlungsempfänger erhält ebenfalls einen Kontoauszug und die Gutschriftanzeige.

Die Überweisung kann über die Bank (Banküberweisung) oder über die Postbank (Postbanküberweisung) vorgenommen werden.

288 | Unterscheiden Sie Bank- und Postbanküberweisung!

Voraussetzung für die **Banküberweisung** ist ein sog. laufendes Konto (Girokonto) der Geschäftspartner bei der gleichen Bank oder bei verschiedenen Banken.

Voraussetzung für die **Postbanküberweisung** ist ein Postbank Girokonto des Zahlenden bei einer der Postbank Niederlassungen der Bundesrepublik Deutschland.

289 | Beschreiben Sie die Sonderformen der Banküberweisung!

Um den differenzierten Wünschen ihrer Kunden gerecht zu werden, bietet die Bank (ähnlich wie die Postbank) folgende Möglichkeiten der **Überweisung** an:

1. **Dauerauftrag:** Für Zahlungen, die
   - regelmäßig wiederkehren,
   - in der Höhe stets gleich sind,
   - den gleichen Adressaten haben,

   gibt der Zahlungspflichtige seiner Bank einen einmaligen Überweisungsauftrag, der bis auf Widerruf regelmäßig ausgeführt wird (Beispiele: Miete, Beiträge an Verbände);
2. **Lastschriftverfahren** (Einzugsverfahren, Lastschrift-Einzugsverkehr): Für Zahlungen, die
   - regelmäßig wiederkehren,
   - in der Höhe schwanken,
   - den gleichen Adressaten haben,

erlaubt der Zahlungspflichtige (Schuldner) dem Zahlungsempfänger (Gläubiger), den Betrag entweder ohne vorherige Benachrichtigung von seinem Konto abzubuchen **(Einzugsermächtigungsverfahren),** oder er beauftragt seine Bank, die vom Zahlungsempfänger vorgelegten Lastschriften von seinem Konto abzubuchen **(Abbuchungsauftrag)** (Beispiele: Rechnungen für Strom, Gas, Wasser, Fernmelderechnung); irrtümlich eingezogene Beträge kann der Schuldner selbstverständlich vom Zahlungsempfänger zurückfordern;

3. **Eilüberweisung:** Die Bank des Zahlers sendet in dringenden Fällen die Gutschriftanzeige direkt an die Bank des Zahlungsempfängers;
4. **Blitzgiro:** In besonders dringenden Fällen erhält ein Kunde Bargeld von einer beliebigen Bank, wenn seine kontoführende Bank per Telefax die Zahlung anweist.

**290** Welche Angaben enthält der Kontoauszug?

Durch den **Kontoauszug** informiert das kontoführende Institut (Bank oder Postbank) den Kontoinhaber über

- Kontonummer,
- Datum des Kontoauszuges,
- Buchungstext (z. B. Lastschrift lt. Anlage),
- Wert (Wertdaten sind Grundlage für die Zinsberechnung),
- Tagesumsätze (Gutschrift = Haben; Lastschrift = Soll),
- verbuchte Umsätze (Summe der Lastschriften und Summe der Gutschriften),
- alter Kontostand (Soll oder Haben),
- neuer Kontostand (Soll oder Haben).

**291** Was versteht man unter dem Gironetz?

Zur Abwicklung des Zahlungsverkehrs (insbesondere des bargeldlosen Zahlungsverkehrs) haben sich gleichartige Banken zu **Gironetzen** zusammengeschlossen. Man unterscheidet den

- Giroverkehr der Sparkassen,
- Giroverkehr der Kreditbanken,
- Giroverkehr der Kreditgenossenschaften,
- Postbankzahlungsverkehr,
- Giroverkehr der Landeszentralbanken.

Der **Giroverkehr** wird innerhalb und auch zwischen den einzelnen Gironetzen abgewickelt. Die gegenseitige Verrechnung der Gutschriften und Lastschriften erfolgt über die Girozentralen bzw. die Landeszentralbanken.

**292** Beschreiben Sie die Kreditkarte!

Mit der **Kreditkarte** kann der Karteninhaber bei jedem Vertragspartner eines bestimmten Kreditkartensystems Rechnungen ohne Bargeld begleichen (z. B. VISA, EUROCARD, AMERICAN EXPRESS).

Der Karteninhaber erhält (i. d. R. monatlich) eine Abrechnung, die alle seine Zahlungen mit Kreditkarte im Abrechnungszeitraum enthält; die Summe der Zahlungen wird von seinem Konto abgebucht.

Die Kreditkarte erhalten nur kreditwürdige Personen (ab einem bestimmten Jahreseinkommen) gegen Entrichtung einer bestimmten Jahresgebühr.

## 4.5 Scheck

**293** Wie lautet die Definition des Schecks?

Der **Scheck** ist ein Wertpapier (Urkunde), in dem der Aussteller eine Bank bzw. eine Postbank Niederlassung anweist, aus seinem Guthaben eine bestimmte Geldsumme zu zahlen.

**294** Nennen Sie die gesetzlichen Bestandteile des Schecks!

Der Scheck **muss** enthalten:

- die Bezeichnung Scheck im Text der Urkunde;
- die unbedingte Anweisung, eine bestimmte Geldsumme zu zahlen (weichen der Betrag in Buchstaben und der Betrag in Ziffern voneinander ab, gilt der Betrag in Buchstaben);
- den Namen des Kreditinstituts, bei dem das Konto des Ausstellers geführt wird (Bezogener);
- die Angabe des Zahlungsortes;
- die Angabe des Tages und des Ortes der Ausstellung;
- die Unterschrift des Ausstellers.

**295** Welche Bedeutung haben die gesetzlichen und kaufmännischen Bestandteile des Schecks?

Das Scheckgesetz schreibt für den Scheckinhalt sechs Bestandteile zwingend vor **(gesetzliche Bestandteile).** Eine Urkunde, in der einer dieser Bestandteile fehlt, gilt grundsätzlich nicht als Scheck.

Daneben gibt es Bestandteile, die vom Gesetzgeber nicht vorgeschrieben sind, die jedoch den Scheckverkehr erleichtern **(kaufmännische Bestandteile),** z. B. Schecknummer, Kontonummer des Ausstellers, Bankleitzahl, Scheckempfänger, Überbringerklausel.

**296** Wie kann ein Scheck verwendet werden?

Einen als Zahlungsmittel erhaltenen Scheck kann man

- der Bank des Schuldners zur Auszahlung vorlegen,
- der eigenen Bank mit Hilfe eines Einziehungsauftrages zur Gutschrift einreichen,
- als Zahlungsmittel an einen Dritten weitergeben.

**297** Welche Arten des Schecks gibt es (Überblick)?

Man unterscheidet:

1. nach dem Scheckbezogenen,
   - Bankscheck,
   - Postbankscheck;

2. nach der Art der Einlösung,
   - Barscheck,
   - Verrechnungsscheck;
3. nach dem Scheckempfänger,
   - Inhaberscheck (Überbringerscheck),
   - Namensscheck (Orderscheck),
   - Rektascheck;
4. nach dem fehlenden Bestandteil,
   - Blankoscheck (z.B. fehlender Betrag).

**298** Was ist ein Barscheck?

Beim **Barscheck** darf nur das bezogene Kreditinstitut dem Überbringer des Schecks den Scheckbetrag auf Wunsch bar auszahlen.

**299** Was ist ein Verrechnungsscheck?

Beim **Verrechnungsscheck** muss der Scheckbetrag dem Konto des Einreichers gutgeschrieben werden, d.h., er wird nicht bar ausgezahlt.

Der Verrechnungsscheck entsteht durch den Vermerk „nur zur Verrechnung" auf der Vorderseite des Schecks. Eine Streichung dieses Vermerks gilt als nicht erfolgt, d.h., trotz der Streichung bleibt der Scheck ein Verrechnungsscheck. Jeder Barscheck kann zu einem Verrechnungsscheck gemacht werden.

**300** Was ist ein Inhaberscheck?

Der Scheck, der laut Gesetz ein Orderpapier ist – Orderpapiere müssen den Namen (Order) des Empfängers enthalten –, wird durch den Zusatz „oder Überbringer" (Überbringerklausel) zum **Inhaberscheck** (Überbringerscheck). Durch diese Klausel wird der Name des Scheckempfängers bedeutungslos.

Jeder Scheckinhaber kann die Barauszahlung bzw. Gutschrift des Scheckbetrages verlangen. Eine Streichung der Überbringerklausel betrachten die Banken als nicht erfolgt.

**301** Welche Bedeutung hat die Überbringerklausel?

Die von den Banken ausgegebenen Schecks enthalten alle die **Überbringerklausel** und sind somit Inhaberschecks. Für die Banken entfällt dadurch die Verpflichtung, die Personalien des Scheckvorlegers zu überprüfen. Sie übernehmen dementsprechend auch keine Haftung, wenn der Scheckbetrag an einen Unberechtigten ausgezahlt wird.

**302** Was ist ein Namensscheck?

Der **Namensscheck** (Orderscheck) enthält den Namen des Scheckempfängers (Order). Der Zusatz „oder Überbringer" fehlt. Deshalb kann dieser Scheck nur durch Indossament weitergegeben werden.

Vor allem beim Zahlungsverkehr der Banken untereinander und bei hohen Scheckbeträgen wird der Namensscheck verwendet.

303 **Was ist ein Rektascheck?**

Durch den Zusatz „nicht an Order" (negative Orderklausel) entsteht der **Rektascheck.** Die Weitergabe des Schecks soll dadurch verhindert werden.

304 **Was ist beim Postversand von Schecks zu beachten?**

Wenn Schecks per Post versendet werden (Postversand), ist Folgendes zu beachten:

- **Barschecks** sollten nicht versendet werden, da jeder, der in den Besitz des Schecks gelangt, sich den Scheckbetrag auszahlen lassen kann; eine Kontrolle durch die Bank findet nicht statt;
- **Verrechnungsschecks** sind sicherer als Barschecks, da der Scheckbetrag dem Konto des Einreichers gut geschrieben wird;
- Orderschecks sind sicherer als Verrechnungsschecks, da der Scheckbetrag nur an den ausdrücklich auf dem Scheck genannten Empfänger ausgezahlt werden darf; die Bank ist zur Kontrolle verpflichtet; die Sicherheit von Orderschecks ist auch bei der Übertragung durch **Indossamente** gewährleistet.

305 **Wie wird der Scheck weitergegeben?**

Der Inhaberscheck wird an einen Dritten formlos durch Einigung und Übergabe übertragen. Erfolgt die Weitergabe mit einem Übertragungsvermerk auf der Rückseite des Schecks (Indossament, Giro), so haftet neben dem Aussteller auch der Weitergebende für die Scheckeinlösung.

Der Namensscheck kann nur durch Indossament und Übergabe übertragen werden.

306 **Wann ist der Scheck zahlbar?**

Jeder Scheck ist bei Sicht (am Tage der Vorlegung) zahlbar, auch der vordatierte Scheck.

Beim vordatierten Scheck wird als Ausstellungsdatum ein späteres Datum eingesetzt. Die dadurch entstehende Zahlungsfrist erkennen die Banken nicht an.

307 **Welche Vorlegungsfristen gibt es?**

Die gesetzlichen **Vorlegungsfristen** betragen

- 8 Tage nach Ausstellung für in der Bundesrepublik Deutschland ausgestellte Schecks;
- 20 Tage nach Ausstellung für Schecks, bei denen Zahlungsort und Ausstellungsort sich in demselben Erdteil befinden (Mittelmeerländer zählen im Scheckverkehr zu Europa);
- 70 Tage nach Ausstellung für Schecks, bei denen sich Zahlungsort und Ausstellungsort in verschiedenen Erdteilen befinden.

Wird die Vorlegungsfrist überschritten, hat die Bank (Postbank Niederlassung) die Möglichkeit, die Einlösung zu verweigern.

308 Was bedeutet „Rückgriff mangels Zahlung"?

Wird der rechtzeitig vorgelegte Scheck nicht eingelöst, weil keine Deckung vorhanden ist (ungedeckter Scheck), kann der Inhaber gegen den Aussteller und u. U. gegen die Indossanten **Rückgriff** (Regress) nehmen. Die Nichteinlösung des Schecks wird durch die Bank mit dem Vermerk „vorgelegt und nicht eingelöst" bestätigt.

Im Rahmen seines Rückgriffsrechts kann der Scheckinhaber von dem Scheckverpflichteten Schecksumme, Zinsen, entstandene Kosten und eine gesetzlich begrenzte Provision verlangen.

Verweigert der Scheckverpflichtete die Zahlung, kann der Scheckinhaber seine Forderung gerichtlich eintreiben (Scheckklage).

309 Was ist beim Verlust eines Schecks bzw. einer Bankkarte zu beachten?

Beim Verlust eines Schecks bzw. einer Bankkarte ist die bezogene Bank unverzüglich zu benachrichtigen. Außerdem gilt:

- Beim Verlust eines Schecks sperrt die bezogene Bank den Scheck, d. h., der Scheck wird bei Vorlage nicht eingelöst.
- Beim Verlust einer Bankkarte (z. B. SparkassenCard) sperrt die bezogene Bank die Bankkarte, d. h., die Bank kontrolliert ab dem Zeitpunkt der Verlustmeldung alle mit der Bankkarte verbundenen Auszahlungen.

310 Welche Verwendungsmöglichkeiten bietet der Postbankscheck?

Der **Postbankscheck** bietet folgende Verwendungsmöglichkeiten:

- Ohne Angabe des Zahlungsempfängers kann die Barauszahlung des Scheckbetrages an jeden Vorleger unmittelbar durch eine Postbank Niederlassung bzw. eine Postfiliale erfolgen (Barscheck),
- der Postbankscheck kann als Verrechnungsscheck benutzt werden,
- der Postbankscheck kann als Zahlungsmittel weitergegeben werden.

## 4.6 Wechsel

311 Wie lautet die Definition des Wechsels?

Der **Wechsel** ist eine Urkunde, in der ein Gläubiger einen Schuldner auffordert, zu einem angegebenen Zeitpunkt eine bestimmte Summe an seine oder eine andere Person zu zahlen (gezogener Wechsel, Tratte).

**312** Beschreiben Sie das Wesen des Wechsels!

Der Erläuterung des **Wechsels** soll folgender Fall dienen: Der Einzelhändler E kauft von seinem Lieferanten L Waren und kann bei Fälligkeit des Rechnungsbetrages nicht zahlen (d.h., E hat eine Verbindlichkeit bei L). Andererseits hat der Einzelhändler aus Warenverkäufen eine Forderung an seinen Kunden K. E kann nun K auffordern, nicht an ihn selbst, sondern an den L zu zahlen. E stellt einen Wechsel aus.

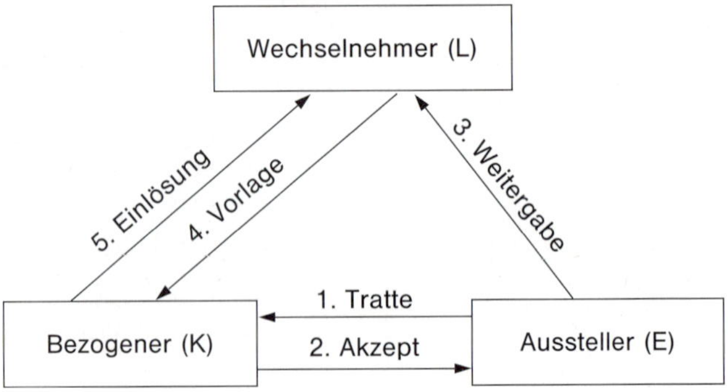


Der Aussteller (E) zieht einen Wechsel (Tratte) auf den Bezogenen (K). Der Bezogene kann den Wechsel annehmen (akzeptieren) und schickt den von ihm unterschriebenen Wechsel (Akzept) an den Aussteller zurück. Der Aussteller gibt den Wechsel weiter an den Wechselnehmer (L). Am Fälligkeitstag legt der Wechselnehmer den Wechsel dem Bezogenen vor und der Bezogene löst den Wechsel ein, indem er an den Wechselnehmer zahlt.

**313** Wie heißen die Wechselbeteiligten?

Für die Wechselbeteiligten gibt es folgende Begriffe:

- Wechselaussteller = Trassant,
- Bezogener = Trassat = Akzeptant,
- Wechselnehmer = Wechselempfänger = Remittent.

**314** Unterscheiden Sie den eigenen Wechsel und den Wechsel an eigene Order!

Der **eigene Wechsel** (Solawechsel) liegt vor, wenn der Aussteller verspricht, den Wechselbetrag zu einem angegebenen Zeitpunkt selbst zu bezahlen. Es handelt sich um ein Zahlungsversprechen (Aussteller = Bezogener).

Der **Wechsel an eigene Order** liegt vor, wenn der Aussteller den Bezogenen auffordert, an ihn selbst zu zahlen (Aussteller = Wechselnehmer).

**315** Welche Bedeutung haben die gesetzlichen und kaufmännischen Bestandteile des Wechsels?

Das Wechselgesetz schreibt für den Wechselinhalt acht Bestandteile zwingend vor **(gesetzliche Bestandteile).** Eine Urkunde, in der einer dieser Bestandteile fehlt, gilt grundsätzlich nicht als Wechsel.

Daneben gibt es Bestandteile, die vom Gesetzgeber nicht vorgeschrieben sind, jedoch den Wechselverkehr erleichtern **(kaufmännische Bestandteile),** z.B. Wechselnummer, Bankleitzahl, Wiederholung von Daten in Ziffern u.a.

| |  |  |
|---|---|---|
| 316 | Nennen Sie die gesetzlichen Bestandteile des Wechsels! | Der **Wechsel** muss enthalten:<br>● die Bezeichnung als Wechsel im Text der Urkunde;<br>● die unbedingte Anweisung, eine bestimmte Geldsumme zu zahlen;<br>● den Namen dessen, der zahlen soll (Bezogener);<br>● die Angabe der Verfallzeit;<br>● die Angabe des Zahlungsortes;<br>● den Namen dessen, an den oder an dessen Order gezahlt werden soll;<br>● die Angabe des Tages und des Ortes der Ausstellung;<br>● die Unterschrift des Ausstellers. |
| 317 | Unterscheiden Sie Besitz- und Schuldwechsel! | Für den Aussteller (bzw. den Wechselempfänger) ist der akzeptierte Wechsel ein **Besitzwechsel.**<br>Für den Bezogenen ist der akzeptierte Wechsel ein **Schuldwechsel.** |
| 318 | Unterscheiden Sie Waren- und Finanzwechsel! | Von einem **Warenwechsel** (Handelswechsel) spricht man, wenn der Wechselziehung ein Warengeschäft zugrunde liegt.<br>Von einem **Finanzwechsel** spricht man, wenn die Wechselziehung der Geldbeschaffung dient. |
| 319 | Was ist eine Rimesse? | Eine **Rimesse** ist ein als Zahlungsmittel weitergegebener Wechsel. |
| 320 | Wie kann ein Wechsel verwendet werden? | Der Wechselinhaber kann den Wechsel<br>● vor dem Verfalltag an eine Bank verkaufen (diskontieren),<br>● an einen Gläubiger weitergeben (indossieren),<br>● am Verfalltag dem Bezogenen vorlegen (präsentieren),<br>● am Verfalltag einer Bank zum Einzug geben (Inkasso). |
| 321 | Welche Bedeutung hat der Wechsel? | Der **Wechsel** ist<br>● Kreditmittel, d.h., der Lieferer räumt seinem Kunden ein Zahlungsziel ein oder der Wechsel wird (vor Fälligkeit) diskontiert;<br>● Zahlungsmittel, d.h., der Wechsel kann durch Weitergabe als Zahlungsmittel verwendet werden;<br>● Sicherungsmittel, d.h., durch die sog. **Wechselstrenge** (strenge Vorschriften hinsichtlich Haftung, Form, Fristen und Klageverfahren) gewährleistet der Wechsel mit hoher Wahrscheinlichkeit die Einlösung des Wechselbetrages.<br>Für die Einlösung des Wechsels haften alle Wechselverpflichteten, d.h. Aussteller, Bezogener und Indossanten. |

13 Groh/Schröer – ISBN 3-8120-0423-2

## Annahme und Weitergabe des Wechsels

**322** Was ist ein Akzept?

Unter **Akzept** versteht man

- den akzeptierten Wechsel oder
- die Annahmeerklärung selbst (Unterschrift).

Mit der (quergeschriebenen) Annahmeerklärung verpflichtet sich der Wechselbezogene unbedingt und unwiderruflich, am Verfalltag die Wechselsumme zu zahlen.

**323** Welche Akzeptarten gibt es?

Beim Wechsel unterscheidet man folgende Akzeptarten:

- **Vollakzept:** Es beinhaltet neben der Unterschrift des Bezogenen den Wechselbetrag, den Verfalltag sowie Ort und Datum;
- **Kurzakzept:** Es besteht nur aus der Unterschrift des Bezogenen;
- **Teilakzept:** Der Bezogene akzeptiert den angegebenen Betrag nicht in voller Höhe (z. B. wird aufgrund einer Mängelrüge ein Preisnachlass gefordert);
- **Blankoakzept:** Der Bezogene unterschreibt einen Wechsel, bei dem der Betrag oder der Verfalltag nicht angegeben ist und erst später eingesetzt wird (Vertrauenssache);
- **Avalakzept** (= Bürgschaftsakzept): Ein Bürge unterschreibt unter dem Akzept des Bezogenen mit dem Text „als Bürge angenommen" oder „per Aval" (findet Anwendung, wenn der Aussteller aus Sicherheitsgründen einen Bürgen wünscht).

**324** Welche Bedeutung hat das Avalakzept?

Beim Avalakzept haftet der Bürge dem Wechselinhaber (z. B. Aussteller, Wechselnehmer) wie der Bezogene selbst. Es handelt sich beim Bürgschaftsakzept stets um eine selbstschuldnerische Bürgschaft.

**325** Wie wird ein Wechsel weitergegeben?

Zur Weitergabe des Wechsels an einen Dritten ist die schriftliche Übertragungserklärung **(Indossament)** des Weitergebenden (Indossant bzw. Girant) an den Empfänger (Indossatar bzw. Girat) auf der Rückseite des Wechsels erforderlich. Diesen Vorgang nennt man indossieren bzw. girieren.

**326** Welche Funktionen erfüllt das Indossament?

Das **Indossament** hat folgende Aufgaben:

- Transportfunktion, d. h., durch das Indossament gehen das Eigentum und alle Rechte aus dem Wechsel an den Wechselnehmer über;
- Garantiefunktion, d. h., der Indossant garantiert (haftet) mit seiner Unterschrift dem Wechselnehmer für die Annahme und Einlösung des Wechsels;
- Legitimationsfunktion, d. h., das Indossament weist den Wechselinhaber als rechtmäßigen Wechseleigentümer aus.

327 **Welche Arten des Indossaments gibt es?**

Man unterscheidet folgende Arten des Indossaments:

- **Vollindossament:** Es beinhaltet den Namen des Empfängers und die Unterschrift des Weitergebenden (Wechselinhaber kann sich damit als Wechselberechtigter ausweisen);
- **Kurzindossament** (Blankoindossament): Es besteht nur aus der Unterschrift des Weitergebenden und wird verwendet, wenn noch nicht sicher ist, ob der Empfänger den Wechsel als Zahlungsmittel annimmt;
- **Rektaindossament:** Durch den Zusatz „nicht an Order" verbietet der Indossant die Weitergabe des Wechsels. Er haftet nicht, wenn der Wechsel trotzdem weitergegeben wird;
- **Inkassoindossament:** In Form des Vollmachts-, Prokura- oder Einziehungsindossaments berechtigt der Indossant den Indossatar zur Einziehung des Wechselbetrages (Zusatz z. B. „zum Inkasso").

## Diskontierung und Einlösung des Wechsels

328 **Wie erfolgt die Diskontierung?**

Wird ein Wechsel vor dem Verfalltag an eine Bank verkauft, spricht man von **Diskontierung.** Die Bank gewährt dem Wechselinhaber einen kurzfristigen Kredit, da sie selbst den Wechselbetrag erst am Verfalltag erhält. Sie berechnet deshalb Zinsen für diese vorzeitige Zahlung (Diskont) und zieht diese von der Wechselsumme (Nennwert) ab. Den Auszahlungsbetrag bezeichnet man als Barwert.

329 **Welche Bedeutung haben diskontierte Wechsel?**

Wenn Kreditinstitute Handelswechsel diskontiert haben, können sie diese Wechsel als Sicherheit (Pfand) für die Aufnahme eines Kredits bei der Deutschen Bundesbank benutzen.

330 **Unter welchen Bedingungen können Wechsel als notenbankfähiges Pfand verwendet werden?**

Ein Wechsel kann unter folgenden Bedingungen bei der Deutschen Bundesbank als Sicherheit verwendet werden **(notenbankfähiges Pfand),** er muss:

- ein Handelswechsel sein,
- die Unterschriften von zwei als zahlungsfähig bekannten Personen oder Firmen enthalten,
- eine Restlaufzeit bis zu 180 Tagen aufweisen,
- als Auslandswechsel drei Unterschriften aufweisen und auf Euro lauten.

331 **Wie erfolgt die Einlösung des Wechsels?**

Der Wechselinhaber bzw. das beauftragte Kreditinstitut muss den Wechsel am Verfalltag oder an einem der beiden folgenden Werktage dem Bezogenen oder der Zahlstelle (Bank) vorlegen.

Der Bezogene prüft

- die Wechselberechtigung des Vorlegers,
- die Indossamentenkette auf Vollständigkeit,
- die formale Ordnungsmäßigkeit des Wechsels.

Der Bezogene kann vom Inhaber gegen Zahlung die Aushändigung des quittierten Wechsels verlangen. Der Vorleger muss auch Teilzahlungen entgegennehmen.

332 Welche Folgen hat eine verspätete Wechselvorlage?

Wird die Vorlegefrist versäumt, verliert der Wechselinhaber seine Rechte gegen die Indossanten, den Aussteller und alle anderen Wechselverpflichteten mit Ausnahme des Bezogenen. Dessen Zahlungsverpflichtung verjährt in drei Jahren vom Verfalltag an gerechnet.

## Nichteinlösung des Wechsels

333 Was ist ein Not leidender Wechsel?

Ein Wechsel wird zum **Not leidenden Wechsel,** wenn

- ihn der Bezogene nicht akzeptiert (dies führt zum Protest mangels Annahme),
- ihn der Bezogene nicht oder nur teilweise einlöst (dies führt zum Protest mangels Zahlung),
- die Finanzlage des Bezogenen unsicher wird (dies führt zum Protest mangels Sicherheit).

Der Wechselinhaber kann in diesen Fällen Rückgriff nehmen oder Klage erheben (Wechselklage).

334 Was ist der Wechselprotest?

Der **Wechselprotest** ist die öffentliche Beurkundung, dass der Bezogene den zur rechten Zeit und am rechten Ort vorgelegten Wechsel nicht angenommen bzw. nicht oder nur teilweise bezahlt hat (Not leidender Wechsel).

Jeder Protest muss durch einen Notar oder einen Gerichtsbeamten aufgenommen werden.

**Protestversäumnis** (Protestfrist: 2 Werktage) führt zum Verlust des Rückgriffsrechts auf Aussteller und Indossanten (kein Rückgriff ohne Protest!).

335 Was ist Notifikation?

**Notifikation** bedeutet Benachrichtigung über eine Protesterhebung.

- Der Wechselinhaber muss seinen unmittelbaren Vormann und den Aussteller innerhalb von vier Werktagen benachrichtigen.
- Jeder Indossant muss innerhalb von zwei Werktagen nach Empfang der Notifikation seinen unmittelbaren Vormann benachrichtigen.

Mit der Notifikation wird ein möglicher Rückgriff angekündigt.

**336** Wie erfolgt der Rückgriff?

Dem Wechselinhaber haften alle Wechselverpflichteten (Aussteller, Indossanten, Bürgen). Der Wechselinhaber kann deshalb zur Befriedigung seines Anspruches jeden einzelnen oder mehrere oder alle Wechselverpflichteten in Anspruch nehmen (**Rückgriff,** Regress) unter der Voraussetzung, dass ordnungsgemäß Protest erhoben wurde.

**337** Was beinhaltet die Rückrechnung?

Der Rückgriffsberechtigte verlangt von dem in Anspruch genommenen Wechselverpflichteten seine Rückgriffsforderung als **Rückrechnung,** die sich zusammensetzt aus:

- Wechselbetrag,
- Protestkosten,
- Verzugszinsen ab Verfalltag,
- $\frac{1}{3}$ % Provision,
- Auslagen.

**338** Unterscheiden Sie Reihen- und Sprungregress!

Von **Reihenregress** (Reihenrückgriff) spricht man, wenn in der umgekehrten Reihenfolge der Indossamente ein Vormann nach dem anderen regresspflichtig gemacht wird.

Nimmt der Wechselinhaber auf einen beliebigen Wechselverpflichteten Rückgriff, ohne auf die Reihenfolge zu achten, so handelt es sich um einen **Sprungregress** (Sprungrückgriff).

**339** Was ist Prolongation?

Unter **Prolongation** versteht man die Verlängerung der Laufzeit eines Wechsels. Wechselprotest und Wechselklage werden dadurch vermieden. Der fällige Wechsel wird auf Wunsch des Bezogenen durch einen neuen mit einem späteren Verfalltag ersetzt.

**340** Wie verläuft die Wechselklage?

Gegen jeden Wechselverpflichteten kann wegen Nichteinlösung des Wechsels Klage erhoben werden (**Wechselklage,** Wechselprozess). Kläger ist oft der Aussteller, der nicht mehr zurückgreifen kann; Beklagter ist in diesem Fall der Bezogene.

Der Wechselprozess ist gekennzeichnet durch eine schnelle Abwicklung des Verfahrens infolge

- kurzer Einlassungsfristen,
- beschränkter Beweismittel,
- sofortiger Vollstreckbarkeit des rechtskräftigen Urteils.

# 5 Markt und Preis

## 5.1 Markt und Preisbildung

| |  |  |
|---|---|---|
| 341 | Was ist ein Markt? | Wenn Angebot und Nachfrage zusammentreffen und einen Umsatz suchen, spricht man von **Markt** im volkswirtschaftlichen Sinn. |
| 342 | Unterscheiden Sie vollkommene und unvollkommene Märkte! | Der **vollkommene Markt** ist gekennzeichnet durch<br>● Gleichartigkeit (Homogenität) der Güter;<br>● **Markttransparenz,** d. h., alle Marktteilnehmer kennen sämtliche Marktbedingungen;<br>● Fehlen von **Präferenzen,** d. h., kein Konsument bevorzugt einen Händler, weil er diesen kennt (persönliche Präferenz) oder weil er in der Nähe des Anbieters wohnt (räumliche Präferenz);<br>● sofortige Reaktion auf Marktveränderungen.<br>Fehlt eine dieser Bedingungen, liegt ein **unvollkommener Markt** vor. In der Realität sind alle Märkte unvollkommene Märkte (Ausnahme: Börse und Devisenmarkt). |
| 343 | Nennen Sie die Bestimmungsgründe der Nachfrage! | Bestimmend für die **Nachfrage** (am Markt wirksamer Bedarf) sind:<br>● Zielsetzungen der Nachfrager (z. B. Nutzenmaximierung, Prestigegewinn),<br>● Preis des angebotenen Gutes,<br>● Preise der übrigen Güter (insbesondere ähnlicher Güter),<br>● verfügbares Einkommen der Haushalte,<br>● Bedarfsstruktur der Haushalte (abhängig z. B. von der Ausstattung mit Gütern, der Altersstruktur, dem Prestigedenken u. Ä.),<br>● Erwartungen über die zukünftige wirtschaftliche Entwicklung. |
| 344 | Nennen Sie die Bestimmungsgründe des Angebots! | Entscheidend für das **Angebot** sind:<br>● Zielsetzungen der Anbieter (z. B. Gewinnmaximierung, Erweiterung des Marktanteils),<br>● Preis des Gutes,<br>● Preise der übrigen Güter,<br>● Faktorkosten (Kosten der Produktionsfaktoren),<br>● Gewinnerwartung,<br>● Wettbewerbssituation,<br>● Stand der Technik. |
| 345 | Was ist vollständiger Wettbewerb? | **Vollständiger Wettbewerb** liegt vor, wenn sich auf einem vollkommenen Markt viele Anbieter und viele Nachfrager gegenüberstehen (Polypol, **vollkommene Konkurrenz).** |

| | | |
|---|---|---|
| **346** | Wie bildet sich der Wettbewerbspreis bei vollständiger Konkurrenz? | Bei der Bestimmung des **Wettbewerbspreises** geht man von folgenden (wirklichkeitsnahen) Annahmen aus:<br>● Die nachgefragte Menge eines Gutes ist umso höher, je geringer der Preis dieses Gutes ist (Nachfragefunktion);<br>● die angebotene Menge eines Gutes ist umso höher, je höher der Preis dieses Gutes ist (Angebotsfunktion). |

**Beispiel:**

| Preis (EUR) | Nachfrage (Stück) | Angebot (Stück) |
|---|---|---|
| 10,00 | 250 | 50 |
| 20,00 | 200 | 100 |
| 30,00 | 150 | 150 |
| 40,00 | 100 | 200 |
| 50,00 | 50 | 250 |

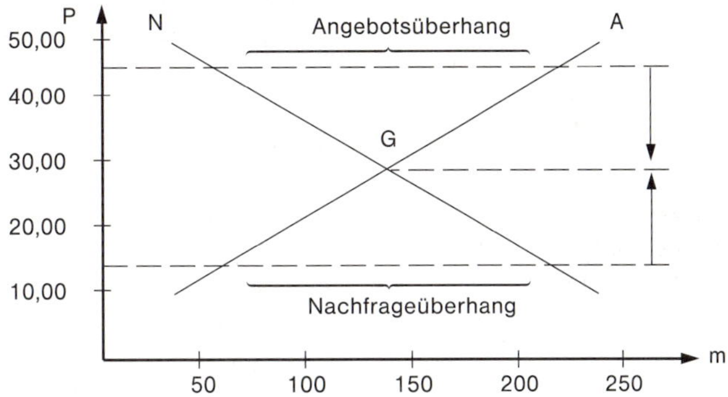


Bei einem Preis über 30,00 EUR ist das Angebot größer als die Nachfrage (Angebotsüberhang). Die Anbieter konkurrieren miteinander, dies bewirkt eine Preissenkung.

Bei einem Preis unter 30,00 EUR ist die Nachfrage größer als das Angebot (Nachfrageüberhang). Die Nachfrager konkurrieren miteinander, dies bewirkt eine Preiserhöhung.

Nur im Schnittpunkt G zwischen Angebotskurve und Nachfragekurve befinden sich Angebot und Nachfrage im Gleichgewicht (angebotene Menge = nachgefragte Menge). Der Preis, der dieser Menge entspricht, ist der **Gleichgewichtspreis** (30,00 EUR). Die Menge bezeichnet man als Gleichgewichtsmenge (150 Stück).

| | | |
|---|---|---|
| **347** | Welche Auswirkungen auf den Gleichgewichtspreis haben Änderungen von Nachfrage und Angebot? | Ändern sich die Bestimmungsgründe der Nachfrage oder die Bestimmungsgründe des Angebots, verschieben sich die Nachfrage- bzw. Angebotskurven nach rechts oder links; es ergibt sich ein neuer Gleichgewichtspreis.<br>Der **Gleichgewichtspreis** erhöht sich, wenn sich<br>● die Nachfragefunktion nach rechts (oben) verschiebt, d.h., bei gleichem Preis wird mehr nachgefragt;<br>● die Angebotskurve nach links (oben) verschiebt, d.h., bei gleichem Preis wird weniger angeboten. |

348 Welche Funktionen hat der Marktpreis?

Der Marktpreis hat vor allem folgende Funktionen:

- **Lenkungsfunktion** (Allokationsfunktion): Die Produktionsfaktoren wechseln aus Wirtschaftsbereichen mit geringer Gewinnerwartung in Wirtschaftsbereiche mit hoher Gewinnerwartung. Sie gelangen also stets in die Bereiche einer Volkswirtschaft, in denen sie gebraucht werden.
- **Ausschaltungsfunktion:** Der Marktpreis schaltet den Teil der Nachfrager aus, der nicht bereit ist, den Marktpreis zu zahlen. Außerdem werden diejenigen Anbieter, die wegen überhöhter Kosten zu hohe Preise verlangen, aus dem Markt verdrängt.
- **Signalfunktion:** Der Marktpreis spiegelt die Knappheitsverhältnisse der Güter wider, da weniger nachgefragte Güter niedrigere Preise aufweisen als stärker nachgefragte Güter.
- **Ausgleichsfunktion:** Der Markt wird beim Marktpreis geräumt. Alle Nachfrager, die bereit sind, den Gleichgewichtspreis zu bezahlen, und alle Anbieter, die bereit sind, zum Gleichgewichtspreis zu verkaufen, kommen zum Zuge; d. h., beim Gleichgewichtspreis wird der größtmögliche Umsatz erzielt.

## 5.2 Preispolitik der Unternehmen

349 Welche Marktformen werden unterschieden?

Entsprechend der Anzahl der Marktteilnehmer unterscheidet man:

1. **Monopol** (griechisch: Verkauf durch einen),
   - Angebotsmonopol: ein Anbieter und viele Nachfrager (wird oft vereinfacht als Monopol bezeichnet),
   - Nachfragemonopol: ein Nachfrager und viele Anbieter,
   - zweiseitiges Monopol: ein Anbieter und ein Nachfrager;
2. **Oligopol** (Verkauf durch wenige),
   - Angebotsoligopol: wenige Anbieter und viele Nachfrager,
   - Nachfrageoligopol: wenige Nachfrager und viele Anbieter,
   - zweiseitiges Oligopol: wenige Anbieter und wenige Nachfrager;
3. **Polypol** (Verkauf durch viele): viele Nachfrager und viele Anbieter.

350 Erklären Sie die Preispolitik beim Monopol!

Der **Monopolist** hat keine Konkurrenten und ist deshalb in seinen preis- bzw. mengenpolitischen Entscheidungen völlig unabhängig, d. h., er betreibt aktive Preis- bzw. Mengenpolitik. Er wählt den Preis (bzw. die Angebotsmenge), der (bzw. die) ihm langfristig den größten Gewinn verspricht.

Unangemessen hohe Preisforderungen haben zur Folge, dass

- Konkurrenten in den Markt eindringen (aufgrund der hohen Gewinnerwartung),
- Nachfrager auf ähnliche Güter (Substitutionsgüter) ausweichen.

351 Erklären Sie die Preispolitik beim Oligopol!

Der **Oligopolist** ist von der Preisgestaltung seiner Konkurrenten je nach seiner eigenen Marktstellung mehr oder weniger abhängig (der Marktschwache passt sich z.B. in der Preisgestaltung dem Preisführer an, der aufgrund seiner starken Marktstellung in begrenztem Umfang Preispolitik betreiben kann). Ziele seines Preisverhaltens können sein:

- Marktverdrängung, d.h. Vergrößerung des Marktanteils durch Ausschalten der Konkurrenten als Folge eines ruinösen Preiswettbewerbs;
- Sicherung der Marktmacht, d.h., oftmals werden stillschweigende oder vertragliche Preisabsprachen getroffen (trotz der Vorschriften des Kartellgesetzes).

An die Stelle des Preiswettbewerbs tritt der Qualitätswettbewerb.

352 Erklären Sie die Preispolitik beim Polypol!

Unterstellt man beim **Polypol** vollständige Konkurrenz (vollkommener Markt), ist keine Preispolitik möglich, da der Marktpreis für alle Anbieter vorgegeben ist.

Auf den in der Realität vorkommenden (unvollkommenen) Märkten versucht der Polypolist Preispolitik zu betreiben, indem er durch den Einsatz des gesamten absatzpolitischen Instrumentariums (siehe Ware und Verkauf, Frage 2 ff.) persönliche und sachliche Präferenzen schafft.

353 Unterscheiden Sie Verkäufer- und Käufermarkt!

Vom Beginn der Industrialisierung bis zu den ersten Jahren nach dem Zweiten Weltkrieg waren die Absatzmärkte **Verkäufermärkte;** sie waren gekennzeichnet durch folgende Merkmale:

- Die Verkäufer bestimmten das Marktgeschehen, d.h., sie orientierten sich bei ihrer Preisgestaltung vor allem an ihrer eigenen Zielsetzung (z.B. Gewinnmaximierung) und Kostensituation;
- die Nachfrage war größer als das Angebot;
- die Produktion bildete den Engpass und bestimmte damit den Absatzplan;
- geringer Wettbewerb auf der Anbieterseite.

Mit Beginn der sechziger Jahre wandelten sich die Absatzmärkte in den westlichen Industriestaaten in **Käufermärkte;** sie sind gekennzeichnet durch folgende Merkmale:

- Die Käufer bestimmen das Marktgeschehen, d.h., die Preispolitik der Anbieter ist in hohem Maße wettbewerbsabhängig (Preis kommt zustande durch Zusammenwirken von Angebot und Nachfrage);

- das Angebot übersteigt die Nachfrage,
- der Absatz bildet den Engpass und bestimmt damit den Produktionsplan,
- starker Wettbewerb auf der Anbieterseite,
- die Konsumenten werden immer kritischer und preisbewusster.

## 5.3 Konzentration in der Wirtschaft

354 Aus welchen Gründen schließen sich Unternehmen zusammen?

Ziele von **Unternehmenszusammenschlüssen (Unternehmenskonzentration)** sind:

- Verbesserung der Marktposition,
- Erringen wirtschaftlicher Macht (durch Ausschalten der Konkurrenz und des Wettbewerbs),
- Vergrößerung der Kapitalbasis,
- Verbesserung der Produktionsverhältnisse (Normung, Nutzung von Patenten, Entwicklung neuer Verfahren, Rationalisierung, Kostensenkung),
- Risikoverteilung,
- Ausnutzung steuerlicher Vorteile.

355 Welche Vor- und Nachteile können Unternehmenszusammenschlüsse haben?

Vorteile von **Unternehmenszusammenschlüssen** können sein:

- Nutzung des technischen Fortschritts in der Produktion (größere Produktionsanlagen, Senkung der Stückkosten durch Massenproduktion, mehr Forschungsarbeit),
- Verbesserung der Finanzierung.

Nachteile können sein:

- Ausschaltung des Wettbewerbs,
- willkürliche Festlegung von (überhöhten) Preisen,
- Missbrauch der wirtschaftlichen Macht (z. B. Beeinflussung der Wirtschaftspolitik eines Landes).

356 Welche Arten von Unternehmenszusammenschlüssen gibt es?

Entsprechend dem Grad der wirtschaftlichen und rechtlichen Verflechtung der zusammengeschlossenen Unternehmen unterscheidet man:

- Kartell,
- Konzern,
- Trust.

357 Was ist ein Kartell?

**Kartelle** sind vertragsmäßige (horizontale) Zusammenschlüsse rechtlich selbstständig bleibender Unternehmen, deren wirtschaftliche Selbstständigkeit in bestimmtem Umfang aufgegeben wird.

**358** Nennen und beschreiben Sie die wichtigsten Kartellarten!

**Arten des Kartells**[1] und ihre **wichtigsten Merkmale** sind:

- **Preiskartell:** einheitliche Regelung von Preisen;
- **Konditionenkartell:** Geschäfts-, Lieferungs- und Zahlungsbedingungen werden abgesprochen;
- **Produktionskartell** (Quotenkartell,): Jedem Mitglied wird eine bestimmte Produktionsmenge vorgeschrieben;
- **Mittelstandskartell:** Kooperation zwischen mittelständischen Unternehmen;
- **Krisenkartell:** In Krisenzeiten sollen Absprachen den Fortbestand von Unternehmen einer bestimmten Branche sichern;
- **Rationalisierungskartell:** Die Leistungsfähigkeit der Unternehmen in technischer, betriebswirtschaftlicher oder organisatorischer Beziehung wird wesentlich verbessert;
- **Spezialisierungskartell:** Durch Spezialisierung werden wirtschaftliche Vorgänge (z. B. Produktion, Vertrieb) rationalisiert;
- **Normen- und Typenkartell:** Vereinbarungen über die einheitliche Anwendung von Normen und Typen;
- **Gebietskartell:** Jedem Mitglied werden Absatzgebiete zugeteilt;
- **Vertriebskartell (Syndikat):** Der Vertrieb der Erzeugnisse erfolgt über eine gemeinsame Verkaufsorganisation.

**359** Unterscheiden Sie anmelde- und genehmigungspflichtige Kartelle!

Nach dem Kartellgesetz sind Kartelle grundsätzlich verboten. Ausnahmen zum Verbotsgrundsatz sind:

1. **anmeldepflichtige Kartelle** (müssen beim Bundeskartellamt in Bonn angemeldet werden, welches ein Widerspruchsrecht hat),
   - Konditionenkartelle,
   - Spezialisierungskartelle,
   - Normen- und Typenkartelle,
   - Mittelstandskartelle;
2. **genehmigungspflichtige Kartelle** (werden auf Antrag vom Bundeskartellamt genehmigt),
   - Strukturkrisenkartelle,
   - Rationalisierungskartelle.

   Alle Kartelle sind im Kartellregister einzutragen.

**360** Was ist ein Konzern?

Der **Konzern** ist ein Zusammenschluss (horizontal, vertikal oder anorganisch) rechtlich selbstständiger Betriebe, der unter einheitlicher Leitung wirtschaftliche Zwecke verfolgt. Die wirtschaftliche Selbstständigkeit wird völlig aufgegeben. In der Regel liegt auch eine kapitalmäßige Bindung der Unternehmen in Form von Beteiligungen (Aktienanteile) vor.

1 Eine umfassende Reform des Gesetzes gegen Wettbewerbsbeschränkungen (Kartellgesetz) ist geplant.

361 Was ist ein Trust?

Im **Trust** geben die angeschlossenen Betriebe neben der wirtschaftlichen (kapitalmäßigen) auch die rechtliche Selbstständigkeit auf. Durch Fusion (Verschmelzung) entsteht ein einziges Unternehmen, und zwar entweder durch Aufnahme anderer Unternehmen oder durch Gründung einer neuen Gesellschaft.

## 5.4 Staatliche Wettbewerbspolitik

362 Nennen Sie Ziele und Bestimmungen staatlicher Wettbewerbspolitik!

Ziele der **staatlichen Wettbewerbspolitik** sind:

- Sicherung und Erhaltung des Wettbewerbs in der sozialen Marktwirtschaft,
- Schutz der Verbraucher **(Verbraucherschutz),**
- Schutz der Anbieter (z. B. durch Subventionen und Mindestpreise).

Wesentliche wettbewerbsrechtliche Bestimmungen sind:

- Gesetz gegen Wettbewerbsbeschränkungen (GWB, Kartellgesetz),
- Gesetz gegen den unlauteren Wettbewerb (UWG),
- Bestimmungen für Allgemeine Geschäftsbedingungen lt. BGB (siehe Seite 131 f.),
- Ladenschlussgesetz,
- Preisangabenverordnung,
- Bestimmungen für Verbraucherdarlehn u. a. (lt. BGB),
- Bestimmungen für Fernabsatzverträge (lt. BGB),
- Bestimmungen für Haustürgeschäfte (lt. BGB).

363 Nennen Sie wesentliche Bestimmungen des Kartellgesetzes!

Das **Kartellgesetz,**[1] das einen funktionsfähigen Wettbewerb sichern soll, enthält Vorschriften über

- verbotene, anmeldungspflichtige und genehmigungspflichtige Kartelle;
- **Fusionskontrolle,** d. h., das Bundeskartellamt kann Zusammenschlüsse von Unternehmen verbieten oder auflösen, wenn dadurch eine marktbeherrschende Stellung entsteht;
- **Missbrauchsaufsicht** über unverbindliche Preisempfehlungen (siehe Ware und Verkauf, Frage 19), d. h., die Kartellbehörde kann unter bestimmten Voraussetzungen Empfehlungen, die einen Missbrauch zu Lasten der Verbraucher beinhalten, verbieten;
- vertikale und horizontale Preisbindung (siehe Ware und Verkauf, Frage 18).

Über die Einhaltung der Vorschriften des Kartellgesetzes wachen die **Kartellbehörden** (Bundeskartellamt, Bundesminister für Wirtschaft, zuständige oberste Landesbehörden).

1 Eine umfassende Reform dieses Gesetzes ist geplant.

| | | |
|---|---|---|
| **364** | Welche Bedeutung hat das UWG? | Das **Gesetz gegen den unlauteren Wettbewerb** (UWG) dient dem Schutz der Mitbewerber, der Verbraucherinnen und der Verbraucher sowie der sonstigen Marktteilnehmer vor unlauterem Wettbewerb. Es schützt zugleich das Interesse der Allgemeinheit an einem unverfälschten Wettbewerb.<br><br>Unlautere Wettbewerbshandlungen, die geeignet sind, den Wettbewerb zum Nachteil der Mitbewerber, der Verbraucher oder der sonstigen Marktteilnehmer nicht nur unerheblich zu beeinträchtigen, sind unzulässig.<br><br>Wer dem UWG zuwiderhandelt, kann auf Beseitigung und bei Wiederholungsgefahr auf Unterlassung in Anspruch genommen werden. |
| **365** | Unterscheiden Sie Marktteilnehmer und Mitbewerber nach dem UWG! | **Marktteilnehmer** sind neben Mitbewerbern und Verbrauchern alle Personen, die als Anbieter oder Nachfrager von Waren oder Dienstleistungen tätig sind.<br><br>**Mitbewerber** ist jeder Unternehmer, der mit einem oder mehreren Unternehmern als Anbieter oder Nachfrager von Waren oder Dienstleistungen in einem konkreten Wettbewerbsverhältnis steht. |
| **366** | Nennen Sie Beispiele für den unlauteren Wettbewerb! | **Unlauter** im Sinne des UWG handelt insbesondere, wer<br><br>● Wettbewerbshandlungen vornimmt, die geeignet sind, die Entscheidungsfreiheit der Verbraucher oder sonstiger Marktteilnehmer durch Ausübung von Druck zu beeinträchtigen;<br><br>● Wettbewerbshandlungen vornimmt, die geeignet sind, die geschäftliche Unerfahrenheit insbesondere von Kindern oder Jugendlichen, die Leichtgläubigkeit, die Angst oder die Zwangslage von Verbrauchern auszunutzen;<br><br>● den Werbecharakter von Wettbewerbshandlungen verschleiert;<br><br>● bei Verkaufsförderungsmaßnahmen wie Preisnachlässen, Zugaben oder Geschenken die Bedingungen für ihre Inanspruchnahme nicht klar und eindeutig angibt;<br><br>● bei Preisausschreiben oder Gewinnspielen mit Werbecharakter die Teilnahmebedingungen nicht klar und eindeutig angibt;<br><br>● die Kennzeichen, Waren, Dienstleistungen, Tätigkeiten oder persönlichen oder geschäftlichen Verhältnisse eines Mitbewerbers herabsetzt oder verunglimpft;<br><br>● Mitbewerber gezielt behindert. |

**367** Was ist irreführende Werbung?

Unlauter im Sinne des UWG handelt, wer irreführend wirbt. **Irreführende Werbung** beinhaltet insbesondere Angaben über

- die Merkmale der Waren oder Dienstleistungen wie Verfügbarkeit, Art, Verfahren und Zeitpunkt der Herstellung, die Zwecktauglichkeit, Verwendungsmöglichkeit, Menge, Beschaffenheit, die geografische oder betriebliche Herkunft;
- den Anlass des Verkaufs und den Preis sowie die Bedingungen, unter denen die Waren geliefert oder die Dienstleistungen erbracht werden;
- die geschäftlichen Verhältnisse, insbesondere die Art, die Eigenschaften und die Rechte des Werbenden (z.B. Identität, Vermögen).

**368** Was ist vergleichende Werbung?

**Vergleichende Werbung** ist jede Werbung, die unmittelbar oder mittelbar einen Mitbewerber oder die von einem Mitbewerber angebotenen Waren oder Dienstleistungen erkennbar macht.

Unlauter im Sinne des UWG handelt, wer vergleichend wirbt, wenn der Vergleich

- sich nicht auf Waren oder Dienstleistungen für den gleichen Bedarf oder dieselbe Zweckbestimmung bezieht;
- nicht objektiv auf eine oder mehrere wesentliche, relevante, nachprüfbare und typische Eigenschaften oder den Preis dieser Waren oder Dienstleistungen bezogen ist;
- im geschäftlichen Verkehr zu Verwechslungen zwischen dem Werbenden und einem Mitbewerber oder zwischen den von diesen angebotenen Waren oder Dienstleistungen oder den von ihnen verwendeten Kennzeichen führt;
- die Waren, Dienstleistungen, Tätigkeiten oder persönlichen oder geschäftlichen Verhältnisse eines Mitbewerbers herabsetzt.

**369** Was sind unzumutbare Belästigungen?

Unlauter im Sinne des UWG handelt, wer einen Marktteilnehmer in unzumutbarer Weise belästigt.

Eine **unzumutbare Belästigung** ist insbesondere anzunehmen

- bei einer Werbung, obwohl erkennbar ist, dass der Empfänger diese Werbung nicht wünscht;
- bei einer Werbung mit Telefonanrufen gegenüber Verbrauchern ohne deren Einwilligung;
- bei einer Werbung unter Verwendung von elektronischer Post, ohne dass eine Einwilligung der Adressaten vorliegt;

- bei einer Werbung mit Nachrichten, bei der die Identität des Absenders verschleiert oder verheimlicht wird oder bei der keine gültige Adresse vorhanden ist.

**370** Nennen Sie wichtige Bestimmungen des Ladenschlussgesetzes!

Das **Ladenschlussgesetz** beinhaltet z.B. folgende Regelungen:

1. **Allgemeine Ladenschlusszeiten,** d.h., Verkaufsstellen müssen i.d.R. zu folgenden Zeiten für den geschäftlichen Verkehr mit den Kunden geschlossen sein:
   - an Sonn- und Feiertagen;
   - montags bis samstags bis 6 Uhr und ab 20 Uhr;
   - am 24. Dezember, wenn dieser Tag auf einen Werktag fällt, bis 6 Uhr und ab 14 Uhr.

   Die beim Ladenschluss anwesenden Kunden dürfen noch bedient werden.
2. **Zeitungen und Zeitschriften,** Kioske dürfen an Sonn- und Feiertagen von 11 Uhr bis 13 Uhr geöffnet sein.
3. **Verkauf bestimmter Waren an Sonntagen,** z.B. dürfen Bäcker- und Konditorwaren, frische Früchte, Blumen und Zeitungen verkauft werden.

**371** Was ist eine wettbewerbsrechtliche Abmahnung?

Mit einer **wettbewerbsrechtlichen Abmahnung** wird ein Unterlassungsanspruch außergerichtlich geltend gemacht, wenn ein wettbewerbsrechtlicher Verstoß vorliegt.

Ein wettbewerbsrechtlicher Verstoß liegt z.B. vor, wenn ein Unternehmen seinen Konkurrenten in seiner Werbemaßnahme verunglimpft.

**372** Nennen Sie wesentliche Bestimmungen der Preisangabenverordnung!

Die **Preisangabenverordnung** schreibt z.B. vor, dass

- die Preise für die Letztverbraucher einschließlich der Umsatzsteuer anzugeben sind (Endpreise, Bruttoverkaufspreise),
- mit den Preisen die übliche Verkaufseinheit und die Gütebezeichnung angegeben wird,
- neben dem Endpreis auch der Preis je Mengeneinheit (z.B. je kg, je l) anzugeben ist (Grundpreis),
- zum Verkauf bestimmte Waren (z.B. Waren im Schaufenster bzw. innerhalb oder außerhalb des Verkaufsraumes) durch Preisschilder auszuzeichnen sind (Ausnahmen sind z.B. Kunstgegenstände und Antiquitäten).

373 Nennen Sie wesentliche Bestimmungen für Verbraucherdarlehen, Teilzahlungsgeschäft und Ratenlieferung!

Wesentliche Bestimmungen für Kreditgeschäfte zwischen Verbrauchern und Unternehmen gibt es (lt. BGB) für:

1. **Verbraucherdarlehensvertrag,**
   - Inhalt (z.B. Nettodarlehensbetrag, Art und Weise der Rückzahlung, Zinssatz und sonstige Kosten, effektiver Jahreszins),
   - Verzugszinssatz (2,5% über dem Basiszinssatz);
2. **Teilzahlungsgeschäft** (als Finanzierungshilfe), hat die Lieferung einer bestimmten Sache oder die Erbringung einer bestimmten Leistung gegen Teilzahlungen zum Gegenstand,
   - Inhalt (z.B. Barzahlungspreis, Teilzahlungspreis, Betrag sowie Zahl und Fälligkeit der einzelnen Teilzahlungen),
   - Verzugszinssatz (2,5% über dem Basiszinssatz);
3. **Ratenlieferungsvertrag,** hat die Lieferung von Sachen in Teilleistungen zum Gegenstand.

Für diese Verträge ist i.d.R. Schriftform vorgeschrieben.

374 Welche Bedeutung hat der Fernabsatzvertrag?

Der **Fernabsatzvertrag** wird zwischen einem Unternehmer und einem Verbraucher unter ausschließlicher Verwendung von Fernkommunikationsmitteln abgeschlossen; lt. BGB ist z.B. geregelt:

- Widerrufsrecht, der Käufer kann innerhalb von 2 Wochen vom Vertrag zurücktreten;
- Rückgaberecht, der Käufer kann die Ware i.d.R. kostenlos zurücksenden.

375 Was sind Haustürgeschäfte?

Ein **Haustürgeschäft** ist (lt. BGB) ein Vertrag zwischen einem Unternehmer und einem Verbraucher, der zustande kommt

- durch mündliche Verhandlungen am Arbeitsplatz oder in einer Privatwohnung,
- bei einer vom Unternehmer durchgeführten Freizeitveranstaltung (z.B. Verkaufsfahrt),
- durch überraschendes Ansprechen in Verkehrsmitteln oder auf öffentlichen Verkehrsflächen (z.B. auf der Straße).

Der Verbraucher hat ein **Widerrufsrecht,** d.h., er kann den Vertrag innerhalb von zwei Wochen widerrufen.

Das Widerrufsrecht besteht nicht z.B. bei Versicherungsverträgen, wenn der Verbraucher den Vertragspartner bestellt hat oder wenn die Leistung sofort erbracht wird und das Entgelt 40,00 EUR nicht übersteigt.

376 Welche Auswirkungen haben Mindestpreise?

Der **Mindestpreis** ist ein Preis, der nicht unterschritten werden darf. Staatliche Mindestpreise haben die Aufgabe, bei schlechter Absatzlage einen ruinösen Wettbewerb bzw. einen zu starken Preisverfall zu verhindern. Dadurch sollen bestimmte Wirtschaftsbereiche (z.B. die Landwirtschaft) geschützt werden.

Mindestpreise, die über dem Gleichgewichtspreis liegen, führen aufgrund der gestiegenen Gewinnerwartungen zu einer Ausdehnung der Produktion des betreffenden Gutes. Diesem vergrößerten Angebot steht aber keine entsprechende Nachfrage gegenüber, da die Preise durch das Ausschalten des Preismechanismus „künstlich" in Höhe des Mindestpreises gehalten werden (z.B. „Butterberg"). Der Staat muss durch geeignete Maßnahmen den Angebotsüberhang abbauen (z.B. durch die Ausgabe von Sozialbutter, durch Verkäufe ans Ausland).

377 Welche Auswirkungen haben Höchstpreise?

Der **Höchstpreis** ist eine Preisgrenze, die nicht überschritten werden darf. Mit Hilfe staatlich festgesetzter Höchstpreise sollen Preissteigerungen, die vor allem zu Lasten sozial Schwacher gehen, vermieden werden. Höchstpreise werden auch angewendet, wenn die Versorgung der Bevölkerung infolge des zu knappen Güterangebots gefährdet ist (z.B. in Kriegs- und Nachkriegszeiten).

Liegt der staatlich festgelegte Höchstpreis unter dem Gleichgewichtspreis, sind einige Anbieter wegen der geringen Gewinnerwartung nicht bereit, weiter zu produzieren bzw. ihre Leistungen zur Verfügung zu stellen. Es entsteht ein Nachfrageüberhang, dem der Staat entgegenwirken muss (z.B. durch Lebensmittelmarken, Bezugsscheine, Wohnraumbewirtschaftung).

Da bestimmte Waren auf dem normalen Markt nicht mehr oder nur in begrenzter Menge zu erhalten sind, bilden sich als Folge der Höchstpreispolitik sehr häufig Schwarzmärkte.

378 Unterscheiden Sie marktkonforme und nichtmarktkonforme Maßnahmen des Staates!

Staatliche Eingriffe in den Wettbewerb können sein

- **marktkonform,** d.h., Preis- und Marktmechanismus werden erhalten bzw. gesichert; die entsprechenden Eingriffe, wie z.B. Regelungen für Kartelle, Fusionskontrolle, Missbrauchsaufsicht, Gesetz gegen den unlauteren Wettbewerb sowie die übrigen wettbewerbsrechtlichen Bestimmungen, bezeichnet man als **ordnungspolitische Maßnahmen;**

14 Groh/Schröer – ISBN 3-8120-0423-2

- **nichtmarktkonform,** d.h., Preis- und Marktmechanismus werden gestört; die entsprechenden Eingriffe, wie z.B. Subventionen, Zuschüsse, Steuererleichterungen sowie Preisfestsetzungen, bezeichnet man als **strukturpolitische Maßnahmen.**

**379** Nennen Sie Möglichkeiten der Verbraucherinformation!

Zur Sicherung eines funktionierenden Wettbewerbs ist eine objektive Information der Verbraucher über Qualität und Preise der angebotenen Güter erforderlich.

Aus der Vielzahl der Organisationen, die sich mit dem **Verbraucherschutz** befassen, sind vor allem zu nennen:

- **Verbraucherzentralen und -beratungsstellen,** sie sind in jedem Bundesland anzutreffen und werden staatlich finanziert;
- **Stiftung Warentest,** sie führt vergleichende Warentests durch, deren Ergebnisse monatlich in der Zeitschrift „test" veröffentlicht werden;
- **Arbeitsgemeinschaft der Verbraucher** (AGV), sie gibt Informationsschriften für Verbraucher heraus.

# 6 Steuern

## 6.1 Notwendigkeit der Besteuerung

380 Welche Aufgaben haben die öffentlichen Haushalte?

Die **öffentlichen Haushalte** (Bund, Länder, Gemeinden) müssen Leistungen erbringen, die von Betrieben und privaten Haushalten nicht oder nur unzureichend erstellt werden können oder die für das Gemeinwohl von hervorragender Bedeutung sind.

Man unterscheidet

- Bundesaufgaben, z. B. Verteidigung,
- Länderaufgaben, z. B. Universitäten,
- Gemeindeaufgaben, z. B. Strom- und Wasserversorgung.

381 Nennen Sie die öffentlichen Einnahmen!

Um ihre Aufgaben erfüllen zu können, brauchen die öffentlichen Haushalte finanzielle Mittel.

Es gibt folgende **öffentliche Einnahmen:**

- Steuern und Zölle,
- Gebühren und Beiträge (Entgelte für bestimmte öffentliche Leistungen),
- Aufnahme und Einziehung von Krediten,
- Erwerbseinkünfte (Gewinne aus öffentlichen Betrieben),
- Auflösung von Rücklagen,
- Zuweisungen von anderen Gemeinwesen,
- sonstige Einnahmen, wie Strafgelder, Schenkungen, Vermächtnisse.

382 Was ist der Haushaltsplan des Bundes?

Im **Haushaltsplan des Bundes** (Bundeshaushalt) werden den Einnahmen des Bundes die Ausgaben des Bundes (zur Erfüllung der Bundesaufgaben) gegenübergestellt. Wichtige Ausgabenbereiche sind Arbeit und Sozialordnung; Verteidigung; Verkehr; Jugend, Familie, Frauen und Gesundheit; Bildung und Wissenschaft.

Auch Länder und Gemeinden sind zur Aufstellung von Haushaltsplänen verpflichtet; die aufgestellten Haushaltspläne müssen ausgeglichen sein.

383 Was sind Steuern?

**Steuern** sind einmalige oder laufende Geldleistungen, die von öffentlichen Gemeinwesen (Bund, Länder, Gemeinden) ohne unmittelbare Gegenleistung zwangsweise erhoben werden. Sie dienen zur Finanzierung der Aufgaben der öffentlichen Haushalte.

384 Nennen Sie Grundsätze der Steuerpolitik!

Wichtige Grundsätze der Steuerpolitik sind

- **Steuergerechtigkeit,** d. h., jeder soll ohne Ansehen der Person und nach dem Verhältnis seiner Leistungsfähigkeit besteuert werden (unter Berücksichtigung sozialer Gesichtspunkte);
- angemessene Steuerbelastung, denn überhöhte Steuern vermindern die Leistungsbereitschaft der Arbeitnehmer und die Investitionsbereitschaft der Unternehmer.

## 6.2 Einteilung der Steuern

385 Welche Steuerarten unterscheidet man?

In der Bundesrepublik Deutschland gibt es ungefähr 50 verschiedene **Steuerarten.** Sie können eingeteilt werden

1. **nach dem Steuergegenstand,**
   - Besitzsteuern, z. B. Einkommensteuer, Lohnsteuer, Körperschaftsteuer, Grundsteuer, Erbschaft- und Schenkungsteuer, Gewerbesteuer;
   - Verkehrsteuern, z.B. Umsatzsteuer, Grunderwerbsteuer;
   - Verbrauchsteuern und Zölle, z. B. Mineralölsteuer, Biersteuer, Kaffeesteuer, Tabaksteuer;
2. **nach der Finanzhoheit (Steuerempfänger),**
   - Bundessteuern, z. B. Mineralölsteuer, Einfuhrumsatzsteuer;
   - Landessteuern, z. B. Kraftfahrzeugsteuer;
   - Gemeindesteuern, z.B. Gewerbesteuer, Grundsteuer, Hundesteuer, Vergnügungsteuer;
   - Gemeinschaftsteuern (stehen Bund und Ländern gemeinsam zu), z.B. Umsatzsteuer, Einkommen- und Lohnsteuer, Körperschaftsteuer;
   - Kirchensteuer;
3. **nach der Erhebungsart,**
   - direkte Steuern,
   - indirekte Steuern.

386 Unterscheiden Sie direkte und indirekte Steuern!

**Direkte Steuern** sind nicht abwälzbare Steuern, d. h., Steuerschuldner und Steuerträger sind identisch, z. B. Einkommen-, Lohn- und Vermögensteuer.

**Indirekte Steuern** sind abwälzbare Steuern, d. h., Steuerschuldner und Steuerträger sind nicht identisch, z. B. Umsatzsteuer, alle Verbrauchsteuern (diese Steuern stellen für den Steuerträger durchlaufende Posten dar).

## 6.3 Einkommensteuer

387 Welche Einkunftsarten unterliegen der Einkommensteuer?

Der **Einkommensteuer** unterliegen:

- Einkünfte aus Land- und Forstwirtschaft, z. B. Wein- und Gemüseanbau;
- Einkünfte aus Gewerbebetrieb, z.B. Handwerk, Handel, Industrie;
- Einkünfte aus selbstständiger Arbeit, z.B. freiberufliche Tätigkeit (Ärzte, Rechtsanwälte, Architekten);
- Einkünfte aus nichtselbstständiger Arbeit, z. B. Löhne, Gehälter, Gratifikationen;

- Einkünfte aus Kapitalvermögen, z. B. Zinserträge, Dividenden;
- Einkünfte aus Vermietung und Verpachtung, z. B. Miete, Pacht, Erbpachtrecht;
- sonstige Einkünfte, z. B. aus Unterhaltsleistungen.

388 Wer ist einkommensteuerpflichtig?

Unbeschränkt **einkommensteuerpflichtig** nach dem Einkommensteuergesetz sind

- natürliche Personen, die im Inland einen Wohnsitz oder ihren gewöhnlichen Aufenthalt haben;
- deutsche Staatsangehörige, die nicht im Inland wohnen und im Ausland nur in beschränktem Umfang einkommensteuerpflichtig sind.

389 Was sind steuerfreie Einnahmen?

**Steuerfreie Einnahmen** sind z. B.

- Leistungen aus einer Krankenversicherung, aus der gesetzlichen Unfallversicherung und der Rentenversicherung;
- das Arbeitslosengeld, das Kurzarbeitergeld, die Arbeitslosengeld II sowie die übrigen Leistungen nach dem Arbeitsförderungsgesetz, z. B. Förderung der Fortbildung.

390 Welche Bedeutung hat der Steuertarif?

Die Steuerpflichtigen werden (z. B. bei der Einkommensteuer) nicht in gleicher Höhe besteuert. Berücksichtigt werden:

- Familienstand, z. B. günstigere Besteuerung (Splitting-Tabelle) für Ehegatten;
- Alter, z. B. Steuerfreibeträge ab einem bestimmten Lebensalter;
- Höhe des Einkommens, d. h., bestimmte Teile des Einkommens sind steuerfrei (Grundfreibetrag, Freizone). Übersteigt das Einkommen den Grundfreibetrag, wird zunächst der so genannte Eingangssteuersatz zugrunde gelegt. Der Steuersatz steigt dann (in Abhängigkeit vom Einkommen) bis zum so genannten Spitzensteuersatz; höhere Einkommen werden somit prozentual stärker belastet als niedrige. Der Spitzensteuersatz wird auf keinen Fall überschritten.

391 Wie wird das zu versteuernde Einkommen ermittelt?

Das zu versteuernde **Einkommen** eines Arbeitnehmers wird (vereinfacht) wie folgt ermittelt:

Bruttoarbeitslohn
– Werbungskosten bzw. Arbeitnehmer-Pauschbetrag
= Einkünfte aus nicht selbstständiger Arbeit
+ Einkünfte aus anderen Einkunftsarten
= Summe der Einkünfte
– Altersentlastungsbetrag
= Gesamtbetrag der Einkünfte
– Sonderausgaben bzw. Pauschbeträge
– außergewöhnliche Belastungen
= Einkommen
– Freibeträge (z. B. Kinderfreibetrag)
= zu versteuerndes Einkommen

**Werbungkosten** sind z.B. Aufwendungen für Fahrten zur Arbeitsstätte, Berufskleidung, Fachliteratur; Fortbildungskosten; Beiträge zu Berufsverbänden; Ausgaben für eine Stellungssuchanzeige.

**Sonderausgaben** sind unbeschränkt abzugsfähig, z.B. Kirchensteuer, Steuerberatungskosten bzw. beschränkt abzugsfähig als Vorsorgeaufwendungen (z.B. Beiträge für private Krankenversicherung, für Unfall-, Haftpflicht-, Lebensversicherung) und sonstige Sonderausgaben (z.B. Aus- und Weiterbildungskosten).

**Außergewöhnliche Belastungen** sind z.B. Aufwendungen für den Unterhalt des zur Ausbildung auswärts untergebrachten Kindes.

**392** Unterscheiden Sie Veranlagungs- und Abzugsverfahren!

Nach der Art des Steuereinzugs unterscheidet man das

- **Veranlagungsverfahren,** bei dem die Einkommensteuer aufgrund der abgegebenen Einkommensteuer-Erklärung ermittelt wird;
- **Abzugsverfahren,** bei dem die Lohnsteuer (Sonderform der Einkommensteuer) vom Arbeitslohn einbehalten und direkt vom Arbeitgeber an das Finanzamt abgeführt wird.

**393** Unterscheiden Sie Lohnsteuerkarte und Lohnsteuerbescheinigung!

Die **Lohnsteuerkarte** wird von der zuständigen Gemeinde unentgeltlich ausgestellt. Sie enthält vor allem folgende Angaben:

- Gemeinde und zuständiges Finanzamt;
- Meldedaten der beantragenden Person;
- Steuerklasse, Zahl der Kinderfreibeträge.[1]

Die **elektronische Lohnsteuerbescheinigung** wird für das abgelaufene Kalenderjahr vom Arbeitgeber an die Finanzverwaltung mittels Datenfernübertragung übermittelt (der Arbeitnehmer erhält davon einen Ausdruck). Sie enthält vor allem zusätzlich folgende Angaben:

- Dauer des Dienstverhältnisses;
- Art und Höhe des gezahlten Arbeitslohns;
- Lohn- und Kirchensteuer, Solidaritätszuschlag;
- Arbeitnehmeranteil zur Sozialversicherung.

1 Der Staat gewährt Kindergeld: für das erste, zweite und dritte Kind jeweils 154,00 EUR und für jedes weitere Kind jeweils 179,00 EUR monatlich. Die Auszahlung des Kindergeldes erfolgt durch die Familienkassen bei den Agenturen für Arbeit. Wenn der Kinderfreibetrag günstiger ist als das Kindergeld, wird dieser berücksichtigt.

394 Welche Lohnsteuerklassen gibt es?

Für die Durchführung des Lohnsteuerabzugs werden die einkommensteuerpflichtigen Arbeitnehmer grundsätzlich in sechs **Steuerklassen** eingeteilt:

- **Steuerklasse I:** Ledige, Geschiedene, Verwitwete und dauernd getrennt lebende Ehegatten;
- **Steuerklasse II:** die in Steuerklasse I genannten Arbeitnehmer, wenn ihnen der Entlastungsbetrag für Alleinerziehende zusteht;
- **Steuerklasse III:** Verheiratete, wenn nur ein Ehegatte in einem Arbeitsverhältnis steht sowie Verheiratete, wenn der andere Ehegatte ebenfalls in einem Arbeitsverhältnis steht und Steuerklasse V wählt;
- **Steuerklasse IV:** Verheiratete, wenn beide Ehegatten in einem Arbeitsverhältnis stehen;
- **Steuerklasse V:** Verheiratete, wenn die Ehegatten in einem Arbeitsverhältnis stehen und ein Ehegatte auf Antrag in die Steuerklasse III eingestuft wird;
- **Steuerklasse VI:** Arbeitnehmer, die nebeneinander mehrere Arbeitsverhältnisse haben, und zwar für das zweite und jedes weitere Arbeitsverhältnis.

Versäumt es der Arbeitnehmer, seine Lohnsteuerkarte abzugeben, wird er vom Arbeitgeber in Steuerklasse VI eingestuft.

395 Was sind Freibeträge?

Aus Gründen der Steuervereinfachung oder aus sozialen Gründen werden bestimmte Teile des Einkommens bei der Ermittlung der Lohnsteuer von der Besteuerung ausgenommen, man spricht von **Freibeträgen.**

Wichtige Freibeträge bei der Einkommensteuer sind:

- Grundfreibetrag, bis zu einer bestimmten Höhe bleibt das Einkommen unversteuert (die Grenze bildet das so genannte Existenzminimum);
- Arbeitnehmer-Pauschbetrag für Einkünfte aus nicht selbstständiger Arbeit;
- Altersentlastungsbetrag, ab Vollendung des 64. Lebensjahrs;
- Pauschbetrag für Sonderausgaben, Vorsorgepauschale;
- Kinderfreibetrag, Entlastungsbetrag für Alleinerziehende.

Unter bestimmten Voraussetzungen kann sich der Steuerpflichtige vom Finanzamt auf seiner Lohnsteuerkarte einen Freibetrag (z.B. für erhöhte Werbungskosten) eintragen lassen. Der Arbeitgeber zieht den Freibetrag vom Bruttoarbeitsentgelt ab; damit ergibt sich für den Arbeitnehmer ein geringerer monatlicher Lohnsteuerabzug.

396 Was versteht man unter dem Antrag auf Arbeitnehmerveranlagung?

Der Arbeitnehmer kann für das abgelaufene Kalenderjahr einen **Antrag auf Arbeitnehmerveranlagung** stellen, um zu viel gezahlte Steuern zurückzuerhalten. Dies ist der Fall, wenn die während des Jahres an das Finanzamt gezahlte Lohnsteuer höher ist als die tatsächlich zu leistende Jahreslohnsteuer.

Der Antrag ist vor allem angebracht bei

- Änderungen im Familienstand (z. B. Heirat),
- starken monatlichen Schwankungen des Arbeitsentgelts,
- höheren abzugsfähigen Beträgen im Vergleich zu den im Steuertarif eingebauten Pauschalbeträgen (z. B. Arbeitnehmer-Pauschbetrag, Vorsorgepauschale).

## 6.4 Steuern des Betriebes

397 Welche Steuern gibt es im Betrieb?

Folgende Steuern werden unterschieden:

1. Besitzsteuern (betreffen Ertrag, Einkommen und Vermögen),
   - Körperschaftsteuer (bzw. Einkommensteuer),
   - Gewerbesteuer,
   - Grundsteuer;
2. Verkehrsteuern (betreffen rechtliche und wirtschaftliche Vorgänge),
   - Umsatzsteuer (Mehrwertsteuer),
   - Grunderwerbsteuer,
   - Kraftfahrzeugsteuer;
3. Verbrauchsteuern (betreffen bestimmte Konsumgüter),
   - Mineralöl-, Tabak-, Branntwein-, Kaffee-, Biersteuer u. a.

398 Was ist Körperschaftsteuer?

Bei der **Körperschaftsteuer**

- werden juristische Personen wie Kapitalgesellschaften (z. B. GmbH, AG), Genossenschaften, Versicherungsvereine auf Gegenseitigkeit, Anstalten des öffentlichen Rechts besteuert (die Körperschaftsteuer ist die Einkommensteuer der juristischen Personen);
- ist die Besteuerungsgrundlage der nach dem Körperschaftsteuergesetz ermittelte Gewinn;
- beträgt der Steuersatz für einbehaltene Gewinne und für ausgeschüttete Gewinne einheitlich 25 %.

399 Was ist Gewerbesteuer?

Bei der **Gewerbesteuer**

- werden Gewerbebetriebe besteuert,
- ist die Bemessungsgrundlage der Gewerbeertrag,
- legen die Gemeinden den Steuersatz durch den sog. Hebesatz fest (Gemeindesteuer).

**400** Was ist Vermögensteuer?

Bei der **Vermögensteuer**[1]

- werden natürliche und juristische Personen besteuert, die (i. d. R.) ihren Wohn- bzw. Geschäftssitz im Inland haben;
- ist die Bemessungsgrundlage für die Betriebe das steuerpflichtige Vermögen (vereinfacht: Summe der Werte aller zum Betrieb gehörenden Wirtschaftsgüter – Summe der Schulden des Betriebes – zulässige Abzüge).

**401** Was ist Grundsteuer?

Bei der **Grundsteuer**

- wird der Grundbesitz besteuert, d. h. Grundvermögen (insbesondere Wohngrundstücke mit Gebäuden und Betriebsgrundstücke);
- ist der **Einheitswert** des Grundbesitzes Grundlage der Berechnung (die Steuerbehörden ermitteln für Besteuerungszwecke den Wert des Vermögens);
- wird der Steuersatz als Hebesatz von den Gemeinden festgelegt (Gemeindesteuer).

**402** Was ist Umsatzsteuer?

Nach dem Umsatzsteuergesetz unterliegen der **Umsatzsteuer** (Mehrwertsteuer) Lieferungen und Leistungen, die ein Unternehmen gegen Entgelt im Rahmen seines Unternehmens ausführt, die Einfuhr von Gegenständen aus Drittländern in das Inland (Einfuhrumsatzsteuer) sowie der innergemeinschaftliche Erwerb im Inland gegen Entgelt. Diese Umsätze werden als **steuerbare Umsätze** bezeichnet. Zur Besteuerung von Entnahmen durch einen Unternehmer aus seinem Unternehmen für private Zwecke siehe Seite 68.

Für die Besteuerung gilt:

- **Steuerbefreiungen** gibt es z. B. für Ausfuhrlieferungen, die Gewährung von Krediten, Umsätze im Zahlungs- und Überweisungsverkehr, Umsätze von Wertpapieren, die Vermietung und Verpachtung von Grundstücken und die Umsätze von Ärzten, Zahnärzten, Heilpraktikern und ähnlichen Berufen;
- der **Steuersatz** beträgt i. d. R. 16 % der Bemessungsgrundlage;
- der Steuersatz ermäßigt sich auf 7 % z. B. für Lebensmittel, Waren des Buchhandels und für Kunstgegenstände;
- für den Verbraucher erhöht sich bei einer Preissteigerung der von ihm zu zahlende Steuerbetrag.

Der Unternehmer ist berechtigt, Rechnungen auszustellen, in denen die Steuer gesondert ausgewiesen wird. Ist der Käufer ein Unternehmer, ist der Verkäufer auf Verlangen des Käufers zur Rechnungsausstellung mit gesondertem Steuerausweis verpflichtet.

Vgl. zur Umsatzsteuer (Mehrwertsteuer) auch Buchführung Seite 65 f.

1 Die Vermögensteuer wird seit 1. Januar 1997 nicht mehr erhoben.

**403** Was ist Grunderwerbsteuer?

Bei der **Grunderwerbsteuer**

- wird der Erwerb (i.d.R. Kauf) von Grundstücken besteuert,
- beträgt der Steuersatz i.d.R. 3,5% vom Kaufpreis.

**404** Nennen Sie wichtige Steuertermine!

Wichtige **Steuertermine** sind für die

- Einkommensteuer und Körperschaftsteuer: 10.03., 10.06., 10.09. und 10.12.;
- Gewerbesteuer und Grundsteuer: 15.02., 15.05., 15.08. und 15.11. (bei diesen Gemeindesteuern sind abweichende Termine möglich);
- Umsatzsteuer und einbehaltene Lohn- und Kirchensteuer: monatlich am 10. (gilt für Monatszahler).

# 7 Wirtschaftsordnung

**405** Unterscheiden Sie Ideal- und Realtypen!

**Idealtypen** der Wirtschaftsordnung sind theoretische Modelle für die Gestaltung einer Volkswirtschaft. Sie kommen in der wirtschaftlichen Wirklichkeit in ihrer reinen Form, der

- freien Marktwirtschaft oder
- Planwirtschaft,

nie vor.

**Realtypen** sind Wirtschaftsordnungen der Wirklichkeit. Je nach Gesellschaftsordnung erfolgt eine Orientierung an einem der beiden Idealtypen.

**406** Was ist freie Marktwirtschaft?

Die **freie Marktwirtschaft** stellt das Individuum in den Mittelpunkt **(individualistische Wirtschaftsordnung);** sie ist gekennzeichnet durch

- freien Wettbewerb, Angebot und Nachfrage bestimmen den Preis (Marktmechanismus);
- offene Märkte (freier Marktzugang für jeden Marktteilnehmer);
- Individualplanung und individuelles Risiko;
- Vertragsfreiheit;
- Gewerbefreiheit, jeder kann auf dem Markt beliebige Güter anbieten (Markt als oberste Lenkungsinstanz);
- Streben nach maximalem Gewinn (erwerbswirtschaftliches Prinzip);
- Konsumfreiheit, jeder kann auf dem Markt beliebige Güter nachfragen;
- Investitionsfreiheit, der Unternehmer kann frei über die Verwendung seiner finanziellen Mittel entscheiden;
- Privateigentum;
- freie Berufswahl und freie Wahl des Arbeitsplatzes;
- untergeordnete Rolle des Staates;
- Zwang zur demokratischen Gesellschaftsordnung;
- freie Austauschbarkeit der Währungen.

**407** Was ist Planwirtschaft?

Die **Planwirtschaft** (Zentralverwaltungswirtschaft) stellt den Staat in den Vordergrund **(kollektivistische Wirtschaftsordnung);** sie ist gekennzeichnet durch

- gesellschaftliches Eigentum an Produktionsmitteln (Staatseigentum, Kollektiveigentum),
- totale Regelung der gesamten Produktion durch Jahrespläne (Prinzip der Planerfüllung; Kollektivplanung),
- Regelung des Marktgeschehens durch den Staat (vorgeschriebene Preise und Mengen; zentral gelenkter Verbrauch und zentral gelenkte Investitionen),

- staatliche Regelung der Berufswahl und der Wahl des Arbeitsplatzes,
- Bedarfsdeckungsprinzip,
- untergeordnete Bedeutung der Freiheit des Individuums,
- Zwang zur totalitären Gesellschaftsordnung.

**408** Was ist soziale Marktwirtschaft?

**Soziale Marktwirtschaft** ist ein Wirtschaftssystem, dessen Ziel es ist, die Initiative des Einzelnen mit sozialem Fortschritt und sozialer Sicherheit zu verbinden.

Leitlinien der sozialen Marktwirtschaft sind:

- marktwirtschaftlicher Wettbewerb unter Beachtung staatlich festgesetzter Wettbewerbsregeln (z.B. Kartellgesetz);
- erwerbswirtschaftliches Prinzip;
- Privateigentum (verankert im Grundgesetz), wobei das Verfügungsrecht beim Eigentum an Produktionsmitteln durch die Mitbestimmung eingeschränkt ist;
- Sozialbindung des Eigentums, d.h., der Gebrauch des Eigentums soll zugleich dem Wohle der Allgemeinheit dienen (lt. Grundgesetz);
- wirtschaftspolitische Aufgaben des Staates (Stabilität, Vollbeschäftigung, Wachstum, außenwirtschaftliches Gleichgewicht);
- soziale Aufgaben des Staates (Sozialgesetzgebung);
- Tarifautonomie der Sozialpartner;
- Abwägen der Interessen des Einzelnen und der Gesellschaft.

**409** Nennen Sie die Vorteile der sozialen Marktwirtschaft!

Die soziale Marktwirtschaft beinhaltet Elemente der freien Marktwirtschaft (Freiheit des Individuums) und der Planwirtschaft (Vorrang des Staates).

Vorteile dieses Systems sind:

- staatliche Regelungen zum Ausgleich der sozialen Härten der (totalen) freien Marktwirtschaft, in welcher das Leistungsprinzip allein entscheidend ist (z.B. sind Kranke, Jugendliche, Schwerbehinderte, alte Menschen durch Gesetze sozial abgesichert);
- möglichst großer Freiheitsraum des Einzelnen, d.h. weitgehende Autonomie der Unternehmen und Haushalte.

# 8 Wirtschaftspolitik in der sozialen Marktwirtschaft

## 8.1 Wirtschaftskreislauf

**410** Erläutern Sie den erweiterten Wirtschaftskreislauf!

Der erweiterte **Wirtschaftskreislauf** beinhaltet die wirtschaftlichen Transaktionen zwischen gleichartigen Wirtschaftseinheiten (Sektoren des Wirtschaftskreislaufs). Vereinfachend kann man den Wirtschaftskreislauf wie folgt darstellen (siehe auch Wirtschafts- und Sozialkunde, Frage 10):

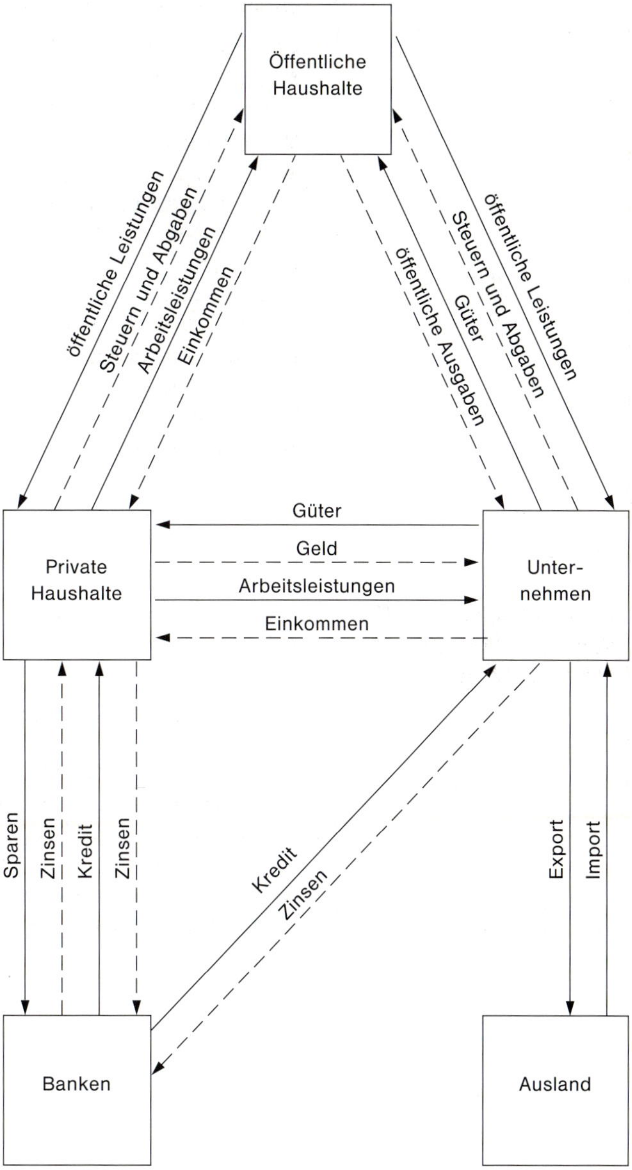

## 8.2 Nationaleinkommen und Volkseinkommen

**411** Was versteht man unter Bruttowertschöpfung?

Der **Produktionswert** einer Volkswirtschaft entspricht dem Produkt von produzierten Gütermengen und jeweiligen Herstellungspreisen in einem Jahr.

Die **Bruttowertschöpfung** ist die Differenz von Produktionswert und Vorleistungen (Produktionswert der vorherigen Stufen).

**412** Wie wird das Volkseinkommen (ausgehend von der Bruttowertschöpfung) berechnet?

Ausgehend von der Bruttowertschöpfung wird das **Volkseinkommen** wie folgt berechnet:

**Bruttowertschöpfung**
\+ Gütersteuern
− Gütersubventionen

= **Bruttoinlandsprodukt**
\+ Saldo der Primäreinkommen aus der übrigen Welt

= **Bruttonationaleinkommen**
− Abschreibungen

= **Nettonationaleinkommen** (Primäreinkommen)
− Produktions- und Importabgaben
\+ Subventionen

= **Volkseinkommen**

**413** Welche Bedeutung hat die volkswirtschaftliche Gesamtrechnung?

Die **volkswirtschaftliche Gesamtrechnung** stellt das wirtschaftliche Geschehen einer Volkswirtschaft in einem Jahr dar; sie

- liefert umfangreiches Zahlenmaterial über die Leistungsfähigkeit einer Volkswirtschaft,
- gibt durch die Zusammensetzung der Bruttowertschöpfung Auskunft über die Wirtschaftsstruktur eines Landes,
- ermöglicht Vergleiche der ökonomischen Aktivitäten einer Volkswirtschaft während verschiedener Perioden und gibt somit Auskunft über das Wirtschaftswachstum,
- ermöglicht Vergleiche der wirtschaftlichen Leistungsfähigkeit verschiedener Länder mit Hilfe von Kennziffern (z.B. Pro-Kopf-Einkommen) und lässt damit Rückschlüsse auf den Lebensstandard in den einzelnen Volkswirtschaften zu.

**414** Unterscheiden Sie Inlands- und Inländerkonzept!

Bei der volkswirtschaftlichen Gesamtrechnung unterscheidet man:

- **Inlandskonzept,** die Produktionsseite steht im Vordergrund (ermittelt wird die Leistung im Inland);
- **Inländerkonzept,** die Einkommensseite steht im Vordergrund (ermittelt wird das Einkommen aller Inländer).

**Bruttoinlandsprodukt** (Inlandskonzept)
\+ von Inländern im Ausland bezogene Einkommen
− von Ausländern im Inland bezogene Einkommen

= **Bruttonationaleinkommen** (Inländerkonzept)

## 8.3 Wirtschaftsschwankungen

415 Nennen Sie Gründe für Wirtschaftsschwankungen!

Die volkswirtschaftlichen Güter- und Geldströme verlaufen nicht harmonisch, sondern sind ständig Veränderungen unterworfen; diese werden als Wirtschaftsschwankungen bezeichnet.

Hauptgründe für **Wirtschaftsschwankungen** sind:

- Veränderungen der Nachfrage,
- Veränderungen des Angebots,
- Maßnahmen des Staates (Fiskalpolitik),
- Veränderungen des Außenhandels.

416 Was sind saisonale Schwankungen?

**Saisonale Schwankungen**

- sind jahreszeitlich bedingte Nachfrageveränderungen (z. B. Speiseeis im Sommer, Skier im Winter),
- betreffen nur wenige Wirtschaftszweige,
- sind vorhersehbar und die Unternehmer können sich darauf einstellen.

417 Was sind strukturelle Schwankungen?

**Strukturelle Schwankungen**

- sind bedingt durch tief greifende Nachfrageänderungen (z. B. Kohlekrise, Stahlkrise);
- sind nicht vorübergehend, sondern von Dauer;
- betreffen nur wenige Wirtschaftszweige;
- erfordern langwierige Anpassungsprozesse;
- führen möglicherweise zu schweren Strukturkrisen (Auflösung zahlreicher Betriebe der betroffenen Branche).

418 Was sind konjunkturelle Schwankungen?

**Konjunkturelle Schwankungen**

- sind periodische (wiederkehrende) Schwankungen,
- können mehrere Jahre umfassen,
- sind nicht so regelmäßig wie die saisonalen Schwankungen,
- sind nicht vorhersehbar,
- betreffen die gesamte Wirtschaft,
- können zu schweren volkswirtschaftlichen Krisen führen,
- können vor allem mit Hilfe des Indikators Auftragseingänge erkannt werden **(Konjunkturindikator).**

419 Was ist der Konjunkturzyklus?

Die **Konjunkturschwankungen** lassen sich in Teilabschnitte, die so genannten Konjunkturphasen, zerlegen, die (theoretisch) in gleicher Reihenfolge auftreten:

- Hochkonjunktur (I),
- Rezession (II),
- Depression (III),
- Aufschwung (IV).

Die Konjunkturschwankungen verlaufen als zyklische Wirtschaftsschwankungen um den **Trend,** d. h. um die langfristige wirtschaftliche Entwicklung.

Die vier Phasen bezeichnet man als **Konjunkturzyklus.**

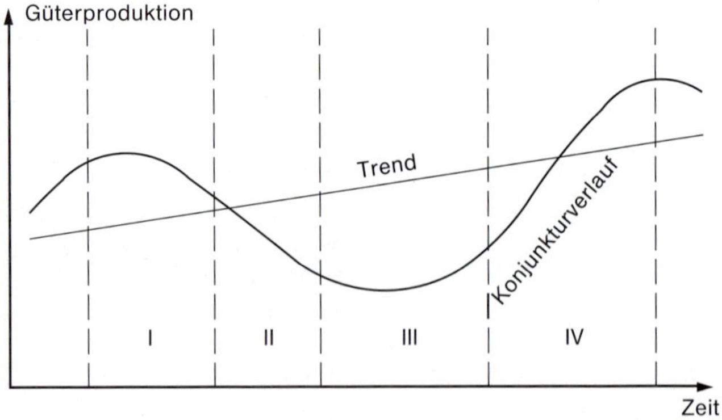


420 Wodurch ist die Hochkonjunktur gekennzeichnet?

Die Phase der **Hochkonjunktur (Boom)** ist gekennzeichnet durch

- hohe Nachfrage nach Gütern,
- steigende Güterpreise,
- steigende Löhne (Lohn-Preis-Spirale),
- hohes Zinsniveau,
- volle Auslastung der Produktionskapazitäten,
- hohe Nachfrage nach Arbeitskräften, Maschinen und Rohstoffen.

421 Wodurch ist die Rezession gekennzeichnet?

Die Phase der **Rezession (Abschwung)** ist gekennzeichnet durch

- Abschwächung der Hochkonjunktur,
- pessimistische Beurteilung der Wirtschaftslage,
- Rückgang der Nachfrage,
- überfüllte Läger,
- Abbau von Überstunden und beginnende Kurzarbeit,
- fehlende Investitionen,
- teilweise Stilllegung von Produktionsanlagen,
- stagnierende bzw. sinkende Preise, Löhne und Zinsen.

422 Wodurch ist die Depression gekennzeichnet?

Die Rezession führt zur **Depression (Tiefstand);** diese ist gekennzeichnet durch

- anhaltenden Rückgang der Nachfrage,
- geringe Gewinnerwartung der Unternehmer und sinkende Investitionsneigung,
- geringe Produktion,
- vermehrte Auflösung von Betrieben,
- Arbeitslosigkeit,
- niedriges Preis- und Lohnniveau,
- weit verbreiteten Pessimismus.

423 Wodurch ist der Aufschwung gekennzeichnet?

An die Depression schließt sich die Phase des **Aufschwungs (Expansion)** an; diese ist bestimmt durch

- optimistische Erwartungen der Nachfrager und Anbieter,
- Steigerung der Nachfrage (verstärkte Auftragseingänge in den Unternehmen),
- erhöhte Produktion,
- Rückgang der Arbeitslosigkeit,
- wachsende Investitionsbereitschaft der Unternehmer (steigende Nachfrage nach Investitionsgütern),
- steigende Preise, Löhne und Zinsen.

424 Unterscheiden Sie Inflation und Deflation!

Befinden sich (nachfragewirksame) Geldmenge und (angebotene) Gütermenge im Gleichgewicht, liegt Geldwertstabilität vor.

Bei einer Störung des Gleichgewichts spricht man von

- **Inflation** (Geldaufblähung): eine Überversorgung der Wirtschaft mit Geld, d.h., die gesamtwirtschaftliche Nachfrage nach Gütern übersteigt das gesamtwirtschaftliche Angebot;
- **Deflation** (Geldschrumpfung): eine Unterversorgung der Wirtschaft mit Geld, d.h., das gesamtwirtschaftliche Angebot von Gütern übersteigt die gesamtwirtschaftliche Nachfrage.

425 Welche Faktoren verursachen eine Inflation?

**Ursachen einer Inflation** können sein:

- überhöhte private, staatliche oder ausländische Nachfrage nach Gütern;
- übermäßige Geldschöpfung durch die Europäische Zentralbank;
- überhöhte Kreditgewährung der Banken an die private Wirtschaft;
- überzogene Lohnpolitik der Gewerkschaften bzw. überhöhte Preisforderungen der Unternehmer (Lohn-Preis-Spirale);
- allgemeine Kostensteigerungen (z.B. Rohstoffkosten);
- anhaltend hohe Zahlungsbilanzüberschüsse (d.h., die durch den Export erzielten Devisen werden im Inland bzw. im Eurowährungsraum umgetauscht und erhöhen die inländische Geldmenge).

426 Welche Folgen hat eine Inflation?

**Folgen einer Inflation** sind:

- Preissteigerungen, d.h. Geldentwertung bzw. Kaufkraftschwund (Lohn- und Gehaltsempfänger müssen einen Kaufkraftverlust hinnehmen, wenn die Inflationsrate über der tariflichen Erhöhung der Gehälter liegt);
- erhöhte Produktion wegen der hohen Scheingewinne und der starken Nachfrage;



15 Groh/Schröer – ISBN 3-8120-0423-2

- steigende Umlaufgeschwindigkeit des Geldes (weitere Preissteigerungen);
- das Vertrauen in das Geld schwindet;
- Flucht in Sachwerte (Rückkehr zum Naturaltausch);
- Sparguthaben werden abgehoben, rückläufige Kapitalbildung;
- Nachteile für Gläubiger, Vorteile für Schuldner (der Schuldner zahlt nominal den vereinbarten Betrag zurück, aber der Realwert des zurückgezahlten Geldbetrages ist niedriger).

**427** Unterscheiden Sie schleichende und galoppierende Inflation!

Bei einer **schleichenden Inflation** (inflatorische Tendenz) steigen die Preise langsam, fast unmerklich.

Bei einer **galoppierenden Inflation** steigen die Preise äußerst schnell und ins Unermessliche; die Geldmenge erhöht sich rasend. Dem Staat bleibt nur die Möglichkeit, das überflüssige Geld (den Kaufkraftüberhang) durch eine Währungsreform zu beseitigen. Das alte Geld wird ungültig und durch neues ersetzt, dessen Menge dem Güterangebot entspricht.

**428** Was bedeutet importierte Inflation?

Preissteigerungen im Inland, welche durch außenwirtschaftliche Einflüsse (z.B. Ansteigen der Nachfrage im Inland aufgrund einer Inflation im Ausland, Kostensteigerungen im Inland aufgrund gestiegener Rohstoffpreise im Ausland) verursacht werden, bezeichnet man als **importierte Inflation.**

**429** Was ist Stagflation?

**Stagflation** ist Stillstand des realen Wirtschaftswachstums (Stagnation) bei gleichzeitiger Geldentwertung (Inflation).

Die Stagflation ist schwer zu bekämpfen, weil

- Maßnahmen zur Überwindung der Stagnation die Inflation verstärken,
- Maßnahmen zur Überwindung der Inflation die Stagnation verschärfen.

**430** Welche Ursachen hat die Deflation?

**Ursachen einer Deflation** können sein:

- Rückgang der Nachfrage,
- Horten von Geld,
- übermäßige Besteuerung,
- Kreditscheu der Unternehmer,
- zu teure Kredite,
- Rückgang der Auslandsnachfrage.

**431** Welche Folgen hat eine Deflation?

**Folgen einer Deflation** sind:

- Sinken der Preise (Geldwertsteigerung),
- Verminderung der Gewinne,
- Produktionseinschränkungen,

- Rückgang der Investitionen,
- Rückgang der Beschäftigung (zunehmende Arbeitslosigkeit),
- zunehmende Insolvenzen (siehe Seite 301 f.),
- Vorteile für Gläubiger, Nachteile für Schuldner.

**432** Unterscheiden Sie die Beschäftigungslagen auf dem Arbeitsmarkt!

Entsprechend dem Verhältnis der Zahl der Erwerbsfähigen und Erwerbswilligen in einer Volkswirtschaft zur Zahl der tatsächlich Beschäftigten unterscheidet man:

- **Vollbeschäftigung,** d.h., nur wenige arbeitsfähige und arbeitswillige Erwerbspersonen sind arbeitslos;
- **Unterbeschäftigung** (Arbeitslosigkeit), d.h., arbeitsfähige und arbeitswillige Personen finden keinen Arbeitsplatz;
- **Überbeschäftigung,** d.h., die Zahl der Arbeitslosen sinkt auf ein Minimum und freie Arbeitsplätze können nicht besetzt werden.

**433** Welche Arten der Arbeitslosigkeit gibt es?

Die Arbeitslosigkeit wird unterschieden in

- **saisonale Arbeitslosigkeit:** Sie ist jahreszeitlich bedingt (z.B. im Baugewerbe);
- **friktionelle Arbeitslosigkeit:** Sie liegt vor, wenn Arbeitnehmer einen Arbeitsplatz aufgeben mussten (z.B. bei Betriebsauflösung) und kurzfristig noch kein weiteres Arbeitsverhältnis eingegangen sind;
- **strukturelle Arbeitslosigkeit:** Sie umfasst bestimmte Bereiche und es bedarf enormer Anstrengungen zu ihrer Überwindung (z.B. Krisen im Bergbau);
- **konjunkturelle Arbeitslosigkeit:** Sie geht einher mit dem konjunkturellen Abschwung und kann in der Depressionsphase zur Massenarbeitslosigkeit führen;
- **technologische Arbeitslosigkeit:** Sie wird verursacht durch Automation und Rationalisierung.

**434** Was besagt die Arbeitslosenquote?

Die **Arbeitslosenquote** ist ein Maßstab für die Beschäftigungslage auf dem Arbeitsmarkt und berechnet sich wie folgt:

$$\text{Arbeitslosenquote} = \frac{\text{Zahl der Arbeitslosen} \cdot 100}{\text{Zahl der abhängigen Erwerbspersonen}^{1}}$$

Ein weiterer Maßstab ist die (absolute) Zahl der offenen Stellen in einer Volkswirtschaft oder in einem Teilbereich.

1 Beamte, Angestellte und Arbeiter sowie Arbeitslose.

## 8.4 Konjunkturpolitik

435 Welche Ziele verfolgt die staatliche Wirtschaftspolitik?

Nach dem **Stabilitätsgesetz** (Gesetz zur Förderung der Stabilität und des Wachstums der Wirtschaft) haben Bund und Länder bei ihrer **Wirtschaftspolitik** (wirtschafts- und finanzpolitische Maßnahmen) die Erfordernisse des gesamtwirtschaftlichen Gleichgewichts zu beachten.[1] Gesamtwirtschaftliches Gleichgewicht bedeutet, dass auf allen Märkten Marktgleichgewicht herrscht (Angebot = Nachfrage).

**Ziele der staatlichen Wirtschaftspolitik** sind:

- Stabilität des Preisniveaus,
- hoher Beschäftigungsstand (Vollbeschäftigung wird angestrebt),
- außenwirtschaftliches Gleichgewicht (Import = Export),
- stetiges und angemessenes Wirtschaftswachstum.

Bei diesen quantitativen Zielen spricht man auch vom **magischen Viereck.** Magisch deshalb, weil nicht alle Ziele gleichzeitig erreicht werden können, d.h., es gibt **Zielkonflikte** (Vollbeschäftigung und Wirtschaftswachstum sind z.B. oft mit Preissteigerungen verbunden).

Sonstige (qualitative) Ziele der Wirtschaftspolitik sind:

- gerechtere Einkommens- und Vermögensverteilung (soziales Ziel),
- Erhaltung einer lebenswerten Umwelt durch Umweltschutz (ökologisches Ziel).

Maßnahmen, die eingesetzt werden, um die quantitativen Ziele zu erreichen, bezeichnet man als **Konjunkturpolitik.** Werden quantitative und qualitative Ziele zusammengefasst, spricht man auch vom magischen Sechseck.

436 Nennen Sie Maßgrößen der Konjunkturpolitik!

Maßgrößen für die **Gestaltung der Konjunkturpolitik** sowohl in der Gemeinschaft als auch in den einzelnen nationalen Volkswirtschaften sind vor allem

- Entwicklung der Kaufkraft (Lebenshaltungskostenindex);
- Lohnquote, Sparquote;
- Arbeitslosenquote (siehe Seite 227);
- Zahlungsbilanz;
- Veränderung des realen Volkseinkommens (siehe Seite 234).

Zuständig für die Konjunkturpolitik sind in erster Linie die einzelnen Staaten der Gemeinschaft; die Europäische Zentralbank kann die konjunkturpolitischen Maßnahmen durch ihre Geldpolitik ergänzen, sofern dadurch die Geldwertstabilität nicht gefährdet wird.

---

1 Zu berücksichtigen ist nach dem Stabilitäts- und Wachstumspakt der Wirtschafts- und Währungsunion, dass der nationale Haushalt solide (nahezu ausgeglichen) ist.

437 Was versteht man unter dem Geldwert?

Der **Geldwert** entspricht der **Kaufkraft** des Geldes. Diese wird gemessen durch die Gütermenge, die man mit einer bestimmten Geldmenge kaufen kann.

Der Wert des Geldes ist abhängig vom allgemeinen Preisniveau (Durchschnitt aller Preise) einer Volkswirtschaft:

- Je höher das Preisniveau, desto niedriger ist der Geldwert;
- je niedriger das Preisniveau, desto höher ist der Geldwert.

Man unterscheidet den

- inneren Geldwert (Binnenwert des Geldes) = Kaufkraft des Geldes im Inland,
- äußeren Geldwert (Außenwert des Geldes) = Kaufkraft des inländischen Geldes im Ausland. Der äußere Geldwert wird durch den Wechselkurs des Geldes ausgedrückt.

438 Wie kann der Geldwert gemessen werden?

Die absolute Höhe des Geldwertes bzw. der Kaufkraft kann nicht bestimmt werden. Man ermittelt deshalb die Veränderungen der Kaufkraft im Zeitablauf mit Hilfe so genannter Preisindizes.

Der **Lebenshaltungskostenindex** misst die Veränderung des Geldwertes anhand der Preise der für die Lebenshaltung wichtigen Güter und Dienstleistungen. Ausgangspunkt ist der so genannte Warenkorb, der eine große Anzahl von Gütern und Dienstleistungen des typischen Verbrauchs enthält.

Ausgehend von einem Basisjahr, dessen Preise gleich 100% gesetzt werden, ermittelt man die prozentuale Veränderung der Preise (und damit auch die Veränderung der Kaufkraft) im Vergleich mit dem Basisjahr für einzelne Warengruppen (z.B. Nahrungs- und Genussmittel, Kleidung, Miete) und für die Lebenshaltung insgesamt. Preisveränderungen werden oft auch im Vergleich zum Vorjahr ermittelt.

439 Unterscheiden Sie Lohn- und Sparquote!

Unter der **Lohnquote** versteht man den prozentualen Anteil der Einkommen aus unselbstständiger Arbeit am Volkseinkommen.

Unter der **Sparquote** versteht man den prozentualen Anteil des gesamten Sparens der privaten Haushalte am Volkseinkommen.

440 Beschreiben Sie das Europäische System der Zentralbanken!

Das **Europäische System der Zentralbanken (ESZB)** soll vor allem die Preisstabilität des Euro innerhalb der Gemeinschaft gewährleisten (Stabilhaltung der Währung). Darüber hinaus soll sie die Wirtschaftspolitik in der Gemeinschaft unterstützen, allerdings nur dann, wenn dies die Preisstabilität nicht gefährdet.

Das ESZB ist zweistufig aufgebaut und setzt sich zusammen aus

- Europäischer Zentralbank (EZB) mit den Organen EZB-Rat und Direktorium; wesentliches Merkmal der EZB ist ihre Unabhängigkeit von Weisungen politischer Instanzen, und zwar sowohl auf nationaler wie auf EU-Ebene;
- nationalen Zentralbanken (Notenbanken, z.B. Deutsche Bundesbank, Banque de France).

Die Aufgabenverteilung im ESZB ist wie folgt geregelt:

- Die Europäische Zentralbank fasst die geldpolitischen Beschlüsse und erlässt die geldpolitischen Leitlinien (EZB-Rat) und sorgt für deren Umsetzung (Direktorium);
- die nationalen Zentralbanken übernehmen die technische Durchführung der geldpolitischen Beschlüsse.

Die **Europäische Zentralbank (EZB)** bzw. das Europäische Zentralbanksystem hat folgende grundlegende Aufgaben:

- Festlegung und Ausführung der Geldpolitik der Gemeinschaft,
- Durchführung von Devisengeschäften (Devisenpolitik),
- Verwalten der offiziellen Währungsreserven,
- Förderung eines reibungslosen Funktionierens der Zahlungssysteme.

**441** Wie ist die Ausgabe der Banknoten und Münzen geregelt?

Die Ausgabe der **Euro-Banknoten** und der **Euro-Münzen** ist wie folgt geregelt:

- Die Europäische Zentralbank hat das ausschließliche Recht, die Ausgabe von Banknoten innerhalb der Gemeinschaft zu genehmigen. Die EZB und die nationalen Zentralbanken sind zur Ausgabe von Banknoten berechtigt. Nur diese Banknoten gelten in der Gemeinschaft als gesetzliches Zahlungsmittel.
- Die Mitgliedstaaten haben das Recht zur Ausgabe von Münzen, wobei der Umfang dieser Ausgabe der Genehmigung durch die EZB bedarf.

**442** Nennen Sie die geldpolitischen Instrumente der Europäischen Zentralbank!

Zur Sicherung der Preisstabilität – als oberstes Ziel – und zur Unterstützung der Wirtschaftspolitik in der Gemeinschaft kann die Europäische Zentralbank folgende **geldpolitische Instrumente** einsetzen:

- Offenmarktgeschäfte,
- ständige Fazilitäten,
- Mindestreserven.

**443** Was sind Offenmarktgeschäfte?

**Offenmarktgeschäfte** sind das wichtigste Instrument der Geldmengensteuerung, d.h., die EZB steuert die Zinssätze und die Liquidität auf dem Kapitalmarkt und setzt Signale bezüglich ihres geldpolitischen Kurses.

Offenmarktgeschäfte können sein

- **Hauptrefinanzierungsoperationen,** den Kreditinstituten wird wöchentlich, und zwar jeweils für die begrenzte Laufzeit von zwei Wochen zu einem bestimmten Zinssatz, Liquidität zur Verfügung gestellt; die Sicherheit des Kredits wird durch ein Pfand gewährleistet (Pfandkredit);
- **längerfristige Refinanzierungsgeschäfte,** den Kreditinstituten wird monatlich, und zwar jeweils für die begrenzte Laufzeit von drei Monaten, Liquidität zur Verfügung gestellt (Pfandkredit); die Kreditinstitute geben an, zu welchem Zinssatz sie eine bestimmte Kreditsumme aufnehmen wollen;
- **Feinsteuerungsoperationen,** sie umfassen z. B. Käufe und Verkäufe von Wertpapieren bzw. Devisen; der Einsatz erfolgt nicht regelmäßig.

**444** Was sind ständige Fazilitäten?

**Ständige Fazilitäten** sind ein weiteres Instrument für die laufende Geldmarktsteuerung im Europäischen System der Zentralbanken. Die Kreditinstitute können auf die beiden folgenden ständigen Fazilitäten in eigener Initiative zurückgreifen, und zwar nur „über Nacht“ (d. h. für einen Geschäftstag):

- **Spitzenrefinanzierungsfazilität,** die Kreditinstitute nehmen den entsprechenden Kredit aufgrund des hohen Zinssatzes nur in Anspruch, wenn ein außergewöhnlicher Liquiditätsbedarf besteht;
- **Einlagefazilität,** die Kreditinstitute können ihre überschüssigen Guthaben in unbegrenzter Höhe anlegen, und zwar zu einem niedrigen Zinssatz.

**445** Was sind Mindestreserven?

Die Europäische Zentralbank verlangt von den Kreditinstituten, dass diese in Höhe eines bestimmten prozentualen Satzes (Reservesatz) ihrer Reservebasis (dazu zählen vor allem die Verbindlichkeiten gegenüber Kunden) die so genannte **Mindestreserve** bei ihr unterhalten; damit wird die Liquidität der Kreditinstitute gesteuert. Diese Mindestreserveguthaben werden durch die EZB verzinst. Die EZB legt die Reservesätze und damit die Höhe der Mindestreserven fest.

**446** Wie wird das geldpolitische Instrumentarium eingesetzt?

Die Europäische Zentralbank kann das **geldpolitische Instrumentarium** folgendermaßen einsetzen:

1. bei einer Gefährdung der Preisstabilität,
   - Offenmarktgeschäfte, z. B. Verkauf von Wertpapieren und Devisen an Kreditinstitute;
   - Einlagefazilitäten;
   - Erhöhung der Reservesätze (für die Mindestreserven);
2. bei einer Rezession und Depression (siehe Seite 224),
   - Offenmarktgeschäfte, z. B. Kauf von Wertpapieren und Devisen von Kreditinstituten;
   - Spitzenrefinanzierungsfazilitäten;
   - Herabsetzung der Reservesätze (für Mindestreserven).

447 **Welche Auswirkungen hat eine Verringerung der Geldmenge?**

Eine **Verringerung der Geldmenge** in der Gemeinschaft durch den Einsatz des geldpolitischen Instrumentariums (Politik des knappen Geldes) bewirkt z. B.

- Verminderung der Liquidität der Kreditinstitute,
- Ansteigen des gesamten Zinsniveaus,
- Rückgang der Kreditaufnahme durch Unternehmen sowie öffentliche und private Haushalte,
- Verteuerung der Investitionen (Investitionsrückgang),
- Nachfragerückgang,
- Dämpfung der Konjunktur,
- Stabilisierung des Preisniveaus (Geldwertstabilisierung).

448 **Welche Auswirkungen hat die Ausweitung der Geldmenge?**

Eine **Ausweitung der Geldmenge** (Politik des billigen Geldes) wirkt umgekehrt wie eine Verringerung der Geldmenge.

449 **Was ist Fiskalpolitik?**

Die **Fiskalpolitik** (Finanzpolitik) umfasst alle Maßnahmen, die der **Staat** ergreifen kann, um mit Hilfe von Veränderungen der Staatseinnahmen **(Einnahmenpolitik)** oder Staatsausgaben **(Ausgabenpolitik)** bestimmte wirtschaftspolitische Ziele zu erreichen. Bei der **antizyklischen** Fiskalpolitik vermindert der Staat in der Hochkonjunktur die Staatsausgaben und erhöht sie in der Rezession.

Zu den wichtigsten Maßnahmen gehören:

- Steuerpolitik (insbesondere Veränderungen der Einkommen- und Körperschaftsteuer),
- öffentliche Verschuldung (zur Finanzierung öffentlicher Aufträge),
- Subventionen (staatliche Zuschüsse an Unternehmen ohne Gegenleistung),
- Beeinflussung des privaten Konsums (Konsumanreize oder Konsumbesteuerung),
- Beeinflussung des Sparens (Sparprämien),
- Beeinflussung der Investitionsbereitschaft (Investitionssteuern bzw. -zuschüsse, Änderung der Abschreibungssätze).

Die Wirtschafts- und Finanzpolitik in der Europäischen Union bleibt zunächst Angelegenheit der einzelnen Mitgliedstaaten; sie wird aber als „Angelegenheit von gemeinsamem Interesse“ betrachtet. Das bedeutet, dass die Teilnehmerstaaten verpflichtet sind, „übermäßige“ Haushaltsdefizite zu vermeiden und eine stabilitätsorientierte Haushaltspolitik zu betreiben.

**450** Was ist Deficitspending?

**Deficitspending** ist staatliche Verschuldung zum Zweck der Konjunkturbelebung, d.h., Bund, Länder und Gemeinden nehmen verstärkt Kredite zur Finanzierung öffentlicher Investitionen auf (z.B. Umweltschutzmaßnahmen, Stadtsanierungen). Mit diesen Maßnahmen soll die Arbeitslosigkeit vermindert werden; gleichzeitig besteht jedoch die Gefahr von Preissteigerungen.

Dem Umfang der staatlichen Verschuldung sind durch die Stabilitätskriterien Grenzen gesetzt.

**451** Nennen Sie die Grenzen der Fiskalpolitik!

Dem erfolgreichen Einsatz der **Fiskalpolitik** stehen folgende Überlegungen gegenüber:

- Ein Großteil der Staatsausgaben ist langfristig festgelegt und kann nicht verändert werden,
- das Steuersystem ist nur in begrenztem Umfang veränderbar,
- Kürzungen der Staatsausgaben und Steuererhöhungen stoßen oft auf den Widerstand von Interessenverbänden und -gruppen,
- fiskalpolitische Maßnahmen wirken mit einer zeitlichen Verzögerung,
- die Wirkung von Maßnahmen zur Beeinflussung von Investitionen, Konsum und Sparen hängt letztlich vom Verhalten der Betroffenen ab,
- innerhalb der Gemeinschaft müssen die fiskalpolitischen Maßnahmen aller Mitgliedstaaten aufeinander abgestimmt werden (aufgrund von möglichen unterschiedlichen Interessen ist dies i.d.R. mit Schwierigkeiten verbunden),
- die Wirkung der Fiskalpolitik eines Landes ist von der Wirtschaftspolitik der Nicht-Mitgliedstaaten (z.B. USA) abhängig.

**452** Wie kann eine Hochkonjunktur abgeschwächt werden?

Eine **Hochkonjunktur** (oft verbunden mit einer inflationären Tendenz) wird abgeschwächt durch

1. monetäre Maßnahmen,
   - Offenmarktgeschäfte, z.B. Verkauf von Wertpapieren und Devisen an Kreditinstitute,
   - Einlagefazilitäten,
   - Erhöhung der Reservesätze (für Mindestreserven);
2. fiskalpolitische Maßnahmen,
   - Steuererhöhungen,
   - Bildung von Konjunkturrücklagen,
   - Verringerung der Staatsausgaben,
   - Konsum- und Investitionsbesteuerung,
   - Sparanreize (für private Haushalte),
   - Exportdrosselung.

**453** Wie kann eine Rezession überwunden werden?

Zur Überwindung einer **Rezession** werden die monetären und fiskalpolitischen Maßnahmen in umgekehrter Richtung wie zur Abschwächung der Hochkonjunktur eingesetzt.

## 8.5 Wachstum und Wachstumspolitik

**454** Unterscheiden Sie nominales und reales Wirtschaftswachstum!

Wirtschaftswachstum wird gemessen durch den Vergleich der Nationaleinkommen aufeinander folgender Jahre.

Wird das Nationaleinkommen mit den Preisen des jeweiligen Jahres bewertet, spricht man vom **nominalen Wirtschaftswachstum,** d. h., in der Wachstumsrate sind Preissteigerungen enthalten.

Bewertet man zu Preisen eines bestimmten Basisjahres, ermittelt man das **reale Wirtschaftswachstum.** Da in diesem Fall Preisbewegungen ausgeschaltet sind, ist eine Zunahme des Nationaleinkommens nur auf eine Vermehrung der erstellten Güter und Dienstleistungen zurückzuführen.

Steigt in einem bestimmten Jahr das Nationaleinkommen (Volkseinkommen) stärker als die Preissteigerungsrate, liegt ebenfalls reales Wirtschaftswachstum vor.

**455** Begründen Sie die Notwendigkeit des Wirtschaftswachstums!

**Wirtschaftswachstum** dient

- der Steigerung des Lebensstandards,
- dem Abbau sozialer Spannungen durch eine gleichmäßigere Einkommens- und Vermögensverteilung,
- der Erfüllung zahlreicher Aufgaben durch den Staat,
- der Erhaltung und Förderung der sozialen Sicherheit,
- der Sicherung von Arbeitsplätzen.

**456** Nennen Sie Bedingungen des Wirtschaftswachstums!

**Wirtschaftswachstum** wird ermöglicht durch

- Arbeitsangebot (ist abhängig von der Zahl der Erwerbstätigen und deren Ausbildung),
- Neuinvestitionen (möglich durch Kapitalbildung),
- technischen Fortschritt,
- Erschließung von Rohstoffvorkommen (Ressourcen),
- Ausbau der Infrastruktur.

457 Nennen Sie Probleme des Wirtschaftswachstums!

Das **quantitative** (rein mengenmäßige) **Wachstum** beinhaltet folgende Gefahren:

- Ausbeutung vorhandener Rohstoff- und Energiequellen,
- steigende Umweltbelastung durch Unternehmen und Haushalte (Beispiele: giftige Abgase und Abwässer),
- Umweltzerstörung (Beispiel: Waldrodung).

Aufgrund dieser Gefahren wird das quantitative durch das **qualitative** Wachstum ersetzt, welches zu mehr Lebensqualität führen soll, und zwar durch

- Rohstoff und Energie sparende Technologien,
- Verminderung der Umweltbelastung und Erhaltung der Umwelt.

# IV. Einzelhandelsbetriebslehre

## 1 Der Einzelhandelsbetrieb

### 1.1 Aufgaben des Einzelhandels

1 Was ist ein Einzelhandelsbetrieb?

Nach § 1 des Einzelhandelsgesetzes betreibt **Einzelhandel,** wer gewerbsmäßig Waren anschafft und sie unverändert oder nach im Einzelhandel üblicher Be- und Verarbeitung in einer oder mehreren offenen Verkaufsstellen zum Verkauf an jedermann feilhält.

2 Welche Bedeutung hat der Einzelhandelsbetrieb?

Der **Einzelhandelsbetrieb** ist der Mittler zwischen Produktionsbetrieben bzw. Großhandelsbetrieben auf der einen Seite und Verbrauchern (Konsumenten, Nachfrager, private Haushalte) auf der anderen Seite.

Für den Weg einer Ware von der Herstellung bis zum Verbrauch (Absatzkette) gibt es zwei Möglichkeiten:

- Produktionsbetrieb ⇒ Großhandelsbetrieb ⇒ Einzelhandelsbetrieb ⇒ Verbraucher;
- Produktionsbetrieb ⇒ Einzelhandelsbetrieb ⇒ Verbraucher.

3 Unterscheiden Sie Einzel- und Großhandel!

Der **Einzelhandel** verkauft die Waren, die er in größeren Mengen entweder von Produzenten oder Großhändlern bezieht, in kleinen Mengen an den Endverbraucher.

Der **Großhandel** verkauft die Waren an Wiederverkäufer (z. B. Einzelhandelsbetriebe), an Produktionsbetriebe (z. B. Industrie- und Handwerksbetriebe) und an Großverbraucher (z. B. Behörden, Krankenanstalten).

4 Welche Aufgaben hat der Einzelhandel?

Der Einzelhandel übernimmt folgende Aufgaben **(Einzelhandelsfunktionen):**

- **Raumüberbrückung,** d. h., der Einzelhandel bringt die Waren vom Hersteller oder Großhändler zum Verbraucher und überbrückt damit die räumliche Entfernung zwischen Hersteller bzw. Großhändler und Verbraucher (Funktion des räumlichen Ausgleichs, **Transportfunktion**);
- **Zeitüberbrückung,** d. h., der Einzelhandel überbrückt die Zeit zwischen Produktion und Verbrauch durch die Lagerhaltung (Funktion des zeitlichen Ausgleichs);
- **Lagerhaltung,** d. h., der Einzelhandel kann aufgrund der Lagerhaltung stets den Bedarf der Kunden decken (Lagerfunktion);
- **Markterschließung,** d. h., der Einzelhandel eröffnet neue Märkte, indem er durch eigene absatzpolitische Maßnahmen mithilft, ein Produkt am Markt einzuführen;

- **Produktionslenkung,** d.h., der Einzelhandel bestimmt über sein Angebot, welche Güter produziert werden;
- **Sortimentsbildung,** d.h., der Einzelhandel stellt aus den meist engen Sortimenten von Herstellern und Großhändlern kundengerechte Sortimente zusammen (Funktion des qualitativen Ausgleichs);
- **Mengenausgleich,** d.h., der Einzelhandel kauft üblicherweise größere Mengen ein und verkauft sie in kleinen Mengen an die Konsumenten (Funktion des quantitativen Ausgleichs);
- **Beratung und Information,** d.h., der Einzelhandel berät und informiert die Konsumenten z.B. über technische Merkmale, Anwendungsmöglichkeiten, Bedienung und Wartung der Waren; außerdem informiert der Einzelhandel die Hersteller z.B. über Kundenwünsche und Kundenbeschwerden;
- **Verkauf (Absatz),** d.h., der Einzelhandel übernimmt für Produzenten und Großhändler den Verkauf der Waren an die Endverbraucher;
- **Kundendienst,** d.h., der Einzelhandel bietet freiwillig zusätzliche Leistungen vor dem Kauf (z.B. technische Beratung) und nach dem Kauf (z.B. Wartung und Reparatur) an;
- **Kreditgewährung,** d.h., der Einzelhandel bietet seinen Kunden die Möglichkeit des Kreditkaufs in Form von Ziel- und Ratenkauf;
- **Produktwerbung,** d.h., der Einzelhandel übernimmt für den Hersteller teilweise die Werbung für dessen Produkte.

## 1.2 Betriebsformen des Einzelhandels

5 Nennen Sie die Betriebsformen des Einzelhandels (Überblick)!

Die **Betriebsformen des Einzelhandels** werden unterschieden nach

1. Sortiment,
   - Gemischtwarengeschäft,
   - Warenhaus,
   - Kleinpreisgeschäft,
   - Verbrauchermarkt,
   - Fachgeschäft,
   - Spezialgeschäft,
   - Kaufhaus,
   - Supermarkt,
   - Diskonthaus;
2. Verkaufsform,
   - Bedienungsgeschäft,
   - Vorwahlsystem,
   - Selbstbedienungsgeschäft;

3. Sonderformen
   - Versandgeschäft,
   - Automatengeschäft,
   - Einkaufszentrum,
   - Filialgeschäft,
   - Wanderhandel;
4. neuen Entwicklungen,
   - Fachmarkt,
   - Mehrfachmarkt,
   - Fabrikladen und Factory-Outlet-Center,
   - Off-Price-Geschäft,
   - Partie-Discounter,
   - Discount-Catalogue-Showroom;
5. Art des Einkaufens,
   - Event-Shopping (Erlebnis-Einkauf),
   - Electronic-Shopping (Einkaufen im Internet).

**6** Unterscheiden Sie Gemischtwarengeschäft, Warenhaus, Kleinpreisgeschäft und Verbrauchermarkt!

Das **Gemischtwarengeschäft,**[1] das überwiegend in ländlichen Gebieten und in Kleinstädten anzutreffen ist, führt neben Lebensmitteln auch z.B. Textilien, Schreibwaren, Haushaltswaren (breites und flaches Sortiment).

Das **Warenhaus** ist eine Weiterentwicklung des Gemischtwarengeschäftes zu einem relativ großen Einzelhandelsbetrieb. Es bietet in mehreren Abteilungen neben Lebensmitteln Waren zahlreicher Branchen an wie z.B. Textilien, Möbel, Fotoartikel, Sportartikel (breites und mehr oder weniger tiefes Sortiment). Warenhäuser sind überwiegend in den Zentren größerer Städte angesiedelt (z.B. Karstadt, Kaufhof).

Das **Kleinpreisgeschäft** ist ebenfalls eine Weiterentwicklung des Gemischtwarengeschäftes. Es bietet vorwiegend Waren aus vielen Branchen zu niedrigen Preisen an (breites und mehr oder weniger tiefes Sortiment) und ist vor allem in den Zentren größerer Städte anzutreffen (z.B. Kaufhalle, Woolworth).

Der **Verbrauchermarkt** bietet in großen Verkaufshallen Waren zahlreicher Branchen (breites und oft auch tiefes Sortiment) in Selbstbedienungsform zu niedrigen Preisen an. Verbrauchermärkte sind in den Randbezirken oder außerhalb von Städten anzutreffen. Der Standort liegt verkehrsgünstig und bietet zahlreiche Parkmöglichkeiten.

**7** Unterscheiden Sie Fachgeschäft, Spezialgeschäft und Kaufhaus!

Das **Fachgeschäft** bietet Waren einer Warengruppe in vielen Ausführungen, Preislagen und Qualitätsstufen an (enges und tiefes Sortiment). Fachgeschäfte befinden sich in den Zentren von Städten (z.B. Textilgeschäft, Sportartikelgeschäft).

Das **Spezialgeschäft** ist eine Sonderform des Fachgeschäfts und bietet Waren einer Warenart in sehr vielen Ausführungen,

1 Diese Betriebsform verliert immer mehr an Bedeutung.

Preislagen und Qualitätsstufen an (sehr enges und sehr tiefes Sortiment). Spezialgeschäfte sind in den Zentren von größeren Städten anzutreffen (z.B. Jeansfachgeschäft).

Das **Kaufhaus** ist eine Weiterentwicklung des Fachgeschäftes zu einem großen Einzelhandelsbetrieb. Es bietet Waren einer Warengruppe (z.B. Textilien, Möbel) in vielen Ausführungen, Preislagen und Qualitätsstufen an (enges und tiefes Sortiment). Kaufhäuser befinden sich in den Zentren größerer Städte (z.B. C&A, Peek & Cloppenburg).

8 Was ist ein Supermarkt?

Der **Supermarkt** bietet neben dem (tiefen) Kernsortiment Lebensmittel noch eine Reihe anderer Warengruppen (flaches Sortiment) an, wie z.B. Drogerieartikel, Schreibwaren und Zeitschriften, Haushaltswaren. Supermärkte haben die Gemischtwarengeschäfte verdrängt und sind in ländlichen Gebieten und in allen Städten anzutreffen. Der Verkaufsraum ist stets ebenerdig und hat eine Verkaufsfläche von mindestens 400 $m^2$. Die Verkaufsform im Supermarkt ist stets die Selbstbedienung.

9 Was ist ein Diskonthaus?

Das **Diskonthaus** bietet vor allem Lebensmittel als Kernsortiment (eng und flach) an, u.U. ergänzt durch Randsortimente wie z.B. Textilien, Blumen, Reinigungsmittel. Durch den Verzicht auf eine aufwendige Ladengestaltung, auf Bedienung und Beratung durch Verkaufspersonal und durch den Verzicht auf Markenartikel im Sortiment werden Waren zu sehr niedrigen Preisen angeboten. Bei den angebotenen Waren handelt es sich vor allem um Güter mit einer sehr hohen Umschlagshäufigkeit. Diskonthäuser sind vor allem in den Randlagen von Städten anzutreffen (z.B. Aldi).

10 Unterscheiden Sie Bedienungsgeschäft, Vorwahlsystem und Selbstbedienungsgeschäft!

Im **Bedienungsgeschäft** wird der Kunde während des gesamten Aufenthaltes im Geschäft von dem Verkaufspersonal betreut. Die Verkäuferin bzw. der Verkäufer berät den Kunden, erklärt ihm die Ware und unterstützt ihn bei der Auswahl der Ware. Diese Verkaufsform der Vollbedienung findet vor allem bei erklärungsbedürftigen Waren (z.B. Fotoartikel, Computer, Videokameras) und bei Luxusartikeln (z.B. Pelze, Schmuck, Modellkleider) Anwendung. Als Nachteil der Vollbedienung wird oft ein Kaufzwang aus der Sicht des Kunden angeführt.

Beim **Vorwahlsystem** kann sich der Kunde ungezwungen einen Überblick über das Warenangebot verschaffen. Der Kunde kann die Waren, die alle für ihn leicht zugänglich sind, selbstständig begutachten (anfassen, ausprobieren, anprobieren) und seine Auswahl treffen. Eine Beratung durch das Bedienungspersonal erfolgt nur dann, wenn der Kunde dies ausdrücklich wünscht. Anzutreffen ist diese Verkaufsform vor allem in Waren- und Kaufhäusern.

Beim **Selbstbedienungsgeschäft** wählt der Kunde völlig selbstständig aus dem Angebot durchwegs problemloser

Waren aus. Eine Bedienung und Beratung findet, wenn überhaupt, nur in sehr geringem Umfang statt. Der Kunde kann im Selbstbedienungsgeschäft schnell und ungezwungen einkaufen. Diese Verkaufsform, die überwiegend im Lebensmitteleinzelhandel anzutreffen ist, bewirkt eine Personaleinsparung (Kostensenkung) sowie eine Umsatzsteigerung (verstärkte Impulskäufe); allerdings ist auch eine Zunahme von Ladendiebstählen zu verzeichnen.

Große Selbstbedienungsgeschäfte werden auch als **Cash-and-Carry** (C&C) bezeichnet; der Kunde bezahlt den Kaufpreis bar (cash) und nimmt die Ware mit (carry). Unter Cash-and-Carry versteht man auch den Selbstbedienungs-Großhandel.

11 Was ist ein Versandgeschäft?

Das **Versandgeschäft** bietet in Katalogen entweder Waren vieler Branchen (Universalversandhandel; z. B. Neckermann, Quelle) oder einer Branche (Spezialversandhandel; z. B. Würzburger Fotoversand) an. Der Kunde kann zu Hause ohne Zeitdruck die gewünschten Waren aufgrund von Abbildungen und Beschreibungen auswählen und kaufen. Wenn die zugesandte Ware dem Kunden nicht zusagt, kann er diese zurücksenden (dieses Rückgaberecht ist oft in den Kaufvertragsbedingungen geregelt). Den relativ niedrigen Kosten für Personal und Geschäftsausstattung stehen hohe Werbe- und Versandkosten gegenüber.

12 Was ist ein Automatengeschäft?

Im **Automatengeschäft** werden automatengerechte Kleinartikel (z. B. Zigaretten, Süßwaren, Getränke) unabhängig von den Ladenschlusszeiten verkauft.

13 Was ist ein Einkaufszentrum?

Bei einem **Einkaufszentrum** handelt es sich um den Zusammenschluss mehrerer rechtlich selbstständiger Einzelhandelsbetriebe (z. B. aus den Branchen Lebensmittel, Möbel, Textilien, Sportartikel) und mehrerer Dienstleistungsbetriebe (z. B. Friseur, Restaurant, Bank) in einem Gebäudekomplex. Durch diesen Zusammenschluss findet der Käufer auf engem Raum ein vielseitiges Angebot an Waren und Dienstleistungen vor. Einkaufszentren sind vor allem in den Randlagen von Städten anzutreffen, wo sie an verkehrsgünstigen Standorten ausreichenden Parkraum anbieten.

14 Was ist ein Filialgeschäft?

Beim **Filialgeschäft** handelt es sich um mehrere rechtlich unselbstständige Einzelhandelsgeschäfte, die unter einheitlicher Leitung (Zentrale) stehen. Die Zentrale regelt für alle angegliederten Betriebe einheitlich den Einkauf der Waren, die Sortiments- und Preisgestaltung, die Werbung, die Gestaltung der Schaufenster und der Ladeneinrichtung. Das Filialgeschäft ist insbesondere in der Lebensmittelbranche (z. B. Aldi, Tengelmann, Asko), aber auch in anderen Branchen anzutreffen (z. B. Deichmann-Schuhe).

| | | |
|---|---|---|
| **15** | Was ist Wanderhandel? | Der **Wanderhandel (ambulanter Handel)** umfasst den Hausierhandel (Hausierer bieten „von Haus zu Haus“ Kleinartikel an), den Straßenhandel (in Ständen und Verkaufswagen werden Güter des täglichen Bedarfs angeboten) und den Markthandel (an festgelegten Markttagen werden Güter des täglichen Bedarfs an bestimmten Plätzen in Ständen und Verkaufswagen angeboten). |
| **16** | Unterscheiden Sie Fachmarkt und Mehrfachmarkt! | Der **Fachmarkt** bietet auf einer großen Verkaufsfläche ein breites und meist tiefes (spezialisiertes) Sortiment einer Branche zu relativ niedrigen Preisen an (z. B. Baumarkt, Getränkemarkt).<br><br>**Mehrfachmärkte** sind Fachmärkte, die Sortimente mehrerer Branchen anbieten (z. B. Möbel, Lampen, Teppiche, Geschenkartikel). |
| **17** | Was ist ein Fabrikladen und was ist ein Factory-Outlet-Center? | Der **Fabrikladen** ist eine Verkaufsstelle eines Produktionsbetriebes, der die von ihm selbst hergestellten Erzeugnisse zu niedrigen Preisen direkt an den Endverbraucher verkauft. Einzelhandel und Großhandel werden dadurch ausgeschaltet (Direktabsatz).<br><br>Das **Factory-Outlet-Center** ist eine Ansammlung einer größeren Zahl von Fabrikläden; es liegt außerhalb von Städten und hat eine günstige Verkehrsanbindung (z. B. in der Nähe von Autobahnen). |
| **18** | Was ist ein Off-Price-Geschäft? | Das **Off-Price-Geschäft** bietet Waren der mittleren und oberen Qualitäts- und Preisstufe mit hohen Preisabschlägen an; es verzichtet gänzlich auf Dienstleistungen (z. B. Bedienung und Beratung) und aufwändige Geschäftsausstattung. |
| **19** | Was ist ein Partie-Discounter? | Der **Partie-Discounter** hat ein wechselndes Sortiment und bietet Waren aus Überschussproduktionen von Herstellern in Form von Sonderangeboten an (z. B. Glas- und Porzellanwaren, Textilien, Schuhe). |
| **20** | Was ist ein Discount-Catalogue-Showroom? | Im **Discount-Catalogue-Showroom** wählt der Kunde die gewünschte Ware mittels Katalogen und Warenmustern aus, gibt im Geschäftsraum seine Bestellung auf und erhält nach einer kurzen Wartezeit die Ware ausgehändigt. |

## 1.3 Standort des Einzelhandelsbetriebes

| | | |
|---|---|---|
| **21** | Was versteht man unter dem Standort eines Betriebes? | Unter dem **Standort** versteht man den Platz der gewerblichen Niederlassung eines Betriebes. Die Entscheidung für einen bestimmten Standort ist abhängig von den Standortfaktoren, welche die Kosten und die erzielbaren Umsätze bestimmen.<br><br>Die Wahl des Standortes eines Betriebes wird in der Regel durch mehrere Standortfaktoren bestimmt. |

16 Groh/Schröer – ISBN 3-8120-0423-2

22 Welche Standortfaktoren gibt es?

Für die Wahl des Standortes eines Einzelhandelsbetriebes sind folgende **Standortfaktoren** von Bedeutung:

- **Absatz,** der Standort wird in die Nähe der Konsumenten gelegt;
- **Verkehrslage,** der Standort wird in verkehrstechnisch gut erschlossene Gebiete gelegt (z. B. dichtes öffentliches Verkehrsnetz, gut ausgebautes Straßennetz, Autobahnnähe);
- **Bodenpreise,** der Standort ist abhändig von den Grundstückspreisen (bzw. der Höhe der Pachten für Geschäftsräume und Parkplätze);
- **Konkurrenz,** der Standort wird in Abhängigkeit von der vorhandenen Konkurrenz festgelegt;
- **Bevölkerung,** der Standort ist abhängig von der Bevölkerungsdichte, der Bevölkerungsstruktur und der Kaufkraft der Bevölkerung im möglichen Einzugsgebiet.

23 Was ist Standortanalyse?

Bei der **Standortanalyse** werden alle Standortfaktoren untersucht, um den optimalen Standort des Einzelhandelsgeschäftes zu bestimmen. Von besonderer Bedeutung ist dabei die Untersuchung der Marktchancen des Betriebes in einem bestimmten Gebiet.

24 Welche Beziehungen gibt es zwischen Standortfaktoren und Betriebsform im Einzelhandel?

Der **absatzorientierte** (kundenorientierte, konsumorientierte) Standort ist von besonderer Bedeutung für Warenhäuser, Kaufhäuser, Fach- und Spezialgeschäfte, Supermärkte, Diskonthäuser. Als Standorte kommen in Frage: Innenstädte, Fußgängerzonen, Stadtränder, Wohnsiedlungen.

Der **verkehrsorientierte** Standort ist von besonderer Bedeutung für Verbrauchermärkte, Supermärkte, Einkaufszentren, Fachmärkte sowie Waren- und Kaufhäuser. Die Standorte liegen in der Nähe von Land- und Bundesstraßen, Autobahnanschlüssen, öffentlichen Haltestellen und auch in den Innenstädten.

Der **bodenpreisorientierte** Standort spielt eine besondere Rolle für Verbrauchermärkte, Einkaufszentren und Fachmärkte. Die Standorte liegen an den Stadträndern oder ganz außerhalb der Städte (aufgrund der günstigen Bodenpreise).

Beim **konkurrenzorientierten** Standort wird die räumliche Nähe zur Konkurrenz entweder bewusst gesucht (z. B. Warenhäuser, Kaufhäuser, Fachgeschäfte, Spezialgeschäfte) oder bewusst gemieden (z. B. Verbrauchermärkte, Supermärkte).

## 1.4 Abteilungen des Einzelhandelsbetriebes

25 Welche Abteilungen gibt es im Einzelhandelsbetrieb?

In einem Einzelhandelsbetrieb kann es in Abhängigkeit von der Betriebsgröße folgende **Abteilungen** geben:

- **Einkauf:** Bedarfsermittlung, Bezugsquellenermittlung, Angebotsvergleich, Bestellung, Terminüberwachung;
- **Lager:** Warenannahme, Einordnen der Ware, Warenpflege, Warenausgabe, Lagerkontrolle;
- **Verkauf:** Marktforschung, Werbung, Preiskalkulation, Preisauszeichnung, Verkaufsabwicklung, Kundendienst;
- **Verwaltung:** Rechnungswesen, Finanzen, Personal.

## 1.5 Kooperation und Konzentration im Handel

26 Unterscheiden Sie Kooperation und Konzentration im Handel!

Unter **Kooperation** versteht man die Zusammenarbeit von rechtlich und wirtschaftlich selbstständigen Unternehmen mit dem gemeinsamen Ziel, die Wettbewerbsfähigkeit der beteiligten Unternehmen zu steigern. Die Zusammenarbeit erfolgt entweder beim Einkauf (beschaffungsorientierte Kooperation) oder beim Absatz (absatzorientierte Kooperation).

Unter **Konzentration** versteht man den Zusammenschluss von Unternehmen, wobei

- beim **Kartell** die rechtliche Selbstständigkeit der beteiligten Unternehmen erhalten bleibt und die wirtschaftliche Selbstständigkeit in bestimmtem Umfang aufgegeben wird (siehe ausführlich Wirtschafts- und Sozialkunde, Frage 357 ff.);
- beim **Konzern** die rechtliche Selbstständigkeit der beteiligten Unternehmen erhalten bleibt und die wirtschaftliche Selbstständigkeit völlig aufgegeben wird (siehe Wirtschafts- und Sozialkunde, Frage 360);
- beim **Trust** die rechtliche und die wirtschaftliche Selbstständigkeit der beteiligten Unternehmen aufgegeben wird (siehe Wirtschafts- und Sozialkunde, Frage 361).

Die Kooperation und die Konzentration können sein:

- **horizontal,** d.h., die beteiligten Unternehmen gehören einer Branche an (z.B. Lebensmitteleinzelhändler);
- **vertikal,** d.h., die beteiligten Unternehmen gehören verschiedenen Wirtschaftsstufen an (z.B. Großhandel und Einzelhandel);
- **anorganisch,** d.h., die beteiligten Unternehmen gehören verschiedenen Branchen an (z.B. Einkaufszentrum).

27 Welche Kooperationsformen gibt es im Handel (Überblick)?

Im Handel unterscheidet man

1. Kooperation auf der Einzelhandelsstufe (horizontale bzw. anorganische Kooperation):
   - Einkaufsverband,
   - Einkaufsgenossenschaft,
   - Einkaufszentrum (siehe Einzelhandelsbetriebslehre, Frage 13),
   - Shop in the Shop;
2. Kooperation zwischen Großhandel und Einzelhandel (vertikale Kooperation):
   - Freiwillige Kette (Handelskette),
   - Franchising,
   - Rack Jobber.

28 Was ist ein Einkaufsverband?

Beim **Einkaufsverband** (Einkaufsvereinigung, Einkaufsgemeinschaft, Einkaufsring) handelt es sich um eine vertraglich festgelegte Zusammenarbeit von Einzelhandelsbetrieben mit dem Ziel, gemeinsam einzukaufen. Durch den gemeinschaftlichen Einkauf sollen die durch den Großeinkauf erzielbaren Preisvorteile (Mengenrabatte) ausgenutzt werden (z. B. Kaufring, Europa-Möbel, Musterring). Oft ist die Genossenschaft die Rechtsform des Einkaufsverbandes.

29 Was ist eine Einkaufsgenossenschaft?

Bei der **Einkaufsgenossenschaft** handelt es sich um einen Zusammenschluss von in der Regel kleineren und mittleren Einzelhandelsbetrieben zur gemeinsamen Warenbeschaffung. Oft übernimmt die Genossenschaft auch die Beratung der Mitglieder z. B. in Fragen der Werbung, Finanzierung, Organisation (z. B. REWE eG, EDEKA eG). Die Mitglieder der Einkaufsgenossenschaft bleiben rechtlich selbstständig.

30 Was ist ein Shop in the Shop?

Beim **Shop in the Shop** mietet ein Einzelhändler in einem Warenhaus einen Verkaufsraum, um dort seine Waren anzubieten.

31 Was ist eine freiwillige Kette?

Die **freiwillige Kette** (freiwillige Handelkette) ist ein vertikaler Zusammenschluss von Großhandelsbetrieben und Klein- und Mittelbetrieben des Einzelhandels (überwiegend in der Lebensmittelbranche). Durch den gemeinsamen Einkauf bei den beteiligten Großhandelsbetrieben und eine weitgehend einheitliche Verkaufspolitik sollen die Marktanteile der kooperierenden Betriebe sichergestellt und erweitert werden. Die Mitglieder der Kette bleiben rechtlich selbstständig (z. B. A&O, CENTRA, SPAR, VIVO).

**32** Was ist Franchising?

**Franchising** ist eine besondere Art der vertikalen Vertriebskooperation zwischen Hersteller und Großhändlern, Hersteller und Einzelhändlern bzw. zwischen Großhändler und Einzelhändlern.

Beim Franchising

- überlässt der Franchise-Geber (Hersteller oder Händler) den Franchise-Nehmern bestimmte Rechte, wie z.B. die Benutzung des Markennamens oder Warenzeichens (z.B. Coca-Cola);
- beeinflusst der Franchise-Geber die Absatzpolitik der Vertragspartner, wie z.B. Werbung, Ladengestaltung, Verkäuferschulung, Sortimentsgestaltung;
- werden die Leistungen (Franchise-Geber) und die Höhe des Entgelts (Franchise-Nehmer) im Franchise-Vertrag geregelt;
- bleiben die Franchise-Nehmer rechtlich selbstständig;
- ist die vertragliche Bindung straffer als in der Genossenschaft oder in der freiwilligen Handelskette.

**33** Nennen Sie Vorteile des Franchising!

Vorteile für den Franchise-Geber sind:

- gleicher Einfluss auf die Partner wie beim Filialsystem, jedoch wesentlich geringere Investitionskosten;
- vereinfachte und verbesserte Markterschließung durch die Aufnahme neuer Partner,
- Franchise-Nehmer übernehmen Vertriebskosten und Absatzrisiko.

Vorteile für den Franchise-Nehmer sind:

- Unterstützung durch den Franchise-Geber bei der Absatzpolitik,
- Selbstständigkeit bleibt erhalten (trotz der Bindung durch den Franchise-Vertrag).

**34** Was ist ein Rack-Jobber?

**Rack-Jobber** (Regalgroßhändler, Service Merchandiser) bedeutet:

- dem Großhändler werden vom Einzelhändler Regale zur Verfügung gestellt (z.B. durch Mietvertrag), die der Großhändler mit seinen Waren füllt;
- der Großhändler übernimmt die Betreuung der Regale (z.B. Preisauszeichnung, Auffüllen) und trägt allein das Absatzrisiko (nicht verkaufte Ware muss er zurücknehmen);
- der Einzelhändler erhält Umsatzprovision.

# 2 Beschaffung

## 2.1 Beschaffungsplanung

35 Nennen Sie Hilfsmittel für die Bedarfsermittlung!

Der Einkauf von Waren im Einzelhandel ist abhängig vom Bedarf der Verbraucher.

Hilfsmittel für die **Bedarfsermittlung** sind:

- Verkaufsstatistiken (Umsatzstatistiken), aufgrund der Verkaufszahlen der zurückliegenden Perioden (gegliedert nach Warengruppen, Waren, Zielgruppen u. Ä.) wird der zukünftige Absatz (Bedarf) ermittelt;
- Markt- und Wareninformationen, Informationen über Marktlage und Warenangebote sind z. B. in Fachzeitschriften und Verbandsmitteilungen zu finden;
- Mitteilungen von Herstellern und Großhändlern, geben u. a. Auskunft über zu erwartende Veränderungen auf dem Markt (z. B. Modetrends);
- Wünsche der Verbraucher, werden vom Verkaufspersonal festgestellt;
- Messen und Ausstellungen (siehe Ware und Verkauf, Frage 55);
- Erwartung über die Absatzentwicklung, sowohl die allgemeine konjunkturelle Lage (z. B. Kaufkraftentwicklung) als auch die eigene Absatzpolitik (z. B. Sortiments- und Preispolitik) beeinflussen die Warenbeschaffung.

36 Womit befasst sich die Beschaffungsplanung?

Gegenstände der **Beschaffungsplanung** sind:

- **Sortimentsplanung,** was soll eingekauft werden (das Warensortiment im Einzelhandel ist u. a. abhängig von Branche, Betriebsform, Konkurrenzangeboten, Standort, Kundenkreis);
- **Mengenplanung,** wie viel soll eingekauft werden (die Einkaufsmenge ist u. a. abhängig vom bisherigen Absatz und vom geplanten Absatz);
- **Zeitplanung,** wann soll eingekauft werden (ermittelt werden Meldebestand und Bestellzeitpunkt, wobei bevorstehende Preiserhöhungen, Sonderangebote der Lieferanten, Änderungen der Lieferzeiten u. Ä. zu berücksichtigen sind);
- **Preisplanung,** zu welchen Preisen soll eingekauft werden (ermittelt werden die Einkaufspreise, die höchstens gezahlt werden dürfen);
- **Lieferantenplanung,** bei welchem bzw. welchen Lieferer(n) soll eingekauft werden; zur Streuung des **Beschaffungsrisikos** wird eine gleichartige Ware bei mehreren Lieferern bestellt.

Der **Beschaffungsplan** enthält alle Überlegungen zur Beschaffungsplanung.

**37** Was ist die optimale Beschaffungsmenge?

Der Ermittlung der **optimalen Beschaffungsmenge** (Bestellmenge) liegen folgende Überlegungen zugrunde:

1. Große Beschaffungsmengen
   - bieten Preisvorteile durch hohe Nachlässe,
   - machen den Betrieb von Schwankungen des Beschaffungsmarktes unabhängiger,
   - führen aber zu hohen Lager- und Kapitalkosten (infolge der hohen Lagerbestände),
   - bergen die Gefahr des Absatzrisikos (Ladenhüter).
2. Kleine Beschaffungsmengen
   - verursachen geringe Kapital- und Lagerkosten,
   - bieten eine hohe Flexibilität und Anpassungsmöglichkeit an den Markt,
   - erhöhen aber die Transport- und Bestellkosten,
   - ermöglichen keine großen Preisvorteile,
   - führen bei Beschaffungsproblemen sofort zu Engpässen beim Absatz.
3. Die **optimale Beschaffungsmenge**
   - liegt zwischen der großen und kleinen Beschaffungsmenge,
   - verursacht, deren Vor- und Nachteile gegenseitig auszugleichen,
   - ist die Menge, bei der die Summe der Einkaufs- und Lagerkosten möglichst klein ist.

**38** Was ist der eiserne Bestand?

Der **eiserne Bestand** (Mindest- oder Reservebestand) ist diejenige Vorratsmenge, die ständig auf Lager sein muss, um auch bei unvorhergesehenen Störungen (z. B. Verzug des Lieferers) eine reibungslose Abwicklung des Betriebsgeschehens zu ermöglichen.

**39** Was ist der Meldebestand?

Der **Meldebestand** ist der Lagerbestand, bei dessen Erreichen neu bestellt werden muss. Er muss so groß sein, dass unter Berücksichtigung des Absatzes und der Bestell- und Lieferzeit der eiserne Bestand nicht angegriffen wird.

| Meldebestand = eiserner Bestand + (Tagesabsatz · Lieferzeit) |
|---|

**Beispiel:**

| | |
|---|---|
| durchschnittlicher Absatz einer Ware pro Tag: | 10 Stück |
| Lieferzeit: | 15 Tage |
| Mindestbestand: | 50 Stück |
| Bestellmenge: | 300 Stück |

**Lösung:**

Meldebestand = 50 + (10 · 15) = 200 Stück

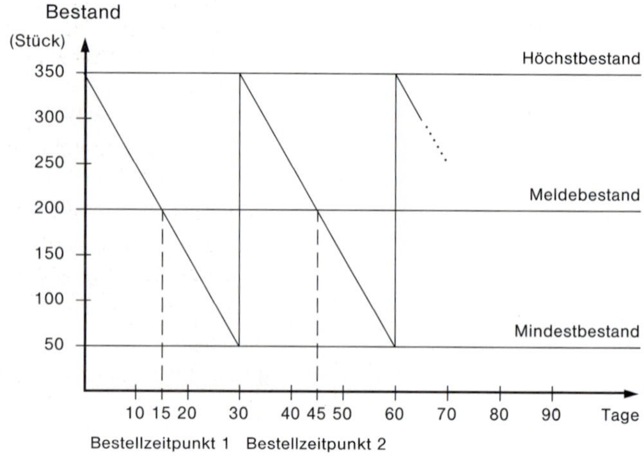


**40** Welche Bedingungen führen zu einer Veränderung des Meldebestandes?

Der **Meldebestand** muss erhöht werden (unter der Annahme, dass die restlichen Größen unverändert bleiben) z.B., wenn

- der eiserne Bestand erhöht wird (z.B. wurde er in der Vergangenheit mehrfach in Anspruch genommen),
- der Tagesabsatz steigt (z.B. infolge verstärkter Werbung),
- die Lieferzeit sich erhöht (z.B. infolge eines Lieferantenwechsels).

**41** Erläutern Sie den Ablauf der Beschaffung!

Bei der **Beschaffung** fallen i.d.R. folgende Arbeiten an:

1. im **Lager,**
   - Feststellen des Bedarfs (anhand der Lagerkartei, Lagerdatei),
   - Bedarfsmeldung an die Einkaufsabteilung (mit Artikelbezeichnung, Artikelnummer, Fabrikat, Qualitätsbezeichnung);
2. im **Einkauf,**
   - Abstimmung mit der Einkaufsplanung (Einkaufsbudget),
   - Bezugsquellenermittlung,
   - Anfragen,
   - Angebotsvergleich (siehe Einzelhandelsbetriebslehre, Frage 45),
   - Bestellung (Durchschläge an Warenannahme, Lager, Rechnungsprüfung),
   - Auftragsbestätigung vom Lieferanten,
   - Terminüberwachung (z.B. mit Hilfe von Bestellkartei, -datei, -buch, Terminmappe, Terminkalender),
   - Mahnung bei Lieferungsverzögerung;

3. in der **Warenannahme,**
   - Überprüfung der Sendung in Gegenwart des Überbringers anhand der Warenbegleitpapiere (Lieferschein, Frachtbrief) und der Bestellung in Bezug auf Anschrift, Absender, Stückzahl, Gewicht, Schäden an der Verpackung,
   - schriftliche Bestätigung von Mängeln durch den Überbringer (Annahme unter Vorbehalt, u.U. Annahmeverweigerung),
   - Quittieren des Empfangs,
   - Ausstellung des Wareneingangsscheins (Durchschläge an bestellende Abteilung, Rechnungsprüfung, Einkauf) und des Warenbegleitscheins (für das Lager);
4. im **Lager,**
   - unverzügliche Prüfung der Waren auf Mängel (bei großen Mengen genügt es, die Ware durch Stichproben zu überprüfen),
   - Vergleich der Lieferung mit der Bestellung (Versandanzeige, Rechnung),
   - Einsortieren der Waren,
   - Verbuchung des Wareneingangs auf Lagerfachkarten und in der Lagerkartei (Lagerdatei);
5. im **Einkauf,**
   - Überprüfung der ordnungsgemäßen Vertragserfüllung anhand des Wareneingangsscheins und der übrigen Einkaufsunterlagen,
   - Eintragung des Wareneingangs in die Bestellkartei (Bestelldatei),
   - Überprüfung der sachlichen und rechnerischen Richtigkeit der Eingangsrechnung anhand der Bestellung und des Wareneingangsscheins (u.U. in der Abteilung Rechnungsprüfung),
   - Anweisung zur rechtzeitigen Zahlung der Eingangsrechnung (Skontoausnutzung).

## 2.2 Limitrechnung

**42** Was versteht man unter Limitrechnung?

In jedem Einzelhandelsbetrieb ist für die Festlegung der Einkaufsmengen und zur Kontrolle der Kapitalbindung eine genaue Einkaufsplanung erforderlich; Grundlage für diese Planung sind vor allem

- durchschnittliche Umsätze in der Vergangenheit (z.B. Vorjahresumsatz),
- voraussichtliche Umsatzentwicklung (schwierig festzulegen bei Modeartikeln und neuen Produkten).

Wichtiges Hilfsmittel für die Einkaufsplanung ist die **Limitrechnung.** Diese legt fest, wie viel Euro für eine Ware, Warengruppe bzw. für den gesamten Betrieb im Einkauf **(Limit)** für einen bestimmten Zeitraum ausgegeben werden dürfen (z. B. Jahres- oder Monatslimit); das Limit ist ein Höchstbetrag.

Bei der Berechnung des Limits werden die Einstandspreise der Waren zugrunde gelegt.

## 2.3 Bezugsquellenermittlung

**43** Nennen Sie Möglichkeiten der Bezugsquellenermittlung!

Der **Bezugsquellenermittlung** dienen:

1. interne Bezugsquellennachweise,
   - Bezugsquellenkartei bzw. -datei (enthält alle Lieferanten mit Angaben über Anschriften, Warensortimente und Konditionen),
   - Warenkartei bzw. -datei (enthält alle Warenarten mit Angaben über die Lieferanten);
2. externe Bezugsquellennachweise,
   - Nachschlagewerke (z. B. „Wer liefert was?", „ABC der Deutschen Wirtschaft"),
   - Telefonbücher (Gelbe Seiten der Deutschen Telekom Medien GmbH),
   - Branchenverzeichnisse,
   - Ausstellungen und Messen,
   - Fachzeitschriften,
   - Kataloge, Prospekte usw.,
   - Kammern und Verbände.

**44** Nennen Sie die Bezugsquellen für den Einzelhandelsbetrieb!

Als **Bezugsquellen** für den Einzelhandelsbetrieb kommen in Frage:

- Hersteller, den relativ günstigen Einkaufspreisen stehen oft die Mindestabnahmemengen gegenüber;
- Großhändler, sind häufig in der Nähe angesiedelt und bieten die Sortimente mehrerer Hersteller an;
- Einkaufsverbände, Einkaufsgenossenschaften und freiwillige Ketten (siehe Einzelhandelsbetriebslehre, Frage 28 ff.);

Der Einkauf der Waren kann auch über Absatzmittler wie Reisende, Handelsvertreter und Kommissionäre erfolgen.

## 2.4 Angebotsvergleich

45 | Nennen Sie Kriterien für Angebotsvergleiche!

Der **Angebotsvergleich** bezieht sich zunächst auf die im Angebot enthaltenen Angaben (siehe Wirtschafts- und Sozialkunde, Frage 76 ff.), wie Preise (Einstandspreise), Lieferungs- und Zahlungsbedingungen, Erfüllungsort, Bindung an das Angebot.

Weitere Beurteilungskriterien sind:

- Zuverlässigkeit des Lieferers,
- gleich bleibende Qualität der Erzeugnisse,
- Kundendienst und Garantieleistungen,
- Abwicklung von Reklamationen,
- Streuung des Beschaffungsrisikos.

(Siehe zum Angebotsvergleich auch Wirtschaftsrechnen, Seite 33.)

## 2.5 Kaufvertragsarten

46 | Unterscheiden Sie bürgerlichen Kauf und Handelskauf!

Nach der rechtlichen Stellung der Vertragspartner unterscheidet man:

- **bürgerlichen Kauf:** Die Parteien sind Nichtkaufleute oder der Kauf ist für die Parteien kein Handelsgeschäft, z. B. Kauf unter Privatleuten;
- **einseitigen Handelskauf:** Ein Vertragspartner ist Kaufmann, wobei der Kauf für ihn ein Handelsgeschäft sein muss, z. B. Privatperson kauft in einem Handelsbetrieb;
- **zweiseitigen Handelskauf:** Kauf unter Kaufleuten, wobei der Kauf für beide Parteien ein Handelsgeschäft sein muss, z. B. Großhändler verkauft Waren an einen Einzelhändler.

Für den bürgerlichen Kauf gelten die Vorschriften des BGB. Für den Handelskauf werden diese Bestimmungen ergänzt durch die Regelungen des HGB.

47 | Was ist ein Kauf auf Probe?

Bei einem **Kauf auf Probe** steht die Billigung des gekauften Gegenstandes im Belieben des Käufers, d. h., der Käufer hat ein Rückgaberecht innerhalb einer vereinbarten Frist.

War die Sache dem Käufer zum Zwecke der Probe übergeben, so gilt sein Schweigen als Billigung (das Rückgaberecht entfällt).

48 | Was ist ein Ramschkauf?

Beim **Ramschkauf** (Kauf in Bausch und Bogen) kauft der Einzelhändler Waren zu einem Pauschalpreis, ohne dass für die einzelnen Waren Qualitätszusicherungen gemacht werden (z. B. Kauf oder Ersteigerung eines gesamten Lagerbestandes).

| |  |  |
|---|---|---|
| 49 | Was ist ein Typenkauf? | Beim **Typenkauf** handelt es sich um den Kauf einer Ware nach einer sog. Type (Durchschnittsqualität entsprechend einer Güteklasse). |
| 50 | Was ist ein Bestimmungskauf? | Beim **Bestimmungskauf (Spezifikationskauf)** behält sich der Käufer einer beweglichen Sache die nähere Bestimmung über Form, Maß oder ähnliche Verhältnisse (z.B. Farbe) vor; der Käufer ist verpflichtet die vorbehaltene Bestimmung zu treffen. |
| 51 | Was ist ein Kommissionskauf? | Beim **Kommissionskauf** ist der Käufer erst dann verpflichtet, die Ware zu bezahlen, wenn er sie selbst weiterverkauft hat. Der Käufer kann nicht veräußerte Ware an den Kommittenten zurückgeben, d.h., er kann sein Sortiment erweitern ohne zusätzliches Kapitalrisiko. |
| 52 | Was ist ein Kauf auf Abruf? | Beim **Kauf auf Abruf** wird der Zeitpunkt der Lieferung vom Käufer bestimmt. Er muss die Ware jedoch innerhalb einer festgelegten Frist ganz oder teilweise abrufen.<br><br>Der Käufer kann die mit dem Einkauf größerer Mengen verbundenen Rabatte ausnutzen und dabei gleichzeitig seine Lagerkosten verringern. |
| 53 | Unterscheiden Sie Terminkauf, Fixkauf und Sofortkauf! | Beim **Terminkauf** (Zeitkauf) muss die Lieferung zu einem vereinbarten Termin oder innerhalb einer festgelegten Frist erfolgen, z.B. „Lieferung am 30. November“, „Lieferung innerhalb eines Monats“.<br><br>Beim **Fixkauf** muss die Lieferung an oder bis zu einem genau festgelegten Zeitpunkt erfolgen. Die Vereinbarung über den Liefertermin enthält z.B. den Zusatz „fix“, „genau am“, „fest“ (Fixklausel). Die vereinbarte Erfüllungszeit muss ein so wesentlicher Bestandteil des Vertrages sein, dass eine nachträgliche Leistung nicht mehr als Erfüllung angesehen werden kann.<br><br>Beim **Sofortkauf** (Tageskauf) muss die Lieferung unmittelbar nach Vertragsabschluss erfolgen. Ein Sofortkauf liegt vor, wenn kein fester Liefertermin oder „Lieferung sofort“ vereinbart ist. |
| 54 | Unterscheiden Sie Stückkauf und Gattungskauf! | Beim **Stückkauf** handelt es sich um den Kauf einer nicht vertretbaren (einmaligen) Sache (z.B. Originalgemälde).<br><br>Beim **Gattungskauf** handelt es sich um den Kauf vertretbarer (mehrfach vorhandener) Sachen (z.B. Konsumgüter). |

55 Unterscheiden Sie Barkauf und Kreditkauf!

Beim **Barkauf** zahlt der Käufer den Kaufpreis unmittelbar nach Erhalt der Ware (Zahlung „Zug um Zug").

Ein **Kreditkauf** liegt vor, wenn der Kaufpreis mit Einverständnis des Lieferers später zu zahlen ist. Man unterscheidet:

- **Zielkauf,** d. h., der Kaufpreis wird in einer Summe zum vereinbarten Termin gezahlt (z. B. Inanspruchnahme des Zahlungsziels bei „Zahlung innerhalb von 10 Tagen unter Abzug von 2 % Skonto oder innerhalb von 60 Tagen rein netto");
- **Ratenkauf,** d. h., der Kaufpreis ist in gleich hohen Teilbeträgen und in regelmäßigen Zeitabständen zu zahlen.

56 Unterscheiden Sie Handkauf und Platzkauf!

Wenn die gekaufte Ware im Geschäft des Verkäufers dem Käufer gegen Zahlung des Kaufpreises übergeben wird, liegt ein **Handkauf** vor (Verpflichtungs- und Erfüllungsgeschäft fallen zeitlich zusammen). Die Gefahr geht mit der Übergabe der Ware auf den Käufer über. Der Käufer trägt z. B. im Verkaufsraum ab dem Zeitpunkt der Übergabe das Risiko für die Ware.

Befinden sich die Geschäftssitze von Verkäufer und Käufer am gleichen Ort und wird die Ware zum Käufer gesendet, liegt ein **Platzkauf** vor. Für den Platzkauf gelten die gleichen gesetzlichen Regelungen wie für den Versendungskauf.

57 Unterscheiden Sie Versendungskauf und Fernkauf!

Beim **Versendungskauf** (auch Distanzkauf genannt)

- liegen die Geschäftssitze von Verkäufer und Käufer an verschiedenen Orten,
- ist der Ort des Verkäufers der Erfüllungsort,
- wird die Ware auf Wunsch des Käufers an einen anderen Ort gesendet,
- geht (nach der gesetzlichen Regelung) die Gefahr mit der Übergabe der Ware an den Frachtführer oder Spediteur auf den Käufer über (diese Regelung gilt nicht für den Verbrauchsgüterkauf, siehe Seite 140),
- trägt der Käufer die Beförderungskosten ab Versandbahnhof (sofern vertraglich nichts anderes vereinbart wurde).

Beim **Fernkauf**

- liegen die Geschäftssitze von Verkäufer und Käufer an verschiedenen Orten,
- ist der Ort des Verkäufers nicht der Erfüllungsort,
- wird die Ware an einen vertraglich vereinbarten Erfüllungsort geschickt,
- geht die Gefahr mit der Übergabe der Ware an den Käufer auf diesen über und trägt der Verkäufer die Beförderungskosten.

# 3 Warenzustellung

| |  |  |
|---|---|---|
| 58 | Welche Möglichkeiten der Warenzustellung gibt es? | Folgende Möglichkeiten der Warenzustellung werden unterschieden:<br>1. firmeneigene Beförderung;<br>2. firmenfremde Beförderung,<br>● Versand durch Frachtführer (z.B. Deutsche Post AG, Deutsche Bahn AG, Lkw-Güterverkehr),<br>● Versand durch Spediteure. |

## 3.1 Firmeneigene Beförderung

| |  |  |
|---|---|---|
| 59 | Wie erfolgt die firmeneigene Beförderung? | Die **firmeneigene Zustellung** (Werkverkehr) von Waren ist möglich durch<br>● Boten (z.B. im Lebensmitteleinzelhandel),<br>● firmeneigenen Pkw bzw. Lkw (z.B. im Möbel- und Elektroeinzelhandel), wobei im Rahmen des Kundendienstes u.U. Aufstell- und Anschlussarbeiten durchgeführt werden. |
| 60 | Nennen Sie Vor- und Nachteile der firmeneigenen Beförderung! | Vorteile der **firmeneigenen Beförderung** für den Verkäufer sind:<br>● Kontaktpflege mit dem Kunden,<br>● dient (als absatzpolitisches Instrument) der Absatzförderung.<br>Nachteile sind:<br>● Erhöhung der Handlungskosten bei der Liefervereinbarung „frei Haus“ (siehe Seite 136),<br>● der Gefahrenübergang erfolgt erst mit der Übergabe der Ware an den Kunden und damit entsteht ein höheres Risiko im Hinblick auf Beschädigung und Verlust der Ware (siehe Seite 137f.). |

## 3.2 Frachtführer

| |  |  |
|---|---|---|
| 61 | Was ist ein Frachtvertrag? | Durch den **Frachtvertrag** wird der **Frachtführer** verpflichtet, das Gut zum Bestimmungsort zu befördern und dort an den Empfänger abzuliefern (lt. HGB). Der Frachtführer führt als selbstständiger Kaufmann ein gewerbliches Unternehmen.<br>Der Absender ist verpflichtet, die vereinbarte Fracht zu zahlen.<br>Das Gut kann befördert werden:<br>● zu Land (z.B. Paket- und Logistikgeschäft von DHL, Güterverkehr der DB Cargo AG, Güterkraftverkehr),<br>● auf Binnengewässern (Binnenschifffahrt),<br>● mit Luftfahrzeugen (Luftfrachtverkehr),<br>● mit verschiedenartigen Beförderungsmitteln (multimodaler Verkehr). |

**62** Nennen Sie Rechte und Pflichten des Frachtführers!

**Rechte des Frachtführers** sind z. B.:

- Der Absender muss das Gut so verpacken, dass es vor Verlust und Beschädigung geschützt ist; bei einem gefährlichen Gut muss er auf die Gefahr hinweisen;
- der Absender muss die erforderlichen Urkunden für eine amtliche Behandlung des Gutes (z. B. Zollabfertigung) zur Verfügung stellen;
- Anspruch auf die vereinbarte Fracht sowie auf Ersatz seiner für das Gut gemachten Aufwendungen;
- Pfandrecht an dem Gut für alle Forderungen aus dem Frachtgeschäft.

**Pflichten des Frachtführers** sind z. B.:

- Er muss seine Pflichten mit der Sorgfalt eines ordentlichen Kaufmanns wahrnehmen;
- er muss das Gut innerhalb der vereinbarten Frist abliefern;
- er muss bei Beförderungs- und Ablieferungshindernissen Weisungen des Verfügungsberechtigten einholen;
- der Absender ist berechtigt, über das Gut zu verfügen (z. B. nachträgliche Weisung zur Lieferung an einen anderen Empfänger);
- Haftpflicht.

**63** Wie ist die Haftung beim Frachtgeschäft geregelt?

Für die **Haftung** beim Frachtgeschäft gilt (lt. HGB):

- Der Absender hat, auch wenn ihn kein Verschulden trifft, dem Frachtführer Schäden zu ersetzen, die z. B. verursacht werden durch eine ungenügende Verpackung oder durch fehlende Hinweise auf die Gefährlichkeit des Gutes;
- der Frachtführer haftet für den Schaden, der durch Verlust oder Beschädigung des Gutes in der Zeit von der Übernahme bis zur Ablieferung oder durch Überschreitung der Lieferfrist entsteht (die Haftung entfällt, wenn der Schaden auch bei größter Sorgfalt nicht hätte vermieden werden können, z. B. Streik, höhere Gewalt).

Für die Haftung sind Haftungshöchstbeträge festgelegt.

**64** Unterscheiden Sie Frachtbrief und Ladeschein!

Der **Frachtbrief,** ausgestellt in drei Originalausfertigungen, ist

- Beweisurkunde für den Abschluss und Inhalt des Frachtvertrages sowie für die Übernahme des Gutes durch den Frachtführer;
- Informationsgrundlage, er enthält z. B. Absender, Frachtführer, Empfänger, Beschreibung des Gutes, vereinbarte Fracht;
- Begleitpapier für die Beförderung (Warenbegleitpapier).

Der **Ladeschein** kann anstelle des Frachtbriefs ausgestellt werden, er

- beinhaltet die Verpflichtung zur Ablieferung des Gutes an denjenigen, der genannt ist (Ladeschein an Order), und zwar nur gegen Rückgabe des Ladescheins;
- legitimiert den Berechtigten zum Empfang des Gutes;
- ist Traditionspapier, d.h., mit der Übergabe des Ladescheins an den Berechtigten wird dieser Eigentümer des Gutes.

65 Nennen Sie Kriterien für die Auswahl der Transportmittel!

Die Wahl der **Transportmittel** wird bestimmt durch

- Produkteigenarten (z.B. hitzeempfindlich, feuergefährlich, flüssig, zerbrechlich),
- Transportkosten (z.B. gestaffelt nach Entfernung, Versandart, Transportschnelligkeit, Umfang bzw. Gewicht der Sendung),
- Transportrisiko (abhängig von der Produkteigenart; wird oft durch Transportversicherungen abgedeckt),
- Transportzeiten (abhängig von der Dringlichkeit der Sendung),
- Umweltbelastung.

## Paketgeschäft von DHL

66 Welche Möglichkeiten bietet DHL im Rahmen des Paketgeschäftes?

DHL (Marke der Deutschen Post World Net) bietet im Rahmen des Paketgeschäftes z.B. folgende Möglichkeiten:

- **Postpaket,** Höchstgewicht 20 kg, Staffelung des Paketentgelts nach Gewicht; Transportdokument ist der Paketschein;
- **FreeWay** (die Paketmarke), Höchstgewicht 20 kg, vereinfachte Einlieferung und Entrichtung des Beförderungsentgelts für Postpakete durch Aufkleben einer Paketmarke (und zwar im Unternehmen selbst), die Paketmarken gibt es in Markenheften;
- sperriges Postpaket, Höchstgewicht 20 kg; es überschreitet bestimmte Höchstmaße oder erfordert eine besondere Behandlung, zusätzlich zum Paketentgelt muss ein Zuschlag gezahlt werden;
- Express-Paket, Höchstgewicht 31,5 kg, Zustellung i.d.R. am Tag nach der Einlieferung;
- Päckchen, Höchstgewicht 2 kg.

DHL bietet folgende Zusatzleistungen (gegen Zahlung eines zusätzlichen Entgeltes):

- **Eigenhändig,** möglich für Postpakete; die Sendung darf nur dem Adressaten ausgehändigt werden (Ausnahme: eine besondere Postvollmacht liegt vor);

- **Rückschein,** möglich für Postpakete; der Rückschein, auf dem der Empfänger den Empfang der Sendung bestätigt, wird dem Absender zugestellt;
- **Transportversicherung,** möglich für Express-Paket; bis höchstens 25 000,00 EUR (eine Versiegelung oder ein sonstiger äußerlicher Hinweis auf den wertvollen Inhalt ist nicht zulässig);
- **Nachnahme,** möglich für Postpakete (siehe Seite 185).

**67** Wie ist die Haftung der Deutschen Post World Net geregelt?

Die **Haftung der DHL** ist z. B. wie folgt geregelt:

- Unbeschränkte Haftung für Schäden, welche vorsätzlich oder leichtfertig durch die Mitarbeiter der Post verursacht wurden;
- Haftung für Verlust und Beschädigung von Sendungen nur im Umfang des unmittelbaren Schadens bis zu bestimmten Höchstbeträgen; die Haftung entfällt, wenn der Schaden auch bei größter Sorgfalt nicht hätte vermieden werden können (z. B. Streik, höhere Gewalt);
- Haftungshöchstbeträge im Rahmen des **Paketgeschäftes** wie z. B. 500,00 EUR für Postpakete.

## Güterverkehr der DB Cargo AG

**68** Beschreiben Sie das Leistungsangebot der DB Cargo!

Das Leistungsangebot der **DB** (Deutsche Bahn) **Cargo AG** im Rahmen des Güterverkehrs umfasst:

1. Marktlösungen, für jede Branche wird national und europaweit die geeignete Logistik angeboten z. B.:
   - Montan (z. B. Stahl, Schrott, Erze, Stein- und Braunkohle);
   - Chemie/Mineralöl/Düngemittel;
   - Automotive (Fahrzeuge, Fahrzeugteile);
   - Agrarprodukte/Forstwirtschaft/Konsumgüter;
2. Güterwagen, für jede Güterart werden geeignete Wagen bereit gestellt, z. B.
   - offene und gedeckte Güterwagen;
   - Flachwagen und Schüttgutwagen;
3. Transportarten, für jeden Kundenwunsch wird die geeignete Lösung angeboten, z. B.
   - Ganzzug;
   - Einzelwagen, für die schnelle und pünktliche Beförderung von größeren Mengen werden komplette Wagen eingesetzt;
   - kombinierter Verkehr, dem Kunden wird eine komplexe Transportkette aus einer Hand angeboten (Transport auf Schiene, Wasserstraße und Straße).

17 Groh/Schröer – ISBN 3-8120-0423-2

69 Was ist ein Ganzzug?

DB Cargo bietet den **Ganzzug** für die kostengünstige und umweltschonende Beförderung von großen Mengen an; es werden ganze Züge eingesetzt, wobei unterschieden wird:

- Ganzzug als **Logistikzug,** terminsensible Transporte (z.B. Autoteile für einen Automobilhersteller) werden exakt den individuellen Bedürfnissen der Kunden angepasst, indem individuelle abgestimmte Fahrpläne erstellt werden (findet vor allem Anwendung bei der Just-in-time-Produktion);
- Ganzzug als **Programmzug,** transportiert werden Massengüter der Montan-, Baustoff- und Mineralölindustrie oder der chemischen Industrie (z.B. Kohle für ein Kraftwerk).

70 Welche Bedeutung hat die ABX Logistics GmbH?

Die **ABX Logistics GmbH** ist ein Logistikdienstleister für

- den nationalen und internationalen Stückgutverkehr,
- weitere Dienstleistungen (z.B. Zollabwicklung).

Die ABX Logistics GmbH arbeitet zusammen mit der DB Cargo AG.

71 Beschreiben Sie das Leistungsangebot der ABX Logistics GmbH!

Die **ABX Logistics GmbH** bietet z.B. folgende Leistungen an:

- **Eurocargo,** Stückgut-Linienverkehr zwischen allen europäischen Regionen;
- **Stückgut ABX 24,** Zustellung der Güter innerhalb von 24 Stunden i.d.R. von Montag bis Freitag (wird nur innerhalb von Deutschland angeboten);
- **Express ABXX,** Zustellung der Güter bis 10 Uhr am nächsten Werktag i.d.R. von Montag bis Freitag (wird nur innerhalb von Deutschland angeboten);
- **IC-Kurierdienst,** Beförderung der Güter mit IC-, ICE- und EC-Zügen, Zustellung i.d.R. am selben Tag (wird nur innerhalb von Deutschland angeboten);
- **Distributionslogistik,** ergänzend zur Beförderung der Güter werden z.B. Feinkommissionierung, Lagerhaltung und Distribution bis in den Einzelhandel angeboten;
- **Entsorgungslogistik,** entsprechend den Anforderungen des Kreislaufwirtschafts- und Abfallgesetzes werden z.B. Transportverpackungen, Umverpackungen und Elektroaltgeräte gesammelt und transportiert (Recycling).

72 Unterscheiden Sie Palette, Collico und Container!

**Paletten** sind unterfahrbare und stapelbare Lademittel, mit denen Einzelstücke zu Transport- und Lagereinheiten zusammengefasst werden können; eine besondere Form ist die europaweit genormte Europalette.

**Collicos** sind zusammenlegbare Transportbehältnisse aus Blech, welche in verschiedenen Größen und Ausführungen angeboten werden.

**Container** sind geschlossene Behälter, die schnell und bequem be- und entladen werden können. Man unterscheidet Großcontainer und Seecontainer.

**Logistik-Boxen** sind Behälter, die mit Rolltüren versehen sind und 4 oder 6 Paletten aufnehmen können.

**73** Nennen Sie Gründe für die Verlagerung des Gütertransports auf die Schiene!

Der Straßengüterverkehr hat in den letzten Jahren enorm zugenommen und damit zu einer Überlastung des Straßennetzes und einer zunehmenden Belastung der Umwelt geführt. Aus diesen Gründen ist es sinnvoll, den Gütertransport von der Straße auf die Schiene zu verlagern.

## Güterkraftverkehr

**74** Was ist Güterkraftverkehr?

**Güterkraftverkehr** ist die geschäftsmäßige oder entgeltliche Beförderung von Gütern mit Lastkraftfahrzeugen. Man unterscheidet Werkverkehr (siehe Seite 254) und gewerblichen Güterkraftverkehr.

**75** Nennen Sie wichtige Bestimmungen für den Güterkraftverkehr!

Nach dem **Güterkraftverkehrsgesetz** gilt für den gewerblichen Güterkraftverkehr z. B.:

- Der Güterkraftverkehr ist erlaubnispflichtig;
- jeder EU-Frachtführer, der in seinem Heimatland die erforderliche Berechtigung zur Güterbeförderung hat, darf auch in jedem anderen EU-Land ohne Beschränkung Güterbeförderung durchführen;
- der Unternehmer muss eine Güterschaden-Haftpflichtversicherung abschließen.

## Private Paketdienste

**76** Was sind private Paketdienste?

**Private Paketdienste** sind Unternehmen, welche

- sich auf die Beförderung von Paketen spezialisiert haben,
- in Konkurrenz zur Frachtpost der Deutschen Post AG stehen,
- die zu versendenen Pakete oft beim Absender abholen,
- die Auslieferung der Pakete innerhalb bestimmter Fristen zusagen (z. B. innerhalb von Deutschland in 24 Stunden),
- für selbst verschuldete Schäden haften (Höchstgrenzen können vereinbart werden).

Beispiele für private Paketdienste sind: UPS (United Parcel Service), DPD (Deutscher Paketdienst), GLS (General Logistics Systems Germany), Hermes.

## 3.3 Spediteur

**77** Was ist ein Speditionsvertrag?

Durch den **Speditionsvertrag** wird der Spediteur verpflichtet, die Versendung des Gutes zu besorgen (lt. HGB). Der Spediteur ist selbstständiger Kaufmann und führt ein gewerbliches Unternehmen. Grundlage für den Speditionsvertrag sind die „Allgemeinen Deutschen Spediteurbedingungen" (ADSp).

Der Versender wird verpflichtet, die vereinbarte Vergütung zu zahlen.

**78** Welche Rechte hat der Spediteur?

**Rechte des Spediteurs** sind z. B.:

- Der Versender muss das Gut, soweit erforderlich, verpacken und kennzeichnen; bei einem gefährlichen Gut muss er auf die Gefahr hinweisen;
- der Versender muss die erforderlichen Urkunden zur Verfügung stellen;
- Anspruch auf die vereinbarte Vergütung;
- Selbsteintritt, er ist befugt, die Beförderung des Gutes selbst auszuführen (er ist Frachtführer);
- Pfandrecht an dem Gut für alle Forderungen aus dem Speditionsgeschäft;
- Sammelladung ist möglich, d. h. Versendung des Gutes zusammen mit Gütern eines anderen Versenders.

**79** Welche Pflichten hat der Spediteur?

**Pflichten des Spediteurs** sind z. B.:

- Wahrnehmung seiner Pflichten mit der größtmöglichen Sorgfalt;
- **Besorgung der Versendung,** diese umfasst die Organisation der Beförderung, d. h. Bestimmung des Beförderungsmittels und des Beförderungsweges, Auswahl der ausführenden Unternehmer, Abschluss der erforderlichen Fracht- und Lagerverträge, Versicherung, Verpackung sowie Kennzeichnung des Gutes, Zollbehandlung;
- Haftung (entsprechend der Haftung beim Frachtgeschäft, siehe Seite 255).

**80** Wie erfolgt die Versicherung eines Gutes?

Der Spediteur besorgt auf Wunsch des Versenders die **Versicherung** des Gutes (z. B. Transport- oder Lagerversicherung), und zwar aufgrund einer schriftlichen Vereinbarung unter Angabe der Versicherungssumme und den zu deckenden Gefahren.

**81** Unterscheiden Sie Frachtführer und Spediteur!

Der **Frachtführer** übernimmt die Beförderung von Gütern (siehe Seite 254 f.).

Der **Spediteur** vermittelt die Beförderung von Gütern und erledigt alle damit anfallenden Arbeiten (Besorgung der Versendung).

# 4 Lagerung

## 4.1 Warenannahme

**82** Unterscheiden Sie Bedarfs- und Eingangsmeldung!

Die **Bedarfsmeldung** wird durch das Lager erstellt und an den Einkauf weitergeleitet; sie enthält Artikelbezeichnung, Artikelnummer, Fabrikat, Qualitätsbezeichnung und Menge der zu bestellenden Ware.

Die **Eingangsmeldung** wird durch die Warenannahme erstellt; sie wird in Form von Durchschlägen an die vom Wareneingang betroffenen Abteilungen weitergeleitet (z. B. Lager, Einkauf, Rechnungsabteilung).

**83** Was ist bei der Annahme eingehender Waren zu beachten?

Bei der Annahme von eingehenden Waren **(Warenannahme)** sind in Anwesenheit des Anlieferers folgende Sachverhalte zu beachten:

- Zu prüfen sind Begleitpapiere, Lieferzeitpunkt, Stückzahl, Verpackung und Anschrift;
- bei einer offensichtlich falschen Anschrift wird die Annahme der Ware verweigert;
- Schäden an der Verpackung lässt man sich durch den Anlieferer bestätigen;
- weicht die Stückzahl der Sendung von der Stückzahl auf dem Lieferschein ab, lässt man sich dies bestätigen;
- eine offensichtliche Falschlieferung kann man entweder ablehnen oder unter Vorbehalt annehmen.

## 4.2 Aufgaben der Lagerhaltung

**84** Welche Aufgaben hat die Lagerhaltung?

Aufgaben der **Lagerhaltung** (Vorratshaltung) sind

- Sicherung der Lieferbereitschaft (Sicherungsfunktion);
- Zeitausgleich, d. h., die Zeit zwischen der Beschaffung und dem zeitlich späteren Absatz wird überbrückt (Pufferfunktion);
- Mengenausgleich, d. h., das Lager schafft einen Ausgleich zwischen der beschafften und der nach und nach benötigten Absatzmenge (Pufferfunktion);
- Ausnutzung von Preisvorteilen, d. h. Ausnutzung von Mengenrabatten, Kauf auf Vorrat vor erwarteten Preissteigerungen (Spekulationsfunktion);
- Umformungsfunktion, d. h. Aufbau eines absatzgerechten Sortiments, Veredelung der Lagergüter (z. B. Qualitätsverbesserung von Wein durch die Lagerung).

## 4.3 Tätigkeiten im Lager

85 Nennen Sie die Arbeiten im Lager!

Man unterscheidet folgende **Lagerarbeiten:**

1. **Warenannahme,** kann in einer eigenen Abteilung oder im Lager erfolgen,
   - Überprüfung der Sendung anhand der Warenbegleitpapiere wie z. B. Lieferschein, Packzettel, Kassenzettel, Rechnung und Frachtbrief,
   - Erfassen des Wareneingangs, u. U. im Rahmen des (computergestützten) Warenwirtschaftssystems (siehe Einzelhandelsbetriebslehre, Frage 124);
2. **Prüfung** der ausgepackten Waren,
   - Mengenkontrolle,
   - Artkontrolle,
   - Qualitätskontrolle,

   (siehe Wirtschafts- und Sozialkunde, Frage 89);
3. **Einordnen der Ware,**
4. **Warenpflege,**
   - Schutz der Waren entsprechend ihren besonderen Eigenschaften (z. B. Empfindlichkeit gegen Feuchtigkeit, Schmutz) vor Beschädigungen und Verderb,
   - Aussortieren von verdorbenen und beschädigten Waren;
5. **Lagerkontrolle** (Kontrolle der Lagerbestände).

86 Wie erfolgt die Kontrolle der Lagerbestände?

Die Kontrolle der Lagerbestände **(Lagerkontrolle)** erfolgt in Form der

1. Qualitätskontrolle (ständige Überprüfung der Qualität verderblicher Lagergüter);
2. Mengen- und Wertkontrolle,
   - Lagerkartei bzw. -datei (Lagerbuchführung),
   - Lagerfachkarten,
   - Wareneingangsbuch,
   - Bestandsaufnahme (Stichtagsinventur, Stichprobeninventur, verlegte Inventur, permanente Inventur).

87 Was versteht man unter Lagerbuchführung?

Die **Lagerbuchführung** (Lagerkartei bzw. -datei)

- dient der Feststellung der eingehenden, vorhandenen und ausgehenden Waren (unterschieden nach Art, Menge und oft auch Wert) durch eine fortlaufende und lückenlose Erfassung der Lagerbewegungen;
- erfasst Sollbestände, die regelmäßig mit den Istbeständen der Inventur verglichen werden müssen;
- enthält Mindest- und Meldebestände der einzelnen Waren.

**88** Nennen Sie Gründe für Abweichungen zwischen Soll- und Istbestand!

Der **Sollbestand** ist derjenige Lagerbestand, der lt. Lagerbuchführung im Lager vorhanden sein sollte.

Der **Istbestand** ist derjenige Lagerbestand, der tatsächlich im Lager vorhanden ist.

Mögliche Abweichungen von Soll- und Istbestand und deren Ursachen können sein:

1. Sollbestand > Istbestand,
   - Diebstahl von Waren wird nicht bemerkt,
   - defekte Ware wird aussortiert, ohne dass dies vermerkt wird,
   - ein Warenausgang wird nicht erfasst,
   - ein Wareneingang wurde doppelt erfasst,
   - beim Wareneingang wurden irrtümlich mehr Waren erfasst als tatsächlich geliefert wurden;
2. Sollbestand < Istbestand,
   - ein Wareneingang wurde nicht erfasst,
   - beim Wareneingang wurden irrtümlich weniger Waren erfasst als tatsächlich geliefert wurden,
   - ein Warenausgang wurde doppelt erfasst,
   - eine Warenrückgabe wurde nicht erfasst.

**89** Welche Bedeutung hat die Lagerfachkarte?

Die **Lagerfachkarte** wird am Lagerort der einzelnen Waren geführt. Sie enthält

- Lagerbewegungen, d. h. Zu- und Abgänge;
- Bestände, d. h. Lagervorräte und Mindestbestände.

**90** Welche Aufgabe hat das Wareneingangsbuch?

Das **Wareneingangsbuch** erfasst alle Wareneinkäufe eines Betriebes. Die Eintragungen beinhalten insbesondere Datum, Name des Lieferers, Warenart, Rechnungsbetrag (brutto und netto), Zahlungstermin, Zahlungsbetrag und Belegnummer.

Das Wareneingangsbuch erfüllt betriebliche und steuerliche Zwecke (Bestandskontrolle, Unterlage für Steuerprüfung).

**91** Unterscheiden Sie Stichtagsinventur, Stichprobeninventur, verlegte Inventur und permanente Inventur!

**Inventur** ist die mengen- und wertmäßige Ermittlung der Istbestände durch Messen, Zählen, Wiegen; sie muss mindestens einmal im Jahr durchgeführt werden (i. d. R. zum Bilanzstichtag, **Stichtagsinventur**). Die Durchführung der Inventur wird wesentlich erleichtert durch den Einsatz der Datenverarbeitung.

Das HGB unterscheidet folgende Inventurvereinfachungsverfahren:

- **Stichprobeninventur,** alle Stichprobenverfahren sind zulässig, die den Grundsätzen ordnungsmäßiger Buchführung entsprechen;

- **verlegte Inventur,** die Bestandsaufnahme kann ganz oder teilweise innerhalb der letzten drei Monate vor oder innerhalb der beiden ersten Monate nach dem Ende des Geschäftsjahres vorgenommen werden (erfordert eine ordnungsgemäße Lagerbuchführung, die eine Vor- bzw. Rückrechnung auf den Bilanzstichtag erlaubt);
- **permanente Inventur,** die Bestände werden während des ganzen Geschäftsjahres nach einem Inventurplan überprüft und mit den Sollbeständen der Lagerbuchführung verglichen; die Feststellung der Bestände am Bilanzstichtag erfolgt mit Hilfe der fortlaufend berichtigten Lagerbuchführung. Jeder Vermögensgegenstand muss einmal jährlich erfasst werden.

## 4.4 Lagerorganisation und Lagerarten

92 Nennen Sie Grundsätze der Lagerhaltung!

**Grundsätze der Lagerhaltung** sind:

- Anpassung der Räume und Einrichtungsgegenstände an die Eigenart der Lagergüter (z. B. trockene Lagerung von Textilien),
- Übersichtlichkeit und Ordnung (d. h. vor allem Kennzeichnung und Aufbewahrung nach einem **Lagerplan;** dieser enthält i. d. R. in einem Katalog für alle Waren deren Lagerplatz und er ist meist auf einem Schlüsselsystem aufgebaut),
- Geräumigkeit (erleichtert die Lagerarbeiten),
- Anwendung des geeigneten Lagerverfahrens (z. B. in Form von Stapelkästen, Paletten),
- Bereitstellung der geeigneten Transporteinrichtungen (z. B. Gabelstabler, Handwagen) und der sonstigen Geräte und Hilfsmittel (z. B. Wiege- und Messeinrichtungen, Klimaanlagen),
- Sicherungsvorkehrungen (z. B. gegen Diebstahl, Feuer),
- Pflege der Lagergüter,
- vollständige und ordnungsgemäße Lageraufzeichnungen (Lagerkartei, Lagerfachkarten).

93 Welche Lagerarten gibt es im Einzelhandel?

Man unterscheidet folgende Lagerarten:

- **Verkaufslager,** die Ware wird im Verkaufsraum gelagert und ist somit für Kunde und Verkäufer unmittelbar verfügbar;
- **Reservelager** (Ersatzlager), die Ware wird nach Möglichkeit in direkter Nähe zum Verkaufslager gelagert wie z. B. Ersatzware, zz. nicht angebotene Ware, neu eingetroffene Ware.

94 Wer ist Lagerhalter?

Der **Lagerhalter** übernimmt als selbstständiger Kaufmann gewerbsmäßig die Lagerung und Aufbewahrung von Gütern.

Zu den Pflichten des Lagerhalters gehören: Prüfungspflicht, Haftpflicht, Versicherungspflicht, Quittungspflicht (Lagerschein), Herausgabepflicht, Benachrichtigungspflicht (bei zu befürchtender Qualitätsverschlechterung der Ware).

Er hat das Recht auf Entschädigung (Lagergeld und Auslagen), gesetzliches Pfandrecht und Kündigungsrecht.

95 Was ist ein Auslieferungslager?

**Auslieferungslager** werden i. d. R. als zusätzliche Lager außerhalb des Betriebes eingerichtet. Sie bieten den Vorteil der Kundennähe und der schnellen Belieferung der Kunden.

96 Was ist ein Kommissionslager?

Beim **Kommissionslager** (siehe Ware und Verkauf, Frage 52)

- werden die Waren des Kommittenten (z. B. Großhandelsbetrieb) beim Kommissionär (z. B. Einzelhandelsbetrieb) gelagert;
- hat der Kommissionär das Recht, unverkaufte Ware an den Kommittenten zurückzugeben;
- trägt der Kommissionär nicht das Absatzrisiko;
- kann der Kommissionär schnell liefern.

Im Außenhandel bezeichnet man das Kommissionslager als **Konsignationslager.**

## 4.5 Lagerkosten und Lagergröße

97 Welche Kosten entstehen durch die Lagerhaltung?

Folgende **Lagerkosten** werden unterschieden:

- Kosten der Lagerräume, z. B. Abschreibungen auf Gebäude und Einrichtungsgegenstände, Verzinsung des investierten Kapitals, Energie- und Instandhaltungskosten, Versicherungsprämien;
- Kosten der Lagervorräte, z. B. Verzinsung des im Lager gebundenen Kapitals, Versicherungsprämien, Aufwendungen für Schwund, Diebstahl und Verderb der Lagergüter;
- Kosten der Lagerverwaltung, z. B. Gehälter und Löhne für die im Lager beschäftigten Mitarbeiter, Kosten der Organisationsmittel.

98 Wovon ist die Lagergröße abhängig?

Die **Lagergröße** ist abhängig von:

- dem Wirtschaftszweig (z. B. umfangreiches Lager beim Baustoffeinzelhandel),
- der Betriebsgröße,
- den mengen- und zeitmäßigen Schwankungen zwischen Beschaffung und Absatz,
- der Lagerumschlagshäufigkeit.

99 Welche Lagerrisiken werden unterschieden?

Man unterscheidet

- **Lagerrisiken,** gegen die eine Absicherung durch spezielle Versicherungen möglich ist (z. B. Brand, Diebstahl, Wasserschäden);
- Lagerrisiken, gegen die sich das Unternehmen nicht versichern kann (mengen- und wertmäßige Verluste, die entstehen durch Verderb, Schwund, Mode- und Geschmackswandel); zur Verringerung dieser Lagerrisiken ist eine laufende und genaue Lagerkontrolle erforderlich.

## 4.6 Lagerkennzahlen

100 Was sind Lagerkennzahlen?

**Lagerkennzahlen** erleichtern die Überwachung der Wirtschaftlichkeit im Lager; sie liefern Grundlagen für eine optimale Lagerhaltung.

Man unterscheidet:

1. **Lagerbestandsgrößen,**
   - eiserner Bestand (siehe Einzelhandelsbetriebslehre, Frage 38),
   - Meldebestand (siehe Einzelhandelsbetriebslehre, Frage 39 f.),
   - Höchstbestand,
   - durchschnittlicher Lagerbestand,
   - optimaler Lagerbestand;
2. **Lagermesszahlen,**
   - Lagerumschlagshäufigkeit,
   - Lagerdauer,
   - Lagerzinssatz.

101 Was versteht man unter dem Höchstbestand?

Der **Höchstbestand** (Höchstlagerbestand) wird beim Eintreffen neuer Waren erreicht; er darf aus Kosten- und aus Platzgründen nicht überschritten werden.

| Höchstbestand = eiserner Bestand + Wareneingang |
|---|

102 Was besagt der durchschnittliche Lagerbestand?

Der **durchschnittliche Lagerbestand** gibt an, wie hoch die Vorräte durchschnittlich im Laufe eines Geschäftsjahres sind. Er kann berechnet werden

- als Mengengröße (z. B. Stück, kg, m),
- als Wertgröße (in EUR) mit Hilfe der Einstands- bzw. Bezugspreise.

Der durchschnittliche Lagerbestand kann aufgrund von Jahres- bzw. Monatsinventuren wie folgt ermittelt werden:

$$\text{Durchschnittlicher Lagerbestand} = \frac{\text{Jahresanfangsbestand} + \text{Jahresendbestand}}{2}$$

$$\text{Durchschnittlicher Lagerbestand} = \frac{\text{Jahresanfangsbestand} + \text{12 Monatsendbestände}}{13}$$

**103** Was versteht man unter dem optimalen Lagerbestand?

Der **optimale Lagerbestand**

- ermöglicht einen reibungslosen Betriebsablauf,
- verursacht möglichst geringe Lagerkosten,
- muss mit der optimalen Bestellmenge abgestimmt werden.

**104** Was besagt die Lagerumschlagshäufigkeit?

Die **Lagerumschlagshäufigkeit (Umschlagshäufigkeit)** gibt an, wie oft der durchschnittliche Lagerbestand (als Mengen- oder Wertgröße) in einem bestimmten Zeitraum (i.d.R. ein Jahr) umgesetzt wurde.

$$\text{Umschlagshäufigkeit} = \frac{\text{Jahresabsatz (Stück, kg, m)}}{\text{durchschnittlicher Lagerbestand}}$$

$$\text{Umschlagshäufigkeit} = \frac{\text{Jahreswareneinsatz (zu Einstandspreisen)}}{\text{durchschnittlicher Lagerbestand}}$$

**Beispiel:**

Jahresabsatz: 30 000 Stück
durchschnittlicher Lagerbestand: 6 000 Stück

**Lösung:**

$$\text{Umschlagshäufigkeit} = \frac{30\,000}{6\,000} = 5$$

**105** Unterscheiden Sie Absatz, Umsatz und Wareneinsatz!

Unter **Absatz** versteht man die Menge (Anzahl) der verkauften Waren. Auskunft über die Absatzzahlen gibt die Absatzstatistik.

**Umsatz** (Warenumsatz) ist der Wert der verkauften Waren zum Verkaufspreis. Auskunft über den Umsatz gibt die Umsatzstatistik.

**Wareneinsatz** ist der Wert der verkauften Waren zum Einstandspreis (Bezugspreis).

**106** Was besagt die durchschnittliche Lagerdauer?

Die **durchschnittliche Lagerdauer** gibt an, wie viel Tage ein Lagergut im Durchschnitt gelagert wird. Unter Lagerdauer versteht man die Zeit vom Eingang einer Ware bis zu ihrem Verkauf.

$$\text{Durchschnittliche Lagerdauer} = \frac{\text{360 (Tage)}}{\text{Umschlagshäufigkeit}}$$

**Beispiel:**

Umschlagshäufigkeit: 5

**Lösung:**

$$\text{Durchschnittliche Lagerdauer} = \frac{\text{360 Tage}}{5} = \text{72 Tage}$$

**107** Was besagt der Lagerzinssatz?

Der **Lagerzinssatz** dient (als Zeitzinssatz) der Berechnung der Zinsen (kalkulatorische Zinsen) für das in den durchschnittlich gelagerten Vorräten gebundene Kapital. Bei der Berechnung des Lagerzinssatzes wird ein bankenüblicher Jahreszinssatz zugrunde gelegt.

$$\text{Lagerzinssatz} = \frac{\text{Jahreszinssatz} \cdot \text{durchschnittl. Lagerdauer}}{360}$$

$$\text{Lagerzinssatz} = \frac{\text{Jahreszinssatz}}{\text{Umschlagshäufigkeit}}$$

$$\text{Lagerzinsen} = \frac{\text{durchschnittl. Lagerbest.} \cdot \text{Einstandspreis} \cdot \text{Lagerzinssatz}}{100}$$

**Beispiel:**

| | |
|---|---|
| Jahreszinssatz: | 12% |
| Umschlagshäufigkeit: | 5 |
| durchschnittlicher Lagerbestand: | 6000 Stück |
| Einstandspreis je Stück: | 15,00 EUR |

**Lösung:**

$$\text{Lagerzinssatz} = \frac{12}{5} = 2{,}4\,\%$$

$$\text{Lagerzinsen} = \frac{6000 \cdot 15 \cdot 2{,}4}{100} = 2160{,}00 \text{ EUR}$$

**108** Welche Bedeutung haben Lagerumschlagshäufigkeit und durchschnittliche Lagerdauer?

Jedes Unternehmen versucht, eine möglichst hohe Lagerumschlagshäufigkeit und damit verbunden eine möglichst geringe durchschnittliche Lagerdauer zu erreichen.

Jede Erhöhung der **Umschlagshäufigkeit** führt zu einer

- Verkürzung der durchschnittlichen Lagerdauer,
- Verringerung der Kapitalbindung und des Kapitalbedarfs,
- Verringerung der Zins- und Lagerkosten,
- Verminderung der Lagerrisiken (geringere Versicherungsprämien),
- Erhöhung des Gewinns, der Wirtschaftlichkeit und der Rentabilität.

**109** Wodurch kann die Umschlagshäufigkeit erhöht werden?

Die Kennziffer **Umschlagshäufigkeit** $= \frac{\text{Wareneinsatz}}{\text{durchschn. Lagerbestand}}$ wird erhöht, wenn

- der Wareneinsatz steigt und der durchschnittliche Lagerbestand unverändert bleibt,
- der Wareneinsatz steigt und der durchschnittliche Lagerbestand abnimmt,
- der Wareneinsatz gleich bleibt und der durchschnittliche Lagerbestand sinkt,
- der Wareneinsatz prozentual stärker steigt als der durchschnittliche Lagerbestand.

Der Wareneinsatz steigt durch alle verkaufsfördernden Maßnahmen wie z. B. Werbung.

Der durchschnittliche Lagerbestand kann z. B. vermindert werden durch ständige Lagerkontrollen oder durch eine Verkürzung der Lieferzeiten seitens der Lieferanten.

**110** Welche Auswirkungen hat eine Verringerung des Lagerbestandes auf die Lagerkennzahlen?

Unter der Voraussetzung eines gleich bleibenden Umsatzes bewirkt eine Verringerung des **Lagerbestandes:**

- eine Erhöhung der Lagerumschlagshäufigkeit,
- eine Verkürzung der durchschnittlichen Lagerdauer,
- eine Verringerung des Lagerzinssatzes und der Lagerzinsen,
- eine Verminderung der Kapitalbindung und des Kapitalbedarfs,
- eine Verminderung der Lagerrisiken,
- eine Erhöhung des Risikos der eigenen Lieferbereitschaft.

## 5 Warenwirtschaftssystem

| |  |  |
|---|---|---|
| 111 | Was versteht man unter Warenwirtschaft? | Unter **Warenwirtschaft** versteht man den Warenfluss im Einzelhandelsbetrieb und den damit verbundenen Datenfluss, der die Grundlage der betrieblichen Entscheidungen bildet.<br>Wird die Warenwirtschaft durch Computereinsatz unterstützt und gesteuert, spricht man von einem (computergestützten) **Warenwirtschaftssystem** (WWS). |
| 112 | Beschreiben Sie den Waren- und Datenfluss im Einzelhandelsbetrieb! | Da das Warenwirtschaftssystem der totalen Überwachung und Steuerung aller Warenbewegungen im Betrieb dient, ist der Waren- und Datenfluss in folgenden Bereichen zu berücksichtigen:<br>● Bestellwesen,<br>● Wareneingang,<br>● Lagerhaltung,<br>● Warenausgang (einschließlich Kassenwesen und Fakturierung). |
| 113 | Nennen Sie Aufgaben und Ziele eines Warenwirtschaftssystems! | Aufgaben und Ziele eines **Warenwirtschaftssystems** sind vor allem:<br>1. Beschaffungsplanung,<br>● Ermittlung des optimalen Bestellzeitpunktes,<br>● Ermittlung der optimalen Bestellmenge,<br>● Bezugsquellenoptimierung,<br>● Minimierung der Beschaffungskosten;<br>2. Lagerplanung,<br>● Bestandsüberwachung,<br>● Bestandsoptimierung,<br>● Minimierung der Lagerkosten;<br>3. Absatzplanung,<br>● Sortimentsoptimierung,<br>● Platzierungsoptimierung,<br>● optimale Kassenabwicklung,<br>● Preiskalkulation,<br>● Minimierung der Absatzkosten;<br>4. Personalplanung,<br>● Steuerung des Personaleinsatzes,<br>● Kontrolle des Personaleinsatzes. |
| 114 | Nennen Sie Vorteile eines Warenwirtschaftssystems! | Zu den Vorteilen eines Warenwirtschaftssystems zählen:<br>● Daten werden nur einmal erfasst, und zwar am Ort ihrer Entstehung;<br>● Daten werden rationell erfasst (z. B. mit Scanner, Lesestift); |

- Daten sind jederzeit und schnell verfügbar (z. B. über Bildschirm und Drucker);
- selbst umfangreiche Datenbestände werden in kürzester Zeit statistisch in Form von Tabellen und Grafiken aufbereitet (z. B. Tagesumsatzstatistik für Artikel im Sonderangebot);
- problemloses Erstellen so genannter Renner- und Penner-Listen (Aufschlüsselung des Sortiments in gut und schlecht verkäufliche Artikel);
- die Geschäftsführung hat alle für betriebliche Entscheidungen notwendigen Informationen zur Verfügung.

**115** Nennen Sie die Hardware-Komponenten eines Warenwirtschaftssystems! (Überblick)

Wichtige **Hardware**-Komponenten sind

1. Rechner (Zentraleinheit, siehe Seite 352 f.);
2. Eingabegeräte (siehe Seite 355),
   - Tastatur,
   - Bildschirm,
   - Datenkasse,
   - Datenwaage,
   - Scanner,
   - Lesestift (Lesepistole),
   - Mobile Datenerfassungsgeräte (MDE);
3. Ausgabegeräte (siehe Seite 355),
   - Drucker,
   - Etikettendrucker,
   - Bildschirm,
   - Plotter;
4. Speicher (siehe Seite 355),
   - Festplatte,
   - Magnetplatte,
   - Diskette,
   - Magnetband.

**116** Was ist eine Datenkasse?

**Datenkassen** erfassen den Warenverkauf

- **offline,** d. h., zwischen der Datenkasse und der DV-Anlage besteht keine direkte Verbindung; die Verkaufsdaten werden in der Kasse und zusätzlich auf einem externen Speicher (z. B. Diskette) erfasst. Die auf dem Datenträger gespeicherten Daten werden anschließend mit der DV-Anlage verarbeitet;
- **online,** d. h., zwischen den Datenkassen und der DV-Anlage besteht eine direkte Verbindung; die Verkaufsdaten werden über die zentrale DV-Anlage verarbeitet.

  Dieses **Kassensystem** bezeichnet man als Point-of-Sale-Terminal **(POS).**

117 Nennen Sie die Vorteile eines POS-Systems!

Die Erfassung der Verkaufsdaten mit Hilfe eines **POS-Systems** bietet folgende Vorteile:

- Die Kassiererin erfasst den Warenverkauf entweder mit Hilfe eines Lesegerätes (z.B. EAN-Code mit Scanner, Lesepistole) oder manuell (Eingabe über die Tastatur der Kasse);
- der Warenverkauf wird sofort als Warenabgang in der Lagerbestandsbuchführung erfasst (dadurch sind die Warenbestände jederzeit abrufbar);
- die Dauer des Kassiervorgangs wird verkürzt (über die Artikelnummern des EAN-Code werden die Verkaufspreise aus der Zentraleinheit in die Daten-Kasse übertragen);
- Kassenmanipulationen werden erschwert;
- der Kunde erhält einen Kassenzettel mit ausführlichen Informationen (z.B. Artikelbezeichnung, Einzelpreis, Gesamtpreis);
- erfolgt die Warenerfassung über die Artikelnummer, sind Preisänderungen jederzeit und sehr schnell möglich (die Preise müssen nur in der Datenbank geändert werden).

118 Was ist eine Datenwaage?

Die **Datenwaage** wird beim Verkauf unverpackter Ware eingesetzt, wie z.B. Obst, Gemüse.

Kennzeichen der Datenwaage sind:

- der Kunde legt die gewünschte Ware auf die Datenwaage und gibt über die mit den entsprechenden Symbolen für die Waren gekennzeichnete Tastatur die Warenart ein;
- die Waage ermittelt das Gewicht der Ware und gibt das Gewicht und die Warenart an den Zentralrechner weiter;
- der Zentralrechner ermittelt anhand der erhaltenen Daten den Verkaufspreis, codiert alle Verkaufsdaten (z.B. Artikelbezeichnung, Artikelnummer, Gewicht, Preis) und gibt sie an die Datenwaage weiter;
- die Datenwaage druckt für den Kunden ein Etikett mit den Verkaufsdaten;
- der Kunde versieht die Ware mit dem Etikett und geht damit zur Kasse;
- an der Datenkasse werden die Verkaufsdaten über ein Lesegerät oder manuell erfasst;
- der Zentralrechner erfasst die entsprechenden Warenabgänge.

119 Unterscheiden Sie Scanner und Lesestift!

Der **Scanner** dient der Erfassung von Codes, die entweder auf der Ware selbst oder auf Etiketten aufgedruckt sind (z.B. EAN-Strichcode; siehe Seite 358).

Man unterscheidet:

- stationärer Scanner, er ist im Kassenterminal fest eingebaut; der Lesevorgang der codierten Daten erfolgt, indem die Ware über das Lesefenster des Scanners geführt wird;

- Handscanner, der Lesevorgang erfolgt, indem der Scanner an den Code herangeführt wird.

Der **Lesestift** (Lesepistole) ist ein optischer Belegleser zur Erfassung von Klarschrift (z.B. OCR-Schrift; siehe Seite 359). Der Lesekopf wird über die zu erfassenden Daten geführt.

**120** Was ist ein mobiles Datenerfassungsgerät?

**Mobile Datenerfassungsgeräte (MDE)** dienen der Erfassung von codierten Daten (z.B. im EAN-Strichcode) beim Wareneingang, bei der Lagerverwaltung und beim Warenausgang.

Mobile Datenerfassungsgeräte

- arbeiten im Offline-Betrieb;
- sind bewegliche, handgroße und überall einsetzbare Geräte;
- lesen die erforderlichen Daten (z.B. auf der Ware, auf Etiketten und Bestellisten);
- speichern die eingelesenen Daten auf einem eingebauten kleinen Speicher;
- geben die gespeicherten Daten an die Zentraleinheit weiter, indem der Sachbearbeiter eine Verbindung zwischen Zentraleinheit und MDE herstellt (z.B. mit Hilfe des Akustikkopplers; siehe Seite 354).

**121** Beschreiben Sie das Etikettensystem!

In dem Warenwirtschaftssystem werden insbesondere die beiden folgenden Etikettensysteme angewandt:

- **Klarschrift-Etiketten,** die Etikettierung der Ware erfolgt mit Hilfe besonderer Schriftzeichen, die sowohl vom Computer als auch vom Menschen gelesen werden können (z.B. OCR);
- **Strichcode-Etiketten (Barcode-Etiketten),** die Etikettierung der Ware erfolgt durch einen Balkencode (z.B. EAN-Strichcode, siehe Seite 358), der nur von speziellen Lesegeräten erfasst werden kann (z.B. Scanner).

Die Etikettierung wird oft durch den Hersteller vorgenommen, der das Etikett auf der Ware selbst anbringt (z.B. EAN-Strichcode).

Der Einzelhandelsbetrieb kann die Etiketten auch mit einem Etikettendrucker erstellen und die Etiketten auf der Ware selbst, auf der Warenverpackung oder am Verkaufsregal anbringen.

**122** Welche Angaben enthält das Etikett?

Das **Etikett** kann folgende Angaben enthalten (siehe auch Ware und Verkauf, Frage 66),

- Artikelbezeichnung,
- Artikelnummer,
- Verkaufspreis,
- Lieferant,

- Einstandspreis,
- Lagernummer und Lagerort,
- Eingangsdatum.

Für den Kunden muss der Verkaufspreis immer lesbar angegeben werden; für die Datenverarbeitung muss der Verkaufspreis auch maschinenlesbar sein.

Der **EAN-Strichcode** enthält das Herstellerland, die Betriebsnummer des Herstellers und die Artikelnummer. Er enthält nicht den Verkaufspreis der Ware; dieser wird über die Artikelnummer über die Zentraleinheit abgerufen.

**123** Was versteht man unter artikelgenauer und artikelgruppengenauer Datenerfassung?

Bei der **artikelgenauen Datenerfassung** werden die Daten für jeden einzelnen Artikel erfasst; jeder Artikel des Sortiments wird mit einer eigenen Artikelnummer geführt.

Vorteile sind:

- die aufwendige Preisauszeichnung (insbesondere bei Preisänderungen) kann entfallen, da die Preise der Waren über die Zentraleinheit abrufbar sind;
- statistische Auswertungen können für jeden einzelnen Artikel vorgenommen werden (z.B. Tages- und Wochenumsätze).

Bei der **artikelgruppengenauen Datenerfassung** werden die Daten einer Ware über ihre entsprechende Artikelgruppe erfasst (z.B. gibt es für die Textilabteilung die Gruppen Kinderhemden, T-Shirts, Kinderpullover usw.).

Nachteile sind:

- die Preise der Waren sind nicht über die Zentraleinheit abrufbar, sondern müssen eigens auf der Ware angegeben werden;
- statistische Auswertungen sind nicht artikelspezifisch, sondern jeweils nur für die Artikelgruppe möglich.

**124** Beschreiben Sie den Wareneingang im Warenwirtschaftssystem!

Der Arbeitsablauf beim **Wareneingang** von Waren, die bereits mit einem Code versehen sind, kann sich nach folgenden Arbeitsschritten vollziehen:

- Erfassung der gelieferten Waren (nach Art und Menge) mit Hilfe eines Lesegerätes:
- Vergleichen der Daten der Lieferung mit den Daten der Bestelldatei, bei Abweichungen erfolgt eine entsprechende Meldung;
- Aktualisieren der Bestelldatei;
- Vergleichen der Rechnungsdaten mit den Daten der Lieferung und Fertigen der Zahlungsanweisung (z.B. Drucken der Überweisungsformulare).

125 Beschreiben Sie den Warenausgang im Warenwirtschaftssystem!

Der Arbeitsablauf beim **Warenausgang** kann sich nach folgenden Arbeitsschritten vollziehen:

- Erfassen der Verkaufsdaten am Kassenterminal über den Code mittels eines Lesegerätes;
- Erstellen des Kassenzettels (mit ausführlichen Informationen);
- Erstellen des Kassenberichts;
- sofortiges Aktualisieren der Bestandsdateien der Waren;
- Erstellen von Statistiken nach Bedarf (z. B. Tagesumsätze für einzelne Artikel, durchschnittliche Kundenumsätze);
- Preisüberprüfung anhand des statistischen Materials und u. U. Preiskorrekturen; diese werden über die Artikelnummer in der Zentraleinheit vorgenommen.

126 Beschreiben Sie die Inventur im Warenwirtschaftssystem!

Die **Inventur** im Warenwirtschaftssystem kann erfolgen mit

- Strichcodeetiketten, die mengenmäßige Erfassung der Ware erfolgt mit Hilfe von mobilen Datenerfassungsgeräten; die codierten Artikelnummern werden mit dem Handgerät eingelesen, die Bestandszahlen werden von Hand eingegeben; die im MDE-Gerät gespeicherten Daten werden später in den Rechner eingegeben;
- Klarschriftetiketten, an den Warenetiketten werden die Inventurabschnitte abgetrennt und die Daten werden über Lesegeräte erfasst und in den Rechner eingegeben.

Der Rechner vergleicht die eingegebenen Ist-Bestände jeder Ware mit den gespeicherten Soll-Werten; die Liste mit den Soll-Ist-Abweichungen wird ausgedruckt.

Die Soll-Werte, die im Rechner gespeichert sind, wurden ermittelt, indem ausgehend vom Anfangsbestand die Wareneingänge und die Warenausgänge unmittelbar erfasst wurden (permanente Inventur; siehe Einzelhandelsbetriebslehre, Frage 91).

127 Wie erfolgt die Datenauswertung im Warenwirtschaftssystem?

Aufgrund der sehr hohen Verarbeitungsgeschwindigkeit der DV-Anlagen kann innerhalb kürzester Zeit eine Vielzahl von Auswertungen vorgenommen werden.

Beispiele für **Statistiken** und **Berechnungen** (z. B. betriebliche Kennziffern) sind für die Bereiche

1. Wareneinkauf,
   - Festlegen des Bestellzeitpunktes und Berechnung der Bestellmengen (unter Berücksichtigung der Meldebestände);
   - Führen und Überwachen der Bestelldatei (enthält Daten über Lieferanten, Lieferzeitpunkte und Liefermengen);

- Führen und Überwachen der Offene-Posten-Datei (enthält Angaben über Zeitpunkt und Höhe von fälligen Zahlungen);

2. Lager,
   - Durchführung der permanenten Inventur;
   - Berechnung von Lagerkennzahlen (siehe ausführlich Einzelhandelsbetriebslehre, Frage 100ff.);

3. Warenverkauf,
   - Aufstellen und Auswerten der Absatzstatistik (diese wird rein mengenmäßig aufgestellt);
   - Aufstellen und Auswerten der Umsatzstatistik (z.B. Umsatz je Artikel, je Artikelgruppe, je Abteilung; Umsatz pro $m^2$ Verkaufsfläche, Umsatz pro $m^2$ Geschäftsfläche, Ermittlung der Umsatzrentabilität);
   - Aufstellen und Auswerten der Verkäuferstatistik (z.B. Umsatz pro Verkäufer, Umsatz je Kasse);
   - Aufstellen und Auswerten der Kundenstatistik (z.B. Umsatz je Kunde, Kundenzahl pro Tag);
   - Sortimentsanalyse (z.B. Ermittlung der Renner-Penner-Liste).

# 6 Personalwesen

## 6.1 Grundlagen des Personalwesens

128 Nennen Sie die Ziele des Personalwesens!

Ziele des **Personalwesens** sind:

- Bereitstellung von Arbeitskräften (geeignete Mitarbeiter zur rechten Zeit, am rechten Ort, in ausreichender Anzahl),
- Einsatz der Arbeitskräfte entsprechend dem ökonomischen Prinzip,
- Steigerung der Arbeitsleistung durch gezielte Motivation (z.B. gerechte Entlohnung, Aufstiegschancen, Anerkennung der Arbeit, Betriebsklima),
- Verbesserung der Einkommensverhältnisse,
- Verbesserung der Situation am Arbeitsplatz (z.B. angenehme Arbeitsplätze, soziale Einrichtungen),
- Befriedigung immaterieller Bedürfnisse (z.B. Gesundheit, Zufriedenheit, Sicherheit).

129 Nennen Sie die Aufgaben des Personalwesens!

Die Aufgaben des **Personalwesens** betreffen:

1. Einstellen und Ausscheiden von Arbeitnehmern,
   - Personalbedarfsplanung,
   - Personalbeschaffung,
   - Personaleinstellung und -entlassung;
2. Personalverwaltung,
   - Personalunterlagen,
   - arbeitsrechtliche Bestimmungen;
3. Arbeitsschutz und Unfallverhütung (siehe Wirtschafts- und Sozialkunde, Frage 226ff.)
   - Arbeitsschutzbestimmungen,
   - Maßnahmen zur Unfallverhütung,
   - Verhalten bei Unfällen;
4. Lohn- und Gehaltsabrechnung,
   - Formen der Entlohnung,
   - Tarifverträge und Betriebsvereinbarungen (siehe Wirtschafts- und Sozialkunde, Frage 211ff.),
   - Ermittlung des Brutto- und Nettolohns.

## 6.2 Einstellen und Ausscheiden von Arbeitnehmern

| |  |  |
|---|---|---|
| 130 | Was ist Personalbedarfsplanung? | Die **Personalbedarfsplanung** hat die Aufgabe, den zukünftigen Bedarf an Mitarbeitern zu ermitteln. Die Planung kann kurz-, mittel- und langfristig sein. |
| 131 | Unterscheiden Sie Ersatz-, Neu- und Minderbedarf! | Entsprechend der Zielsetzung der Personalplanung unterscheidet man:<br>● **Ersatzbedarf,** d.h. der durch ausscheidende Mitarbeiter verursachte Bedarf (Gründe können sein: Tod, Invalidität, Pensionierung, Kündigung durch Arbeitgeber oder Arbeitnehmer);<br>● **Neubedarf** (Erweiterungsbedarf), d.h. der über den augenblicklichen Personalbestand hinausgehende (zusätzliche) Personalbedarf (Gründe sind: Erhöhung der Betriebskapazität, Arbeitszeitverkürzungen, Hochkonjunktur);<br>● **Minderbedarf** (Personaleinschränkung), d.h. Rückgang des Personalbedarfs (Gründe sind: Rationalisierungsmaßnahmen, Absatzrückgang, Rezession). |
| 132 | Nennen Sie Möglichkeiten der Personalbeschaffung! | Man unterscheidet:<br>● **interne Personalbeschaffung,** benötigtes Personal stammt aus dem eigenen Betrieb (innerbetriebliche Stellenausschreibung, siehe auch Wirtschafts- und Sozialkunde, Frage 267);<br>● **externe Personalbeschaffung,** benötigtes Personal stammt vom Arbeitsmarkt (Arbeitsämter, Stellenanzeigen). |
| 133 | Wie erfolgt die Einstellung von Arbeitnehmern? | Unter **Einstellung** versteht man den Abschluss eines Arbeitsvertrages zwischen Arbeitgeber und Arbeitnehmer.<br>Die Einstellung vollzieht sich üblicherweise in folgenden Schritten:<br>1. Ausschreibung der zu besetzenden Stelle,<br>● interne Ausschreibung,<br>● externe Ausschreibung;<br>2. Beurteilung der Bewerbungsunterlagen,<br>● Lebenslauf (z.B. handschriftlich und tabellarisch),<br>● Zeugnisse,<br>● Referenzen (z.B. Empfehlungen früherer Arbeitgeber);<br>3. Beurteilung des Bewerbers,<br>● Vorstellungsgespräch,<br>● Tests (z.B. Eignungs-, Intelligenz- oder Persönlichkeitstest),<br>● Handschrift (grafologisches Gutachten),<br>● medizinische Untersuchungen;<br>4. Personalauswahl unter Berücksichtigung der Bewerbungsunterlagen und der Beurteilung des Bewerbers; |

5. Einstellung des Arbeitnehmers,
   - Arbeiter (siehe Wirtschafts- und Sozialkunde, Fragen 178 und 267),
   - Angestellte (siehe Wirtschafts- und Sozialkunde, Fragen 178 und 267),
   - leitende Angestellte (siehe Wirtschafts- und Sozialkunde, Frage 179), ihre beabsichtigte Einstellung ist dem Betriebsrat rechtzeitig mitzuteilen,
   - Auszubildende (siehe Wirtschafts- und Sozialkunde, Frage 218 f.);
6. Einstellungsunterlagen,
   - Lohnsteuerkarte (siehe Wirtschafts- und Sozialkunde, Frage 393 ff.),
   - Versicherungsnachweis,
   - Urlaubsbescheinigung (siehe Einzelhandelsbetriebslehre, Frage 135).

**134** Nennen Sie Gründe für das Ausscheiden von Mitarbeitern!

Gründe für das **Ausscheiden von Mitarbeitern** können sein;

- Kündigung seitens des Arbeitgebers bzw. Arbeitnehmers (siehe Wirtschafts- und Sozialkunde, Frage 227 ff.);
- Kündigung des Ausbildungsverhältnisses (siehe Wirtschafts- und Sozialkunde, Frage 223);
- Erreichen der Altersgrenze (siehe Wirtschafts- und Sozialkunde, Frage 252), eine Kündigung ist nur dann erforderlich, wenn die automatische Kündigung nicht im Tarifvertrag geregelt ist;
- **teilweise Erwerbsminderung,** Versicherte können auf nicht absehbare Zeit wegen Krankheit oder Behinderung nicht mindestens 6 Stunden täglich erwerbstätig sein;
- **volle Erwerbsminderung,** Versicherte können auf nicht absehbare Zeit wegen Krankheit oder Behinderung nicht mindestens 3 Stunden täglich erwerbstätig sein;
- Einvernehmen von Arbeitgeber und Arbeitnehmer (Aufhebungsvertrag);
- Ablauf eines befristeten Arbeitsvertrages (siehe Wirtschafts- und Sozialkunde, Frage 210);
- Tod des Arbeitnehmers (Tod des Arbeitgebers ist i. d. R. kein Grund für die Beendigung des Arbeitsverhältnisses).

**135** Welche Arbeitspapiere werden bei der Beendigung des Arbeitsverhältnisses ausgehändigt?

Der Arbeitgeber ist verpflichtet, dem Arbeitnehmer bei Beendigung des Arbeitsverhältnisses die **Arbeitspapiere** auszuhändigen, und zwar

- Lohnsteuerkarte (siehe Seite 214),
- Versicherungsnachweis (im Gegensatz dazu gibt es den Sozialversicherungsausweis, welcher belegt, dass der Arbeitnehmer versichert ist),

- Urlaubsbescheinigung, der Arbeitgeber ist verpflichtet, den im laufenden Kalenderjahr gewährten oder abgegoltenen Urlaub zu bescheinigen;
- Zeugnis.

136 Unterscheiden Sie einfaches und qualifiziertes Zeugnis!

Jeder Arbeitnehmer hat bei seiner Entlassung Anspruch auf ein Zeugnis; er hat die Wahl zwischen zwei Möglichkeiten:

- **einfaches Zeugnis,** enthält nur Angaben über Art und Dauer der Beschäftigung;
- **qualifiziertes Zeugnis,** enthält darüber hinaus Angaben über Verhalten und Leistung.

## 6.3 Personalverwaltung

137 Nennen Sie die Aufgaben der Personalverwaltung!

Zu den Aufgaben der **Personalverwaltung** zählen

1. Bearbeitung der **Personalunterlagen,**
   - **Personalakte,** sie enthält persönliche und dienstliche Daten über den Arbeitnehmer, wie z.B. Zeugnisse und Familienstand sowie Beurteilungen und Teilnahme an Fortbildungsmaßnahmen; nach dem Betriebsverfassungsgesetz hat der Arbeitnehmer das Recht, in die über ihn geführten (vollständigen) Personalakten Einsicht zu nehmen (der Arbeitnehmer kann hierzu ein Mitglied des Betriebsrates hinzuziehen);
   - **Personalbogen,** er enthält die vom Arbeitnehmer selbst angegebenen persönlichen Daten, wie z.B. beruflicher Werdegang; der Personalbogen ist Bestandteil der Personalakte;
   - **Personaldatei** (Personalkartei), sie enthält die für die laufende Personalverwaltung erforderlichen Daten aller Arbeitnehmer;
2. Führen der Lohn- und Gehaltskonten (Lohn- und Gehaltsabrechnung);
3. Erstellen von Personalstatistiken (z.B. Beschäftigungs-, Kranken- und Unfallstatistik);
4. Personalbeschaffung (Personalauswahl);
5. Personaleinsatz und Personaleinführung (Stelleneinweisung);
6. Aus- und Fortbildung der Mitarbeiter;
7. Abwicklung der Personaleinstellung und Personalentlassung mit der entsprechenden Bearbeitung der Arbeitspapiere (siehe Einzelhandelsbetriebslehre, Frage 135).

**138** Nennen Sie Quellen für arbeitsrechtliche Vorschriften!

Wichtige Quellen arbeitsrechtlicher Vorschriften für das Arbeitsverhältnis sind:

- Betriebsverfassungsgesetz (siehe Wirtschafts- und Sozialkunde, Frage 262 ff.);
- Manteltarifvertrag (siehe Wirtschafts- und Sozialkunde, Frage 215);
- Kündigungsschutzgesetz und weitere Gesetze, die den Kündigungsschutz regeln (siehe Wirtschafts- und Sozialkunde, Frage 231 ff.);
- Arbeitnehmerschutzgesetze (siehe Wirtschafts- und Sozialkunde, Frage 226 ff.);
- Bundesdatenschutzgesetz (siehe Datenverarbeitung, Frage 105).

**139** Nennen Sie Rechte und Pflichten des Arbeitgebers!

Für den **Arbeitgeber** ergeben sich aus dem Arbeitsverhältnis folgende Pflichten:

- Lohnzahlungspflicht;
- Fürsorgepflicht, d.h., der Arbeitgeber muss das Interesse des Arbeitnehmers wahrnehmen und ihm Schutz und Fürsorge gewähren (zur Fürsorgepflicht zählen z.B. Schutz für Leben und Gesundheit des Arbeitnehmers, Beachtung sozialversicherungsrechtlicher Vorschriften);
- Pflicht zur Gewährung von Erholungsurlaub, d.h., der Arbeitgeber muss den Arbeitnehmer für eine bestimmte Zeit zum Zwecke der Erholung freistellen und den Lohn weiterzahlen.

Die Rechte des Arbeitgebers lassen sich aus den Pflichten des Arbeitnehmers ableiten.

**140** Nennen Sie Rechte und Pflichten des Arbeitnehmers!

Für den **Arbeitnehmer** ergeben sich aus dem Arbeitsverhältnis folgende Pflichten:

- Arbeitspflicht, der Arbeitnehmer hat i.d.R. nur die Art von Arbeiten zu verrichten (und zwar höchstpersönlich), die im Arbeitsvertrag vereinbart wurden;
- Pflicht, Weisungen zu befolgen;
- Treuepflicht, der Arbeitnehmer muss sich nach besten Kräften für die Interessen des Betriebes einsetzen (zur Treuepflicht zählen z.B. die Wahrung von Betriebsgeheimnissen und das Verbot der Annahme von Schmiergeldern).

Die Rechte des Arbeitnehmers lassen sich aus den Pflichten des Arbeitgebers ableiten.

## 6.4 Büroarbeiten

### Postbearbeitung

| |  |  |
|---|---|---|
| 141 | Nennen Sie Aufgaben der Poststelle! | Die **Poststelle,** die i. d. R. nur in größeren Betrieben eingerichtet wird, hat folgende Aufgaben:<br>● Bearbeitung des Posteingangs,<br>● Postverteilung,<br>● Bearbeitung des Postausgangs. |
| 142 | Welche Möglichkeiten bietet der Briefdienst der Deutschen Post AG? | Die **Deutsche Post AG** bietet im Rahmen des **Briefdienstes** folgende Möglichkeiten:<br>● **Standardbrief,** bis 20 g;<br>● **Kompaktbrief,** bis 50 g;<br>● **Großbrief,** bis 500 g;<br>● **Maxibrief,** bis 1 000 g;<br>● **Postkarte,**<br>● **Infopost,** bis 3 000 g, nur möglich ab einer bestimmten Anzahl von Sendungen;<br>● **Postwurfsendungen;** für Haushalte mit Tagespost, für alle Haushalte bzw. für alle Briefabholer möglich;<br>● **Büchersendung;**<br>● **Warensendung.**<br>Für zusätzliche Leistungen verlangt die Post zusätzliche Entgelte:<br>● **Einschreiben** (z. B. möglich für Briefe und Postkarten), dokumentiert wird die Übergabe der Sendung vom Empfänger oder einem anderen Empfangsberechtigten;<br>● **Einschreiben Einwurf** (z. B. möglich für Briefe und Postkarten), die Deutsche Post dokumentiert den Einwurf der Sendung in den Briefkasten oder das Postfach des Empfängers;<br>● **Eigenhändig** (nur möglich bei Einschreiben und Nachnahme), die Sendung wird nur an den Empfänger persönlich oder an einen besonders Bevollmächtigten abgeliefert;<br>● **Rückschein** (nur möglich bei Einschreiben und Nachnahme), die Ablieferung der Sendung wird dem Absender auf einem vorbereiteten Rückschein bestätigt;<br>● **Nachnahme** (siehe Wirtschafts- und Sozialkunde, Frage 283);<br>● **Express-Brief** (Höchstgewicht 2 000 g), garantiert wird die Zustellung am Tag nach der Einlieferung, als Zusatzleistung ist eine Transportversicherung möglich (bis 25 000,00 EUR);<br>● **Postzustellungsauftrag,** für Behörden, Gerichte und Gerichtsvollzieher möglich (z. B. Mahnbescheid).<br>Die Versandvorschriften und Gebühren sind in den Service-Informationen der Deutschen Post AG zusammengestellt.<br>Zu den Möglichkeiten der Frachtpost siehe Einzelhandelsbetriebslehre, Frage 66 f. |

**143** Beschreiben Sie die Arbeiten beim Posteingang!

Beim **Posteingang** fallen folgende Arbeiten an:

- Abholen der Post beim Postamt (Postfach) oder Entgegennahme der Post vom Postboten;
- Führen eines Posteingangsbuches, enthält u.a. Absender und Eingangsdatum;
- Aussortieren bestimmter Sendungen, die nicht von der Poststelle geöffnet werden dürfen, z.B. Privatbriefe, Sendungen mit dem Vermerk „persönlich" oder „eigenhändig";
- Öffnen der Post;
- Überprüfen der Vollständigkeit des Inhalts (Anlagen) und Leerkontrolle der Umschläge;
- Schriftstücke mit Eingangsstempel versehen (er kann enthalten: Eingangsdatum, Uhrzeit, Weiterleitungs- und Bearbeitungsvermerke);
- Sortieren der Post und Weiterleiten an die entsprechenden Abteilungen (unter Berücksichtigung des Vermerks „zu Händen . . .").

**144** Beschreiben Sie die Arbeiten beim Postausgang!

Beim **Postausgang** fallen folgende Arbeiten an:

- Falten des Schriftgutes,
- Kuvertieren des Schriftgutes (u.U. Beilagen hinzufügen),
- Adressieren (entfällt bei Fensterbriefumschlägen),
- Schließen der Briefumschläge,
- Frankieren (Freimachen),
- Führen eines Postausgangsbuches (enthält u.a. Empfänger und Ausgangsdatum).

**145** Welche Maschinen werden bei der Postbearbeitung eingesetzt?

Beim **Posteingang** werden eingesetzt

- Brieföffnermaschinen,
- Eingangsstempler,
- Leerkontrollmaschinen (Durchleuchtungsgeräte).

Beim **Postausgang** werden eingesetzt

- Adressiermaschinen, Anschriften werden z.B. auf Metallplatten oder auf Datenträgern der DV gespeichert und maschinell aufgedruckt;
- Falzmaschinen, verschiedene Falzarten können eingestellt werden;
- Zusammentragmaschinen, zusammengehörende Blätter werden automatisch sortiert (z.B. Preislisten, Rundschreiben);
- Beilagegeber, Schriftstücken wird automatisch eine Beilage zugefügt (z.B. Prospekt);
- Kuvertiermaschinen;
- Frankiermaschinen (ermöglichen zusätzliche Werbung);
- Verschließmaschinen.

146 Was versteht man unter einer Postvollmacht?

Vor allem für Unternehmen und Behörden ist es wichtig, einen oder mehrere Mitarbeiter mit einer **Postvollmacht** auszustatten; damit wird sichergestellt, dass nur autorisierte Beschäftigte Postsendungen entgegennehmen. Für die Erteilung der Postvollmacht ist eine einfache schriftliche Erklärung erforderlich (in den Postfilialen sind vorgefertigte Vollmachtserklärungen erhältlich).

Die Postvollmacht berechtigt zur Entgegennahme von eingehender Post. Damit ein Dritter eine Sendung mit dem Zusatz „Eigenhändig" entgegennehmen darf, ist eine ausdrückliche Vollmacht erforderlich (besondere Postvollmacht).

## Registraturarbeiten

147 Welche Ordnungssysteme gibt es?

**Ordnungssysteme** dienen der geordneten Aufbewahrung von Informationen auf Informationsträgern (z. B. Schriftstücke, Karteien) mit dem Ziel, eine bestimmte Information sicher und schnell zu finden.

Man unterscheidet folgende Ordnungssysteme:

- **alphabetische Ordnung,** Grundlage sind die Regeln des Deutschen Einheits-ABC; dieses System ist am verbreitetsten und eignet sich für das Ordnen nach Namen, Orten und Sachwörtern (z. B. Kundenkartei, Ersatzteilkartei);
- **numerische Ordnung,** Grundlage sind Zahlen, und zwar meist in Form des dekadischen Systems (Ziffern von 0 bis 9); im Gegensatz zur „nichtsprechenden" gibt die „sprechende" Nummer Auskunft über die Art der gespeicherten Information (z. B. geben die Kontennummern des Kontenrahmens Auskunft über Kontenklasse, -gruppe und -art);
- **alphanumerische Ordnung,** sie stellt eine Kombination von Buchstaben und Zahlen dar (z. B. bedeutet PA 5: P = Hauptgruppe Personal, A = Gruppe Arbeiter, 5 = Stundenlohn 12,00 EUR);
- **chronologische (zeitliche) Ordnung,** Ordnungsmerkmale sind Tages-, Monats- oder Jahresdaten (z. B. Endablage der Buchungsbelege);
- **farbliche Ordnung,** Ordnungsmerkmale sind gut voneinander unterscheidbare Farben, welche die Informationsträger wie Ordner, Schriftstücke, Karteikarten in einfach erkennbare Gruppen einteilen (z. B. roter Ordner = Personal; blauer Ordner = Einkauf);
- **symbolische Ordnung,** anstelle von Farben werden Symbole benutzt;
- **mnemotechnische (merktechnische) Ordnung,** die Ordnung erfolgt nach Kennbuchstaben, welche auf die Art der Information hinweisen (z. B. AZ = Auszubildende, AN = Angestellte).

148 Welche Ablagesysteme gibt es?

Ablagesysteme (Registraturformen) werden eingeteilt in

- **stehende Registratur** (Ordnerregistratur), Ordner oder Einzelakten in Stehsammlern stehen in Regalen nebeneinander (Vorteil: übersichtliche und klare Ordnung; Nachteil: hoher Platzbedarf);
- **Hängeregistratur,** Schriftstücke werden in Mappen oder Heftern aufbewahrt, die senkrecht hintereinander an den beiden Enden auf Laufschienen abgehängt werden (Vorteile: gut geeignet für die Ablage im Schreibtisch, schneller Zugriff; Nachteil: hoher Raumbedarf wegen des erforderlichen Herausziehens der Auszüge und der Begrenzung der Behälter auf Sichthöhe);
- **Pendelregistratur,** Schriftstücke werden in Mappen oder Heftern aufbewahrt, die seitlich nebeneinander, und zwar in der Mitte der Mappe auf einer Profilschiene abgehängt werden (Vorteile: Büromöbel brauchen keine Auszüge, günstige Raumausnutzung; Nachteil: wenig Platz auf der sichtbaren Schmalseite der Mappe für die Kennzeichnung);
- **liegende Registratur,** Mappen, Aktendeckel oder Schnellhefter werden aufeinandergelegt (Vorteil: einfache Ablage; Nachteil: zeitaufwendige Suche durch die unsystematische Ablage);
- **Mikrofilm,** auf fotografischem Weg werden Schriftstücke in stark verkleinerter Form gespeichert; sein Einsatz erfordert Aufnahme-, Lese- und Rückvergrößerungsgeräte.

## Karteiführung

149 Was ist eine Kartei?

Eine **Kartei** speichert auf einzelnen Karten (Karteikarten), die einheitlich ausgefüllt werden, häufig benötigte Informationen; sie muss stets auf dem neuesten Stand sein.

Karteien werden geführt als

- Sachkartei, z. B. Lager-, Anlagenkartei;
- Personenkartei, z. B. Personal-, Kunden-, Lieferantenkartei;
- Terminkartei, z. B. Mahn-, Zahlungsterminkartei.

150 Wie ist eine Karteikarte aufgebaut?

Die **Karteikarte** kann gegliedert werden in

- Kartenleiste, oberer Rand der Karte, sie nimmt die Ordnungsmerkmale auf;
- Kartenkopf, Platz für gleich bleibende Angaben (z. B. Artikelbezeichnung, Artikelnummer, Lieferant u. a.);
- Kartenrumpf, Platz für laufende Eintragungen (z. B. Zugang, Abgang, Bestand);
- Kartenfuß, unterer Rand der Karte, er enthält Daten über den Kartendruck (z. B. Druckerei, Formularnummer).

151 Beschreiben Sie wichtige Karteiarten!

Zu den wichtigen Karteiarten zählen

1. **Steilkartei,**
   - **Blockkartei,** die Karten stehen hintereinander in einem Behälter; da jeweils nur eine Karte lesbar ist, muss eine Gliederung durch Ordnungsmerkmale erfolgen;
   - **Schrägsichtkartei** (Blocksichtkartei), die hintereinander stehenden Karten enthalten als Ordnungsmerkmale beschriftete schräge Fahnen (Schrägsicht);
2. **Staffelkartei,**
   - **Flachsichtkartei,** die Karten liegen übereinander in einem Staffelrahmen, der untere Rand jeder Karte ist sichtbar und erhält die gleich bleibenden Daten;
   - **Breitstaffelsichtkartei,** die Karten sind staffelförmig hintereinander so angeordnet, dass von jeder Karte ein Rand (rechts oder links) für die Beschriftung mit Informationen sichtbar ist.

## Terminüberwachung

152 Nennen Sie Möglichkeiten der Terminüberwachung!

Die **Terminüberwachung** (Terminkontrolle) kann erfolgen mit

- Terminkalender, erfasst Termine in Jahres-, Monats-, Wochen- oder Tageskalendern;
- Terminkartei, erfasst Termine auf Tageskarten; die Kartei wird durch Monatsleitkarten übersichtlicher;
- Terminmappe, die Unterlagen werden, nach Terminen geordnet, in durchnummerierten Tagesfächern aufbewahrt;
- Terminordner, die Unterlagen werden entsprechend den Terminen abgeheftet;
- Plantafel, sind i.d.R. großformatige Jahres- oder Monatsübersichten, in denen Termine gekennzeichnet werden (z.B. farbige Eintragungen, Magnete);
- DV-Anlage, entsprechend einem eigens aufgestellten Programm werden gewünschte Termine zu einem bestimmten Zeitpunkt ausgegeben (z.B. Drucker oder Bildschirm).

153 Welche Bedeutung hat die Terminüberwachung?

Die Überwachung von Terminen ist für einen geordneten Betriebsablauf unerlässlich. Sie erfolgt insbesondere für

- Zahlungstermine, z.B. für Eingangsrechnungen (Ausnutzen von Skonto), für Steuern (z.B. Umsatz-, Einkommen- und Gewerbesteuervorauszahlungen);
- Termine im Einkauf, z.B. Liefertermine (von Bedeutung für den Lieferungsverzug);
- Termine im Verkauf, z.B. Liefertermine (zugesagte Termine sollen eingehalten werden) und Zahlungstermine (von Bedeutung für das Mahnwesen und den Zahlungsverzug);
- Besprechungs-, Sitzungs- und Tagungstermine.

## Büromaschinen

| |  |  |
|---|---|---|
| 154 | Welche Büromaschinen gibt es (Überblick)? | **Büromaschinen** sind mechanisch, elektrisch oder elektronisch betriebene Hilfsmittel, welche Büroarbeiten rationeller gestalten. Die Einteilung kann erfolgen nach Maschinen für:<br>1. Schreibarbeiten,<br>● Schreibmaschine (mechanisch, elektrisch, elektronisch, auch mit Speicher),<br>● PC mit Textverarbeitungsprogramm,<br>● Diktiergerät;<br>2. Vervielfältigungen (Reprographie),<br>● Kopierverfahren (Thermokopie, Fotokopie, elektrostatische Kopie = Xerographie, Lichtpause),<br>● Druckverfahren (Umdruck, Schablonendruck, Offsetdruck);<br>3. Datenfernübertragung,<br>● Telefon, Anbieter sind z. B. Telekom, Mannesmann Arcor, Mobilcom,<br>● Fernschreiber (über das öffentliche Text- und Datennetz),<br>● Teletex (elektronischer Briefverkehr über das öffentliche Text- und Datennetz),<br>● Telekopie (Telefax = Fernkopie, und zwar über das Telefonnetz).<br>4. Rechnen und Buchen,<br>● Taschenrechner, druckender oder nicht druckender Tischrechner,<br>● PC mit Finanzbuchhaltungsprogramm;<br>5. Postbearbeitung.<br>Büromaschinen werden immer mehr durch Datenverarbeitungsanlagen ersetzt, welche zahlreiche Aufgaben übernehmen können, wie z. B. Schreiben mit Textverarbeitungsprogrammen, Kalkulieren mit Kalkulationsprogrammen, Buchen mit Buchungsprogrammen und Fakturieren mit Fakturierungsprogrammen. Darüber hinaus wird die DV-Anlage auch im Warenwirtschaftssystem eingesetzt (siehe Einzelhandelsbetriebslehre, Frage 111 ff.). |
| 155 | Welche Verzeichnisse erleichtern die Bürokommunikation? | Die Deutsche Telekom AG bietet folgende **Verzeichnisse** an:<br>● Telefonbuch für einen bestimmten Bereich (z. B. für Berlin);<br>● Gelbe Seiten (Branchenverzeichnis) für einen bestimmten Bereich (z. B. für Berlin), es enthält die Nummern von Fernsprechteilnehmern aus Industrie, Handel, Handwerk, Gewerbe und freien Berufen, und zwar nach Branchen geordnet; |

- Das Örtliche für einen bestimmten Abschnitt aus dem Telefonbuch (z. B. für Potsdam, Werder und Umgebung);
- Telefaxbuch (z. B. für Berlin, Dresden, Erfurt, Magdeburg, Potsdam, Schwerin);
- Telexbuch (für Deutschland);
- Verzeichnis der Vorwahlen und Tarifbereiche.

**156** Erklären Sie die wichtigsten Zeichen des Telefonbuches!

Das Telefonbuch und Das Örtliche enthalten u. a. folgende Zeichen:

- 115522, kostenlose Standardeintragung;
- 1158-0, Telefonanlage mit Abfragestelle (Zentrale);
- 1158–123, Telefonanlage mit Durchwahlnebenstelle;
- <1234>, zukünftige Telefonnummer des Kunden;
- 0800 Telefonnummer, ohne Vorwahlnummer zu wählen, der Anruf ist kostenlos (freecall);
- Fax 115320, Eintrag eines Telefaxanschlusses;
- 0170 oder 0171 steht für D1-Mobilfunknummer der DeTe-Mobil GmbH;
- 0177 steht für eine E-Plus-Mobilfunknummer im E-Plus-Netz.

**157** Was versteht man unter der Kennung im öffentlichen Fernschreibverkehr?

Die **Kennung** (Telexkennung) im Telexdienst der Telekom besteht aus

- der Telexnummer (amtliches Verzeichnis der Telexnummern),
- der Kurzbezeichnung des Teilnehmers,
- dem Nationalitätskennzeichen d (Netzkennzeichen).

**158** Nennen Sie Vorteile des Fernschreibens!

Das **Fernschreiben** bietet u. a. folgende Vorteile:

- Fernschreibdialog, d. h., direkter wechselseitiger Austausch von Informationen ist möglich;
- schriftliche Unterlagen liegen den Telexpartnern vor;
- werden gespeicherte Texte gesendet, verringern sich die Übertragungszeiten und die Gebühren (verbilligte Nachttarife).

**159** Nennen Sie Vorteile des Teletex!

**Teletex** bietet u. a. folgende Vorteile:

- hohe Übertragungsgeschwindigkeit infolge der Speicher-zu-Speicher-Übertragung;
- leichte Korrektur von Fehlern, da die Texte auf einer Diskette gespeichert werden;
- Teletexgeräte sind auch als Schreibmaschinen einsetzbar, da sie über den Zeichenvorrat einer Büroschreibmaschine verfügen;
- das Teletexnetz (Datexnetz) erlaubt einen Übergang zum Telexnetz (und umgekehrt).

**160** Nennen Sie Vorteile des Telefax!

**Telefax** bietet u.a. folgende Vorteile:

- schnelle und preiswerte Übertragung von Vorlagen (z.B. Zeichnungen, Diagramme, Unterschriften) über beliebige Entfernungen;
- Sprachdialog vor und nach der Übertragung ist möglich (über die bestehende Telefonverbindung);
- Telefaxgeräte können u.U. als normale Kopiergeräte benutzt werden.

**161** Was versteht man unter T-Online?

**T-Online** hat verschiedene Bedeutungen:

- das Unternehmen T-Online International AG (Hauptaktionär ist die Deutsche Telekom AG),
- der Internet Provider T-Online,
- der Online-Dienst[1] (auf der Basis der T-Online-Software).

T-Online bietet vor allem:

- **Zugang zum Internet** (auch international möglich), entweder über Modem, ISDN oder mobilen Zugang; Endgeräte sind z.B. PC, Laptop, Handy;
- **T-Online Browser** (siehe Seite 387);
- **Shopping Portal,** elektronischer Handel (E-Commerce);
- weitere **Internet-Portale** wie z.B. onNachrichten, onWirtschaft, onSport;
- **Kommunikation im Internet,** z.B. eMail, SMS;
- **Banking,** (Electronic Banking, siehe Seite 391);
- **Internet-Präsenz,** Erstellung einer Homepage.

## 6.5 Arbeitsschutz und Unfallverhütung

**162** Welche Bedeutung haben Arbeitsschutz und Unfallverhütung?

**Arbeitsschutz** ist der den **Arbeitnehmern** durch rechtliche Vorschriften gewährte Schutz vor negativen Folgen, die sich aus der Arbeit ergeben.

Durch die **Unfallverhütung** sollen Arbeitsunfälle und Berufskrankheiten vermieden werden; jeder Unternehmer ist nach der Gewerbeordnung zum Unfall- und Gefahrenschutz verpflichtet. Die Unfallverhütungsvorschriften sind an geeigneter Stelle im Betrieb auszulegen bzw. auszuhängen.

---

1 Weitere Online-Informationsdienste sind z.B. AOL und CompuServe.

19 Groh/Schröer – ISBN 3-8120-0423-2

163 Nennen Sie Regelungen für Arbeitsschutz und Unfallverhütung!

Wichtige Regelungen für Arbeitsschutz und Unfallverhütung sind:

- Arbeitsschutzvorschriften (siehe Wirtschaft- und Sozialkunde, Frage 226 ff.);
- Maßnahmen zur Unfallverhütung sind z.B. Schutzvorrichtungen an Maschinen, Schutzkleidung, Warnschilder und Unterweisung der Mitarbeiter;
- die Überwachung der Arbeitsschutzvorschriften erfolgt durch die Gewerbeaufsichtsämter und die Berufsgenossenschaften (siehe Wirtschafts- und Sozialkunde, Frage 167 f.);
- der Arbeitgeber hat Fachkräfte für Arbeitssicherheit (z.B. Sicherheitsingenieure), Betriebsärzte sowie Sicherheitsbeauftragte zu bestellen (siehe Wirtschafts- und Sozialkunde, Frage 243 f.);
- der Arbeitgeber hat für Einrichtungen der Unfallhilfe zu sorgen (z.B. Sanitätsraum);
- ein Unfallbericht ist über jeden Arbeitsunfall zu erstellen (insbesondere für die Berufsgenossenschaft).

## 6.6 Lohn- und Gehaltsabrechnung

164 Unterscheiden Sie Gehalt und Lohn!

Angestellte erhalten als monatliches Arbeitsentgelt ein **Gehalt;** es muss spätestens nach Ablauf eines Monats gezahlt werden.

Arbeiter erhalten in Abhängigkeit ihrer geleisteten Arbeitsstunden einen **Lohn.**

Die Mindesthöhe der Löhne und Gehälter ist in den Lohn- und Gehaltstarifverträgen festgelegt; eine übertarifliche Entlohnung kann im Einzelarbeitsvertrag vereinbart sein.

165 Unterscheiden Sie Umsatzprovision und Prämie!

Bei der **Umsatzprovision** erhält der Verkäufer zusätzlich zu seinem Gehalt eine Vergütung, die in Abhängigkeit des von ihm erzielten Umsatzes gezahlt wird.

Eine **Prämie** kann gewährt werden als

- Mehrumsatzprämie, d.h., der Verkäufer erhält eine zusätzliche Vergütung, die nur von dem Umsatz berechnet wird, der eine festgelegte Umsatzgrenze übersteigt;
- Stückprämie, d.h., der Verkäufer erhält für bestimmte Waren, die er verkauft hat, eine zusätzliche Vergütung (z.B. für verkaufte Ladenhüter).

Umsatzprovision und Prämie sollen den Verkäufer zu einer besseren Verkaufsleistung motivieren.

**166** Wie wird der Nettolohn berechnet?

Für die Lohn- und Gehaltsabrechnung gilt i.d.R. folgendes Schema:

**Grundlohn**

\+ Zuschläge (z.B. Überstunden, Nachtarbeit)
\+ Prämien, Umsatzprovision
\+ Vermögenswirksame Leistung des Arbeitgebers

**Bruttolohn**

– Lohnsteuer (lt. Lohnsteuertabelle)
– Solidaritätszuschlag (5,5 % der Lohnsteuer)
– Kirchensteuer (8 bzw. 9 % der Lohnsteuer)
– Sozialversicherungsbeiträge (lt. Tabellen)

**Nettolohn**

– (gesamte) vermögenswirksame Leistungen
– sonstige Abzüge (z.B. Bausparverträge, Pfändungen)

**auszuzahlender Lohn**

**167** Was ist bei der Ermittlung des Nettolohns zu beachten?

Bei der Ermittlung des **Nettolohns** sind zu beachten:

- Anwendung der Lohnsteuertabelle entsprechend der auf der Lohnsteuerkarte eingetragenen Steuerklasse (siehe Wirtschafts- und Sozialkunde, Frage 394),
- Berücksichtigung der auf der Lohnsteuerkarte eingetragenen Steuerfreibeträge (siehe Wirtschafts- und Sozialkunde, Frage 395),
- Beachtung der Versicherungspflichtgrenzen für die Berechnung der Sozialversicherungsbeiträge (siehe Wirtschafts- und Sozialkunde, Frage 248f.),
- Abführen der einbehaltenen Abzüge an die entsprechenden Institutionen (siehe Wirtschafts- und Sozialkunde, Frage 258).

# 7 Risiken und Versicherungen

## 7.1 Risiken im Einzelhandel

**168** Nennen Sie die Risiken im Einzelhandel (Überblick)!

Man unterscheidet folgende **Risiken**

- Überbrückungsrisiken,
- Warenrisiken,
- Markterschließungsrisiken.

**169** Beschreiben Sie die Überbrückungsrisiken!

Zu den Überbrückungsrisiken zählen:

- **Beschaffungsrisiko,** die für die betriebliche Tätigkeit erforderlichen Produktionsfaktoren stehen nicht oder nicht in der richtigen Menge und Qualität zur Verfügung (z. B. Lieferungsverzögerungen);
- **Transportrisiko,** maßgebend für die Risikoübernahme ist der Gefahrenübergang (Beschädigung, Verlust bzw. Verderb der Ware auf dem Transportweg);
- **Lagerrisiko,** wird verursacht durch zu hohe Lagerbestände (z. B. hohe Lagerkosten, Gefahr der Veralterung der Ware), zu niedrige Lagerbestände (z. B. Engpässe beim Absatz) bzw. durch Verderb, Schwund, Diebstahl, Feuer usw.;
- **Absatzrisiko,** wird verursacht durch Nachfrageveränderungen (z. B. durch Modeeinflüsse, Rezession), Gewährleistungspflichten (z. B. bei der Lieferung mangelhafter Ware) und durch Konkurrenzeinflüsse;
- **Finanzierungsrisiko,** wird verursacht durch steigende Fremdkapitalzinsen sowie durch die Zahlungsunfähigkeit von Kunden.

**170** Was sind Warenrisiken?

Das **Warenrisiko** besteht darin, dass die beschafften Waren nicht abgesetzt werden können (entspricht im Wesentlichen dem Absatzrisiko).

**171** Was sind Markterschließungsrisiken?

**Markterschließungsrisiken** entstehen durch ungenaue Marktforschungsergebnisse, falschen Einsatz der Marketing-Instrumente und durch Maßnahmen der Konkurrenz.

**172** Welche risikopolitischen Maßnahmen gibt es?

Zur Verminderung bzw. Eindämmung von Risiken unterscheidet man folgende risikopolitische Maßnahmen:

- **Risikovorbeugung,** z. B. kritische Auswahl von Lieferanten, ständige Lagerkontrolle, optimale Lagerbestände, Kreditüberwachung, Marktbeobachtung und optimaler Einsatz der Marketing-Instrumente;
- **Risikostreuung,** z. B. Wahl der Rechtsform, Wareneinkauf bei mehreren Lieferern, Sortimentserweiterung, Diversifikation;

- **vertragliche Risikobegrenzung,** z. B. langfristige Verträge mit Lieferern und Kunden; Vereinbarungen im Kaufvertrag über Erfüllungsort, Eigentumsvorbehalt und Kreditsicherung;
- **Risikominderung durch Kapitalvorsorge,** z. B. Bildung von Rückstellungen und Rücklagen;
- **Risikoabwälzung auf Versicherungen** (Sach- und Vermögensversicherungen);

## 7.2 Sach- und Vermögensversicherungen

173 Beschreiben Sie den Versicherungsvertrag!

Der **Versicherungsvertrag**

- wird abgeschlossen zwischen dem Versicherer (Versicherungsgesellschaft) und dem Versicherungsnehmer,
- kommt zustande durch den Antrag des Versicherungsnehmers und die Annahme des Versicherers (Aushändigung der Police = Versicherungsschein),
- beinhaltet die Höhe der durch den Versicherungsnehmer zu zahlenden Beiträge (Versicherungsprämien für den Versicherungsschutz), die Leistungen des Versicherers im Schadensfall, die Vertragsdauer und die Kündigungsbedingungen.

174 Unterscheiden Sie Unter- und Überversicherung!

Bei der **Unterversicherung** ist die Versicherungssumme niedriger als der Versicherungswert, d. h., die Versicherung ersetzt nur den Schaden in Höhe des Verhältnisses von Versicherungssumme und Wert der versicherten Gegenstände.

**Beispiel:**

| | |
|---|---|
| Wert der versicherten Einrichtungsgegenstände | 100 000,00 EUR |
| Versicherungssumme (lt. Vertrag) | 70 000,00 EUR |
| entstandener Schaden | 20 000,00 EUR |
| ersetzt werden 70 % des Schadens | 14 000,00 EUR |

Infolge der Unterversicherung werden 70 % der Schäden ersetzt, d. h. maximal 70 % von 100 000,00 EUR.

Bei der **Überversicherung** ist die Versicherungssumme höher als der Versicherungswert.

**Beispiel:**

| | |
|---|---|
| Wert der versicherten Einrichtungsgegenstände | 100 000,00 EUR |
| Versicherungssumme (lt. Vertrag) | 120 000,00 EUR |
| entstandener Schaden | 20 000,00 EUR |
| ersetzt werden 100 % des Schadens | 20 000,00 EUR |

Trotz der Überversicherung wird nur der tatsächlich entstandene Schaden ersetzt.

Bei der **Vollversicherung** entspricht die Versicherungssumme dem Versicherungswert; ersetzt wird der tatsächlich entstandene Schaden.

175 | Was ist Versicherung auf erstes Risiko?

Bei der **Versicherung auf erstes Risiko** wird jeder Schaden ersetzt bis zur Höhe der Versicherungssumme, und zwar unabhängig vom Versicherungswert (eine Unterversicherung hat in diesem Fall keine nachteiligen Folgen).

176 | Was ist Versicherung mit Selbstbehalt?

Bei der **Versicherung mit Selbstbehalt** (Selbstbeteiligung) muss der Versicherungsnehmer einen vertraglich vereinbarten Prozentsatz bzw. EUR-Betrag vom entstandenen Schaden selbst übernehmen.

177 | Welche Arten der Sachversicherung gibt es?

**Sachversicherungen** ersetzen Sachschäden; die wichtigsten Arten sind:

- **Feuerversicherung,** ersetzt werden Schäden durch Brand, Blitzschlag, Kurzschluss sowie Folgeschäden (z. B. Löschschäden, Aufräumungskosten);
- **Leitungswasserversicherung,** ersetzt werden Schäden durch unerwarteten Austritt von Leitungswasser (Wasserrohrbruch) am Gebäude, an Einrichtungsgegenständen und an gelagerten Waren;
- **Einbruchdiebstahlversicherung,** ersetzt werden die gestohlenen Sachen und die Folgeschäden des Einbruchs (z. B. Schäden an Türen, Fenstern und Einrichtungsgegenständen);
- **Transportversicherung,** ersetzt werden Schäden, die während des Transports an Waren entstehen;
- **Glasversicherung,** ersetzt werden Schäden an Fensterscheiben, Schaufenstern, Glastüren, Glasdächern u. Ä. (i. d. R. zahlt die Versicherung kein Geld aus, sondern bezahlt die Lieferung und den Einbau von neuem Glas);
- **Lagerversicherung,** ersetzt werden Schäden durch Feuer, Leitungswasser und Einbruch, nicht versichert sind allerdings Schäden durch Schwund, Verderb und Überalterung.

178 | Welche Arten der Vermögensversicherung gibt es?

**Vermögensversicherungen** sollen verhindern, dass infolge eines Schadenfalles das Vermögen einer Person oder eines Unternehmens vermindert wird. Die wichtigsten Arten sind:

- **Haftpflichtversicherung,** übernimmt für den Versicherungsnehmer die Zahlung des Schadenersatzes bei Sach- oder Personenschäden und gewährt ihm Rechtsschutz bei unberechtigten Rechtsansprüchen (man unterscheidet z. B. Berufs-, Betriebs-, Gebäudehaftpflichtversicherung);
- **Kreditversicherung,** übernimmt das Risiko des Forderungsausfalles (ist nur mit Selbstbeteiligung möglich);
- **Betriebsunterbrechungsversicherung,** übernimmt Schäden, die durch Betriebsunterbrechungen entstehen (z. B. durch Brand).

**179** Welche Arten der Kraftfahrtversicherung gibt es?

Bei der **Kraftfahrtversicherung** (Kraftverkehrsversicherung) unterscheidet man

1. **Kraftfahrt-Haftpflichtversicherung,** sie ist eine vom Gesetzgeber für jeden Kraftfahrzeughalter zwingend vorgeschriebene Versicherung. Abgedeckt werden alle Haftpflichtansprüche bis zur Höhe der vereinbarten Versicherungssumme (Deckungssumme), die gegen den Fahrzeughalter bzw. -lenker geltend gemacht werden.
2. **Kraftfahrt-Fahrzeugversicherung** (versichert ist das Fahrzeug selbst),
   - **Teilkaskoversicherung,** ersetzt werden Schäden durch Diebstahl, Brand, Sturm, Hagel sowie Glas- und Wildschäden;
   - **Vollkaskoversicherung,** über die durch die Teilkaskoversicherung gedeckten Schäden hinaus deckt sie vor allem Schäden durch selbst verursachte Unfälle und Schäden durch unbekannte Dritte. Vollkaskoversicherung ist mit und ohne Selbstbeteiligung möglich;
3. **Kraftfahrt-Unfallversicherung** (Insassenversicherung), versichert sind die berechtigten Insassen eines Fahrzeuges.

**180** Was ist Rechtsschutzversicherung?

Die **Rechtsschutzversicherung** dient dem Versicherungsnehmer zur Wahrung und Durchsetzung eigener Ansprüche und zur Abwehr fremder Ansprüche, z.B. im Verkehrs-, Familien-, Miet- und Kaufvertragsrecht. Die Versicherung übernimmt Gerichts- und Anwaltskosten.

# 8 Investition und Finanzierung

## 8.1 Investition

| |  |  |
|---|---|---|
| 181 | Was versteht man unter Investition? | Unter **Investition** versteht man die Verwendung der durch die Finanzierung beschafften Mittel (Umwandlung finanzieller Mittel in Produktionsmittel).<br>Die Kapitalverwendung findet ihren Niederschlag auf der Aktivseite der Bilanz (Anlage- und Umlaufvermögen).<br>Der **Investitionsplan** beinhaltet die veranschlagten Anschaffungskosten für Produktionsmittel. |
| 182 | Welche Investitionsarten werden unterschieden (Überblick)? | Man unterscheidet die **Investitionsarten** nach:<br>1. Vermögensgegenständen,<br>● Sachinvestition,<br>● Finanzinvestition,<br>● immaterielle Investition;<br>2. Investitionsgründen,<br>● Ersatzinvestition,<br>● Erweiterungsinvestition,<br>● Rationalisierungsinvestition,<br>● Schutzinvestition. |
| 183 | Unterscheiden Sie Sach-, Finanz- und immaterielle Investition! | Eine **Sachinvestition** liegt vor, wenn finanzielle Mittel in Sachgüter, wie z.B. Gebäude, Geschäftsausstattung, umgewandelt werden.<br>Bei der **Finanzinvestition** werden finanzielle Mittel in Finanzvermögen umgewandelt, z.B. Beteiligungen.<br>Von einer **immateriellen Investition** spricht man, wenn finanzielle Mittel für immaterielle Werte, wie z.B. Patente, Werbung, aufgewendet werden. |
| 184 | Unterscheiden Sie Ersatz-, Erweiterungs-, Rationalisierungs- und Schutzinvestition! | **Ersatzinvestition** (Erhaltungsinvestition) ist der Teil der Investition, der auf die Ersatzbeschaffung wirtschaftlich verbrauchter Güter entfällt. Die Betriebskapazität bleibt gleich.<br>Die **Erweiterungsinvestition** (Neuinvestition) erhöht die Betriebskapazität.<br>Die **Rationalisierungsinvestition** verbessert die Wirtschaftlichkeit im Betrieb (durch technisch verbesserte Maschinen).<br>**Schutzinvestitionen** dienen der Sicherheit sowie der Gesundheit der Arbeitnehmer und dem Schutz der Umwelt; sie sind gesetzlich vorgeschrieben oder vertraglich vereinbart. |
| 185 | Was ist Desinvestition? | Wenn die investierten Geldmittel über den Markt (meist durch Warenverkäufe) wieder freigesetzt, d.h. in flüssige Mittel umgewandelt werden, spricht man von **Desinvestition.** |

## 8.2 Finanzierung

**186** Was versteht man unter Finanzierung?

**Finanzierung** umfasst alle Maßnahmen, die mit der Kapitalbeschaffung verbunden sind. Der Gegenwert des Kapitals kann in Form von Geld, Gütern oder Wertpapieren zur Verfügung gestellt werden.

Die Kapitalbeschaffung findet ihren Niederschlag auf der Passivseite der Bilanz (Positionen des Eigen- und Fremdkapitals).

Der **Finanzierungsplan** dient der Ermittlung des wahrscheinlichen Kapitalbedarfs einschließlich Zinsen und Tilgung.

**187** Beschreiben Sie die wichtigsten Finanzierungsgrundsätze!

Folgende **Finanzierungsgrundsätze** müssen beachtet werden:

- Wahrung der Liquidität;
- langfristige Finanzierung des Anlagevermögens und der langfristig gebundenen Teile des Umlaufvermögens (eiserner Bestand) durch Eigenkapital und langfristiges Fremdkapital **(goldene Bilanzregel);**
- die Fristigkeit des Fremdkapitals muss der Zeit der Bindung des Kapitals in Vermögensteile entsprechen (Fristenkongruenz);
- Rentabilität des Kapitaleinsatzes;
- von mehreren Finanzierungsmöglichkeiten muss die kostengünstigste genommen werden.

**188** Welche Bedeutung hat die Kapitalbindung für ein Unternehmen?

Werden finanzielle Mittel in betriebliches Anlage- bzw. Vorratsvermögen festgelegt, spricht man von **Kapitalbindung.**

- Verkürzt der Lieferer sein Zahlungsziel, bedeutet dies für das Unternehmen (Käufer) eine Verlängerung der Kapitalbindungszeit.
- Verkürzt das Unternehmen (Verkäufer) seine Zahlungsziele, bedeutet dies für das Unternehmen eine Verkürzung der Kapitalbindungszeit.

**189** Was ist Liquidität?

Unter **Liquidität** versteht man die Fähigkeit eines Unternehmens, seine fälligen Verpflichtungen termingerecht erfüllen zu können (sie ist abhängig von den sofort zur Verfügung stehenden Geldmitteln).

- Überliquidität liegt vor, wenn der Zahlungsmittelbestand höher ist als der Zahlungsmittelbedarf (führt zu Zinsverlusten).
- Unterliquidität (vorübergehende Zahlungsstockung) liegt vor, wenn die Zahlungsmittelbestände zu gering sind (kann Illiquidität, d. h. völlige und dauerhafte Zahlungsunfähigkeit zur Folge haben).
- Optimale Liquidität liegt vor, wenn sich der Betrieb im finanziellen Gleichgewicht befindet (Einnahmen und Ausgaben stimmen überein).

190 Was ist Rentabilität?

Wird der Gewinn eines Unternehmens als Differenz von Erlösen und Aufwendungen zum eingesetzten Kapital ins Verhältnis gesetzt, spricht man von **Rentabilität.**

$$\text{Rentabilität} = \frac{\text{Reingewinn} \cdot 100}{\text{Kapital}}$$

191 Welche Finanzierungsarten werden unterschieden (Überblick)?

Man unterscheidet:

1. Außenfinanzierung,
   - Kreditfinanzierung (Fremdfinanzierung),
   - Einlagenfinanzierung (Eigenfinanzierung);
2. Innenfinanzierung,
   - Selbstfinanzierung (Eigenfinanzierung),
   - Freisetzungsfinanzierung (Eigen- oder Fremdfinanzierung).

192 Unterscheiden Sie Außen- und Innenfinanzierung!

Bei der **Außenfinanzierung** wird das Kapital dem Unternehmen von außen zugeführt, es stammt also nicht aus dem betrieblichen Umsatzprozess.

Bei der **Innenfinanzierung** stammt das Kapital aus dem Unternehmen selbst.

193 Was ist Kreditfinanzierung?

Bei der **Kreditfinanzierung** (Fremdfinanzierung) wird dem Unternehmen durch außenstehende Kapitalgeber (Gläubiger) Fremdkapital auf begrenzte Zeit zur Verfügung gestellt.

Das Fremdkapital verursacht im Gegensatz zum Eigenkapital Ausgaben durch den Zins- und Tilgungsdienst, die sich auf die Liquidität eines Unternehmens auswirken können.

194 Was ist Einlagenfinanzierung?

**Einlagenfinanzierung** (Beteiligungsfinanzierung) liegt vor, wenn dem Unternehmen durch die Eigentümer Eigenkapital zur Verfügung gestellt wird.

Einzelfirmen und Personengesellschaften erhalten das Kapital aus den privaten Mitteln des Unternehmers bzw. der Gesellschafter oder durch Neuaufnahme von Gesellschaftern.

Kapitalgesellschaften erhalten ihr Eigenkapital durch die Ausgabe von Aktien bzw. durch die Stammeinlagen der Gesellschafter.

195 Was ist Selbstfinanzierung?

Bei der **Selbstfinanzierung** werden Teile des Gewinns nicht ausgeschüttet, sondern zurückbehalten.

Bei der **offenen Selbstfinanzierung** wird der zurückbehaltene Gewinn entweder den Kapitalkonten zugeschrieben (Einzelfirmen, Personengesellschaften) oder auf Rücklagekonten gesammelt (Betriebe mit festem Nominalkapital wie AG, GmbH).

**Stille** (verdeckte) **Selbstfinanzierung** geschieht durch die Bildung **stiller Rücklagen.** Diese entstehen entweder durch Unterbewertung von Vermögensteilen (z.B. durch überhöhte Abschreibungen) oder durch Überbewertung von Schulden (z.B. überhöhte Rückstellungen). Überhöhte Abschreibungen z.B. erhöhen den Aufwand der betreffenden Periode, wodurch der tatsächliche Gewinn vermindert wird. Dieser nicht ausgewiesene Gewinn schafft zusätzliches „unsichtbares" Eigenkapital.

196 Was ist Freisetzungsfinanzierung?

**Freisetzungsfinanzierung** (Finanzierung aus freigesetztem Kapital) ist die Finanzierung durch

- Abschreibungsrückflüsse (Desinvestition),
- Vermögensumschichtungen (z.B. Verkauf nicht betriebsnotwendiger Vermögensteile wie Wertpapiere, Grundstücke),
- Rationalisierungsmaßnahmen (z.B. Verkürzung der Lagerdauer von Erzeugnissen),
- Bildung von Pensionsrückstellungen (bis zur Auszahlung der Pensionen kann mit dem Kapital gearbeitet werden).

197 Unterscheiden Sie Fremdfinanzierung und Eigenfinanzierung!

Erhält das Unternehmen von Außenstehenden (Gläubigern) Kapital, spricht man von **Fremdfinanzierung.**

Wird zusätzliches Kapital durch die Eigentümer (Unternehmer, Gesellschafter, Aktionäre bzw. durch Zurückbehalten von Gewinnen aufgebracht, handelt es sich um **Eigenfinanzierung.**

198 Stellen Sie die Vorteile der Eigen- und Fremdfinanzierung gegenüber!

Vorteile der **Eigenfinanzierung** sind:

- kein fester Zins- und Tilgungsdienst, dadurch keine Belastung der Liquidität;
- Eigenkapital gewährt nur dann das Recht auf Gewinnanteile, wenn Gewinne erzielt wurden, dadurch entsteht keine Verringerung der betrieblichen Substanz in Verlustjahren;
- Kapital steht i.d.R. unbefristet zur Verfügung.

Vorteile der **Fremdfinanzierung** sind:

- Gläubiger des Fremdkapitals haben i.d.R. kein Mitbestimmungsrecht;
- Fremdkapitalzinsen können als Betriebsausgaben abgezogen werden, dadurch wird der steuerpflichtige Gewinn vermindert.

199 Was ist eine Aktie?

**Aktien** sind Urkunden, die ein Anteilsrecht (Beteiligung) an einer Aktiengesellschaft gewähren (siehe Wirtschafts- und Sozialkunde, Frage 153). Man unterscheidet:

- **Nennbetragsaktien,** sie müssen auf mindestens einen Euro lauten, höhere Aktiennennbeträge müssen auf volle Euro lauten; der Nennwert ist der auf der Aktie genannte Betrag;

- **Stückaktien,** sie lauten auf keinen Nennbetrag, sie sind in gleichem Umfang am Grundkapital beteiligt.

Der Preis, zu dem die Aktie an der Börse gehandelt wird, ist der **Kurswert** (Marktwert).

**200** Nennen Sie Merkmale der Aktie!

Die **Aktie** hat folgende Merkmale:

- Der Eigentümer ist Teilhaber an dem Unternehmen mit allen Teilhaberrechten, z. B. Stimmrecht;
- Recht auf Beteiligung am Unternehmenserfolg in Form einer Dividende (Gewinn pro Aktie);
- Höhe der Dividende schwankt;
- Chance für Kursgewinne bei guter Geschäftslage.

**201** Welche Aktienarten gibt es?

Man unterscheidet:

1. nach der Identifikation des Eigentümers,
   - **Namensaktie,** sie lautet auf den Namen des Aktionärs und ist in das Aktienregister der Gesellschaft einzutragen;
   - **Inhaberaktie,** sie enthält keine Namensangabe (häufigste Form der Aktie);
2. nach den mit dem Eigentum verbundenen Rechten,
   - **Vorzugsaktie,** sie ist verbunden mit einer höheren Dividende pro Aktie und das Stimmrecht in der Hauptversammlung ist i. d. R. ausgeschlossen (Vorzugsaktie ohne Stimmrecht);
   - Normalform der Aktie, sie gewährt dem Aktionär alle mit der Aktie verbundenen Rechte **(Stammaktie);**
3. nach dem Zeitpunkt der Ausgabe,
   - **alte Aktien:** Ausgabe vor einer Kapitalerhöhung;
   - **junge Aktien:** Ausgabe bei einer Kapitalerhöhung.

**202** Was ist eine Industrieobligation?

Durch die Ausgaben von **Industrieobligationen** (Schuldverschreibungen) beschaffen sich Industriebetriebe Fremdkapital (langfristige Fremdfinanzierung), um Investitionen zu finanzieren.

## 8.3 Liquiditätsprobleme

| |  |  |
|---|---|---|
| 203 | Nennen Sie Gründe für Liquiditätsprobleme in Unternehmen! | Gründe für Liquiditätsprobleme in Unternehmen (zur Liquidität siehe Einzelhandelsbetriebslehre, Frage 189) sind vor allem:<br>● innerbetriebliche Gründe (z.B. mangelhafte Planung und Organisation, zunehmende Verschuldung),<br>● außerbetriebliche Gründe (z.B. Veränderungen auf den Beschaffungs- oder Absatzmärkten, Verschlechterung der konjunkturellen Lage). |
| 204 | Nennen Sie Maßnahmen bei Liquiditätsproblemen in Unternehmen! | Maßnahmen bei Liquiditätsproblemen **(Zahlungsschwierigkeiten)** in Unternehmen können sein:<br>1. ohne gerichtliche Beteiligung,<br>● freiwillige **Sanierung,** alle Maßnahmen finanzierungstechnischer und organisatorischer Art, welche den Fortbestand eines Unternehmens sichern sollen;<br>● freiwilliger **Vergleich,** die Gläubiger gewähren einen Zahlungsaufschub (Stundungsvergleich) oder verzichten auf einen Teil ihrer Forderungen (Erlassvergleich),<br>● freiwillige **Liquidation,** Auflösung des Unternehmens;<br>2. mit gerichtlicher Beteiligung (nach der Insolvenzordnung),<br>● **Insolvenzverfahren,**<br>● **Insolvenzplan,** die Gläubiger beauftragen den Insolvenzverwalter mit der Aufstellung des Plans, wenn sie erwarten, dass sie mit der Fortführung des Unternehmens des Insolvenzschuldners einen größeren Teil ihrer Forderungen erhalten als bei der Zwangsauflösung; der Insolvenzplan beinhaltet z.B., dass die Gläubiger auf einen Teil ihrer Forderungen verzichten. |
| 205 | Nennen Sie Maßnahmen bei Liquiditätsproblemen von natürlichen Personen! | Wenn natürliche Personen ihre Zahlungsverpflichtungen nicht mehr erfüllen können, gibt es zwei Möglichkeiten:<br>● **Verbraucherinsolvenzverfahren,** der Schuldner muss sich um eine außergerichtliche Einigung mit seinen Gläubigern bemühen; nur wenn diese gescheitert ist, kann der Schuldner die Eröffnung eines vereinfachten Insolvenzverfahrens beantragen;<br>● **Restschuldbefreiung,** der Schuldner kann unter bestimmten Voraussetzungen von seinen im Insolvenzverfahren nicht erfüllten Verbindlichkeiten gegenüber allen Insolvenzgläubigern befreit werden. |
| 206 | Beschreiben Sie das Insolvenzverfahren! | Das **Insolvenzverfahren** ist ein gerichtliches Verfahren, das angewendet wird, wenn ein Schuldner (z.B. ein Unternehmen) in Zahlungsschwierigkeiten geraten ist und eine Lösung des Liquiditätsproblems ohne Gericht nicht mehr möglich erscheint (antragsberechtigt sind Gläubiger und Schuldner). |

207 Was versteht man unter Abweisung mangels Masse?

Das Insolvenzgericht weist den Antrag auf Eröffnung des Insolvenzverfahrens ab, wenn das Vermögen des Schuldners voraussichtlich nicht ausreichen wird, um die Kosten des Verfahrens zu decken **(Abweisung mangels Masse).**

208 Was ist die Insolvenzmasse und wie erfolgt ihre Verwertung?

Unter **Insolvenzmasse** versteht man das gesamte Vermögen, das dem Schuldner zur Zeit der Eröffnung des Insolvenzverfahrens gehört; sie dient der Befriedigung der Gläubiger:

Es gelten vor allem folgende Regelungen:

- Für die Verwertung der Insolvenzmasse (z.B. Zwangsversteigerung) ist der Insolvenzverwalter zuständig;
- die Schlussverteilung erfolgt entsprechend der **Insolvenzquote** (der prozentuale Anteil der zur Verfügung stehenden Mittel an der Summe der Forderungen der Insolvenzgläubiger).

209 Was ist Insolvenzgeld?

Arbeitnehmer haben (nach dem Sozialgesetzbuch) Anspruch auf **Insolvenzgeld,** und zwar, wenn für ihren Arbeitgeber

- das Insolvenzverfahren eröffnet worden ist,
- der Antrag auf Eröffnung des Insolvenzverfahrens mangels Masse abgelehnt worden ist.

Das Insolvenzgeld wird für die vorausgehenden drei Monate gezahlt, wenn die Arbeitnehmer noch Ansprüche auf ihr Arbeitsentgelt haben.

# 9 Kredit

## 9.1 Kreditarten

| Nr. | Frage | Antwort |
|---|---|---|
| 210 | Was versteht man unter Kredit? | **Kredit** ist die Übertragung von<br>● Geldmitteln (Geldkredit) oder<br>● Gütern (Warenkredit)<br>an andere Personen gegen das Versprechen späterer Rückvergütung (normalerweise gegen Entgelt). |
| 211 | Welchen Inhalt hat der Kreditvertrag? | Der **Kreditvertrag** beinhaltet Regelungen über:<br>● Kreditumfang,<br>● Kreditdauer,<br>● Kreditkosten (Zinsen und Provision),<br>● Rückzahlungsmodalitäten,<br>● Sicherheiten (Kreditsicherung). |
| 212 | Welche Kreditarten unterscheidet man (Überblick)? | Die Kredite werden unterschieden nach<br>1. Art der Leistung,<br>● Geldkredit,<br>● Warenkredit (Sachkredit);<br>2. Kreditgeber,<br>● Liefererkredit,<br>● Bankkredit;<br>3. Kreditdauer,<br>● kurzfristige Kredite,<br>● mittelfristige Kredite,<br>● langfristige Kredite;<br>4. Verfügbarkeit des Kredits,<br>● Kontokorrentkredit,<br>● Darlehen;<br>5. Kreditsicherung. |
| 213 | Unterscheiden Sie Geld- und Warenkredit! | Unter **Geldkredit** versteht man die Vergabe von Geldmitteln. Wenn das Geld bar ausgezahlt wird, liegt ein **Barkredit** vor.<br>Unter **Warenkredit** versteht man einen Kauf (bzw. Verkauf) auf Ziel. |
| 214 | Unterscheiden Sie Lieferer- und Bankkredit! | Der **Liefererkredit** (Lieferantenkredit) erfolgt in der Regel als Warenkredit; er ist auch in Form des Geldkredits möglich (z. B. gewährt ein Hersteller einem Großhändler einen Kredit für die Anschaffung von Einrichtungsgegenständen).<br>Der Liefererkredit ist normalerweise ein teurer Kredit (siehe Wirtschaftsrechnen, Seite 28).<br>Der **Bankkredit** erfolgt in der Regel als Barkredit. |

215 Unterscheiden Sie die Kredite nach der Kreditdauer!

**Kurzfristige Kredite** liegen vor, wenn die Kreditlaufzeit unter sechs Monaten liegt.

Bei **mittelfristigen Krediten** liegt die Laufzeit zwischen sechs Monaten und vier Jahren.

Bei einer Laufzeit von vier Jahren und darüber spricht man von **langfristigen Krediten.**

216 Unterscheiden Sie Investitions-, Betriebsmittel- und Zwischenkredit!

Der **Investitionskredit** dient der Erstellung, Erweiterung und Erneuerung von Anlagevermögen.

Der **Betriebsmittelkredit** dient der Verstärkung des Umlaufvermögens (z.B. Erhöhung der Warenbestände).

Der **Zwischenkredit** (Saisonkredit) dient der Überbrückung von kurzfristigen Liquiditätsschwierigkeiten.

217 Was versteht man unter Kontokorrentkredit?

Beim **Kontokorrentkredit** räumt die Bank einem Kreditnehmer auf einem „laufenden Konto" (Kontokorrentkonto) einen Kredit bis zu einer bestimmten Höhe (Kreditlimit, Kreditlinie) für einen bestimmten Kreditzeitraum ein.

Der Kontoinhaber kann den Kredit

- ganz oder teilweise beanspruchen,
- ganz oder teilweise zurückzahlen,
- stets wieder neu in Anspruch nehmen, d.h., die Kredithöhe wechselt dauernd.

Abgerechnet werden nicht die einzelnen Zahlungen (Gutschriften oder Lastschriften), sondern der sich jeweils ergebende Saldo.

Berechnet werden:

- Kreditzinsen (werden nur vom tatsächlich beanspruchten Kredit berechnet),
- Kreditprovision,
- Umsatzprovision,
- Überziehungsprovision.

Dieser Kredit dient vor allem der Sicherung der Liquidität und ist in der Regel kurzfristig.

218 Was ist ein Darlehen?

Beim **Darlehen** wird der Darlehensbetrag dem Kreditnehmer in einem Betrag (oder in Teilbeträgen) für eine bestimmte Zeitdauer zur Verfügung gestellt. Im Gegensatz zum Kontokorrentkredit ist das Darlehen ein langfristiger Kredit.

Die Rückzahlung der Darlehenssumme kann erfolgen

- in voller Höhe am Fälligkeitsdatum = **Fälligkeitsdarlehen,**
- in voller Höhe nach Kündigung und Ablauf einer vorher festgelegten Kündigungsfrist = **Kündigungsdarlehen** (wie beim

Fälligkeitsdarlehen werden während der Laufzeit nur Zinsen gezahlt),

- in Teilbeträgen (Raten) = **Tilgungsdarlehen** (als Annuitäten- oder Abzahlungsdarlehen).

219 Beschreiben Sie die Arten der Darlehenstilgung!

Das **Annuitätendarlehen** (Annuitätentilgung) verpflichtet den Schuldner zur regelmäßigen Zahlung jährlich gleich bleibender Beträge (Annuitäten). Davon entfällt ein ständig wachsender Teil auf die Tilgung und ein ständig sinkender Teil auf die Zinsen für die Restschuld.

Das **Abzahlungsdarlehen** (Ratentilgung) sieht eine jährlich gleich bleibende Tilgungsquote vor. Da die Zinsen für die verbleibende Restschuld sinken, verringern sich die jährlichen Zahlungen. Die Rückzahlung dauert im Vergleich zur Annuitätentilgung länger (bei sonst gleichen Bedingungen).

## 9.2 Kreditsicherung

220 Welche Kriterien bestimmen die Kreditwürdigkeit?

Der Kreditgeber wird in der Regel vor der Kreditvergabe die **Kreditwürdigkeit** prüfen (Bonitätsprüfung). Diese wird vor allem bestimmt durch die

- Persönlichkeit und die persönlichen Verhältnisse des Kreditnehmers (z. B. Zuverlässigkeit und berufliche Erfolge),
- wirtschaftlichen Verhältnisse des Kreditnehmers (z. B. geregeltes Einkommen, Einkommenshöhe, vorhandenes Vermögen),
- wirtschaftlichen Verhältnisse im Unternehmen des Kreditnehmers (z. B. Höhe des Eigenkapitals, Haftung in Abhängigkeit von der Rechtsform, Vermögens- und Kapitalstruktur, Unternehmensgröße, Rentabilität, Liquidität).

Auskünfte über mögliche Kreditnehmer erteilen auch gewerbliche Auskunftstellen, wie z. B. die **Schufa** (Schutzgemeinschaft für allgemeine Kreditsicherung), der die meisten Kreditinstitute angeschlossen sind.

221 Welche Formen der Kreditsicherung gibt es (Überblick)?

Nach der Art der **Kreditsicherung** unterscheidet man:

1. Personalkredit (Blankokredit);
2. verstärkter Personalkredit,
   - Wechseldiskontkredit,
   - Bürgschaftskredit,
   - Zession,
   - Kreditleihe;
3. Realkredit,
   - Verpfändung (Lombardkredit),
   - Sicherungsübereignung,
   - Grundpfandrechte (Hypothek, Grundschuld).

20 Groh/Schröer - ISBN 3-8120-0423-2

## Personalkredit

| Nr. | Frage | Antwort |
|---|---|---|
| 222 | Beschreiben Sie den reinen Personalkredit! | Beim **reinen Personalkredit** (ungedeckter Kredit, Blankokredit) liegt die Sicherung des Kredites nur in der Person bzw. in der Kreditwürdigkeit des Kreditnehmers; darüber hinaus bestehen keine zusätzlichen Sicherheiten.<br><br>Der reine Personalkredit wird vor allem gewährt als Kontokorrentkredit, persönlicher Kleinkredit, persönliches Anschaffungsdarlehen. Er ist in der Regel ein kurzfristiger Kredit. |
| 223 | Beschreiben Sie den verstärkten Personalkredit! | Beim **verstärkten Personalkredit** haften neben dem Kreditnehmer noch weitere Personen für die Kreditrückzahlung. |
| 224 | Was ist ein Wechseldiskontkredit? | Beim **Wechseldiskontkredit** (Diskontkredit) kauft das Kreditinstitut später fällige Wechsel und stellt dem Verkäufer (Kreditnehmer) den Barwert zur Verfügung, d. h., bei diesem kurzfristigen Kredit löst die Bank den Wechsel abgezinst ein.<br><br>Der Diskontkredit bietet folgende Vorteile:<br>● günstige Bedingungen für den Kreditnehmer (der Diskontkredit ist, verglichen mit anderen Kreditarten, ein billiger Kredit);<br>● Sicherheit für den Kreditgeber infolge der Wechselstrenge, der Haftung der Wechselverpflichteten (Bezogener, Aussteller und Wechselnehmer), der Kurzfristigkeit und des festen Rückzahlungstermins;<br>● bei Bedarf zusätzliche Liquidität für den Kreditgeber durch die Möglichkeit der Verpfändung des Wechsels. |
| 225 | Was ist ein Bürgschaftskredit? | Beim **Bürgschaftskredit** werden zwei Verträge abgeschlossen:<br>● Kreditvertrag zwischen Kreditnehmer (Hauptschuldner) und Kreditgeber (Gläubiger);<br>● Bürgschaftsvertrag (einseitig verpflichtender Vertrag) zwischen Bürge und Gläubiger; der Bürge verpflichtet sich in diesem Vertrag, für die Erfüllung der Verbindlichkeit des Hauptschuldners einzustehen. Grundsätzlich muss ein Bürgschaftsvertrag schriftlich abgeschlossen werden. Kaufleute können sich auch mündlich verbürgen, falls die Bürgschaft im Rahmen ihres Geschäftsbetriebes eingegangen wird. |
| 226 | Unterscheiden Sie Ausfallbürgschaft und selbstschuldnerische Bürgschaft! | Bei der **Ausfallbürgschaft** kann der Bürge verlangen, dass der Gläubiger zunächst mit allen außergerichtlichen und gerichtlichen Mitteln versucht, den Hauptschuldner zur Zahlung zu veranlassen (Recht der „Einrede der Vorausklage"). Zahlt der Schuldner nicht, muss der Bürge zahlen. |

Bei der **selbstschuldnerischen Bürgschaft** haftet der Bürge wie der Hauptschuldner selbst, d. h., er verzichtet auf das Recht der Einrede der Vorausklage. Kommt der Schuldner seiner Zahlungsverpflichtung nicht nach, so kann der Gläubiger zur Befriedigung seiner Forderung sofort den Bürgen heranziehen.

Kreditinstitute verlangen in der Regel die selbstschuldnerische Bürgschaft. Kaufleute können sich nur selbstschuldnerisch verbürgen.

227 Was ist eine Zession?

Unter **Zession** versteht man die Abtretung einer Forderung an eine Bank oder einen anderen Kreditgeber zur Sicherung eines Kredits. Neben dem Kreditvertrag wird zwischen Kreditnehmer und Kreditgeber ein Zessionsvertrag abgeschlossen. Durch diesen geht die Forderung des bisherigen Gläubigers (Kreditnehmer, Zedent) gegenüber seinem Schuldner (Drittschuldner) auf den neuen Gläubiger (Zessionar) über.

228 Was versteht man unter Kreditleihe?

Stellt eine Bank einem Kunden kein Geld zur Verfügung, sondern ihre eigene Kreditwürdigkeit, so spricht man von **Kreditleihe.**

Man unterscheidet:

- **Avalkredit** (Bankbürgschaft): Hier übernimmt das Kreditinstitut eine selbstschuldnerische Bürgschaft zugunsten eines Kunden. Bankbürgschaften erhalten vor allem Behörden, aber auch private Unternehmen für Zahlungsverpflichtungen aus Zöllen und Steuern, für vereinbarte Konventionalstrafen im Baugewerbe u. a.;
- **Akzeptkredit** (Bankakzept): Das Kreditinstitut akzeptiert einen von einem vertrauenswürdigen Kunden auf sich gezogenen Wechsel. Der Kunde kann den Wechsel als Kreditmittel verwenden (diskontieren) oder als Zahlungsmittel an einen Gläubiger weitergeben. Rechtzeitig vor Verfall des Wechsels muss der Kunde für Deckung sorgen.

## Realkredit

229 Was versteht man unter Realkredit?

Beim **Realkredit** haften neben dem Kreditnehmer bestimmte Vermögensgegenstände zur Sicherung des Kredits.

230 Was ist Verpfändung?

Werden dem Gläubiger zur Sicherung eines Kredits **(Lombardkredit)** bewegliche, entbehrliche Sachen (z. B. Schmuck) oder verbriefte Rechte (z. B. Wertpapiere, Bausparverträge, Lebensversicherungen) als Faustpfand übergeben, spricht man von **Verpfändung**. Der Gläubiger wird Besitzer, der Schuldner bleibt Eigentümer der Pfandsache.

Ein Pfandrecht entsteht durch Einigung zwischen Pfandgeber (Kreditnehmer) und Pfandnehmer (Kreditgeber) und durch Übergabe der Pfandsache.

Der Kreditnehmer erhält nur einen bestimmten Teil des vollen Wertes (Beleihungssatz) des Pfandes als Kredit.

Kommt der Schuldner seiner Leistungspflicht nicht nach, kann der Gläubiger das Pfand verwerten, z. B. durch öffentliche Versteigerung.

231 Nennen Sie Vor- und Nachteile der Verpfändung!

Vorteile der **Verpfändung** sind:

- Der Kreditnehmer bleibt Eigentümer, er erhält also die verpfändeten Sachen zurück, wenn der Kredit getilgt ist;
- relativ günstige Kreditmöglichkeit.

Nachteile der Verpfändung sind:

- Der Kreditnehmer kann die Sachen nicht mehr nutzen, da er sie übergeben muss;
- der Beleihungssatz ist oft sehr gering;
- der Kreditgeber muss die verpfändeten Sachen verwahren.

232 Was ist Sicherungsübereignung?

Werden dem Gläubiger zur Sicherung eines Kredits (Sicherungsübereignungskredit) bewegliche, unentbehrliche, genau bezeichnete Sachen (z. B. Waren, Maschinen, Fahrzeuge) ohne Übergabe übereignet, liegt **Sicherungsübereignung** vor. Der Gläubiger wird Eigentümer, der Schuldner bleibt Besitzer der Sache.

Der Gläubiger (Kreditgeber) erwirbt nur das bedingte Eigentum an der Sache, d. h., nur bei Verletzung der Rückzahlungspflicht kann er von seinem Herrschaftsrecht Gebrauch machen (öffentliche Versteigerung). Wird der Kredit ordnungsgemäß zurückgezahlt, geht das Eigentum von selbst wieder auf den Kreditnehmer über.

233 Nennen Sie Vor- und Nachteile der Sicherungsübereignung!

Vorteile der **Sicherungsübereignung** sind:

- Der Kreditnehmer kann die übereigneten Sachen weiter nutzen,
- der Kreditgeber muss die Sachen nicht verwahren.

Nachteile sind:

- Die übereigneten Sachen können verkauft oder zerstört werden,
- der Kreditgeber muss die Sachen kontrollieren.

234 Was ist ein Grundpfandrecht?

Ein **Grundpfandrecht** ist die Belastung eines Grundstückes mit einem bestimmten Pfandbetrag. Den auf diese Weise gesicherten Kredit bezeichnet man als Grundkredit (Realkredit im engeren Sinne). Dieser Kredit ist grundsätzlich langfristig.

Grundpfandrechte entstehen (i. d. R.) durch Einigung und Eintragung ins Grundbuch. Diese Eintragung ersetzt die bei Immobilien nicht mögliche Übergabe des Pfandes.

235 **Welche Aufgaben hat das Grundbuch?**

Das **Grundbuch** ist ein Verzeichnis aller Grundstücke eines bestimmten Bezirks. Es wird von den Amtsgerichten (Grundbuchämtern) zunehmend als elektronisches Grundbuch geführt und gibt verbindlich Auskunft (Grundbuch genießt öffentlichen Glauben, d. h., die Eintragungen gelten grundsätzlich als richtig) über die Rechtsverhältnisse eines Grundstückes.

Es enthält Angaben über

- Lage, Art und Größe des Grundstückes;
- Eigentümer;
- Rechte, die mit dem Grundstück verbunden sind (z. B. Nießbrauchrecht, Erbbaurecht);
- Grundpfandrechte (sind mehrere Grundpfandrechte eingetragen, so ist bei einer eventuellen Zwangsvollstreckung in das Grundstück der Rang, d. h. die Reihenfolge der Eintragungen, entscheidend für die Befriedigung der einzelnen Gläubiger).

236 **Was ist eine Hypothek?**

Die **Hypothek (Hypothekarkredit)** ist die Belastung eines Grundstücks in Form eines Pfandrechts zur Sicherung einer bestimmten Forderung. Das Bestehen einer Forderung ist Voraussetzung für das Entstehen einer Hypothek. Ist die Forderung beglichen, so erwirbt der Grundstückseigentümer die Hypothek (Eigentümergrundschuld).

Dem Kreditgeber haften

- der Kreditnehmer mit seinem gesamten Vermögen (persönliche Haftung),
- das verpfändete Grundstück aufgrund der im Grundbuch eingetragenen Hypothek (dingliche Haftung).

Zahlt der Schuldner nicht, kann sich der Gläubiger auf dem Wege der Zwangsvollstreckung aus dem Grundstück befriedigen.

237 **Was ist eine Grundschuld?**

Wird ein Grundstück in Form eines Pfandrechts in der Weise belastet, dass an den Berechtigten eine bestimmte Geldsumme aus dem Grundstück zu zahlen ist, liegt eine **Grundschuld** vor.

Im Gegensatz zur Hypothek

- setzt die Grundschuld keine Forderung voraus, und sie ist von einer bestehenden Forderung unabhängig (Grundschuld ohne Schuldgrund),
- besteht bei der Grundschuld nur dingliche Haftung (wird ein Kreditvertrag abgeschlossen, kommt die persönliche Haftung hinzu).

## 9.3 Leasing

| |  |  |
|---|---|---|
| **238** | Was ist Leasing? | Beim **Leasing** (geeignet für langlebige Wirtschaftsgüter) werden Anlagen, Investitions- und Konsumgüter durch die Hersteller selbst (direktes Leasing) oder durch spezielle Leasing-Gesellschaften (indirektes Leasing) vermietet oder verpachtet bzw. vom Leasingnehmer gemietet oder gepachtet.<br>Diese besondere Form der Finanzierung findet Anwendung als:<br>● **Equipment-Leasing** (Vermietung von Büromaschinen, Büromöbeln, Transportmaschinen u. Ä.),<br>● **Industrie-Leasing** (Vermietung bzw. Verpachtung von kompletten Industrieanlagen, Verwaltungsgebäuden u. a.),<br>● **Konsumgüter-Leasing** (Vermietung von Gebrauchsgütern an private Haushalte). |
| **239** | Nennen Sie Vor- und Nachteile des Leasing! | **Vorteile für den Leasinggeber** sind<br>● Absatzförderung,<br>● dauerhafter und guter Kundenkontakt.<br>**Nachteile für den Leasinggeber** sind<br>● unsachgemäßer Umgang mit den Leasing-Gegenständen,<br>● Leasing-Vertrag kann gekündigt werden.<br>**Vorteile für den Leasingnehmer** sind<br>● keine hohen Anschaffungskosten,<br>● keine Überalterung der Anlagen.<br>**Nachteile für den Leasingnehmer** sind<br>● Beeinträchtigung der Liquidität durch die monatlichen Mietkosten,<br>● bei längerer Vertragsdauer insgesamt höhere Aufwendungen als beim Kauf. |
| **240** | Vergleichen Sie Kauf und Leasing! | Ein Vergleich zwischen Leasing und Kauf ist nur im Einzelfall möglich. Beurteilungskriterien sind:<br>● technische Gesichtspunkte, z. B. das Veralten der Maschinen;<br>● finanzielle Gesichtspunkte, Vergleich der Miet- bzw. Pachtkosten mit anderen Finanzierungsmöglichkeiten, Auswirkungen auf die Liquidität;<br>● steuerliche Gesichtspunkte, die Mietraten können unter bestimmten Bedingungen voll als Aufwendungen angesetzt werden. |

# 10 Überwachung der Außenstände

241 Was versteht man unter Debitorenkontrolle?

Die **Debitorenkontrolle**

- dient der Überwachung der Zahlung der Kunden (Debitoren),
- dient der Erhaltung und Sicherung der Liquidität,
- vermeidet die Verjährung von Forderungen,
- erfolgt mit Hilfe von Terminkalendern, -karteien, -mappen und Datenverarbeitungsanlagen (siehe Einzelhandelsbetriebslehre, Frage 152),
- wird von der Buchhaltung oder der Mahnabteilung durchgeführt,
- bewirkt bei Überschreiten des Zahlungsziels die Einleitung des Mahnverfahrens.

## 10.1 Mahnverfahren

242 Unterscheiden Sie privates und gerichtliches Mahnverfahren!

Wenn ein Käufer seine Zahlungsverpflichtungen nicht erfüllt, erinnert der Kaufmann zunächst durch höfliche und dann durch (zwei oder drei) im Ton bestimmte oder drohende Mahnungen den Schuldner an die bestehende Forderung **(privates Mahnverfahren).**

Zahlt der Schuldner auch nicht nach den Maßnahmen des privaten Mahnverfahrens, kann der Gläubiger zum **gerichtlichen Mahnverfahren** greifen, das den Mahnbescheid und den Vollstreckungsbescheid umfasst.

Die Zustellung des Mahnbescheides an den Schuldner leitet das gerichtliche Mahnverfahren ein.

Mahnbescheide werden verstärkt am Jahresende beantragt (siehe Einzelhandelsbetriebslehre, Frage 261).

243 Was ist der Mahnbescheid?

Wenn ein Schuldner trotz der Mahnschreiben des Gläubigers nicht zahlt, kann der Gläubiger zum **Mahnbescheid** (gerichtliche Zahlungsaufforderung) greifen. Der Gläubiger (Antragsteller) füllt einen Vordruck (erhältlich im Schreibwarengeschäft) aus und reicht ihn beim Amtsgericht ein (zunehmend wird das Mahnverfahren in elektronischer Form durchgeführt). Der Antrag beinhaltet die beteiligten Parteien, das zuständige Gericht, die geltend gemachte Forderung und die Unterschrift.

Das Amtsgericht erlässt dann den Mahnbescheid, ohne zu prüfen, ob der Anspruch wirklich besteht, und stellt den Bescheid dem Schuldner (Antragsgegner) zu. Eine Prüfung des Bescheids entfällt deshalb, weil der Schuldner sehr einfach Widerspruch einlegen kann.

**244** Welches Gericht ist für den Mahnbescheid zuständig?

Für das gerichtliche Mahnverfahren ist das **Amtsgericht** (unabhängig von der Höhe des Streitwertes) zuständig, in dessen Bezirk der Gläubiger seinen Wohn- bzw. Firmensitz hat. Legt der Schuldner Widerspruch gegen den Mahnbescheid ein, ist für das streitige Verfahren das Gericht an seinem Wohnsitz zuständig (entgegen dieser gesetzlichen Regelung können Kaufleute vertraglich einen besonderen Gerichtsstand vereinbaren).

**245** Wie kann der Schuldner auf den Mahnbescheid reagieren?

Nach Zustellung des **Mahnbescheides** kann der Schuldner

1. zahlen (Verfahren ist beendet);
2. schriftlich binnen zwei Wochen Widerspruch einlegen, dann
   - informiert das Amtsgericht den Antragsteller über den Widerspruch,
   - kann der Antragsteller (aber auch der Antragsgegner) seinen Anspruch begründen und eine mündliche Verhandlung beantragen,
   - kommt es zur Gerichtsverhandlung (Klage);
3. nichts unternehmen, dann
   - kann der Antragsteller binnen sechs Monaten beim Gericht Antrag auf Erlass eines Vollstreckungsbescheides stellen,
   - stellt das Gericht den Vollstreckungsbescheid zu; die Zwangsvollstreckung erfolgt nach Ablauf der Einspruchsfrist (zwei Wochen nach Zustellung).

**246** Wie kann der Schuldner auf den Vollstreckungsbescheid reagieren?

Nach Zustellung des **Vollstreckungsbescheides** kann der Schuldner

1. zahlen (Verfahren ist beendet);
2. schriftlich Einspruch einlegen (binnen zwei Wochen), dann
   - informiert das Amtsgericht den Antragsteller über den Einspruch,
   - kann der Antragsteller binnen zwei Wochen eine Gerichtsverhandlung beantragen, danach
   - kommt es zur Verhandlung (Klage);
3. nichts unternehmen, dann kommt es zur Zwangsvollstreckung.

## 10.2 Klageverfahren

**247** Was versteht man unter dem Klageverfahren?

Rechtsstreitigkeiten, die nicht durch das gerichtliche Mahnverfahren abgewickelt werden, entscheidet das Gericht durch eine mündliche Gerichtsverhandlung (Klageverfahren, Zivilprozess, streitiges Verfahren).

Zur **Klage** kommt es, wenn

- der Schuldner Widerspruch gegen einen Mahnbescheid einlegt und der Gläubiger die Verhandlung beantragt,
- der Schuldner Einspruch gegen einen Vollstreckungsbescheid einlegt und der Gläubiger die Verhandlung beantragt,
- der Gläubiger mit einem Widerspruch des Schuldners gegen einen Mahnbescheid rechnet und sofort die Gerichtsverhandlung beantragt.

**248** Welches Gericht ist für die Klage zuständig?

Die Zuständigkeit der Gerichte für das Klageverfahren unterteilt man in

1. **örtliche Zuständigkeit,**
   - nach der gesetzlichen Regelung ist das Gericht zuständig, in dessen Bezirk der Schuldner seinen Wohn- bzw. Firmensitz hat (Gericht am Erfüllungsort),
   - beide Parteien (nur Kaufleute) können vertraglich einen Gerichtsstand vereinbaren;
2. **sachliche Zuständigkeit,**
   - bei einem Streitwert bis 5 000,00 EUR ist das Amtsgericht zuständig,
   - bei einem Streitwert über 5 000,00 EUR ist das Landgericht zuständig (es besteht Anwaltszwang).

**249** Welchen Inhalt hat die Klageschrift?

In der **Klageschrift** begründet der Gläubiger (Kläger) seinen Anspruch gegen den Schuldner (Beklagter). Inhalt der Klageschrift sind: Parteien, Klagegrund, Streitwert, Klageantrag (mit Unterschrift) und Bezeichnung des zuständigen Gerichts.

**250** Wie kann ein Klageverfahren beendet werden?

Das **Klageverfahren** kann beendet werden durch

- Endurteil (die Parteien einigen sich nicht),
- Versäumnisurteil (wenn der Kläger nicht erscheint, wird die Klage abgewiesen; wenn der Beklagte nicht erscheint, wird gemäß dem Klageantrag entschieden),
- Vergleich (Einigung beider Parteien),
- Zurücknahme der Klage durch den Kläger.

251 Was sind Berufung und Revision?

Wird gegen das Urteil eines Amtsgerichts (als erste Instanz) **Berufung** eingelegt, ist das Landgericht als Berufungsinstanz zuständig. Ein Einspruch gegen dieses Urteil ist nicht mehr möglich.

Gegen Urteile des Landgerichts als erste Instanz wird Berufung beim Oberlandesgericht eingelegt. Widersprüche gegen dessen Urteile heißen **Revision,** zuständig ist der Bundesgerichtshof. Für die Revision gelten bestimmte Voraussetzungen; sie findet z. B. statt, wenn das Berufungsrecht sie in seinem Urteil zugelassen hat.

## 10.3 Zwangsvollstreckung

252 Was ist Zwangsvollstreckung?

**Zwangsvollstreckung** ist die Anwendung staatlicher Gewalt zur Durchsetzung eines gerichtlich festgestellten Anspruches des Gläubigers (Zwangszugriff in das Vermögen des Schuldners).

Die Zwangsvollstreckung wird nur auf Antrag des Gläubigers durchgeführt.

253 Nennen Sie die Voraussetzungen der Zwangsvollstreckung!

Bevor die Zwangsvollstreckung durchgeführt werden kann, muss

- ein vollstreckbarer Titel vorliegen, d. h., das Gericht muss einen Mahnbescheid oder ein Urteil für vollstreckbar erklärt haben;
- der vollstreckbare Titel dem Schuldner zugestellt worden sein.

254 Welche Arten der Zwangsvollstreckung gibt es (Überblick)?

Man unterscheidet folgende **Arten der Zwangsvollstreckung:**

1. **Zwangsvollstreckung in das bewegliche Vermögen,**
   - Pfändung und anschließende öffentliche Versteigerung beweglicher Sachen,
   - Pfändung von Forderungen und anderen Rechten;
2. Zwangsvollstreckung in das unbewegliche Vermögen (Grundstücke).

255 Beschreiben Sie die Pfändung beweglicher Sachen!

Der Gerichtsvollzieher

- nimmt kleinere, leicht transportierbare Sachen an sich, z. B. Schmuck, Wertpapiere (Faustpfand);
- kennzeichnet schwer transportierbare Gegenstände durch das Aufkleben von Pfandsiegelmarken als gepfändet, z. B. Möbel, Maschinen;
- tauscht wertvolle gegen weniger wertvolle Gegenstände, die dem gleichen Zweck dienen, z. B. Musiktruhe gegen einfaches Radio (Austauschpfändung).

Nicht pfändbar sind Gegenstände, die zur Lebensführung (z. B. Haus- und Küchengeräte) und zur Berufsausübung (z. B. Pkw eines Vertreters) notwendig sind.

Die Versteigerung darf frühestens eine Woche nach dem Tag der Pfändung erfolgen.

256 Beschreiben Sie die Pfändung von Forderungen!

Die Pfändung von Forderungen erfolgt durch einen Pfändungs- und Überweisungsbeschluss des Vollstreckungsgerichts.

Der Drittschuldner (z. B. der Arbeitgeber bei der **Lohnpfändung**) wird angewiesen, bestimmte Beträge vom Einkommen des Schuldners (Arbeitnehmer) einzubehalten und an den Gläubiger abzuführen.

Bestimmte Beträge des Nettoeinkommens sind unpfändbar (Existenzminimum).

257 Beschreiben Sie die Zwangsvollstreckung in das unbewegliche Vermögen!

Die Zwangsvollstreckung in das unbewegliche Vermögen kann erfolgen durch

- Eintragung einer **Zwangshypothek** (dient nur der Sicherung der Forderung);
- **Zwangsversteigerung** des Grundstücks, wobei der Gläubiger aus dem Erlös befriedigt wird (ein Mehrerlös nach Abzug der Gerichtskosten gehört dem Schuldner);
- **Zwangsverwaltung** des Grundstücks, d. h., dem Schuldner wird zwar das Verfügungsrecht, nicht aber das Eigentum an dem Grundstück entzogen; der Gläubiger wird aus den Grundstückserträgen befriedigt (z. B. Mieten, Pachten).

Die Vollstreckung muss ins Grundbuch eingetragen werden.

258 Was ist die eidesstattliche Versicherung?

Wird der Gläubiger durch die Zwangsvollstreckung nicht oder nicht vollständig befriedigt (fruchtlose Pfändung), kann er beim zuständigen Amtsgericht eine **eidesstattliche Versicherung** des Schuldners über dessen Vermögensverhältnisse beantragen. Mit der eidesstattlichen Versicherung bestätigt der Schuldner die Richtigkeit und Vollständigkeit des von ihm aufgestellten Vermögensverzeichnisses. Dadurch soll verhindert werden, dass der Schuldner Vermögenswerte der Zwangsvollstreckung entzieht. Das beim Amtsgericht aufliegende Schuldnerverzeichnis, in welches die eidesstattliche Versicherung eingetragen wird, kann jeder einsehen.

Verweigert der Schuldner die eidesstattliche Versicherung, kann er auf Antrag und Kosten des Gläubigers bis zu einem halben Jahr in Haft genommen werden.

## 10.4 Verjährung

259 Was bedeutet Verjährung?

**Verjährung** bedeutet, dass eine Forderung nach einer im Gesetz festgelegten Frist nicht mehr gerichtlich eingeklagt werden kann. Der Schuldner hat die Einrede der Verjährung (das Leistungsverweigerungsrecht), d. h., er muss nicht mehr zahlen, obwohl der Anspruch des Gläubigers weiter besteht.

| |  |  |
|---|---|---|
| 260 | Nennen Sie die wichtigsten Verjährungsfristen! | Wichtige **Verjährungsfristen** (nach dem BGB) sind:<br>1. **dreijährige (regelmäßige) Verjährungsfrist,** sie beginnt mit dem Schluss des Jahres, in dem der Anspruch entstanden ist (und der Gläubiger von den den Anspruch begründenden Umständen Kenntnis erlangt oder ohne grobe Fahrlässigkeit hätte erlangen müssen); z. B.<br>● Forderungen aus Kauf-, Werk- und Mietverträgen,<br>● Lohn- und Gehaltsforderungen;<br>2. **dreißigjährige Verjährungsfrist,** die mit der Entstehung des Anspruches beginnt, z. B.:<br>● Herausgabeansprüche aus Eigentum (z. B. bei Unterschlagung),<br>3. **dreißigjährige Verjährungsfrist,** die mit der entsprechenden rechtlichen Feststellung des Anspruches beginnt, z. B.:<br>● rechtskräftig festgestellte Ansprüche (z. B. aufgrund eines Gerichtsurteils),<br>● Ansprüche aus vollstreckbaren Urkunden (z. B. aufgrund eines Vollstreckungsbescheides),<br>● Ansprüche, die aufgrund eines Insolvenzverfahrens vollstreckbar geworden sind;<br>4. **zehnjährige Verjährungsfrist,** sie beginnt i. d. R. mit der Entstehung des Anspruchs, z. B.<br>● Ansprüche bei Rechten aus einem Grundstück (z. B. Ansprüche auf Übertragung des Eigentums an einem Grundstück),<br>● als Höchstfrist für die regelmäßige Verjährung ohne Rücksicht auf die Kenntnis oder grob fahrlässige Unkenntnis seitens des Gläubigers;<br>5. **zweijährige Verjährungsfrist (Gewährleistungsfrist),** sie gilt für Ansprüche wegen Mängeln in Kauf- und Werkverträgen und beginnt mit der Ablieferung der Sache. Hat der Verkäufer den Sachmangel arglistig verschwiegen, gilt die regelmäßige Verjährungsfrist. |
| 261 | Was bedeutet Hemmung der Verjährung? | Bei der **Hemmung der Verjährung** wird der Zeitraum, während dessen die Verjährung gehemmt ist, nicht in die Verjährungsfrist eingerechnet, d. h., die Verjährungsfrist wird um den Zeitraum der Hemmung verlängert, z. B.<br>● Erhebung der Klage (z. B. auf Leistung, auf Erlass des Vollstreckungsurteils),<br>● Zustellung des Mahnbescheids im Mahnverfahren,<br>● Anmeldung des Anspruchs im Insolvenzverfahren.<br>Die Hemmung endet in diesen Fällen sechs Monate nach der rechtskräftigen Entscheidung oder anderweitigen Beendigung des eingeleiteten Verfahrens. |

262 Was bedeutet Neubeginn der Verjährung?

Die Verjährung beginnt erneut **(Neubeginn),** wenn

- der Schuldner dem Gläubiger gegenüber den Anspruch anerkennt (z.B. durch Abschlagszahlung, Zinszahlung, Sicherheitsleistung in Form eines Pfandes),
- eine gerichtliche Vollstreckungshandlung vorgenommen oder beantragt wird.

# 11 Kosten des Einzelhandelsbetriebs

**263** Was sind Kosten?

**Kosten** sind die Werte der Güter und Dienstleistungen, die bei der betrieblichen Tätigkeit verbraucht werden. (Im Einzelhandelsbetrieb werden die Kosten als **Handlungskosten** bezeichnet, siehe auch Wirtschaftsrechnen, S. 34.)

Der Kostenbegriff umfasst:

- Verbrauch von Gütern,
- Bewertung dieses Verbrauchs in Geld,
- Leistungsbezogenheit.

**264** Was ist Aufwand?

Unter **Aufwand** versteht man den bewerteten Verbrauch aller Güter und Dienstleistungen in einer bestimmten Periode. (Es fehlt in der Definition die Leistungsbezogenheit.)

Kosten ist ein Begriff der Kalkulation. Aufwand ist ein Begriff der Geschäftsbuchführung (Finanzbuchführung).

**265** Welche Einteilungsmöglichkeiten gibt es für die Kosten?

Die **Kosten** können eingeteilt werden nach

1. der Verursachung (Kostenarten), z. B.
   - Personalkosten (z. B. Löhne, Gehälter),
   - Miete und sonstige Sachkosten für Geschäftsräume,
   - Steuern und Abgaben,
   - Abschreibungen,
   - Allgemeine Verwaltungskosten (z. B. Büromaterial);
2. der Bezugsgrundlage (Menge),
   - Gesamtkosten,
   - Stückkosten;
3. der Verrechnung,
   - Einzelkosten,
   - Gemeinkosten;
4. der Abhängigkeit vom getätigten Umsatz,
   - fixe Kosten,
   - variable Kosten.

**266** Was sind Gesamtkosten?

Unter **Gesamtkosten** versteht man die Summe der in einem bestimmten Zeitraum in einem Unternehmen angefallenen Kosten.

**267** Was sind Durchschnittskosten?

**Durchschnittskosten (Stückkosten)** sind die auf eine Leistungseinheit entfallenden Kosten.

**268** Unterscheiden Sie Einzel- und Gemeinkosten!

Die **Einzelkosten** lassen sich schon bei der Erfassung unmittelbar einer bestimmten Ware (Kostenträger) zuordnen, z. B. Verpackungskosten.

Die **Gemeinkosten** können nicht unmittelbar einem Kostenträger zugerechnet werden, da sie für den Handelsbetrieb insgesamt entstanden sind, wie z. B. allgemeine Verwaltungskosten, Abschreibungen, Mieten, Versicherungen, Energiekosten. Die Umlage der Gemeinkosten auf die einzelnen Waren erfolgt mit Hilfe des Handlungskostenzuschlagssatzes (siehe Wirtschaftsrechnen, Seite 34).

**269** Was sind fixe Kosten?

**Fixe** (feste) **Kosten** sind von den Umsätzen, die im Einzelhandelsbetrieb erzielt werden, unabhängig, d. h., sie bleiben bei Umsatzschwankungen über längere Zeit hinweg konstant (z. B. vertraglich festgelegte Mieten und Gehälter, Abschreibungen auf Geschäftseinrichtungen).

**270** Was sind variable Kosten?

**Variable** (veränderliche) **Kosten** sind abhängig von den getätigten Umsätzen, sie sinken oder steigen mit ab- bzw. zunehmendem Umsatz (z. B. Verpackungs- und Versandkosten).

# V. Ware und Verkauf

## 1 Absatz und Marketing

1 Was ist Marketing?

Der Begriff **Absatz**, der vom Umsatz eines Betriebes über den Umsatzprozess bis zum Verkauf und Vertrieb der Waren reicht, wird heute vielfach durch den Begriff Marketing verdrängt.

**Marketing** ist marktorientierte Unternehmensführung, wobei ein breites Instrumentarium (Marketing-Instrumente) zur Beeinflussung des Marktes eingesetzt werden kann, d. h. Marketing umfasst alle absatzfördernden Maßnahmen.

Ziele des Marketing können z. B. Markterschließung sowie Sicherung und Ausweitung des Marktanteils sein.

2 Nennen Sie die Marketinginstrumente!

Zur Beeinflussung des Absatzmarktes stehen den Unternehmen folgende **Marketinginstrumente** (absatzpolitische Instrumente) zur Verfügung:

- Sortimentspolitik,
- Preis- und Konditionenpolitik,
- Verkaufsförderung,
- Werbung und Publicrelations,
- Kundendienst,
- Wahl des Absatzweges (Direktabsatz und Absatz über Absatzmittler).

3 Was ist Marketing-Mix?

**Marketing-Mix** bedeutet die optimale Kombination und Koordination der absatzpolitischen Instrumente.

## 2 Sortimentspolitik

### 2.1 Arten und Aufbau des Sortiments

4 Was ist ein Sortiment?

**Sortiment** ist die Auswahl der vom Einzelhändler angebotenen Waren.

**Sortimentspolitik** betrifft die Entscheidungen über die optimale Zusammensetzung des Sortiments im Hinblick auf Sortimentsbreite, -tiefe, -erweiterung und -bereinigung (Sortimentsbildung).

5 Unterscheiden Sie Sortimentsbreite und Sortimentstiefe!

Die **Sortimentsbreite** wird bestimmt durch die Zahl der in das Angebot aufgenommenen verschiedenartigen Güter (viele Güterarten = breites Sortiment; wenige Güterarten = enges Sortiment).

Die **Sortimentstiefe** ist gekennzeichnet durch die Zahl der Variationen eines gleichartigen Produktes. Variationen können sein: verschiedene Materialien, Größen, Farben, Preislagen (viele Ausführungen innerhalb einer Güterart = tiefes Sortiment; wenige Ausführungen = flaches Sortiment).

Die Betriebsformen des Einzelhandels werden im Wesentlichen geprägt durch die Sortimentsbreite und -tiefe (vgl. ausführlich Einzelhandelsbetriebslehre, Frage 5 ff.).

6 Unterscheiden Sie Kern-, Rand- und Auslaufsortiment!

Das **Kernsortiment** beinhaltet das eigentliche Sortiment (z. B. Möbel beim Möbelhändler); mit ihm wird der überwiegende Teil des Umsatzes und Gewinns erzielt.

Das **Randsortiment** umfasst Waren, die nicht zum Kernsortiment gehören und deren Anteil am Umsatz und Gewinn klein ist (z. B. Lampen beim Möbelhändler). Das Randsortiment wird geführt, um dem Kunden zusätzliche Leistungen zu bieten bzw. um einen zusätzlichen Gewinn zu erzielen.

Zum **Auslaufsortiment** zählen Waren, die in absehbarer Zeit aus dem Sortiment herausgenommen werden.

7 Unterscheiden Sie Über- und Untersortiment!

Beim **Übersortiment** ist das Angebot an Waren größer als die Nachfrage. Folgen des Übersortiments sind z. B. zu hohe Kapitalbindung, Überalterung der Waren und zu hohe Lagerkosten.

Beim **Untersortiment** ist das Angebot an Waren kleiner als die Nachfrage. Folgen des Untersortiments sind Unzufriedenheit von Kunden und Umsatzrückgang.

## 2.2 Sortimentskontrolle

8 Wie erfolgt die Sortimentskontrolle?

Bei der **Sortimentskontrolle** wird das Sortiment überprüft im Hinblick auf Vollständigkeit, Zustand und Qualität der Ware und Lagerdauer.

Die Sortimentskontrolle kann erfolgen mit Hilfe

- der Lagerkartei bzw. -datei (siehe Einzelhandelsbetriebslehre, Frage 87),
- der Lagerfachkarte (siehe Einzelhandelsbetriebslehre, Frage 89),
- der Warenaltersliste (beinhaltet die Lagerdauer der Waren),
- der Verkaufsberichte und Kassenbelege,
- der Fehl- bzw. Bedarfsmeldung (siehe Einzelhandelsbetriebslehre, Frage 82).

21 Groh/Schröer - ISBN 3-8120-0423-3

## 2.3 Sortimentsänderungen

| Nr. | Frage | Antwort |
|---|---|---|
| 9 | Nennen Sie Bestimmungsfaktoren des Sortiments! | Das **Sortiment** eines Einzelhandelsbetriebes wird im Wesentlichen bestimmt durch folgende Faktoren:<br>● Betriebsform (siehe Einzelhandelsbetriebslehre, Frage 5 ff.),<br>● Standort (siehe Einzelhandelsbetriebslehre, Frage 21 ff.),<br>● Wettbewerbssituation (Anzahl und Verhalten der Konkurrenten),<br>● Kundenstruktur (siehe Ware und Verkauf, Frage 74),<br>● Branche,<br>● Geschäftspolitik (z. B. Aufnahme von Waren mit einer hohen Gewinnspanne, um den Gewinn zu maximieren). |
| 10 | Nennen Sie Gründe für Sortimentsänderungen! | Gründe für **Sortimentsänderungen** können sein<br>● Änderungen im Nachfrageverhalten (z. B. Modeeinflüsse),<br>● Änderungen in der Wettbewerbssituation (z. B. die Anzahl der Konkurrenten ändert sich),<br>● Änderungen in der Geschäftspolitik (anstatt Gewinnmaximierung wird eine Umsatzmaximierung angestrebt),<br>● Schließen einer **Sortimentslücke** (im Sortiment fehlende und häufiger nachgefragte Waren werden ins Sortiment aufgenommen). |
| 11 | Was ist Sortimentserweiterung? | **Sortimentserweiterung** liegt vor, wenn das Sortiment durch die Aufnahme artverwandter Waren oder neuer Waren verbreitert oder vertieft wird.<br>Handelt es sich bei der Sortimentserweiterung um gänzlich neue Warengruppen, mit denen neue Märkte erschlossen werden sollen, spricht man von **Diversifikation** (z. B. bietet ein Lebensmittelhändler zusätzlich Textilien an). |
| 12 | Was ist Sortimentsbereinigung? | **Sortimentsbereinigung** liegt vor, wenn schlecht absetzbare oder unrentable Waren bzw. Warengruppen aus dem Sortiment herausgenommen werden. Das Sortiment sollte in regelmäßigen Abständen überprüft werden. |

# 3 Preis- und Konditionenpolitik

| | | |
|---|---|---|
| 13 | Nennen Sie die Grundlagen der betrieblichen Preispolitik! | Grundlagen der **betrieblichen Preispolitik** sind:<br>● Konkurrenzpreise für gleichartige Produkte,<br>● die Kostenrechnung und Kalkulation des Betriebes (kalkulierter Verkaufspreis),<br>● Preisempfehlung (empfohlener Richtpreis) durch den Hersteller. |
| 14 | Was ist marktorientierte Preisbildung? | Orientiert sich der Einzelhandelsbetrieb bei seiner Preisgestaltung an den Preisen der Konkurrenz, spricht man von **marktorientierter Preisbildung.** Dabei kann der festgesetzte Preis<br>● dem Konkurrenzpreis genau entsprechen (marktorientierte Preisbildung im eigentlichen Sinne),<br>● unter dem Konkurrenzpreis liegen (z.B. Anlocken von Kunden),<br>● über dem Konkurrenzpreis liegen (z.B. soll die Qualität der Ware herausgehoben werden). |
| 15 | Was ist kostenorientierte Preisbildung? | Ermittelt der Einzelhandelsbetrieb die Preise für seine angebotenen Waren mit Hilfe der Kostenrechnung und der Kalkulation (siehe Wirtschaftsrechnen, Seite 32 f.), spricht man von **kostenorientierter Preisbildung.**<br>Ist der so ermittelte Preis wesentlich höher als der Konkurrenzpreis, besteht die Gefahr, dass die Nachfrage nach dem Gut in dem betreffenden Betrieb zurückgeht. Bei der kostenorientierten Preisbildung sollte deshalb stets eine Abstimmung mit dem Konkurrenzpreis erfolgen. |
| 16 | Welche Preisnachlässe unterscheidet man? | Preisnachlässe werden gewährt als<br>● **Rabatt:** Nach dem Grund der Rabattgewährung unterscheidet man Mengenrabatt, Treuerabatt, Wiederverkäuferrabatt, Personalrabatt;<br>● **Bonus:** eine Gutschrift bzw. ein Preisnachlass, der den Abnehmern nachträglich in Form einer Umsatzvergütung von Lieferanten zugestanden wird (z.B. für das Erreichen einer bestimmten Abnahmemenge in einem Jahr);<br>● **Skonto:** ein prozentualer Preisnachlass auf den Rechnungsbetrag bei Zahlung innerhalb einer bestimmten Frist (bei sofortiger Zahlung = Barzahlungsnachlass). Die Skontogewährung soll den Kunden veranlassen, schneller zu zahlen. |

**17** Was ist Preisdifferenzierung?

Verkauft ein Betrieb Waren gleicher Art zu verschiedenen Preisen, spricht man von **Preisdifferenzierung.** Man unterscheidet:

- räumliche Preisdifferenzierung: Das Unternehmen verkauft gleiche Produkte auf räumlich abgegrenzten Märkten zu unterschiedlichen Preisen (z.B. Preisdifferenzierung zwischen In- und Ausland = **Dumping**);
- zeitliche Preisdifferenzierung: Das Unternehmen fordert für gleichartige Produkte zu verschiedenen Zeiten unterschiedliche Preise (z.B. Sommer- und Winterpreise im Pelzhandel);
- Preisdifferenzierung nach der Absatzmenge (z.B. unterschiedliche Rabattsätze für unterschiedliche Mengen).

**18** Was ist Preisbindung?

Man spricht von **vertikaler Preisbindung** (Preisbindung der zweiten Hand), wenn der Händler vom Hersteller vertraglich verpflichtet wird, die Erzeugnisse zu einem vom Hersteller festgesetzten Preis zu verkaufen. Die vertikale Preisbindung ist grundsätzlich verboten. Ausnahmen sind Verlagserzeugnisse (Bücher, Zeitschriften) und pharmazeutische Erzeugnisse.

Unter **horizontaler Preisbindung** versteht man die Preisfestsetzung durch ein Kartell (Preiskartelle sind verboten; siehe Wirtschafts- und Sozialkunde, Frage 358f.).

**19** Was ist Preisempfehlung?

Durch **unverbindliche Preisempfehlungen** (nur bei Markenartikeln erlaubt) versuchen die Hersteller auf die Preisgestaltung des Handels Einfluss zu nehmen. Diese Preisempfehlungen (empfohlene Richtpreise) dürfen nicht weit überhöht sein (Verbot von „Mondpreisen").

**20** Was versteht man unter Konditionen?

**Konditionen** sind die Bedingungen, unter denen der Unternehmer bereit ist, zu verkaufen; sie umfassen vor allem

- Preise und Preisnachlässe,
- Lieferungs- und Zahlungsbedingungen (siehe Wirtschafts- und Sozialkunde, Frage 79ff.).

# 4 Verkaufsförderung

21 Was ist Verkaufsförderung?

Die **Verkaufsförderung (Salespromotion)** umfasst solche absatzfördernde Maßnahmen, die kundenorientiert sind und darüber hinaus die eigene Vertriebsorganisation zum Gegenstand haben.

Verkaufsfördernde Maßnahmen sind z.B.:

- Gestaltung des Verkaufsraumes und der Schaufenster,
- Warenpräsentation und Warenplatzierung,
- Aktionen (z.B. Werbewochen, Produktvorführungen, Ausstellungen, Preisausschreiben, Proben und Muster),
- Schulung der Kunden (z.B. Kochkurse mit Mikrowellengeräten),
- Schulung des Verkaufspersonals (entweder durch den Betrieb oder durch den Hersteller),
- Verpackung der Waren,
- Displays.

## 4.1 Verkaufsraum und Schaufenster

22 Nennen Sie Gesichtspunkte für die Gestaltung des Verkaufsraums!

Die Gestaltung des **Verkaufsraums** (Ladengestaltung) ist insbesondere abhängig von

- der Branche (z.B. Lebensmittel- oder Automobilhandel),
- der Verkaufsform (Bedienungsgeschäft, Vorwahlsystem, Selbstbedienungsgeschäft; siehe Einzelhandelsbetriebslehre, Frage 10),
- der Betriebsform (z.B. Fachgeschäft oder Diskonthaus; siehe Einzelhandelsbetriebslehre, Frage 5f.).

Unterschiedliche Gestaltungsmöglichkeiten ergeben sich vor allem im Hinblick auf Ladeneinrichtung; Fußboden, Decken und Wände; Beleuchtung, Farbgebung und Klimatisierung.

23 Nennen Sie die Arten der Schaufenster!

Man unterscheidet folgende **Schaufensterarten:**

- Übersichtsfenster (Sortimentsfenster), verschafft einen Überblick über das Warenangebot des Einzelhandelsbetriebes;
- Stapelfenster, ausgestellt werden stapelfähige Waren (z.B. Dosen);
- Stimmungsfenster, die Gestaltung des Schaufensters steht unter einem bestimmten Motiv (z.B. Weihnachten oder Urlaub);
- Plakatfenster, auf Plakaten abgebildete Waren und u.U. Waren selbst werden gezeigt.

24 Nennen Sie Grundsätze der Schaufenstergestaltung!

Grundsätze der **Schaufenstergestaltung** sind z. B.:

- Übersichtlichkeit, d. h., das Schaufenster darf nicht zu viele Waren enthalten;
- Einheitlichkeit, d. h., die Auswahl der Waren und die Gestaltung des Schaufensters sollten nach einem einheitlichen Konzept erfolgen;
- Aufmerksamkeitswirkung, d. h., durch einen bestimmten Blickfang soll die Aufmerksamkeit der Passanten geweckt werden;
- Umdekorierung, d. h., von Zeit zu Zeit soll das Schaufenster neu gestaltet werden.

## 4.2 Warenpräsentation

25 Was ist Warenpräsentation?

Unter **Warenpräsentation** versteht man die Art der Warendarbietung im Verkaufsraum; sie wird vor allem bestimmt durch das geführte Sortiment und die Verkaufsform (siehe Einzelhandelsbetriebslehre, Frage 10) sowie durch die Gegebenheiten des Verkaufsraums.

Grundsätze für die Warenpräsentation sind z. B.:

- warenorientierte Präsentation, d. h., die Waren sind entsprechend ihrer Art darzubieten (z. B. Schmuck in Vitrinen);
- kundenorientierte Präsentation, d. h., der Kunde soll einen schnellen Überblick über das Sortiment haben und soll die Ware schnell und problemlos begutachten können;
- verkaufsorientierte Präsentation, d. h., die Darbietung der Ware soll werbewirksam sein und insgesamt die Einkaufsatmosphäre verbessern;
- umsatzorientierte Präsentation, d. h., die Darbietung der Ware erfolgt in Abhängigkeit vom Umsatz, der mit ihnen erzielt wird.

## 4.3 Warenplatzierung

26 Was ist Warenplatzierung?

Unter **Warenplatzierung** versteht man den Ort der Warendarbietung im Verkaufsraum. Ein wichtiges Hilfsmittel für die richtige Warenplatzierung ist die **Kundenlaufstudie;** sie ermittelt, welche Wege und Laufrichtungen die Kunden im Verkaufsraum bevorzugen.

Grundsätze der Warenplatzierung sind z. B. für Selbstbedienungsgeschäfte:

1. Wahl der richtigen **Geschäftszone** für jede Ware, dies bedeutet z. B.:
    - Platzierung von Impulsartikeln in der Kassenzone (mit Hilfe von Displays);

- Platzierung von Angebotsartikeln in der Kassenzone sowie an anderen Plätzen mit hoher Kundenfrequenz (z. B. mittels Sondertischen, Displays oder Stapel);
- Verteilung der umsatzstarken Artikel auf alle Zonen (wie z. B. Eingangszone, Randzone, Mittelzone);
- Platzierung von Artikeln des täglichen Bedarfs (Suchartikel) in schlecht frequentierte Zonen;

2. Wahl der richtigen **Regalzone** für jede Ware, dies bedeutet z. B.:
   - Platzierung von Waren mit einer hohen Gewinnspanne und von Waren, deren Verkauf gefördert werden soll, in der Sicht- bzw. Greifzone (entsprechend der Blick- und Griffhöhe), und zwar auf der rechten Gangseite;
   - Platzierung von schweren Waren und von Waren mit niedriger Gewinnspanne in der Bückzone;
   - Platzierung von leichten Waren und von Waren mit hohen Preisen in der Streckzone.

**27** Was ist Verbundplatzierung?

Bei der **Verbundplatzierung** (bedarfsorientierte Platzierung) werden Waren, die dem gleichen Verwendungszweck dienen und normalerweise Komplementärgüter sind (siehe Wirtschafts- und Sozialkunde, Frage 7), aus unterschiedlichen Warengruppen zusammengestellt (Beispiel: Skikleidung, Skiausrüstung und Artikel des Randsortiments wie Sonnenbrille und Sonnencreme).

**28** Was versteht man unter Display?

**Display** ist eine besondere Form der Warenpräsentation mit dem Ziel, die Waren in den Blickpunkt zu rücken. Display-Materialien (meist vom Hersteller kostenlos bereitgestellt) können sein: Behälter, Ständer, Regale, Körbe und Plakate.

# 5 Werbung

**29** Was ist Werbung?

Unter **Werbung** versteht man die absichtliche und gesteuerte Form der Beeinflussung von Menschen durch den Einsatz von Werbemitteln und Werbeträgern, damit sie sich im Sinne der Absatzziele des werbenden Unternehmens verhalten (z. B. Kauf einer bestimmten Marke).

**30** Welche Aufgaben hat die Werbung?

Die Aufgaben der Werbung lassen sich an folgenden Arten der Werbung ablesen:

1. **Einführungswerbung,** d. h., die Werbung soll die Voraussetzungen dafür schaffen, dass ein neues Produkt vom Markt aufgenommen wird (Bedürfnisweckung);
2. **Expansionswerbung,** d. h., der Umsatz für die angebotenen Güter soll erhöht werden; das kann geschehen durch:
   - Gewinnung neuer Kunden,
   - Mehrkäufe alter Kunden;
3. **Erhaltungswerbung,** d. h., die Werbung soll den Umsatz auf dem erreichten Niveau halten und vor allem verhindern, dass Kunden zur Konkurrenz abwandern.

**31** Welche Arten der Werbung gibt es (Überblick)?

Die **Werbung** (Absatzwerbung) unterscheidet man nach

1. den Zielen der Werbung,
   - Einführungswerbung,
   - Expansionswerbung,
   - Erhaltungswerbung;
2. der Zahl der Umworbenen,
   - Einzelumwerbung,
   - Massenumwerbung;
3. der Zahl der Werbenden,
   - Alleinwerbung,
   - Kollektivwerbung;
4. dem Inhalt der Werbung,
   - informative Werbung,
   - suggestive Werbung;
5. der Umsatzentwicklung,
   - zyklische Werbung,
   - antizyklische Werbung;
6. dem Gegenstand der Werbung,
   - Produktwerbung (Werbung für ein Produkt),
   - Sortimentswerbung (Werbung für ein Sortiment),
   - Firmenwerbung (Werbung für einen Betrieb = Publicrelations);
7. dem angesprochenen Personenkreis,
   - Händlerwerbung (ist an Händler gerichtet),
   - Verbraucherwerbung (ist an Verbraucher gerichtet).

32 Unterscheiden Sie Einzel- und Massenumwerbung!

Bei der **Einzelumwerbung** spricht man einzelne Kunden direkt und persönlich an, z.B. durch Vertreterbesuche oder mit Werbebriefen.

Bei der **Massenumwerbung** (Massenwerbung) wird ein sehr großer Personenkreis über die Massenmedien (Fernsehen, Rundfunk und Zeitschriften) angesprochen. Die Werbung muss so gestaltet sein, dass sie möglichst viele Konsumenten anspricht, was aufgrund der unterschiedlichen Wünsche und Vorstellungen der Konsumenten zu Problemen führt.

33 Unterscheiden Sie Allein- und Kollektivwerbung!

Wenn ein Betrieb allein wirbt, spricht man von **Alleinwerbung.** Der Vorteil liegt vor allem in der Abstimmung der Werbung auf die eigenen betrieblichen Besonderheiten.

Werben mehrere Betriebe gemeinsam, spricht man von **Kollektivwerbung.** Sie wird unterschieden in:

- **Sammelwerbung,** d.h., die Betriebe werden namentlich genannt (z.B. Autohändler werben gemeinsam für eine Automarke);
- **Gemeinschaftswerbung,** d.h., die werbenden Betriebe bleiben anonym (z.B. „Trinkt deutschen Wein!").

34 Unterscheiden Sie informative und suggestive Werbung!

Bei der **informativen Werbung** steht die sachliche Information über das Produkt im Vordergrund (z.B. Darstellung und Erläuterung der technischen Ausstattung sowie der Verwendungsmöglichkeiten des Produktes).

Wenn bei der Werbung die Gefühle und Wünsche des Konsumenten angesprochen werden, spricht man von **Suggestivwerbung** (z.B. Appelle an das Unterbewusstsein).

35 Unterscheiden Sie zyklische und antizyklische Werbung!

Bei der **zyklischen Werbung** werden die Werbeausgaben am Umsatz (bzw. Gewinn) des Unternehmens orientiert, d.h., die Werbeausgaben sind umso höher, je günstiger die Situation des Unternehmens ist.

Wenn die Unternehmen in Zeiten der Depression und Rezession verstärkt Werbung betreiben, liegt **antizyklische Werbung** vor. Diese Form der Werbung ist nicht nur betriebs-, sondern auch volkswirtschaftlich sinnvoll.

36 Nennen Sie Grundsätze der Werbung!

Die wichtigsten Anforderungen an die Werbung sind:

- **Werbewirksamkeit,** d.h., Werbeinhalt und Werbemittel müssen so ausgewählt werden, dass sie die Konsumenten entsprechend der angestrebten Zielsetzung beeinflussen (Wahl der Farbe, der Texte, der Bilder spielen dabei eine große Rolle);

- **Werbewahrheit,** d.h., die Werbung soll sachlich richtig informieren und nicht täuschen und irreführen (nach dem Gesetz gegen den unlauteren Wettbewerb sind unwahre und irreführende Angaben verboten);
- **Werbeklarheit,** d.h., die Werbeaussage muss klar und leicht verständlich sein;
- **Wirtschaftlichkeit** der Werbung, d.h., die Kosten der Werbung sollen in einem vernünftigen Verhältnis zum Werbeerfolg stehen. Problematisch ist allerdings die Messung des Werbeerfolges, da es schwierig ist, Absatzveränderungen einer bestimmten Werbemaßnahme zuzurechnen, da auch Preise, Qualität u.a. den Absatz beeinflussen;
- **Zielgruppenbestimmung,** d.h., es muss genau festgelegt werden, welcher Personenkreis (Zielgruppe) umworben wird. Auf diese Weise wird erreicht, dass die Werbung auf die potenzielle Kundengruppe abgestimmt werden kann und diese gezielt anspricht (Beispiel: unterschiedliche Zielgruppen für Arzneien sind Ärzte, Apotheken, Krankenhäuser und Verbraucher).

**37** Welche Werbemittel gibt es?

Die **Werbemittel** dienen der Durchführung der Werbung. Von den zahlreichen Werbemitteln sollen nur die wichtigsten genannt werden:

- Anzeigen in Zeitschriften und Zeitungen,
- Werbesendungen in Rundfunk und Fernsehen,
- Prospekte und Kataloge,
- Werbebriefe und Postwurfsendungen,
- Broschüren und Flugblätter,
- Warenproben und Muster,
- Werbegeschenke und Zugaben.

Sie können entsprechend der formalen Gestaltung gegliedert werden in:

- optische (grafische) Werbemittel, z.B. Plakate;
- akustische Werbemittel, z.B. Rundfunkwerbung,
- audiovisuelle Werbemittel, z.B. Fernsehwerbung.

**38** Welche Werbeträger gibt es?

Die Werbemittel müssen an die Umworbenen „herangetragen" werden; dies erfolgt über die **Werbeträger** (Streumedien). Als Werbeträger kommen Personen, Sachen und Institutionen in Betracht, wie z.B.:

- Zeitungen und Zeitschriften,
- Rundfunk- und Fernsehanstalten,
- Anschlagtafeln und Plakatsäulen.

39 Was beinhaltet der Werbeplan?

Der **Werbeplan** beinhaltet Werbemittel, Werbeträger und Werbekosten; er legt im Einzelnen fest:

- **Werbeinhalt,** was sagt die Werbung aus (die Darstellung des Werbeinhalts soll nach den Grundsätzen der Werbung erfolgen);
- **Streukreis,** wer wird umworben (Zielgruppenbestimmung);
- **Streugebiet,** wo wird geworben (die geografischen Schwerpunkte für die Durchführung der Werbung werden festgelegt);
- **Reichweitenbestimmung,** wie viele werden umworben (abhängig von Streukreis und Streugebiet);
- **Streuzeit,** wann wird geworben (Festlegung des Zeitraums und der Häufigkeit der Werbemaßnahmen);
- **Streuweg,** wie wird geworben (Festlegung der Werbemittel und Werbeträger);
- **Werbeetat,** mit welchem Betrag wird geworben (Festlegung der für die Werbung zur Verfügung stehenden finanziellen Mittel).

40 Wovon ist die Höhe des Werbeetats abhängig?

Die Höhe des **Werbeetats** wird beeinflusst durch:

- Liquidität und Umsatz des Unternehmens, z.B. wird in Abhängigkeit vom Umsatz festgelegt, ob zyklisch oder antizyklisch geworben wird;
- Werbemaßnahmen und Werbeaufwand der Konkurrenz, z.B. erfordern Werbeaktionen der Mitanbieter eigene Aktionen;
- Werbeerfolg, z.B. richten sich die Werbeaufwendungen nach der zu erwartenden Absatzsteigerung;
- Werbeziel, z.B. wird für die Einführung eines neuen Produktes mit hohem Werbeaufwand geworben.

41 Unterscheiden Sie Werbeidee, Layout und Reinzeichnung!

Bei der Gestaltung der Werbemittel unterscheidet man folgende Schritte:

- **Werbeidee,** sie ist das Leitmotiv (Grundgedanke), auf dem die gesamte Werbung aufbaut;
- **Layout** (Skizze, Plan), es ist der Entwurf für die Gestaltung eines Werbemittels und es wird von Marketingfachleuten, Werbepsychologen, Marktforschern und von der Unternehmensleitung gemeinsam entwickelt;
- **Reinzeichnung,** sie ist die Druckvorlage (z.B. für ein Werbeplakat).

42 Nennen Sie Möglichkeiten der Werbeerfolgskontrolle!

Die **Werbeerfolgskontrolle** soll den Werbeerfolg, d.h. das Ergebnis der Werbemaßnahmen feststellen. Sie kann erfolgen als

- außerökonomische Werbeerfolgskontrolle, man ermittelt z.B. beim Berührungserfolg die Zahl der Werbeberührten oder beim Erinnerungserfolg die Zahl derer, die sich an die Werbung erinnern;

- ökonomische (wirtschaftliche) Werbeerfolgskontrolle, sie setzt den durch die Werbung bewirkten Umsatzzuwachs zu den durch die Werbung verursachten Kosten ins Verhältnis **(Werberendite).**

$$\text{Werberendite} = \frac{\text{Umsatzzuwachs}}{\text{Werbekosten}}$$

In der Praxis ist es schwierig festzustellen, inwieweit eine Umsatzsteigerung tatsächlich auf die durchgeführten Werbemaßnahmen zurückzuführen ist und nicht durch andere absatzpolitische Maßnahmen bedingt ist.

**43** Was ist Publicrelations?

Wenn ein Unternehmen die Öffentlichkeit über sich selbst unterrichtet mit dem Ziel, um Vertrauen zu werben, spricht man von **Publicrelations** (Öffentlichkeitsarbeit).

Publicrelations wendet sich also an die gesamte Öffentlichkeit und soll das Bild **(Image)** des Unternehmens in der Bevölkerung positiv beeinflussen (und hat nicht die Absatzsteigerung zum Gegenstand). Zweifelsohne ergeben sich aber aus einer guten Darstellung in der öffentlichen Meinung auch positive Rückwirkungen auf den Absatz eines Unternehmens.

Publicrelations-Maßnahmen sind z. B. Firmenzeitschriften, Betriebsbesichtigungen, Pressekonferenzen, Anzeigen und Berichte in Massenmedien, Sportförderung, Spenden für soziale Zwecke.

# 6 Kundendienst und Kundenreklamationen

**44** Was ist Kundendienst?

Unter **Kundendienst** versteht man freiwillige zusätzliche Dienstleistungen eines Herstellers oder Händlers, die er seinen Kunden vor, während und nach erfolgtem Kauf anbietet. Kundendienstleistungen können

- unentgeltlich sein, z. B. Beratung über die Bedienung eines technischen Produkts, Lieferung von Erzeugnissen frei Haus;
- berechnet werden, z. B. Geräteüberwachung und -wartung, Werkstätten- und Pflegedienst, Bereitstellung von Ersatzteilen.

Der Kundendienst **(Serviceleistungen)** kann sein

- warenbezogen, z. B. Erhöhung des Gebrauchswertes einer Ware (z. B. Aktualisierung von DV-Programmen),
- zahlungsbezogen, z. B. Gewährung günstiger Zahlungsbedingungen,
- zustellbezogen, z. B. kostengünstige Warenzustellung.

**45** Wie werden Kundenreklamationen behandelt?

**Kundenreklamationen** werden geregelt

- entsprechend den gesetzlichen Vorschriften über die Gewährleistungsansprüche, wobei vom Kunden die vorgeschriebenen Fristen eingehalten werden müssen (siehe Wirtschafts- und Sozialkunde, Frage 90),
- auf freiwilliger Basis als Garantie oder Kulanz,
- bei der Rücknahme von Waren über den **Warenrücknahmeschein,** bei mangelhafter Lieferung über die **Gutschrift.**

**46** Unterscheiden Sie Gewährleistung, Garantie und Kulanz!

Von **Gewährleistung** spricht man, wenn der Verkäufer dem Käufer dafür haftet, dass die verkaufte Sache nicht mit Fehlern behaftet ist. Die Gewährleistungsansprüche sind im BGB geregelt (z. B. Sachmängel bei der Lieferung mangelhafter Ware, siehe Seite 139 f.).

**Garantie** ist die freiwillig vom Verkäufer übernommene (vertragliche) Verpflichtung, alle innerhalb der Garantiefrist auftretenden Mängel ganz oder teilweise unentgeltlich zu beseitigen. Die Garantiefrist geht oft über die gesetzliche Gewährleistungsfrist von zwei Jahren hinaus; dies gilt für die Werksgarantie (wird vom Hersteller gewährt) und für die Händlergarantie (wird vom Absatzmittler gewährt).

**Kulanz** ist ein Entgegenkommen des Verkäufers, das weder gesetzlich noch vertraglich geregelt ist; die Kulanz ist ganz in das Ermessen des Verkäufers gestellt. Der Verkäufer beseitigt über die Gewährleistungs- und Garantiepflicht hinaus aufgetretene Mängel ganz oder teilweise auf eigene Kosten.

# 7 Absatzwege

47 Unterscheiden Sie direkten und indirekten Absatz!

Der **Absatzweg** (Vertriebsweg) ist der Weg einer Ware vom Hersteller bis zum Verwender (z.B. Endverbraucher). Man unterscheidet zwei Möglichkeiten:

- Beim **direkten Absatz** verkauft der Hersteller seine Waren direkt an den Verwender, d.h., es werden keine selbstständigen Absatzmittler (z.B. Handelsbetriebe) eingeschaltet. Der direkte Absatz kann erfolgen über Fabrikfilialen (z.B. beim Schuhverkauf), Verkaufsbüros und Reisende;
- beim **indirekten Absatz** treten zwischen die Hersteller und Konsumenten selbstständige Handelsbetriebe (Groß- und Einzelhandel) bzw. andere selbstständige Absatzmittler (Handelsvertreter, Kommissionäre, Handelsmakler).

48 Was ist ein Reisender?

Der **Reisende** (Handlungsreisende) ist als kaufmännischer Angestellter an Weisungen des Arbeitgebers gebunden. Er ist außerhalb des Betriebes im Namen und für Rechnung des Unternehmers (in fremdem Namen und für fremde Rechnung) tätig und hat vor allem folgende Aufgaben:

- Vermittlung und Abschluss von Geschäften,
- Betreuung und Beurteilung von Kunden,
- Beobachtung des Marktes und der Konkurrenz,
- mit ausdrücklicher Vollmacht die Annahme von Zahlungen (Inkassoreisender).

Der Reisende erhält ein festes Gehalt (Fixum), Ersatz für seine Auslagen (Spesen) und darüber hinaus eine Umsatzprovision.

49 Nennen Sie Vor- und Nachteile des indirekten Absatzes!

Vorteile des **indirekten Absatzes** für den Hersteller sind:

- Verteilernetz der Absatzmittler wird ausgenutzt,
- Absatzmittler übernehmen Aufgaben wie Lagerhaltung, Werbung, Beratung, Kundendienst;

Nachteile sind:

- geringer Kontakt zum Kunden,
- geringer Einfluss auf die absatzpolitischen Maßnahmen der Absatzmittler,
- hohe Abhängigkeit von den Absatzmittlern.

50 Wer ist Handelsvertreter?

Der **Handelsvertreter** ist als selbstständiger Kaufmann ständig damit betraut, für einen anderen Unternehmer Geschäfte zu vermitteln (Vermittlungsvertreter) oder in dessen Namen abzuschließen (Abschlussvertreter). Er wird in fremdem Namen und für fremde Rechnung tätig.

Zu den Pflichten des Handelsvertreters gehören:

- **Bemühungspflicht,** d.h., er hat sich um die Vermittlung oder den Abschluss von Geschäften zu bemühen;

- **Benachrichtigungspflicht,** d. h., er muss dem Unternehmer von jeder Geschäftsvermittlung und von jedem Geschäftsabschluss unverzüglich Mitteilung machen;
- **Sorgfaltspflicht,** d. h., er hat seine Pflichten mit der Sorgfalt eines ordentlichen Kaufmanns wahrzunehmen;
- **Schweigepflicht,** d. h., er darf Geschäftsgeheimnisse auch nach Beendigung des Vertragsverhältnisses nicht verwerten oder anderen mitteilen;
- **Befolgungspflicht,** d. h., er ist an Weisungen des Unternehmers gebunden.

Zu den Rechten des Handelsvertreters gehören:

- Recht auf **Abschlussprovision,** d. h., er erhält eine Provision für alle von ihm vermittelten und abgeschlossenen Geschäfte; ist dem Handelsvertreter ein bestimmter Bezirk zugewiesen (Bezirksvertreter), erhält er auch Provision für die Geschäfte in seinem Bezirk, die ohne seine Mitwirkung abgeschlossen werden;
- Recht auf **Delkredereprovision,** d. h., er erhält eine besondere Vergütung, wenn er das Risiko für den Zahlungseingang bei Zielgeschäften übernimmt;
- **Ausgleichsanspruch,** d. h., er kann nach Beendigung des Vertragsverhältnisses von dem Unternehmer einen angemessenen Ausgleich verlangen, wenn der Unternehmer weiterhin mit Kunden Geschäfte tätigt, die der Handelsvertreter geworben hatte.

51 Vergleichen Sie den Einsatz von Handelsvertreter und Reisendem!

Vorteile des **Handelsvertreters** sind:

- der Unternehmer muss kein festes Gehalt bezahlen (Bezahlung nur nach Leistung),
- der Unternehmer muss keine Aufwendungen für Sozialleistungen erbringen,
- der Handelsvertreter ermöglicht aufgrund seiner guten Marktkenntnisse eine kostengünstige und lückenlose Markterschließung.

Vorteile des **Reisenden** sind:

- er ist an die Anweisungen seines Arbeitgebers gebunden,
- er verfügt über umfassende Produkt- und Firmenkenntnisse.

Neben diesen Überlegungen spielt der Kostenvergleich eine wesentliche Rolle.

52 Wer ist Kommissionär?

Der **Kommissionär** kauft (Einkaufskommissionär) oder verkauft (Verkaufskommissionär) als selbstständiger Kaufmann Waren oder Wertpapiere in eigenem Namen für Rechnung eines anderen (des Kommittenten).

Zu den Pflichten des Kommissionärs zählen Sorgfaltspflicht, Befolgungspflicht, Benachrichtigungspflicht (siehe Ware und Verkauf, Frage 50), Abrechnungspflicht (Abrechnung des Kommissionsgeschäftes), Haftpflicht (Haftung für Verlust oder Beschädigung des bei ihm gelagerten Kommissionsgutes).

(Zum Kommissionslager vgl. Einzelhandelsbetriebslehre, Frage 96.)

Rechte des Kommissionärs sind:

- Recht auf Provision und **Delkredereprovision** (siehe Ware und Verkauf, Frage 50),
- Ersatz der Aufwendungen (z.B. Lagerkosten, Fracht, Rollgeld),
- **Selbsteintrittsrecht,** d.h. Waren, die einen Markt- oder Börsenpreis haben, kann der Verkaufskommissionär selbst kaufen oder der Einkaufskommissionär selbst liefern,
- **Pfandrecht,** d.h., er kann Kommissionsgüter zur Sicherung seiner Forderungen gegenüber dem Kommittenten zurückbehalten.

**53** Welche Bedeutung hat das Kommissionsgeschäft?

Vorteile des **Kommissionsgeschäftes** für den Kommittenten sind:

- lückenlose Markterschließung aufgrund der guten Marktkenntnisse des Kommissionärs;
- Einsparung von Lagerkosten, da der Kommissionär die Lagerung übernimmt;
- Einsparung von Vertriebskosten, da der Kommissionär den Absatz übernimmt;
- im Gegensatz zum Handelsvertreter hat der Kommissionär eine eigene Firma und einen eigenen Kundenstamm; dies ist besonders im Auslandsgeschäft von Bedeutung.

Vorteile des Kommissionsgeschäftes für den Kommissionär sind:

- Erweiterung seines Sortiments ohne eigenes Absatzrisiko (nicht verkaufte Waren können an den Kommittenten zurückgegeben werden) und ohne zusätzlichen Kapitaleinsatz;
- Bezahlung der Kommissionsware erst nach deren Verkauf.

**54** Wer ist Handelsmakler?

Der **Handelsmakler** übernimmt als selbstständiger Kaufmann von Fall zu Fall die Vermittlung von Verträgen, und zwar in fremdem Namen und für fremde Rechnung.

Zu den Pflichten des Handelsmaklers gehören die Pflicht zur Ausstellung einer Schlussnote für jede Vertragspartei, die Pflicht zur Führung eines Tagebuches, die Haft- und Auskunftspflicht.

Der Handelsmakler hat das Recht auf Maklerlohn (Courtage), der je zur Hälfte von den Vertragsparteien zu zahlen ist.

## 8 Messen, Ausstellungen und Börsen

55 Unterscheiden Sie Messen und Ausstellungen!

**Messen** sind Veranstaltungen, bei denen ein Wirtschaftszweig (oder mehrere Wirtschaftszweige) einen umfassenden Überblick über sein Angebot gibt. Sie finden regelmäßig statt, wenden sich vorwiegend an Handel und Industrie und dienen dem Verkauf der gezeigten Produkte.

**Ausstellungen** sind Veranstaltungen, bei denen einzelne Wirtschaftszweige ihre Produkte zur Schau stellen; sie dienen in erster Linie der Information und nicht dem Verkauf. Ausstellungen gibt es als

- allgemeine Ausstellungen, wenden sich an die Allgemeinheit;
- Fachausstellungen, wenden sich mit einem speziellen Angebot i.d.R. an Industrie und Handel.

56 Was versteht man unter der Börse?

**Börsen** sind Märkte, an denen Kaufleute regelmäßig und zu bestimmten Zeiten zusammenkommen, um Kaufverträge über vertretbare Sachen oder Wertpapiere abzuschließen, z.B. Devisenbörsen, Waren- oder Produktbörsen, Wertpapierbörsen (Effektenbörsen).

57 Was sind Warenbörsen?

**Warenbörsen** sind regelmäßig stattfindende Märkte für vertretbare Güter, deren Beschaffenheit entweder von vornherein gleich ist (z.B. Gold, Silber) oder deren Beschaffenheit mit Hilfe von so genannten Typen beschrieben wird (z.B. Bohnensorte bei Kaffee). Werden für die Waren allgemein anerkannte Durchschnittsqualitäten festgelegt, spricht man von **Standards** (z.B. für Kaffee, Getreide, Baumwolle).

# 9 Marktforschung

**58** Was ist Marktforschung?

**Marktforschung** ist die systematische Beschaffung der für die Einschätzung und Beeinflussung des künftigen Absatzes notwendigen Informationen (Absatzmarktforschung).

**59** Nennen Sie die Bereiche und Aufgaben der Marktforschung!

**Bereiche der Marktforschung** sind

1. **Bedarfsforschung** (Analyse der Nachfrage), d.h. Erforschung von
   - Marktgröße und Aufnahmefähigkeit des Marktes (Sättigungsgrad),
   - Kaufkraft und Kaufkraftveränderungen,
   - Zusammensetzung der Nachfrager (z.B. nach Alter, Geschlecht, Ausbildung, Einkommen),
   - Käufergewohnheiten und Kaufmotiven (Motivforschung);
2. **Konkurrenzforschung** (Analyse des Angebots), d.h. Erforschung von
   - Konkurrenten (z.B. Marktanteil, Umsatz),
   - Konkurrenzprodukten (z.B. Preise, Qualität),
   - Konkurrenzverhalten (z.B. Einsatz absatzpolitischer Instrumente und Reaktionen auf Maßnahmen der Mitanbieter);
3. **Absatzforschung** (Analyse der eigenen Absatzsituation), d.h. Erforschung der
   - Wirkung der eingesetzten absatzpolitischen Instrumente,
   - eigenen Marktstellung (z.B. Marktanteil, Einzugsgebiet).

**60** Unterscheiden Sie Marktanalyse und Marktbeobachtung!

**Marktanalyse** ist die (meist einmalige) Erforschung eines räumlich abgegrenzten Teilmarktes, z.B. im Hinblick auf Anzahl, Kaufkraft und Struktur der potenziellen Kunden (die Untersuchung bezieht sich auf einen bestimmten Zeitpunkt).

**Marktbeobachtung** ist die über längere Zeit hinweg andauernde Erforschung des Marktes, wobei insbesondere die Veränderungen des Marktgeschehens erfasst werden sollen, wie z.B. Mode- und Geschmackswandel (die Untersuchung bezieht sich auf einen Zeitraum).

**61** Unterscheiden Sie Marktprognose und Absatzprognose!

**Marktprognose** ist die Vorhersage zukünftiger Entwicklungen auf dem Markt (Trend); sie ist das Ergebnis von Marktbeobachtung und Marktanalyse.

**Absatzprognose** ist die Vorhersage des zukünftigen betrieblichen Absatzes (sie baut ebenfalls auf den Ergebnissen von Marktbeobachtung und Marktanalyse auf).

62 Unterscheiden Sie Primär- und Sekundärforschung!

Bei der **Primärforschung** (Feldforschung) beschafft sich das Unternehmen die notwendigen Informationen durch eigens durchgeführte Untersuchungen. Diese sind sehr kostenaufwendig und werden oft an Marktforschungsinstitute vergeben.

Methoden sind:

- mündliche Kundenbefragung (Interview),
- schriftliche Kundenbefragung (z. B. mit Fragebogen),
- Kundenbeobachtung (z. B. Einkaufsverhalten),
- Tests (z. B. Reaktionen auf Werbeanzeigen).

Bei der **Sekundärforschung** (Schreibtischforschung) greift man auf bereits vorhandenes Datenmaterial zurück.

Man unterscheidet

- interne (innerbetriebliche) Informationsquellen, z. B. Daten der Buchhaltung, Umsatz- und Absatzstatistiken;
- externe (außerbetriebliche) Informationsquellen, z. B. Veröffentlichungen der statistischen Ämter, der Wirtschaftsinstitute und Verbände, Berichte in Fachzeitschriften.

# 10 Verkaufsvorbereitung und Verkaufsabwicklung

## 10.1 Verkaufsvorbereitung

63 Unterscheiden Sie Bedarfsmeldung und Warenanforderung!

Die **Bedarfsmeldung** beinhaltet die Informationen an die Einkaufsabteilung über zu bestellende Waren. Sie kann grundsätzlich auf zwei Arten erfolgen:

- im (computergestützten) Warenwirtschaftssystem wird die Bedarfsmeldung bei Erreichen des Meldebestandes entweder automatisch oder auf Abfrage ausgegeben,
- bei der herkömmlichen Warenwirtschaft gibt das Lager die Bedarfsmeldung an die Einkaufsabteilung (z. B. mit Hilfe der Bedarfsmeldekarte).

Die **Warenanforderung** beinhaltet die Informationen an das Lager über Waren, die im Verkaufsraum benötigt werden.

64 Beschreiben Sie die Arten der Warenauszeichnung!

Die **Warenauszeichnung** kann man unterscheiden

1. entsprechend den eingesetzten Geräten,
   - manuelle Auszeichnung, das Auszeichnen der Waren erfolgt von Hand ohne maschinelle Hilfsmittel;
   - maschinelle Auszeichnung, das Auszeichnen der Waren erfolgt mit Hilfe von Preisauszeichnungsgeräten (z. B. Handetikettierer);
2. entsprechend dem Träger der Auszeichnung,
   - Einzelauszeichnung, alle Waren werden einzeln ausgezeichnet (z. B. Textilien);
   - Regalauszeichnung, die Auszeichnung erfolgt nicht auf der Ware selbst, sondern am Regal, in dem die Ware angeboten wird;
   - Listenauszeichnung, die Preise der Waren sind in Preisverzeichnissen (Preislisten) zusammengestellt und ausgehängt bzw. ausgelegt.

Die gesetzlichen Bestimmungen über die Preisauszeichnung sind in der Preisangabenverordnung enthalten (siehe Wirtschafts- und Sozialkunde, Frage 372).

65 Beschreiben Sie die Codierung bei der Warenauszeichnung!

Alle für die Warenauszeichnung wesentlichen Daten werden heute vielfach in codierter Form angegeben (z. B. OCR-Schrift, EAN-Strichcode; siehe dazu Datenverarbeitung, Frage 22 f.), damit die Daten in maschinenlesbarer Form vorliegen und den Einsatz eines (computergestützten) Warenwirtschaftssystems ermöglichen (siehe Einzelhandelsbetriebslehre, Frage 111 ff.).

Betriebsinterne Daten werden auch verschlüsselt, damit nur der Verkäufer und nicht der Kunde die Informationen erkennen kann (z. B. Einkaufspreis und Einkaufsdatum).

**66** Wie erfolgt die Etikettierung der Ware?

Die **Etikettierung** der Waren ist vor allem abhängig von der Warenart und vom eingesetzten Warenwirtschaftssystem (siehe auch Einzelhandelsbetriebslehre, Frage 121 f.). Man unterscheidet beim **Etikett** folgende Arten, und zwar in Abhängigkeit von

1. der betrieblichen Verwendung,
   - Einfachetikett, es enthält die Daten der Warenauszeichnung nur einmal (z. B. im Lebensmitteleinzelhandel);
   - Mehrfachetikett; es enthält die Daten der Warenauszeichnung in zwei- oder dreifacher Ausfertigung, und zwar üblicherweise in Form eines Abreißetiketts (z. B. im Textileinzelhandel). Die einzelnen Abschnitte sind z. B. für die Kasse, für den Kunden und für den Packtisch;
2. von dem Grund,
   - Sicherungsetikett, es soll Diebstähle verhindern helfen, indem bei Nichtentwertung des Etiketts durch die Kasse ein Signal ausgelöst wird (z. B. Pfeifton beim Passieren der Sperre);
3. von der Beschriftung,
   - handschriftliches Etikett,
   - maschinengeschriebenes Etikett;
4. von der Befestigung,
   - Klebeetikett (z. B. auf Konserven und Verpackungen),
   - Hängeetikett (z. B. bei Textilien),
   - Annäheetikett (z. B. bei Teppichen),
   - Anstecketikett (z. B. bei Strickwaren).

**67** Nennen Sie Gesichtspunkte für die Überprüfung des Warensortiments!

Bei der **Überprüfung des Warensortiments** im Verkaufsbereich ist Folgendes zu beachten:

- Das Warenangebot ist auf Vollständigkeit zu prüfen;
- fehlende Waren sind in den Warenträgern (z. B. Regale) nachzufüllen, und zwar nach dem Grundsatz „alte Ware nach vorne, neue nach hinten“;
- die Waren sind entsprechend den Grundsätzen der Warenpräsentation zu platzieren;
- die äußere Beschaffenheit der Waren ist zu kontrollieren (z. B. im Hinblick auf Beschädigung der Warenverpackung, Beschädigung der Waren selbst);
- eine Qualitätskontrolle der Waren ist durchzuführen; zu prüfen sind warentypische Qualitätsmerkmale (z. B. bei Lebensmitteln Geschmack, Geruch, Aussehen, Verfalldatum);
- nicht verkaufsfähige Waren sind auszusondern (z. B. Waren mit überschrittenem Verfalldatum).

**68** Welche Bedeutung hat das Verfalldatum?

Die Angabe des **Verfalldatums (Mindesthaltbarkeitsdatum)** ist in der Lebensmittelkennzeichnungsverordnung geregelt.

Normalerweise wird der Kaufmann Waren mit überschrittenem Verfalldatum aussortieren; verkauft er solche Waren, trägt er selbst die Verantwortung für den ordnungsgemäßen Zustand der Ware. Der Hersteller haftet für den Zustand der Ware nur bis zum angegebenen Verfalldatum.

**69** Nennen Sie rechtliche Bestimmungen für das Angebot von Waren!

Rechtliche Grundlagen für das Angebot von Waren sind z. B.:

- Lebensmittelhygieneverordnung, regelt z.B. Vorschriften über den Ort der Aufbewahrung und Lagerung von Lebensmitteln;
- Lebensmittelkennzeichnungsverordnung, regelt z. B. die erforderlichen Angaben wie Hersteller, Mindesthaltbarkeitsdatum und Inhaltsstoffe;
- Zusatzstoffzulassungsverordnung, regelt z.B. die für Lebensmittel zugelassenen Zusatzstoffe (z. B. Konservierungsstoffe);
- Handelsklassenverordnung, regelt z.B. die Angabe von Handelsklassen;
- Eichgesetz, regelt z.B. die Eichpflicht von Waagen und Längenmessgeräten;
- Preisangabenverordnung (siehe Wirtschafts- und Sozialkunde, Frage 372).

## 10.2 Beratung und Verkauf

**70** Welche Kaufmotive gibt es?

Man unterscheidet folgende **Kaufmotive:**

1. rationale (verstandesmäßige) Kaufmotive, wie z. B.
   - Geldersparnis (ist z. B. zurückzuführen auf geringes Einkommen, sparsames Verhalten),
   - Wunsch nach Bequemlichkeit (z. B. Kauf eines Fernsehers mit Fernbedienung),
   - Wunsch nach Zweckmäßigkeit (z. B. Kauf von pflegeleichten Textilien),
   - Wunsch nach Gesundheit (z. B. Kauf von Waren ohne schädliche Zusatzstoffe),
   - Wunsch nach Sicherheit (z. B. Kauf eines Pkw mit Anti-Blockiersystem);
2. emotionale (gefühlsmäßige) Kaufmotive, wie z. B.
   - Geltungsbedürfnis (ist z. B. zurückzuführen auf das Streben nach gesellschaftlichem Ansehen),

- Nachahmungstrieb (z.B. Kauf einer Ware, weil ein anderer diese Ware besitzt),
- Erlebnisdrang (ist z.B. zurückzuführen auf den Wunsch nach Schönheit bzw. den Wissens- und Bildungstrieb),
- Spieltrieb (z.B. Kauf von Spielprogrammen für einen PC).

**71** Nennen Sie Konsequenzen der Kaufmotive auf das Verkaufsgespräch!

Beim Kauf einer Ware wirken meist mehrere **Kaufmotive** zusammen. Man unterscheidet dabei Hauptmotiv und Nebenmotive, wobei das Hauptmotiv von übergeordneter Bedeutung ist.

Die Verkäuferin bzw. der Verkäufer muss die Motive eines Käufers erkennen und vor allem in Abhängigkeit vom Hauptmotiv das **Verkaufsgespräch** führen.

Beim Kauf eines Pkw können z.B. folgende Motive eine Rolle spielen: Das Hauptmotiv ist z.B. der Wunsch nach Bequemlichkeit, Nebenmotive sind z.B. Geldersparnis, Wunsch nach Sicherheit, Geltungsbedürfnis und Nachahmungstrieb.

**72** Nennen Sie Einflussfaktoren auf das Kaufverhalten!

Das **Kaufverhalten** kann durch folgende Faktoren beeinflusst werden:

- Werbung (z.B. Produktwerbung in Rundfunk und Fernsehen),
- Mode (z.B. Farben und Schnitte bei Textilien),
- technologische Entwicklung (z.B. Entwicklung neuer Geräte in der Unterhaltungselektronik),
- wirtschaftliche Entwicklung (z.B. Einkommenssteigerungen während eines konjunkturellen Aufschwungs),
- gesellschaftliche Entwicklung (z.B. Verbesserung des Bildungsstandes der Bevölkerung und damit verbundenes kritisches Kaufverhalten),
- Veröffentlichungen von Testergebnissen (siehe Wirtschafts- und Sozialkunde, Frage 379).

**73** Nennen Sie Informationsquellen über das Warenangebot für den Kunden!

**Informationsquellen** über das Warenangebot sind z.B.:

- Messen und Ausstellungen (siehe Ware und Verkauf, Frage 55),
- Informationsmaterial der Hersteller,
- Informationsmaterial der Verbraucherorganisationen (siehe Wirtschafts- und Sozialkunde, Frage 379),
- Informationsmaterial der Stiftung Warentest (siehe Wirtschafts- und Sozialkunde, Frage 379),
- Fachbücher, Fachzeitschriften und Wirtschaftsberichte.

**74** Welche Kundentypen werden unterschieden?

Man unterscheidet folgende **Kundentypen,** und zwar entsprechend

1. der Häufigkeit des Einkaufs,
   - Stammkunden (sie kaufen regelmäßig in einem bestimmten Geschäft ein),

- Laufkunden (sie betreten nur gelegentlich oder per Zufall ein Geschäft),
- Sehkunden (sie informieren sich über das Warenangebot);

2. dem Verhalten,
   - redselige und verschlossene Kunden,
   - überhebliche und zurückhaltende Kunde,
   - informierte und uninformierte Kunden,
   - entschlossene und unentschlossene Kunden,
   - sparsame und großzügige Kunden,
   - freundliche und unfreundliche Kunden;
3. dem Alter,
   - Kinder,
   - Jugendliche,
   - Erwachsene,
   - Senioren;
4. dem Geschlecht,
   - weibliche Kunden (z.B. damenhafter oder sportlicher Typ),
   - männliche Kunden (z.B. Familienvater-Typ oder Karrieretyp);
5. dem Einkommen,
   - Kunden mit niedrigem Einkommen,
   - Kunden mit mittlerem Einkommen,
   - Kunden mit höherem Einkommen.

Zu den wichtigsten und schwierigsten Aufgaben der Verkäuferin bzw. des Verkäufers zählen

- das Erkennen des Kundentyps,
- die Berücksichtigung des Kundentyps im Verkaufsgespräch.

**75** Welche Ansprüche hat der Kunde an den Betrieb, die Ware und den Verkäufer?

**Kundenansprüche** sind abhängig vom jeweiligen Kundentyp; man unterscheidet dabei z.B.:

1. Ansprüche an den Einzelhandelsbetrieb,
   - ein Sortiment, das den Kundenvorstellungen entspricht;
   - eine übersichtliche Warenpräsentation;
   - eine fachmännische Beratung sowie ein guter Kundendienst;
   - ein ausreichendes Angebot an Parkplätzen;
2. Ansprüche an die Ware,
   - eine Ware ohne jegliche Mängel;
   - eine Preisgestaltung, welche z.B. die Qualität der Ware, die Bedienung und Beratung sowie Ausstattung des Betriebes berücksichtigt (angemessenes Preis-Leistungsverhältnis);

3. Ansprüche an das Verkaufspersonal,
   - ein gut geschultes Personal (z. B. Warenkenntnisse, Branchenkenntnisse);
   - ein ansprechendes äußeres Erscheinungsbild;
   - ein Verhalten, das an den Wünschen und Vorstellungen der Kunden orientiert ist (z. B. Freundlichkeit, Höflichkeit);
   - eine Sprech- und Ausdrucksweise, die z. B. durch gute Aussprache und sorgfältige Wortwahl gekennzeichnet ist.

**76** Unterscheiden Sie Zweck- und Impulskauf!

Beim **Zweckkauf** (Plankauf) kauft der Kunde gezielt Waren ein (z. B. Lebensmittelkauf nach einem Einkaufszettel).

Beim **Impulskauf** (Spontankauf) wird z. B. durch einen günstigen Preis, eine ansprechende Verpackung oder eine gute Platzierung der Ware spontan der Wunsch geweckt, diese Ware zu kaufen.

**77** Beschreiben Sie den Verkaufsvorgang im Bedienungsgeschäft!

Der **Verkaufsvorgang** im Bedienungsgeschäft läuft üblicherweise nach folgendem Muster ab:

1. Kontaktaufnahme,
   - das Verkaufspersonal sollte den Kunden nicht warten lassen;
   - der Kunde sollte freundlich und situationsgerecht begrüßt werden;
   - eine Begrüßung mit Namen ist, wenn möglich, vorzunehmen (gilt vor allem für Stammkunden);
2. Ermitteln des Kaufwunsches,
   - hat der Kunde bereits einen bestimmten Kaufwunsch, führt dies meist ohne aufwendiges Verkaufsgespräch zum so genannten Aushändigungskauf;
   - hat der Kunde nur eine unklare Vorstellung von der Ware, die er kaufen möchte, muss das Verkaufspersonal im Verkaufsgespräch beraten (Beratungskauf);
3. Vorlegen der Ware,
   - Waren wie z. B. Stoffe, Teppiche, Glas- und Porzellanwaren werden vorgezeigt;
   - Waren wie z. B. Artikel der Unterhaltungselektronik, Haushaltsgeräte, Pkws werden vorgeführt, um Eigenschaften, Handhabung, Verwendungsmöglichkeiten und Vorzüge besser demonstrieren zu können;
   - Waren wie z. B. Textilien und Schuhe können von den Kunden anprobiert werden;

4. Verkaufsargumentation,
   - die warenbezogene Verkaufsargumentation hat z. B. die Eigenschaften, die Qualität und den Preis der Ware zum Gegenstand;
   - die kundenbezogene Verkaufsargumentation bezieht die Kaufmotive (siehe Ware und Verkauf, Frage 70 f.) des Kunden in das Verkaufsgespräch ein;
5. Herbeiführen des Kaufentschlusses,
   - das Verkaufspersonal sollte dem Kunden die Kaufentscheidung erleichtern und Kaufwiderstände beseitigen, z. B. durch Bekräftigung bestimmter Kaufargumente wie Qualität, Preis oder Umtauschrecht;
   - am Ende eines jeden Verkaufsgespräches sollte der Kauf stehen;
6. Abschluss der Verkaufsverhandlung,
   - der Kunde bekommt die Ware nach der Bezahlung an der Kasse ausgehändigt;
   - der Kunde wird freundlich verabschiedet.

78 Nennen Sie Bestimmungsfaktoren des Verkaufsgesprächs!

Das **Verkaufsgespräch** wird durch folgende Faktoren beeinflusst:

- Kundentyp (siehe Ware und Verkauf, Frage 74),
- Kaufmotive (siehe Ware und Verkauf, Frage 70),
- Warenart (erklärungsbedürftige Waren, wie z. B. technische Geräte, bedürfen im Gegensatz zu nicht erklärungsbedürftigen Waren, wie z. B. Lebensmittel eines ausführlichen Verkaufsgesprächs),
- Verkaufsform (für Bedienungsgeschäfte und Geschäfte mit Vorwahlsystem ist das Verkaufsgespräch von besonderer Bedeutung; siehe Einzelhandelsbetriebslehre, Frage 10).

79 Was bedeutet AIDA?

Die **AIDA-Formel** bedeutet entsprechend der verwendeten Buchstaben:

- **A** (attention): Die Aufmerksamkeit des Kunden wird geweckt;
- **I** (interest): Das Interesse an der Ware entsteht;
- **D** (desire): Der Wunsch, die Ware zu besitzen, entsteht;
- **A** (action): Die Ware wird gekauft.

Die Grundsätze dieser Formel, die auch in der Werbung von Bedeutung sind, sollten bei jedem Verkaufsgespräch beachtet werden.

**80** Nennen Sie Serviceleistungen des Einzelhandelsbetriebes!

Wichtige **Serviceleistungen des Einzelhandelsbetriebes** (sie werden zusätzlich zu den üblichen Leistungen angeboten) sind z. B.:

- Ausstattung der Geschäftsräume, z. B. Sitzmöglichkeiten, Cafeteria, Kinderspielecken;
- Vertragsgestaltung, z. B. Umtauschrecht, erweiterte Garantie, Zustellung der Ware, Möglichkeit der Ratenzahlung, Annahme von Schecks und Kreditkarten;
- sonstige Zusatzleistungen, z. B. Kundendienst, Einbau von Geräten, Hilfe bei der Abwicklung von Nachbestellungen.

**81** Was versteht man unter der Altwarenliste?

In der **Altwarenliste** werden Waren erfasst, die schwer verkäuflich sind, z. B. weil sie überhöhte Preise haben, veraltet sind, kleine Mängel aufweisen (Ladenhüter).

Mögliche verkaufsfördernde Maßnahmen sind z. B.:

- Sonderangebote,
- Werbung,
- gute Warenplatzierung.

## 11 Verkaufsabrechnung

82 Welche Kassenarten gibt es?

Im Einzelhandel werden folgende **Kassenarten** unterschieden:

1. offene **Ladenkasse,** diese (sehr einfache) Kasse ist eine reine Wechselkasse, die weder die Kassenein- noch die Kassenausgänge schriftlich erfasst. Die Bestandsermittlung erfolgt durch Zählen (Kassensturz). Diese Kassenart ist nur noch vereinzelt in kleinen Geschäften anzutreffen;
2. elektromechanische **Registrierkasse,** bei dieser Kasse werden die erforderlichen Daten wie z. B. Einzelpreis und Menge über die Tastatur eingegeben. Das eingebaute Rechen- und Schreibwerk ermittelt Gesamtpreise sowie Rechnungsbetrag und gibt die Daten aus über
   - Bondrucker, er gibt als Beleg für den Kunden den Kassenbon aus, der z. B. Artikelbezeichnungen, Einzelpreise, Mengen, Gesamtpreise und den Rechnungsbetrag enthält;
   - Quittungsdrucker, der Kunde erhält als Beleg eine Quittung, welche handschriftliche Daten wie z. B. Warenart sowie gedruckte Daten wie z. B. Tagesdatum und Rechnungsdatum und Rechnungsbetrag enthält;
3. elektronische Registrierkasse, bei dieser Kasse werden die erforderlichen Daten über die Tastatur eingegeben. Im Unterschied zur elektromechanischen Registrierkasse werden z. B. Umsätze einzelner Warengruppen, Kundenzahl und Umsätze je Verkäufer in Speicherwerken erfasst. Nach Geschäftsschluss liefert die Kasse selbst die gesamte Tagesabrechnung.

   Die elektronische Registrierkasse kann mit einem Bondrucker oder Quittungsdrucker ausgestattet sein.
4. **Datenkasse** (Computerkasse, Scannerkasse; siehe Einzelhandelsbetriebslehre, Frage 116 f.).

83 Welche Kassensysteme unterscheidet man?

Im Einzelhandel werden folgende **Kassensysteme** unterschieden:

- **Einzelkasse,** sie wird in Bedienungsgeschäften eingesetzt, in denen das Verkaufspersonal gleichzeitig kassiert;
- **Abteilungskasse,** jede Abteilung des Geschäftes hat ihre eigene Kasse wie z. B. in Waren- und Kaufhäusern;
- **Sammelkasse,** mehrere Abteilungen eines Geschäftes wickeln den Kassiervorgang über eine gemeinsame Kasse ab;
- **Zentralkasse,** Selbstbedienungsläden und Abteilungen von Waren- und Kaufhäusern mit Selbstbedienung wickeln den Kassiervorgang zentral (am Ausgang des Geschäftes bzw. der Abteilung) mit einer Kasse oder mit mehreren Kassen ab.

Jedes Kassensystem kann bei entsprechender Ausstattung auch im (computergestützten) Warenwirtschaftssystem eingesetzt werden (siehe Einzelhandelsbetriebslehre, Frage 111 ff.).

**84** Was ist ein Kassenbericht?

Der **Kassenbericht** dient dem Nachweis der täglichen Bargeldein- und Bargeldausgänge. Er enthält üblicherweise folgende Angaben:

**Kassenbestand bei Geschäftsschluss**

\+ **Ausgaben** im Laufe des Tages
- Zahlungen für Wareneinkäufe und Warennebenkosten
- Geschäftsausgaben
- Privatentnahmen
- Sonstige Ausgaben

– **Kassenbestand des Vortages**

= **Kasseneingang**

– sonstige Einnahmen

= **Tageslosung** (Bareinnahmen)

Der Kassenbericht kann sein
- Buchungsbeleg,
- Kontrollmittel für die Kassenführung,
- Grundlage für statistische Auswertungen.

(Siehe auch Buchführung Seite 69 ff.)

# 12 Rechtsschutz der Erzeugnisse

**85** Welchen Rechtsschutz gibt es für Erzeugnisse?

Erzeugnisse sind gesetzlich geschützt durch

1. Patentschutz,
   - Patent,
   - Lizenz;
2. Musterschutz,
   - Gebrauchsmuster,
   - Geschmacksmuster;
3. Markenschutz,
   - Marken,
   - Kollektivmarken,
   - geschäftliche Bezeichnungen,
   - geografische Herkunftsangaben.

**86** Unterscheiden Sie Patent und Lizenz!

Das **Patent**

- schützt neue Erfindungen (z. B. Gegenstände, Herstellungsverfahren) vor Nachahmung,
- wird beim Deutschen Patent- und Markenamt in München kostenpflichtig in ein besonderes Register eingetragen,
- gilt für höchstens 20 Jahre (die Erfindung kann danach von jedem genutzt werden).

Die **Lizenz** beinhaltet das Recht, ein fremdes Recht wie z. B. eine Erfindung gegen Zahlung von Lizenzgebühren zu verwerten.

**87** Unterscheiden Sie Gebrauchs- und Geschmacksmuster!

Das **Gebrauchsmuster**

- schützt technische Erfindungen (keine Verfahren), die man auch patentieren lassen könnte (z. B. Bedienungselemente an einem Fernsehgerät),
- wird beim Patent- und Markenamt kostenpflichtig in das Register für Gebrauchsmuster eingetragen,
- gilt im Gegensatz zum Patent für 10 Jahre.

Das **Geschmacksmuster**

- schützt ein Muster, das neu ist und Eigenart hat (z. B. Tapete, Geschirr),
- wird beim Patent- und Markenamt kostenpflichtig in das Register für Geschmacksmuster eingetragen,
- gilt für 25 Jahre.

88 Beschreiben Sie den Markenschutz!

Nach dem Gesetz über den Schutz von Marken **(Markengesetz)** entsteht der Markenschutz durch die Eintragung beim Patent- und Markenamt; er besteht 10 Jahre (eine Verlängerung um jeweils 10 Jahre ist möglich). Unterschieden werden:

1. **Marke,**
   - geschützt werden können alle Zeichen, z.B. Wörter, Abbildungen, Form der Ware, die geeignet sind, Waren eines Unternehmens von denen anderer Unternehmen zu unterscheiden;
2. **Kollektivmarke,**[1]
   - geschützt werden können alle Zeichen wie bei der Marke, die geeignet sind, die Waren der Mitglieder des Inhabers der Kollektivmarke von denen anderer Unternehmen zu unterscheiden (Verbandszeichen);
3. **geschäftliche Bezeichnung,**
   - Unternehmenskennzeichen sind Zeichen, die der Unterscheidung des Geschäftsbetriebes von anderen Geschäftsbetrieben dient,
   - Werktitel sind Namen oder besondere Bezeichnungen von Druckschriften, Film- oder Bühnenwerken;
4. **geografische Herkunftsangaben,**
   - sind Namen von Orten, Gegenden oder Ländern oder sonstigen Zeichen, die zur Kennzeichnung der geografischen Herkunft von Waren benutzt werden.

89 Was sind Gütezeichen?

**Gütezeichen**

- sind geschützte Zeichen, die eine bestimmte Qualität für gleichartige Erzeugnisse garantieren (z.B. reine Schurwolle),
- sind geschützte Zeichen (z.B. Blauer Umweltengel, Euro-Blume), die bestimmte Umwelteigenschaften des Erzeugnisses garantieren,
- werden von Verbänden bzw. einer Gruppe von Herstellern geschaffen.

1 Im Gegensatz dazu gibt es die Gemeinschaftsmarke, die für alle Mitgliedstaaten der EU eingetragen werden kann.

# VI. Datenverarbeitung

## 1 Datenverarbeitungssystem

### 1.1 Aufbau einer Datenverarbeitungsanlage (Hardware)

1 Was versteht man unter Datenverarbeitung?

Unter **Datenverarbeitung** versteht man jede Verarbeitung von digitalen oder analogen Daten mit Hilfe von Datenverarbeitungsanlagen, indem Eingabedaten nach bestimmten Regeln (Algorithmen, Programme) in Ausgabedaten umgewandelt werden.

Man spricht hierbei von automatisierter Datenverarbeitung (ADV), elektronischer Datenverarbeitung (EDV) oder allgemein von Datenverarbeitung (DV).

Das Prinzip der DV heißt:

Eingabe → Verarbeitung → Ausgabe (EVA-Prinzip).

2 Was versteht man unter Daten?

**Daten** sind numerische oder alphanumerische Informationen über Personen, Sachen und Sachverhalte (zur Einteilung der Daten siehe Seite 369).

In der Datenverarbeitung versteht man unter Daten nur solche Informationen, die sich so codieren lassen, dass sie von einer Datenverarbeitungsanlage erkannt werden können (siehe Seite 357).

3 Erklären Sie den Grundaufbau einer DVA!

Entsprechend dem Grundprinzip der Datenverarbeitung (Eingabe – Verarbeitung – Ausgabe) besitzt eine **DVA:**

- Eingabegeräte, führen die Verarbeitungsdaten entweder den internen Speichern zu oder geben sie direkt zur Verarbeitung ein;
- Zentraleinheit (eigentlicher Rechner),
- Ausgabegeräte, übernehmen Ausgabedaten aus der Zentraleinheit und geben sie über den jeweiligen Datenträger aus.

Alle Geräte, welche an die Zentraleinheit angeschlossen sind, bezeichnet man als **Peripherie** (Ein- und Ausgabegeräte).

4 Erklären Sie die Zentraleinheit!

In der **Zentraleinheit** findet die eigentliche Verarbeitung der Daten statt, sie ist der Mittelpunkt jeder Datenverarbeitungsanlage und umfasst folgende Bausteine.

- Das **Rechenwerk** übernimmt die Durchführung von arithmetischen Operationen (addieren, subtrahieren, multiplizieren usw.) sowie von logischen Operationen (Vergleichen von

Daten wie z.B. =, > oder <). Zur Verarbeitung werden die Daten vom Hauptspeicher in das Rechenwerk übertragen und dort verarbeitet; die Ergebnisse der durchgeführten Operationen werden anschließend im Hauptspeicher gespeichert.

- Das **Steuerwerk (Leitwerk)** ist die „Kommandozentrale" der DV-Anlage; sie steuert die Eingabe, Verarbeitung und Ausgabe der Daten entsprechend der Reihenfolge der Befehle eines Programms (das im Arbeitsspeicher gespeichert ist).

  Das Steuerwerk ruft die Befehle aus dem Arbeitsspeicher ab, decodiert (entschlüsselt) und modifiziert (wandelt ab) sie und löst durch Erzeugen von Impulsen die Ausführung der Befehle aus.

- Im **Arbeitsspeicher (Hauptspeicher, Zentralspeicher)** werden alle Daten, die zur Bearbeitung einer gestellten Aufgabe erforderlich sind, festgehalten (entweder im ROM oder im RAM); dazu zählen insbesondere die erforderlichen Programme, die zu verarbeitenden Daten sowie die anfallenden Zwischen- und Endergebnisse der Datenverarbeitung (auf diese Daten kann direkt zugegriffen werden).

- Die **Ein- und Ausgabeprozessoren** bzw. die **Kanäle** ermöglichen den Datentransfer zwischen dem Hauptspeicher und den peripheren Geräten.

5 Was ist ein Prozessor?

Unter einem **Prozessor** versteht man eine Einrichtung, welche nach vorgegebenen Programmen andere Einrichtungen steuern kann. Dabei übernimmt der Prozessor sowohl die Aufgaben des Rechenwerks als auch des Steuerwerks.

Stellen Rechenwerk und Steuerwerk der Zentraleinheit eine Einheit dar, spricht man von **Zentralprozessor** (CPU = central processing unit); manchmal wird auch die Zentraleinheit als Zentralprozessor bezeichnet.

Wird der Prozessor als so genannte integrierte Schaltung auf kleinstem Raum verwirklicht, spricht man vom **Mikroprozessor.**

6 Unterscheiden Sie RAM und ROM!

Der **RAM-Speicher** ist der Teil des Arbeitsspeichers,

- in den geschrieben und aus dem gelesen werden kann (Schreib-/Lesespeicher);
- der Programme, Daten und Teile des Betriebssystems aufnimmt;
- bei dem der Zugriff auf die gespeicherten Daten direkt erfolgt (**R**andom **A**ccess **M**emory);
- bei dem der Speicherinhalt beim Ausschalten der Zentraleinheit verloren geht (flüchtiger Speicher).

Der **ROM-Speicher** ist der Teil des Arbeitsspeichers,

- dessen Inhalt fest vorgegeben und nicht veränderbar ist;
- aus dem nur gelesen werden kann (Nur-Lese-Speicher = **R**ead **O**nly **M**emory);
- der vor allem die Teile des Betriebssystems enthält, die zum Start der Anlage notwendig sind;
- bei dem der Speicherinhalt beim Ausschalten der Zentraleinheit erhalten bleibt (dauerhafter, residenter Speicher).

7 Welche Verbindungen gibt es zwischen den Funktionseinheiten einer DV-Anlage (Überblick)?

Zwischen den einzelnen Funktionseinheiten einer DV-Anlage sind folgende **Verbindungen** möglich:

- Schnittstelle (Interface),
- Akustikkoppler und Modem,
- innerbetriebliche Verbindungen (siehe Seite 381),
- Übertragungsnetze der Deutschen Telekom AG (siehe Seite 382).

8 Was ist eine Schnittstelle?

Die **Schnittstelle (Interface)** ist eine Übergangsstelle zwischen

- Mensch und Computer (Benutzerschnittstelle),
- Zentraleinheit und peripheren Geräten (z.B. Schnittstelle zwischen Zentraleinheit und Drucker = Druckerschnittstelle),
- Hardware und Software.

Genormte Schnittstellen (z.B. Centronics-Schnittstelle) sind Voraussetzung für die Kompatibilität einer DV-Anlage (siehe Seite 356).

9 Unterscheiden Sie serielle und parallele Schnittstelle!

Man unterscheidet in Abhängigkeit von der Art der Datenübertragung

- **serielle Schnittstelle:** Die zu übermittelnden Bits werden nacheinander (sequenziell) übertragen;
- **parallele Schnittstelle:** Jeweils eine Bitgruppe wird gleichzeitig übertragen (z.B. die acht Bits eines Bytes).

10 Unterscheiden Sie Akustikkoppler und Modem!

Der **Akustikkoppler** dient dazu, Daten von einer Zentraleinheit oder einem mobilen Datenerfassungsgerät an eine DV-Anlage über das Telefonnetz der Telekom zu übertragen. Zu diesem Zweck ist über das Telefon eine Verbindung mit der Zentraleinheit herzustellen, welche die Daten empfangen soll; die Übertragung der Daten erfolgt über den Koppler, der mit dem Telefonhörer verbunden wird.

Das **Modem** dient dazu (wie beim Akustikkoppler), binär dargestellte Informationen von einer DV-Anlage über das Telefonnetz der Telekom an eine andere DV-Anlage zu übertragen. Bei Sender und Empfänger ist ein Modem notwendig (**MO**dulieren, **DEM**odulieren).

**11** Geben Sie einen Überblick über die peripheren Geräte!

Zu den **peripheren Geräten** zählen:

1. **Eingabegeräte** (erfüllen nur Eingabefunktion; sind einfunktional),
   - Belegleser für Markierungen und Klarschrift, dienen der direkten Datenerfassung bei Markierungsbeleg und Klarschriftbeleg;
   - Belegleser für Codes (Codeleser), dienen der Erfassung von codierten Daten, wie z. B. EAN-Strichcode und OCR-Schrift (z. B. mit Hilfe von Scanner und Lesestift);
   - akustische Eingabegeräte (z. B. Akustikkoppler und Modem);
   - Maus und Joystick;
2. **Ausgabegeräte** (erfüllen nur Ausgabefunktion; sind einfunktional),
   - Drucker (z. B. Matrixdrucker, Typenraddrucker, Laserdrucker);
   - Plotter (Zeichengerät);
   - Mikrofilmausgabegerät;
   - akustische Ausgabegeräte (z. B. Akustikkoppler, Modem);
3. **Dialoggeräte** (erlauben einen direkten Informationsaustausch des Benutzers (z. B. Sachbearbeiter) mit der Zentraleinheit; erfüllen Ein- und Ausgabefunktion; sind zweifunktional),
   - Terminal (Bildschirm, Datensichtgerät) mit Tastatur;
4. **Externe Speicher** (dienen der kostengünstigeren Speicherung von größeren Datenbeständen außerhalb der Zentraleinheit; erfüllen Ein-, Ausgabe- und Speicherfunktion; sind dreifunktional),
   - Magnetbandspeicher (Datenträger ist Magnetband),
   - Streamer (Sonderform des Magnetbandspeichers), dient vor allem der Datensicherung,
   - Magnetbandkassettenspeicher (Datenträger ist Magnetbandkassette),
   - Magnetplattenspeicher (Datenträger ist Magnetplatte),
   - Diskettenlaufwerk (Datenträger ist Diskette).

**12** Beschreiben Sie die Belegleser!

**Belegleser** sind Geräte, mit deren Hilfe maschinenlesbare Zeichen auf Belegen (z. B. Urbeleg) direkt gelesen (erfasst) werden können.

Man unterscheidet:

- **Markierungsbelegleser,** erfasst werden Markierungen, wie z. B. Striche und Kreuze (Speichermedium ist der Markierungsbeleg; siehe Seite 358);

- **Klarschriftbelegleser** (z. B. Lesestift, Lesepistole), erfasst werden z. B. Handschrift und genormte Schriften, wie die OCR-Schrift; (Speichermedium ist der Klarschriftbeleg; siehe Seite 359);
- **Scanner** tasten Markierungen, Spezialcodes, Schriften sowie Bilder ab, um die Informationen mit Hilfe der DV-Anlage verarbeiten zu können; Scanner dienen z. B. im Handel als Handscanner oder als stationäre Scanner zum Erfassen von Daten, die in Form von Codes (z. B. EAN, siehe Seite 358) oder in Form von genormten Schriften dargestellt sind; in der Bild- und Textkommunikation dienen die Scanner z. B. zum Erfassen von Bildern und Texten.

**13** Was ist ein Kanal?

Der **Kanal** ist die Übertragungsstrecke zwischen der Zentraleinheit und einem peripheren Gerät.

**14** Was ist ein Bus?

Der **Bus** ist ein System von Leitungen zum Austausch von Informationen innerhalb der Zentraleinheit.

Man unterscheidet

- Steuerbus, er überträgt Steuerinformationen vom Steuerwerk an andere Hardware-Teile;
- Adressbus, er überträgt Adressinformationen an den Hauptspeicher;
- Datenbus, er überträgt Daten zwischen Rechenwerk, Hauptspeicher und Ein- und Ausgabeprozessoren.

**15** Was versteht man unter Konfiguration?

Die Zusammenstellung von Zentraleinheit und Peripheriegeräten in Verbindung mit der Systemsoftware bezeichnet man als **Konfiguration.**

**16** Was versteht man unter Kompatibilität?

**Kompatibilität** bedeutet, dass Datenverarbeitungsgeräte, Speichermedien und Programme des gleichen Herstellers oder auch von unterschiedlichen Herstellern ohne besondere Anpassungsmaßnahmen miteinander kombiniert und eingesetzt werden können.

Man unterscheidet demzufolge Hardwarekompatibilität und Softwarekompatibilität.

**17** Welche Kriterien bestimmen die Leistungsfähigkeit einer DV-Anlage?

Kriterien für die Leistungsfähigkeit einer DV-Anlage sind:

- **Speicherkapazität** (des Arbeitsspeichers und der externen Speicher), wird gemessen z. B. durch die Anzahl der Speicherplätze (bytes), die ein Speicher aufnehmen kann (z. B. 1 Kilo-Byte = 1 KB = 1 024 Zeichen; 1 Mega-Byte = 1 MB = 1 048 576 Zeichen);

- **Zugriffsart,** unterschieden wird Reihenfolgezugriff (serieller Zugriff) und direkter Zugriff (wahlfreier Zugriff, Random-Zugriff);
- **Zugriffszeit,** benötigte Zeitdauer zum Finden eines Speicherplatzes, um dort vorhandene Daten zu lesen oder zu schreiben (bei sequentiellen Speichern ist die Zugriffszeit um ein Vielfaches größer als bei Random-Speichern);
- **Leseleistung,** Anzahl der pro Zeiteinheit vom Speicher gelesenen Zeichen;
- **Verarbeitungsgeschwindigkeit,** Anzahl der Befehle, die pro Zeiteinheit in der Zentraleinheit ausgeführt werden können (Leistungsfähigkeit der CPU);
- **Übertragungsrate** (Übertragungsgeschwindigkeit), gibt die Anzahl der bytes an, die in einer Zeiteinheit übertragen werden (z. B. im Telex-Verkehr oder von externen Speichern in die Zentraleinheit);
- **Zykluszeit,** gibt an, in welcher Zeit sich wiederholende Abläufe durchgeführt werden.

## 1.2 Interne Informationsdarstellung

**18** Was ist ein Code?

Codierung ist ganz allgemein die Darstellung von Informationen in einer anderen Form. Die Umsetzungsvorschrift heißt **Code;** er ermöglicht es auch, verschlüsselte Informationen zu decodieren (rückübersetzen).

Codieren wird oft gleichgesetzt mit Programmieren, d. h., die einzelnen Schritte, welche zur Lösung eines Problems erforderlich sind (und z. B. im Programmablaufplan dargestellt sind), werden als Programmbefehle formuliert.

Für die interne Zeichendarstellung bei Datenverarbeitungsgeräten werden Binärcodes verwandt (z. B. BCD, EBCDI, ASCII).

**19** Erklären Sie das Binärsystem!

Computer können nur zwei Arten von Signalen verstehen (z. B. magnetisiert – nicht magnetisiert). Die Form der Darstellung, bei der den binären Zuständen die Werte 0 und 1 zugeordnet werden, heißt **Binärsystem** (zweiwertige Logik). In dem Binärcode werden alle Zeichen durch unterschiedliche Kombinationen der Binärelemente **(Bit)** codiert, und zwar benötigt man für ein Zeichen (z. B. ein Buchstabe oder eine Ziffer) 8 Bits (= 1 **Byte**).

## 1.3 Speichermedien

20 Welche Speichermedien gibt es (Überblick)?

Man unterscheidet folgende **Speichermedien:**

1. bedruckte und handbeschriftete Datenträger,
   - Markierungsbeleg,
   - Beleg mit Balkencode,
   - Klarschriftbeleg;
2. magnetische Datenträger,
   - Magnetband (Magnetbandrolle),
   - Streamer,
   - Magnetbandkassette,
   - Magnetplatte,
   - Diskette,
   - Magnetstreifenkarte;
3. optische Datenträger,
   - Mikrofilm,
   - optische Speicherplatte.

21 Beschreiben Sie den Markierungsbeleg!

Beim **Markierungsbeleg** sind auf genormten Vordrucken für die möglichen Informationen an bestimmten Stellen Markierungspositionen vorgesehen, welche durch einen Markierungsstift (z. B. Bleistift) gekennzeichnet werden. Der Markierungsleser erkennt die Markierungen und verschlüsselt sie maschinengerecht.

Der Markierungsbeleg findet Anwendung, wenn nicht allzu viele Informationen verarbeitet werden, die sich zudem leicht klassifizieren lassen, z. B. bei statistischen Fragebögen, Bestelllisten und programmierten Prüfungsaufgaben.

Der Vorteil des Markierungsbelegs liegt in der visuellen und maschinellen Lesbarkeit; der Nachteil liegt in der hohen Fehlerquote durch falsche oder schlecht ausgeführte Markierungen.

22 Was versteht man unter dem Balkencode?

Unter dem **Balkencode (Strichcode, Barcode)** versteht man eine genormte, maschinenlesbare Darstellung von Daten, welche die Daten in Form von Balken verschlüsselt.

Der bekannteste Balkencode ist der **EAN-Strichcode** (**E**uropäische **A**rtikel **N**ummer). Dieser Code wird im Handel zur Kennzeichnung der Waren eingesetzt.

Die beiden ersten Stellen der 13-stelligen EAN kennzeichnen das Herstellerland, die nächsten fünf Stellen kennzeichnen den Hersteller, die nächsten fünf Stellen beinhalten die Artikelnummer (wird vom Hersteller selbst festgelegt), die letzte Stelle ist eine Prüfziffer. Gelesen wird der Balkencode mit Scanner, Lesestift und Lesepistole.

**23** Beschreiben Sie den Klarschriftbeleg!

Der **Klarschriftbeleg** enthält die zu verarbeitenden Daten in optisch lesbaren Schriftzeichen, welche bestimmten Normschriften (z. B. OCR-Schrift) entsprechen und vom Belegleser (z. B. „Lesepistole") aufgrund der Hell-Dunkel-Unterscheidung erkannt werden.

Der Klarschriftbeleg wird aufgrund der visuellen (mit dem menschlichen Auge) und der maschinellen Lesbarkeit vorwiegend im Scheck- und Überweisungsverkehr, bei Inventurarbeiten und im Etikettensystem im Textileinzelhandel eingesetzt.

**24** Nennen Sie Vor- und Nachteile des Klarschriftbeleges!

Vorteile des **Klarschriftbeleges** sind:

- visuelle und maschinelle Lesbarkeit,
- problemlose Beschriftung, Urbeleg (Originalbeleg) ist gleichzeitig maschinengerechter Datenträger (Übertragungsvorgang entfällt).

Nachteile sind:

- sehr sorgfältige Behandlung des Beleges ist erforderlich,
- teuer.

**25** Erklären Sie das Magnetband!

Das **Magnetband** (Magnetbandrolle) besteht aus einem Kunststoffband mit magnetisierbarer Oberfläche und eignet sich besonders für die Verarbeitung von großen Datenmengen, die fortlaufend verarbeitet werden (z. B. Stammdaten in der Lohnabrechnung), sowie für die Datensicherung.

Beim Magnetband können die gespeicherten Daten nur in der auf dem Band festgelegten Reihenfolge (sequenzielle Speicherung) bearbeitet werden. Um bestimmte Daten zu finden, muss das gesamte Band bis zu den gewünschten Daten durchlaufen werden. Das Abrufen der Daten erfolgt im **Reihenfolgezugriff.**

**26** Welche Vor- und Nachteile hat das Magnetband?

Vorteile des **Magnetbandes** sind:

- hohe Speicherkapazität,
- hohe Lese- und Schreibgeschwindigkeit,
- Platz sparend,
- preiswert,
- mehrmals verwendbar (durch Löschen nicht mehr benötigter Daten).

Nachteile sind:

- nur Reihenfolgezugriff (sequenzielle Verarbeitung) möglich,
- manuelle Verarbeitung ist nicht möglich,
- nur eine Seite des Bandes ist magnetisierbar,
- Band ist besonders abzusichern, damit gespeicherte Daten nicht durch Überschreiben vernichtet werden.

27 Beschreiben Sie die Magnetbandkassette!

Die **Magnetbandkassette** ist eine Sonderform des Magnetbandes und mit der Tonbandkassette vergleichbar. Sie besitzt eine geringere Kapazität (etwa 3 Millionen Zeichen) als das Magnetband, ist aber sehr preiswert und leicht zu handhaben.

28 Was ist ein Streamer?

Der **Streamer** ist eine Sonderform des Magnetbandspeichers. Er dient nicht der normalen Datenverarbeitung, sondern der schnellen Sicherung von großen Datenmengen (z. B. wird der Inhalt eines Magnetplattenspeichers auf den Streamer, der eine Art Magnetbandkassette darstellt, übertragen).

29 Beschreiben Sie die Magnetplatte und den Magnetplattenspeicher!

Die **Magnetplatte** ist eine runde Aluminiumscheibe, die auf beiden Seiten magnetisierbar ist und konzentrische, voneinander unabhängige Informationsspuren hat, in denen die Daten verschlüsselt werden.

Beim **Magnetplattenspeicher** sind mehrere Platten übereinander gestapelt. Während der Plattenstapel mit hoher Geschwindigkeit rotiert, werden die Platten durch Schreib-/Leseköpfe, welche an einem Zugriffskamm befestigt sind, beschrieben und gelesen. Zusammengehörende Daten werden in übereinander liegenden Spuren gespeichert, um durch das gleichzeitige Bearbeiten mehrerer Spuren die Zugriffszeit zu verkürzen (Zylinder-Konzept).

Magnetplatte und Magnetplattenspeicher werden eingesetzt, wenn aus großen Datenbeständen bestimmte Angaben im Direktzugriff verarbeitet werden sollen, wie z. B. im Auskunfts- und Buchungssystem bei Reisebüros, bei der Lagerhaltung, im Bestellwesen sowie bei computergestützten Kassensystemen im Einzelhandel.

30 Welche Vor- und Nachteile haben Magnetplatte und Magnetplattenspeicher?

Vorteile der **Magnetplatte** und des **Magnetplattenspeichers** sind:

- sehr hohe Speicherkapazität,
- Direktzugriff,
- sehr hohe Bearbeitungsgeschwindigkeit,
- mehrfach verwendbar.

Nachteil:

- hohe Kosten.

31 Beschreiben Sie die Diskette!

Die **Diskette** (Floppy-Disk, ZIP-Disk, JAZ-Disk) ist eine Sonderform der Magnetplatte. Sie besteht aus einer flexiblen Kunststoffplatte, die durch eine Hülle geschützt ist. Der Zugriff auf die Daten erfolgt über die Schreib-Lese-Köpfe im Diskettenlaufwerk.

Die Diskette wird vorwiegend in Mikrocomputern (z. B. Personal-Computern) eingesetzt.

32 Welche Vor- und Nachteile hat die Diskette?

Vorteile der **Diskette** sind:

- einfache Handhabung,
- gute Transportmöglichkeit,
- kostengünstig,
- direkter Zugriff.

Nachteile sind:

- Massenspeicher mit begrenzter Kapazität.

33 Beschreiben Sie die Magnetstreifenkarte!

**Magnetstreifenkarten (Magnetkarten)** enthalten sowohl unverschlüsselte Daten in Klarschrift (z. B. Name, Kartennummer) als auch auf einem Magnetstreifen verschlüsselte Daten (z. B. Identitätsnummer, Kontonummer). Zum Verarbeiten der Daten ist ein Magnetkartenleser erforderlich.

Magnetkarten werden vor allem eingesetzt als Scheckkarten (Eurochequekarten) und als Kreditkarten (z. B. Eurocard, Visa, American Express).

Magnetkarten können z. B. eingesetzt werden zur Bargeldabhebung an Geldautomaten sowie zum bargeldlosen Einkauf im Einzelhandel.

34 Beschreiben Sie die optische Speicherplatte!

Die **optische Speicherplatte** ist eine Scheibe, auf der die Informationen mittels Laser aufgezeichnet und gelesen werden. Sie ist geeignet, schriftliche, bildliche und sprachliche Daten zu speichern (z. B. Werbung mit Text, Bild und Musik).

Einsatzgebiete der optischen Speicherplatte liegen in der Archivierung großer Datenbestände wie z. B. im Bibliotheks- und Dokumentationswesen.

35 Nennen Sie Auswahlkriterien für Speichermedien!

Auswahlkriterien für **Speichermedien** sind vor allem

- Speicherkapazität,
- Zugriffsart und Zugriffszeit,
- Preis-/Leistungsverhältnis,
- Transportierbarkeit (z. B. für Datenträgeraustausch).

## 1.4 Software

36 Unterscheiden Sie Hardware und Software!

Zur **Hardware** zählen alle Maschinen und Maschinenteile eines Datenverarbeitungssystems; dies sind insbesondere die Zentraleinheit und sämtliche Peripheriegeräte.

Die **Software** wird in verschiedene Software-Ebenen unterschieden:

- Betriebssystem (Systemsoftware),
- Anwendersoftware (Programme, mit deren Hilfe DV-Anlagen betrieben werden).

Oft werden auch die Datenbestände der Software zugeordnet.

Die Zusammenstellung von Zentraleinheit und Peripheriegeräten in Verbindung mit der Systemsoftware bezeichnet man als **Konfiguration.**

37 Was ist ein Betriebssystem?

Unter dem **Betriebssystem (Systemsoftware)** versteht man alle Programme, die benötigt werden, um mit einer Datenverarbeitungsanlage arbeiten zu können (werden vom Hersteller entwickelt und dem Anwender zur Verfügung gestellt).

Beispiele für Betriebssysteme sind OS/2, Windows 98 und UNIX.

Das Betriebssystem beinhaltet

- Steuerprogramme,
- Übersetzungsprogramme,
- Dienstprogramme.

38 Welche Aufgaben haben Steuerprogramme?

**Steuerprogramme** übernehmen die Koordination von Zentraleinheit, Peripherie und Anwenderprogrammen; sie sind i.d.R. im Arbeitsspeicher der Zentraleinheit gespeichert.

Sie übernehmen folgende Aufgaben:

- Eingabe, d.h. Einlesen von Anwenderprogrammen und Einlesen von Daten;
- Ausgabe, d.h. Ausgeben von Daten über eine Ausgabeeinheit;
- Datenzugriff, d.h. Suchen von benötigten Daten im Arbeitsspeicher oder auf einem externen Speicher;
- Programmablauf, d.h. Ausführen der einzelnen Schritte eines Programms.

39 Welche Aufgaben haben Übersetzungsprogramme?

**Übersetzungsprogramme** haben die Aufgabe, die Anweisungen einer Programmiersprache in Anweisungen einer Maschinensprache umzuwandeln.

Man unterscheidet

- **Assembler,** er wandelt maschinenorientierte Programmiersprachen in die Maschinensprache der jeweiligen DV-Anlagen um;
- **Compiler,** er wandelt eine problemorientierte Programmiersprache (Quellenprogramm) in die Maschinensprache (Zielprogramm, Objektprogramm) um;
- **Interpreter,** er übersetzt jede Anweisung erst beim Ablauf des Programms und führt die Anweisung auch sofort aus. Da jeder Befehl zunächst interpretiert und erst dann ausgeführt wird, dauert der Programmablauf länger als bei einem compilierten Programm, das nur einmal in die Maschinensprache übersetzt und dann sehr schnell ablaufen kann (werden Programme wiederholt, ist die compilierte Form auf jeden Fall schneller).

40 Welche Aufgaben haben Dienstprogramme?

**Dienstprogramme** sind Standardprogramme, die häufig wiederkehrende Aufgaben übernehmen, wie z.B. Sortieren, Mischen, Übertragen (Kopieren), Testen, Formatieren.

41 Was versteht man unter Anwendersoftware?

**Anwendersoftware** wird unterschieden in

- **Individualsoftware,** vom Benutzer selbst erstellte oder für ihn von einem Softwarehaus entwickelte, den speziellen Wünschen angepasste Software (Nachteil: teuer);
- **Standardsoftware,** Programme, die für einen größeren Kreis von Anwendern verwendbar sind (Nachteil: entspricht oft nicht voll den Anforderungen der Benutzer).

Bei der **Standardsoftware** unterscheidet man

1. Endbenutzerwerkzeuge (Tools, Softwaretools) als Einzelprogramme, wie z. B.
   - Textverarbeitungsprogramme (z. B. Word, WordPro);
   - Tabellenkalkulationsprogramme (z. B. Excel);
   - Dateiverwaltungsprogramme bzw. Datenbanksysteme (z. B. Access, Informix);
   - Geschäftsgrafikprogramme (z. B. Excel);
2. anwendungsorientierte (aufgabenbezogene) Software,
   - branchenspezifische Programme, z. B. für Steuerberater, Architekten, Apotheker;
   - funktionsorientierte Programme, z. B. Finanzbuchhaltung, Fakturierung, Lagerhaltung;
3. Endbenutzerwerkzeuge als **integrierte Programme** (integrierte Anwendungspakete), enthalten i. d. R. Programme für Textverarbeitung, Tabellenkalkulation, Geschäftsgrafik und Datenbanken (z. B. Star Office, Lotus 1-2-3).

## 1.5 Organisationsformen der Datenverarbeitung

42 Nennen Sie die Organisationsformen der Datenverarbeitung (Überblick)!

Die Organisationsformen der Datenverarbeitung werden unterschieden nach

1. **Datenerfassung,**
   - offline bzw. online,
   - zentral bzw. dezentral;
2. **Datenübertragung (Datenfernverarbeitung),**
   - offline bzw. online;
3. Datenverarbeitung entsprechend der **Betriebsart,**
   - Stapelverfahren,
   - Echtzeitverarbeitung,
   - Mehrprogrammbetrieb,
   - Zeitzuteilungsverfahren;
4. Besitzer der DV-Anlage,
   - interne Datenverarbeitung (DV erfolgt im eigenen Unternehmen),
   - externe Datenverarbeitung (DV erfolgt durch ein anderes Unternehmen).

43 Unterscheiden Sie die Begriffe online und offline!

Wenn die Datenein- und -ausgabegeräte (Terminals) mit einer (auch räumlich entfernten) Datenverarbeitungsanlage in Verbindung stehen, liegt das sog. **Online-System** vor. Die Vorteile liegen darin, dass viele Benutzer direkt über die zentral gespeicherten Daten verfügen können.

Wenn die Datenerfassungsgeräte ohne Verbindung mit der Zentraleinheit betrieben werden, spricht man vom **Offline-System.** Der Nachteil liegt darin, dass die Daten zur Anlage transportiert werden müssen und dadurch Zeitverluste entstehen.

44 Unterscheiden Sie zentrale und dezentrale Datenerfassung!

Bei der **zentralen Erfassung** von Daten erfolgt die Eingabe aller Daten einheitlich durch eine Stelle.

Vorteile sind z. B.:

- weniger Datenerfassungsgeräte sind notwendig,
- rationelles Arbeiten durch speziell geschultes Personal,
- besserer Datenschutz und bessere Datensicherung sind möglich,
- i. d. R. niedrigere Gesamtkosten.

Bei der **dezentralen Erfassung** von Daten erfolgt die Eingabe der Daten i. d. R. am Ort ihrer Entstehung.

Vorteile sind z. B.:

- flexibler Einsatz von Eingabegeräten,
- bessere Zuordnung der Verantwortlichkeit für die Datenerfassung,
- Mitarbeiter kennen die Zusammenhänge der Daten besser und können bei Problemfällen schneller und gezielter reagieren.

45 Was ist Datenfernverarbeitung?

**Datenfernverarbeitung** (Teleprocessing) liegt vor, wenn Eingabe- bzw. Ausgabeeinheiten (oft Terminals) räumlich von der Zentraleinheit entfernt sind. Die Daten werden am Ort der Entstehung erfasst und über eine Telefonleitung (als Wähl- oder Standleitung) oder spezielle Datenübertragungsnetze an das Rechenzentrum weitergeleitet, dort verarbeitet und u. U. an die Eingabestation als Ausgabedaten zurückübertragen. Beispiele sind: Platzbuchungs-, Auskunfts- und Kassenabrechnungssysteme.

46 Unterscheiden Sie Stapelbetrieb und Echtzeitbetrieb!

In Abhängigkeit vom Zeitpunkt der Verarbeitung der Daten werden die Betriebsarten unterteilt in:

- **Stapelverarbeitung,** d. h., die zu verarbeitenden Daten werden über einen längeren Zeitraum gesammelt (gestapelt) und dann auf einmal verarbeitet.

  Anwendungsbereiche der Stapelverarbeitung sind z. B. Absatzstatistik, Lohn- und Gehaltsabrechnung, Änderungen von Stammdaten in der Personaldatei.

- **Echtzeitverarbeitung**, d.h., die Daten werden dann bearbeitet, wenn sie anfallen (es gibt keine zeitlichen Verzögerungen).

  Anwendungsbereiche der Echtzeitverarbeitung sind z.B. Platzbuchungssysteme im Reise- und Flugverkehr, Auskunftsysteme bei Banken.

**47** Unterscheiden Sie Multiprogramming und Time-Sharing!

In Abhängigkeit von der Art und Weise, wie mehrere Anwender einen Computer benutzen, werden die Betriebsarten unterteilt in:

- **Multiprogramming (Mehrprogrammbetrieb),** d.h., die Zentraleinheit verarbeitet gleichzeitig mehrere voneinander unabhängige Programme (Voraussetzung ist eine entsprechende Speicherkapazität). Wenn bei der Bearbeitung eines Programms Wartezeiten entstehen (z.B. beim Ausdrucken), wird während dieser Pause ein anderes Programm bearbeitet.
- **Time-Sharing (Zeitzuteilungsverfahren),** d.h., mehrere Benutzer arbeiten gleichzeitig auf einer Anlage. Im Gegensatz zum Multiprogramming, bei dem die Programmbearbeitung nach vorher festgelegter Reihenfolge vorgenommen wird, stehen hier für jedes Programm periodisch wiederkehrende Zeitintervalle (Bruchteile von Sekunden) zur Verfügung. Aufgrund der sehr hohen Verarbeitungsgeschwindigkeit hat jeder Benutzer den Eindruck, dass die Anlage nur für ihn arbeitet.

**48** Welche Berufe gibt es in der DV?

Zu den DV-Berufen zählen:

- **EDV-Organisator,** entwickelt in Abhängigkeit von der Struktur der gestellten Aufgaben Gesamtkonzepte zu deren Lösung;
- **Systemanalytiker,** entwickelt auf der Basis der vorgegebenen Gesamtkonzeption Einzelkonzepte für den konkreten Einsatz von DV-Anlagen (z.B. Aufstellung von Datenfluss- und Programmablaufplänen);
- **Programmierer,** entwickelt Programme und Bedienungsanleitungen (Arbeitshilfen sind vom Systemanalytiker erstellte Datenfluss- und Programmablaufpläne);
- **Systemprogrammierer,** programmiert und wartet das Betriebssystem (für den Hersteller von DV-Anlagen);
- **Operator** (Maschinenbediener), übernimmt die Bedienung und Überwachung der Datenverarbeitungsanlage (z.B. in einem Rechenzentrum);
- **Data-Typist** (Datentypist), gibt Eingabedaten über Tastatur ein (z.B. Terminal).

## 2 Betriebssystem

49 Welche Betriebssysteme gibt es?

Das **Betriebssystem** umfasst die Gesamtheit derjenigen Programme, die unabhängig von einem bestimmten Anwendungsfall den Betrieb eines Computers ermöglichen.

Man unterscheidet bei den Betriebssystemen in Abhängigkeit davon, ob eine grafische Benutzeroberfläche vorhanden ist oder nicht, zwei Arten:

- die Befehle werden (hinter der Eingabeaufforderung des Betriebssystems) über die Tastatur als Befehlswörter eingegeben, z.B. NOVELL, UNIX;
- die Befehle werden aus der grafischen Benutzeroberfläche vor allem mit Hilfe der Maus ausgewählt, z.B. Windows 98, OS/2.

50 Beschreiben Sie die grafische Benutzeroberfläche!

Bei der **grafischen Benutzeroberfläche** ist der Bildschirm benutzerfreundlich mit Symbolen und einprägsamen Befehlswörtern aufgebaut; damit lassen sich die vielfältigsten Arbeiten einfach ausführen.

Betriebssysteme mit grafischer Benutzeroberfläche sind vor allem durch folgende Eigenschaften gekennzeichnet:

- Der Benutzer bzw. die Benutzerin braucht sich keine **Befehle** zu merken; der gewünschte Befehl wird ausgeführt, indem ein Symbol bzw. ein Befehlswort auf dem Bildschirm ausgewählt wird;
- **Menüsysteme** werden verwendet;
- nach der Auswahl eines Befehls wird ein neues **Fenster** mit weiteren Befehlen geöffnet, falls es weitere Auswahlmöglichkeiten gibt; dies ist mehrmals hintereinander möglich, und zwar so lange, bis man bei dem gewünschten Befehl angelangt ist; aufgrund der geöffneten und auf dem Bildschirm angezeigten Fenster spricht man von der Fenstertechnik;
- mit der Funktion **Drag & Drop** werden Befehle wie z.B. Kopieren und Verschieben von Dateien durchgeführt, indem die Datei mit der Maus an die gewünschte Stelle gezogen wird;
- mit der Funktion **Plug & Play** werden neue Hardware-Komponenten vom Betriebssystem erkannt und automatisch eingerichtet;
- **Anwenderprogramme** können einfach mit Hilfe von festgelegten Symbolen (Icons) gestartet werden;
- Anwenderprogramme, die für ein bestimmtes Betriebssystem entwickelt wurden, haben alle die gleiche grafische Benutzeroberfläche (z.B. die Anwenderprogramme Winword, Excel und Access im Betriebssystem Windows 95); die Handhabung der einzelnen Anwenderprogramme wird damit wesentlich erleichtert;

- Daten können von einem Anwenderprogramm problemlos in ein anderes Anwenderprogramm übertragen werden (z. B. Daten aus einem Tabellenkalkulations-Programm in ein Textverarbeitungs-Programm); dabei wird unterschieden in Einbetten (Daten werden von einer Anwendung in die andere Anwendung übertragen) sowie Verknüpfen (Daten werden von einer Anwendung in eine andere Anwendung übertragen, wobei Änderungen im Quellprogramm automatisch auch im Zielprogramm übernommen werden);
- mehrere Anwenderprogramme können gleichzeitig ausgeführt werden **(Multitasking);**
- der Einsatz von Multimedia wird ermöglicht;
- der Zugriff auf elektronische Kommunikationsformen wird ermöglicht, z. B. Fax und E-Mail;
- der Zugang zu Kommunikationsnetzen wird ermöglicht (z. B. Internet).

51 Beschreiben Sie die Menüsysteme!

**Menüsysteme** stellen in bedienerfreundlicher Form eine Auswahl von Befehlen zur Verfügung. Man unterscheidet z. B.

- **Listenmenü,** die möglichen Befehle sind in einer Liste dargestellt und werden entweder mit dem Cursor angesteuert oder über die Kennziffer des entsprechenden Befehls ausgewählt. Oft beinhaltet ein solches Menüsystem ein Hauptmenü mit Untermenüs;
- **Pull-Down-Menü,** eine Menüleiste enthält eine Auswahl von Menünamen. Wird einer dieser Menünamen mit der Maus angeklickt, öffnet sich eine Liste (Fenster, Window) mit weiteren Befehlen; diese Befehle können ebenfalls mit der Maus angewählt werden.

52 Nennen Sie wichtige Befehle eines Betriebssystems!

Ein Betriebssystem beinhaltet z. B. **Befehle** für

- Anlegen, Umbenennen, Verschieben, Kopieren und Suchen von Verzeichnissen (Ordner);
- Umbenennen, Verschieben, Kopieren und Suchen von Dateien;
- Wechsel des Laufwerks;
- Formatieren und Kopieren von Datenträgern.

53 Nennen Sie wichtige Systemdienste eines Betriebssystems!

Wichtige **Systemdienste** eines Betriebssystems sind:

- Installation von Hardware-Komponenten (z. B. Drucker, Bildschirm);
- Installation von Software;
- Einstellen des Datums und der Uhrzeit;
- Einstellen von länderspezifischen Besonderheiten (z. B. Datums- und Währungsformat);
- Einrichten und Verwalten von Kennwörtern.

54 Nennen Sie wichtige Tools eines Betriebssystems!

In einem Betriebssystem gibt es Programme für spezielle Aufgaben; diese Programme werden **Tools (Werkzeuge)** genannt. Tools gibt es z. B. für

- Rechner (dargestellt in Form eines Taschenrechners);
- Nutzung von Multimedia, Fax und Kommunikationsnetzen;
- Erstellen von Zeichnungen;
- Erstellen von Sicherungskopien (siehe Seite 384);
- Analyse der Oberfläche eines Datenträgers;
- Überprüfen von Dateien und Verzeichnissen auf mögliche Fehler;
- Defragmentieren eines Datenträgers (die Speicherung der Daten auf dem Datenträger wird optimiert).

55 Unterscheiden Sie Kalt- und Warmstart!

Um ein Betriebssystem zu starten, gibt es grundsätzlich zwei Möglichkeiten:

- **Kaltstart (Hardware-Start),** der Systemstart erfolgt automatisch beim Einschalten des Rechners, und zwar entweder von der Festplatte oder von einer Boot-Diskette; der Kaltstart ist auch möglich durch das Drücken der Reset-Taste;
- **Warmstart (Software-Start),** der Systemstart erfolgt durch das Drücken einer bestimmten Tastenfolge; der Warmstart ist möglich, wenn das System abgestürzt ist (z. B. infolge eines Fehlers bei einer Programmausführung). Daten, die sich im Arbeitsspeicher befinden und noch nicht abgespeichert wurden, gehen verloren.

56 Welche Bedeutung haben BIOS, Betriebssystem und Anwendersoftware?

Das **BIOS** (Basic Input/Output System) beinhaltet grundlegende Befehle, welche den Datenaustausch zwischen der Zentraleinheit und den Ein- und Ausgabegeräten ermöglichen. Das BIOS wird beim Einschalten des Computers automatisch aktiv; es ist auf einem nicht löschbaren Speicherchip (ROM) der Hauptplatine gespeichert.

Das **Betriebssystem** ist die Schnittstelle zwischen DV-Anwender und Computer. Es enthält vor allem Programme, welche es z. B. ermöglichen, mit Anwendersoftware zu arbeiten, Daten zu verwalten, periphere Geräte zu bedienen.

Mit Hilfe der **Anwendersoftware** werden die eigentlichen Probleme des Anwenders gelöst, z. B. Schreiben von Texten, Erstellung und Verwaltung von Datenbanken, Durchführung von Berechnungen.

# 3 Datenbank

| Nr. | Frage | Antwort |
|---|---|---|
| 57 | Was sind Daten? | **Daten** sind Informationen, die aus Ziffern, Buchstaben und Sonderzeichen (z. B. +, –, $, %) bestehen. |
| 58 | Unterscheiden Sie numerische, alphabetische und alphanumerische Daten! | Daten werden entsprechend der Art der verwendeten Zeichen eingeteilt in<br>● **numerische Daten:** bestehen aus Ziffern und Zahlen (z. B. 4711); mit numerischen Daten kann gerechnet werden;<br>● **alphabetische Daten:** bestehen aus Buchstaben und Wörtern (z. B. Merkur Verlag);<br>● **alphanumerische Daten:** stellen Kombinationen von Buchstaben, Ziffern und Sonderzeichen dar (z. B. 31735 Rinteln).<br>Alphanumerische und alphabetische Daten werden auch als **nichtnumerische Daten** bezeichnet. |
| 59 | Unterscheiden Sie die Daten in Abhängigkeit von ihrer Aufgabe und ihrer Veränderung! | Daten werden entsprechend ihrer Aufgabe eingeteilt in<br>● **Rechendaten:** Mit ihnen werden Rechenoperationen durchgeführt (z. B. Preise, Mengen);<br>● **Ordnungsdaten:** Mit ihrer Hilfe werden Personen, Sachen und Sachverhalte identifiziert und sortiert (z. B. Artikelbezeichnung, Artikelnummer).<br>Daten werden entsprechend ihrer Veränderung eingeteilt in<br>● **Stammdaten:** bleiben über längere Zeit hinweg unverändert (z. B. Personalangaben, Artikelnummern);<br>● **Bewegungsdaten:** ändern sich häufig bzw. fallen stets neu an (z. B. Bestellmengen, Rechnungsdatum). |
| 60 | Was ist eine Datei? | Eine **Datei** ist eine für eine bestimmte Aufgabe vorgenommene Zusammenstellung von Daten, wobei die Datei auf einem externen Speicher der Datenverarbeitungsanlage gespeichert wird.<br>Dateien werden z. B. erstellt bei der Arbeit mit Datenbank-, Tabellenkalkulations- und Textverarbeitungs-Programmen. |
| 61 | Was ist eine Datenbank? | Eine **Datenbank** fasst gleichartige Daten in Form von Datensätzen in Tabellenform zusammen (z. B. Artikeldaten, Kundendaten) und beinhaltet bestimmte Bearbeitungswerkzeuge (z. B. Eingabeformular, Abfrage). |
| 62 | Was ist ein Datensatz? | Ein **Datensatz** umfasst mehrere zusammengehörende Daten und bezieht sich stets auf den gleichen Sachverhalt; die Summe aller Datensätze ergibt die Tabelle (z. B. enthält die Tabelle für die Artikeldaten die Datensätze für Artikel A, Artikel B usw.). Jeder Datensatz ist gleich aufgebaut und enthält die gleichen Datenfelder. |

24 Groh/Schröer – ISBN 3-8120-0423-2

Ein **Datenfeld** beschreibt jeweils einen bestimmten Sachverhalt innerhalb eines Datensatzes (z. B. enthält die Tabelle für die Artikeldaten Datenfelder wie Artikelnummer, Artikelbezeichnung). Datenfelder mit demselben Feldnamen haben stets die gleiche Feldlänge.

Die **Tabelle** besteht aus Zeilen (Datensätze) und Spalten (Datenfelder).

**63** Welche Objekte kann eine Datenbankdatei enthalten?

Eine **Datenbankdatei** kann verschiedene **Objekte (Komponenten)** enthalten; diese werden einmal erstellt und können bei Bedarf abgerufen werden. Beispiele sind:

- **Tabellen** (z. B. für Artikeldaten, Kundendaten);
- **Abfragen,** sie ermöglichen den gezielten Zugriff auf bestimmte Daten einer Tabelle bzw. mehrerer Tabellen (z. B., welche Kunden haben mit einem bestimmten Artikel einen bestimmten Umsatz erzielt);
- **Formulare,** sie erleichtern die Eingabe, Bearbeitung und Ausgabe der Daten;
- **Berichte,** sie fassen Daten aus Tabellen und Abfragen zusammen;
- **Makros,** sie sind Programme mit einer fest vorgegebenen Folge von Befehlen, die automatisch ausgeführt werden, wenn das entsprechende Makro aufgerufen wird;
- **Module,** sie sind Programme, die in der Programmiersprache der Datenbank erstellt wurden und die Datenbank um bestimmte Funktionen erweitern.

**64** Was versteht man unter einem Datenbankverwaltungssystem?

Unter einem **Datenbankverwaltungssystem (Datenbankmanagementsystem)** versteht man die Gesamtheit aller Programme, die erforderlich sind, um die Daten einer Datenbank zu verwalten. Dazu zählen insbesondere Programme für

- das Anlegen der Dateien,
- die eigentliche Verwaltung (z. B. Ergänzen und Löschen von Datensätzen, Ändern von Feldinhalten und Satzstrukturen, Sortieren von Dateien, Anlegen von Indexdateien),
- das Auswerten (z. B. Ausgabe von Datensätzen nach Kriterien),
- die Sicherung der Daten.

**65** Was ist eine relationale Datenbank?

Bei einer **relationalen Datenbank** können zwei (oder mehrere) Tabellen über ein in beiden Tabellen vorhandenes Datenfeld mit gleichem Inhalt (Schlüsselfeld) miteinander verknüpft werden (Normalisierung einer Datenbank). Beispielsweise können aus der Tabelle mit den Artikeldaten die Adressen derjenigen Kunden aus der Kundentabelle herausgesucht werden, die mit einem bestimmten Artikel einen bestimmten

Mindestumsatz erzielt haben; Voraussetzung ist, dass in beiden Tabellen das Schlüsselfeld Kundennummer enthalten ist.

Vorteile der relationalen Datenbank sind:

- Gleiche Daten werden nur einmal erfasst und gespeichert (**Datenredundanz** wird vermieden);
- Fehler bei der Eingabe gleicher Daten an verschiedenen Stellen gibt es nicht (**Dateninkonsistenz** wird vermieden).

# 4 Tabellenkalkulation

**66** Was ist eine Tabelle?

Eine **Tabelle** ist eine Anordnung (Verzeichnis, Liste) von Informationen in Zeilen und Spalten.

Jeweils eine Zeile und eine Spalte bestimmen ein Tabellenfeld; auf jedes Tabellenfeld einer Tabelle kann also durch Angabe einer bestimmten Zeile und einer bestimmten Spalte zugegriffen werden (z. B. Zeile 8 Spalte 5).

Ein Tabellenbereich umfasst mehrere zusammenhängende Tabellenfelder.

**67** Was versteht man unter einem Tabellenkalkulationsprogramm?

Mit **Tabellenkalkulationsprogrammen** (z. B. Lotus 1-2-3, Excel) lassen sich die verschiedenartigsten kaufmännischen Probleme (z. B. Preiskalkulationen, Umsatzstatistiken, Abschreibungspläne, Betriebsabrechnungsbogen) mit Hilfe einer auf dem Bildschirm dargestellten Tabelle lösen.

Entsprechend der Problemstellung werden nach der Problemanalyse Struktur (Anordnung der Felder) und Aussehen der Tabelle festgelegt, wobei für jedes Feld der Feldinhalt einzutragen ist. Eingabedaten, die beliebig geändert werden können, werden nach den festgelegten Regeln (z. B. Formeln) automatisch in Ausgabedaten umgewandelt; ändert man z. B. in einer Abschreibungstabelle den Abschreibungssatz, wird die gesamte Tabelle automatisch neu durchgerechnet und ausgegeben.

**68** Welche Feldinhalte gibt es?

Feldinhalte der Tabellenfelder sind folgende Grundelemente:

- Texte (nicht numerische Daten);
- Werte (numerische Daten);
- Funktionen, sind spezielle, bereits vorgegebene Formeln, die mit einem Wert eine Operation ausführen und anschließend einen Wert ausgeben (z. B. Summe, Produkt, Durchschnitt, Zins);
- Formeln, beinhalten eine Folge von Werten, Feldbezügen, Funktionen oder Operatoren (z. B. +, =, <), die aus vorhandenen Werten neue Werte erzeugen.

**69** Welche Arten der Adressierung gibt es?

Bei der Eingabe (und beim Kopieren) von Formeln unterscheidet man folgende Arten der **Adressierung** (Bezugsarten) für die Felder, auf welche Bezug genommen wird:

- **absolute Adressierung** (absolute Bezüge), die in einer Formel verwendeten Rechenfelder werden durch ihre exakte Feldposition angegeben; die absolute Adressierung ist dann anzuwenden, wenn das Rechenfeld in Formel und Kopie übereinstimmt (z. B. ein bestimmter Prozentsatz wird in allen Formeln gebraucht und er steht in einem bestimmten Feld);

- **relative Adressierung** (relative Bezüge), bei einem relativen Bezug geht es um die relative Position (z. B. durch die Angabe von Zeilen- und Spaltenabstand) der Rechenfelder zu dem Feld, welches die Formel enthält; die relative Adressierung ist anzuwenden, wenn ein Zeilen- und/oder Spaltenwechsel im Ergebnisfeld zu einem entsprechenden Wechsel im Rechenfeld führt;
- **Namen,** darunter versteht man eine Kennzeichnung für ein Feld, einen Bereich, eine Konstante oder eine Formel; durch die Verwendung von Namen sind z. B. Formeln leichter aufzustellen und zu verstehen.

**70** Welche Vorteile bieten Tabellenkalkulationsprogramme?

**Tabellenkalkulationsprogramme** bieten folgende Vorteile:

- übersichtliche Darstellung des zu lösenden Problems (z. B. Kalkulation des Verkaufspreises);
- schnelle Durchführung von Alternativrechnungen (z. B. werden bei der Preiskalkulation nacheinander verschiedene Prozentsätze für den Gewinnzuschlag eingegeben);
- Hilfe bei der Entscheidungsfindung (aufgrund der Alternativrechnungen wird der endgültige Verkaufspreis festgelegt).

**71** Nennen Sie wichtige Arbeiten im Rahmen der Tabellenkalkulation!

Bei der **Tabellenkalkulation** sind z. B. folgende Arbeiten mit Hilfe von Programmbefehlen durchzuführen:

1. Formatieren der Felder, d. h., festgelegt werden z. B.
   - Format der Zahlen (z. B. EUR- oder %-Format),
   - Ausrichtung (z. B. linksbündig, zentriert),
   - Schriftart (z. B. Arial),
   - Feldumrahmungen und Schraffierungen,
   - Spaltenbreite;
2. Kopieren, d. h., ein Feld oder mehrere Felder werden an einer anderen Stelle derselben Tabelle oder in eine andere Tabelle eingefügt (das Kopieren ist besonders vorteilhaft, wenn eine bestimmte Formel in verschiedenen Feldern der Tabelle angewandt wird);
3. Schützen von Feldern, d. h., Feldinhalte werden vor (unbeabsichtigten) Änderungen geschützt;
4. Einfügen und Löschen, d. h., Zeilen und Spalten können in einer angelegten Tabelle eingefügt oder aus dieser gelöscht werden;
5. Drucken, d. h., die gesamte Tabelle oder ausgewählte Teile der Tabelle können ausgedruckt werden.

# 5 Geschäftsgrafik

**72** Was versteht man unter Geschäftsgrafik?

Bei der **Geschäftsgrafik** (Diagramm) werden Daten aus einer Tabelle in grafischer Form dargestellt, und zwar mit Hilfe eines Tabellenkalkulationsprogramms.

**73** Nennen Sie die Elemente einer Geschäftsgrafik!

Elemente einer **Geschäftsgrafik,** die vom Anwender festgelegt werden müssen, sind z. B.

- Achsen (Ordinate und Abszisse) und Achsenbeschriftung;
- Diagrammüberschrift und eventuell Untertitel;
- Legende (Erklärung der verwendeten Grafiksymbole und -zeichen).

**74** Nennen Sie die Darstellungsarten der Geschäftsgrafik!

Geschäftsgrafiken können dargestellt werden als:

- **Flächendiagramm,** zeigt mit Hilfe der Fläche zwischen zwei (oder mehreren) Linien, in welchem Umfang sich zwei (oder mehrere) Größen über einen bestimmten Zeitraum unterscheiden;
- **Balkendiagramm,** Zahlenwerte werden mit Hilfe von vertikal übereinander angeordneten Balken (meist bezogen auf einen bestimmten Zeitpunkt) dargestellt;
- **Säulendiagramm,** Zahlenwerte werden mit Hilfe von horizontal nebeneinander angeordneten Säulen (meist über einen bestimmten Zeitraum) dargestellt;
- **Liniendiagramm,** Trends und Änderungen von Daten über einen bestimmten Zeitraum werden mit Hilfe von Linien dargestellt;
- **Kreisdiagramm,** zeigt mit Hilfe von Kreis und Kreisausschnitten die Beziehung von Zahlenwerten zur Gesamtheit;
- **Tortendiagramm,** entspricht dem Kreisdiagramm und stellt die Werte dreidimensional dar;
- **Punktdiagramm,** Zahlenwerte werden über einen bestimmten Zeitraum in Form von Punkten dargestellt;

Flächen-, Balken-, Säulen-, Linien- und Kreisdiagramme können auch dreidimensional als so genannte 3-D-Diagramme dargestellt werden.

**75** Nennen Sie Anwendungsbereiche der Geschäftsgrafik!

Geschäftsgrafiken werden in allen Bereichen der Betriebsstatistik eingesetzt, wie z. B.

- Absatz- und Umsatzstatistik,
- Einkaufsstatistik,
- Personalstatistik,
- Lagerstatistik,
- Kostenstatistik,
- Gewinnstatistik.

**76** Nennen Sie Vorteile der Geschäftsgrafik!

**Geschäftsgrafiken** bieten vor allem folgende Vorteile:

- Zahlenwerte werden anschaulich dargestellt;
- die Aussagefähigkeit der Grafik ist höher als die einer Zahlentabelle;
- der Vergleich und die Analyse von Zahlenwerten wird erleichtert;
- die Zahlenwerte können in jeder Darstellungsart präsentiert werden.

# 6 Textverarbeitung

77 Was versteht man unter Textverarbeitung?

**Textverarbeitung** umfasst

- Textbearbeitung,
- Rationalisierung der Schreibarbeit.

Die Textverarbeitung erfolgt durch den Einsatz von Standardsoftware, wie z. B. Wordstar, Word, Word für Windows.

78 Wie erfolgt die Textbearbeitung?

Unter **Textbearbeitung** versteht man alle Arbeiten, die erforderlich sind, um einen Text zu gestalten, wie z. B.

1. Schreiben des Textes;
2. Korrektur von Fehlern;
   - Löschen (z. B. Zeichen, Wörter, Absätze),
   - Einfügen bzw. Kopieren (z. B. Zeichen, Wörter, Absätze);
3. Formatieren des Textes,
   - Zeichenformatierung (z. B. Fett-, Kursivdruck; Unterstreichen; Hoch- und Tiefstellung; Schriftart und Schriftgröße),
   - Absatzformatierung (z. B. linksbündig, rechtsbündig, zentriert, Blocksatz; Zeilenabstand, Zeileneinzüge),
   - Dokumentformatierung (z. B. Papierformat, Seitenränder).

79 Was beinhaltet die Rationalisierung der Schreibarbeit?

Die **Rationalisierung** der Schreibarbeit erfolgt durch

- **Textbausteine,** sie sind häufig verwendete Texte, die unter einem bestimmten Namen abgespeichert sind und beliebig oft in neue Dokumente eingefügt werden können;
- **Serienbriefe,** sie sind eine bestimmte Anzahl von Dokumenten, bei denen jedes Exemplar einen gleichen Grundtext und variable Textelemente (z. B. Namen und Anschrift des Empfängers) enthält;
- **Formatvorlagen,** sie beinhalten bestimmte Absatz- und Zeichenformatierungen, die über den Druckformatnamen einem Absatz zugeordnet werden können;
- **Dokumentvorlagen,** sie enthalten z. B. feststehenden Text, Formatvorlagen, Textbausteine; sie werden als Muster für Schreiben gleicher Art verwendet (z. B. im Formularwesen);
- **Inhaltsverzeichnis,** es kann unter Verwendung der Gliederung ohne zusätzliche Schreibarbeit erstellt werden, wobei die Seitenzahlen stets automatisch aktualisiert werden;
- **Register,** es wird mit Hilfe der ausgewählten Registerbegriffe erstellt, wobei die Seitenzahlen stets automatisch aktualisiert werden;

- **Rechtschreibüberprüfung,** aufgrund eines vorgegebenen Wörterbuchs, das der Benutzer selbst ergänzen kann, wird die Rechtschreibung eines Dokumentes überprüft; Rechtschreibfehler werden entweder nach Vorschlag des Rechtschreibprogrammes oder vom Benutzer selbst korrigiert;
- **Trennhilfe,** die Silbentrennung im Text wird entweder automatisch durchgeführt oder der Benutzer wählt eine vom System vorgeschlagene Trennung aus;
- **Synonymenlexikon,** für einen ausgewählten Begriff schlägt das Programm verschiedene sinnverwandte Begriffe vor.

**80** Nennen Sie Anwendungsbereiche der Textverarbeitung!

Die **Textverarbeitung** wird eingesetzt für das Erstellen von Dokumenten wie z.B. Geschäftsbriefe, Bestellungen, Angebote, Rechnungen und Mahnungen. Mit Hilfe eines Textverarbeitungsprogramms werden Dokumente erstellt, geändert, gedruckt und gespeichert.

Werden diese Dokumente als Serienbriefe geschrieben, können variable Textteile wie z.B. die Anschriften der Empfänger aus Dateien anderer Programme (z.B. Datenbankprogramm) übernommen werden.

**81** Nennen Sie Vorteile der Textverarbeitung!

Vorteile der Textverarbeitung sind:

- Rationalisierung der Schreibarbeit;
- einfache Korrektur von Fehlern (z.B. durch Löschen, Überschreiben, Einfügen);
- einfache Änderung eines geschriebenen Textes (z.B. durch Löschen, Überschreiben, Einfügen, Kopieren, Versetzen);
- bequemes Erstellen von Tabellen;
- einfacher Einsatz von Tabstopps;
- schnelles Suchen bzw. Ersetzen von Begriffen und Formatierungen;
- Verbinden von Grafiken und von Dateien anderer Programme mit dem Dokument;
- Darstellung von Text und Grafik auf dem Bildschirm wie auf dem Ausdruck (WYSIWYG, was Sie sehen, wird gedruckt);
- Darstellung der Seiten mit Seitenrändern, Kopf- und Fußzeilen, Fußnoten und Seitenzahlen (Layout);
- Platz sparende Speicherung von Dokumenten auf Magnetplatten, Magnetbändern und Disketten;
- einfacher und schneller Zugriff auf die Dateien (auch im Rechnernetz).

# 7 Datenaustausch

**82** Was versteht man unter Datenaustausch?

**Datenaustausch** (Datentransfer) ist eine Übertragung (Transfer) von Daten

- innerhalb des Arbeitsspeichers,
- zwischen Arbeitsspeicher und externen Speichern (z.B. Speicherung von Daten auf der Festplatte),
- zwischen Arbeitsspeicher und Eingabe- bzw. Ausgabegeräten (z.B. Ausgabe von Daten auf dem Drucker),
- zwischen zwei oder mehreren Zentraleinheiten eines Betriebes (innerbetrieblicher Datenaustausch),
- zwischen zwei oder mehreren Zentraleinheiten verschiedener Betriebe entweder in Form der Datenfernübertragung (siehe Datenverarbeitung, Frage 45) oder durch den Versand von Datenträgern (z.B. verschickt ein Betrieb seine Diskette mit der Lohnabrechnung an seine Bank zur Durchführung der Lohnüberweisung),
- innerhalb eines Programmes (z.B. werden Serienbriefe unter Verwendung von Text- und Steuerdatei erstellt),
- von einem Programm in ein anderes.

**83** Welche Bedeutung hat der Datenaustausch zwischen Programmen?

Durch den Austausch von Daten zwischen Programmen ist es z.B. möglich,

- Tabellen bzw. Daten aus einem Tabellenkalkulationsprogramm in einen Text eines Textverarbeitungsprogramms zu integrieren,
- Daten aus einem Tabellenkalkulationsprogramm in einem Grafikprogramm grafisch aufzubereiten,
- Daten einer Datenbank (z.B. Anschriften) als Steuerdatei für das Schreiben von Serienbriefen mit einem Textverarbeitungsprogramm zu benutzen.

# 8 Kommunikationsnetze

**84** Was ist Kommunikation?

**Kommunikation** ist der Austausch von Informationen zwischen zwei Informationsmedien (Mensch bzw. Maschine), wobei jedes Medium die Funktion des Senders und Empfängers wahrnehmen kann.

Man unterscheidet Sprach-, Text-, Bild- und Datenkommunikation. Die Kommunikation wird ermöglicht durch Übertragungskanäle (z. B. Kabelverbindungen).

Die Zusammenhänge bei der Kommunikation können in einem **Kommunikationsmodell** dargestellt werden.

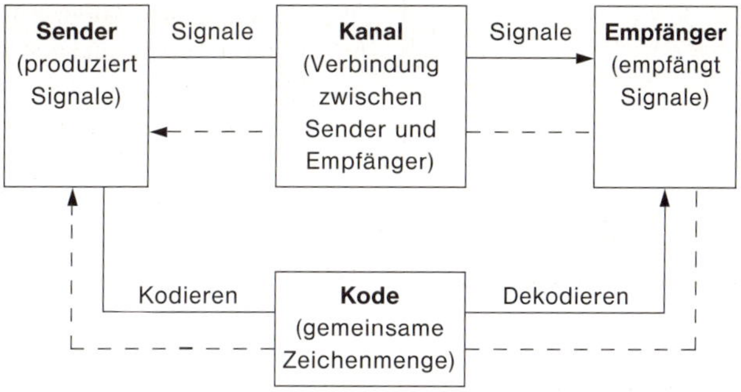


Die **Einwegkommunikation** erlaubt keinen Rollentausch zwischen Sender und Empfänger, z. B. Kommunikation über Massenmedien.

Bei der **Zweiwegkommunikation** kann der Sender zum Empfänger werden und der Empfänger zum Sender, z. B. bei einem Telefongespräch.

**85** Welche Kommunikationsnetze gibt es (Überblick)?

Man unterscheidet die **Kommunikationsnetze** in Abhängigkeit von

1. der geografischen Entfernung der Datenstationen,
   - lokale Netze,
   - Fernnetze;
2. den beteiligten Betrieben,
   - interne (innerbetriebliche) Netze,
   - externe (zwischenbetriebliche) Netze,
3. den Übertragungsnetzen (Teilnehmersystemen) der **Deutschen Telekom AG,**
   - Telefonnetz,
   - Telexnetz,
   - Datexnetz,
   - ISDN.

86 Was ist ein Rechnernetz?

Ein **Rechnernetz** (computer network) ist ein räumlich verteiltes **Datenübertragungssystem** von

- Rechnern (Computer, Datenverarbeitungsanlagen),
- Steuereinheiten (regeln den Datentransfer),
- peripheren Geräten (siehe Seite 355),

welche zum Zwecke des Datenaustausches über Datenübertragungseinrichtungen und Datenübertragungswege miteinander verbunden sind.

87 Was ist eine Datenübertragungseinrichtung?

Eine **Datenübertragungseinrichtung** passt die Datensignale zwischen unterschiedlichen Datenendeinrichtungen einander an. Mögliche Signalumsetzer sind

- Modem und Akustikkoppler (siehe Seite 354),
- Fernschaltgeräte bei Telex- und Datexverbindungen (siehe Seite 382).

88 Was versteht man unter Netzkonfiguration?

Unter **Netzkonfiguration** versteht man die Art der Zusammenschaltung der Datenstationen innerhalb eines Rechnernetzes. Eine **Datenstation** (Endstation, Terminal) ist eine Endstelle in einem Rechnernetz zum Empfangen und/oder Senden von Daten. Sie besteht aus Datenendeinrichtung (Gesamtheit aller nicht für die Datenübertragung erforderlichen Geräteteile) und Datenübertragungseinrichtung.

Die Übertragungsleitungen zwischen den Datenstationen können sein

- Standleitungen (Standverbindungen),
- Wählleitungen (Wählverbindungen).

Unterschieden werden:

- private Übertragungsleitungen, nur möglich auf Privatgrundstücken in lokalen Netzen;
- Leitungen der Deutschen Telekom AG.

89 Unterscheiden Sie Busnetz und Ringnetz!

Im Rahmen der Netzkonfiguration unterscheidet man

- **Ringnetz,** jede Datenstation ist über eine so genannte Ringleitung mit exakt einer vorgeschalteten und einer nachgeschalteten Station direkt verbunden. Die Datenübertragung erfolgt von einer Station zur nächsten, wobei die Informationen von jeder Station verändert werden können (aktive Nachrichtenübermittlung);
- **Busnetz,** alle Datenstationen sind an eine durchgehende Leitung angeschlossen. Jede Station kann unmittelbar auf die Informationen zugreifen, ohne dass die Daten verändert werden können (passive Nachrichtenübermittlung).

90 Was ist eine Standleitung?

Eine **Standleitung** verbindet zwei voneinander entfernt liegende Datenverarbeitungseinrichtungen mit fest durchgeschalteten Leitungen ständig miteinander.

Eine Standleitung bietet folgende Vorteile:

- Sie steht ausschließlich dem Benutzer zur Verfügung, dadurch entstehen keine Wartezeiten;
- sie ist bei der Übertragung von großen Datenbeständen und bei häufiger Datenübermittlung kostengünstiger als die Wählleitung;
- sie bietet eine hohe Übertragungssicherheit.

91 Was ist eine Wählleitung?

Bei der **Wählleitung** kann der Benutzer – im Gegensatz zur Standleitung – jeden dem entsprechenden Wählnetz angeschlossenen Teilnehmer für einen bestimmten Zeitraum anwählen.

Eine Wählleitung bietet folgende Vorteile:

- ein großer Teilnehmerkreis kann angesprochen werden (z. B. Telefonnetz);
- sie ist bei der Übertragung von kleinen Datenbeständen vorteilhaft.

92 Was ist ein lokales Computernetz?

Ein **lokales Computernetz** (Nahbereichsnetzwerk, **L**ocal **A**rea **N**etwork, **LAN**)

- ist ein (kleines) Netzwerk, welches PCs vernetzt und sich als hausinternes Datennetz auf einen begrenzten örtlichen Bereich beschränkt (z. B. Betriebsgebäude, Schule);
- benutzt keine öffentlichen Leitungen;
- umfasst vor allem mehrere Arbeitsplatzrechner (Workstation), Netzwerkkarte (LAN-Karte), Kabel sowie ein besonderes Betriebssystem, das so genannte Netzwerk-Betriebssystem, (z. B. UNIX, Novell);
- arbeitet mit hoher Übertragungsgeschwindigkeit und niedrigen Fehlerraten;
- arbeitet oft mit einem Server.

93 Was ist ein Server?

Der **Server** ist ein spezieller Rechner, der innerhalb eines Rechnernetzes eingesetzt wird; er

- stellt seine Leistungen allen Netzteilnehmern zur Verfügung,
- enthält die Netzwerksoftware sowie alle im Netz benötigten Programme,
- verwaltet die Daten der Netzteilnehmer,
- steuert das Drucken der Daten,
- ermöglicht die Verbindung mit anderen Netzen.

94 **Was ist ein Computerfernnetz?**

Ein **Computerfernnetz** (Fernbereichsnetzwerk, Weitverkehrsnetz, **W**ide **A**rea **N**etwork, **WAN**)

- ist ein Netzwerk, welches zahlreiche Rechner über große Entfernungen vernetzt und sich z. B. über Landes- bzw. Kontinentgrenzen ausdehnen kann (z. B. weltweites Netz wie Internet);
- kann mehrere lokale Computernetze miteinander verbinden (LAN to LAN);
- benutzt Fernleitungen (z. B. Telefonleitung, Glasfaserkabel, Satellitenübertragung) als Stand- oder Wählleitung.

95 **Was ist Telekommunikation?**

Unter **Telekommunikation** versteht man die Übermittlung von Informationen (z. B. in Form von Sprache, Text, Bild) mit Hilfe spezieller Geräte (z. B. Telefon, PC) über große Entfernungen unter Benutzung von Kommunikationsnetzen (z. B. ISDN).

Man unterscheidet:

- Sprachkommunikation (Telefondienst);
- Mobilkommunikation, sie ermöglicht die ständige Erreichbarkeit von Personen, wobei z. B. Handfunktelefone (Handys) und Autotelefone eingesetzt werden können;
- Datenkommunikation, sie ermöglicht den Austausch von Daten zwischen Computern (z. B. Übermittlung von Buchungsdaten einer Filiale in die Zentrale);
- Multimediakommunikation (z. B. Bildtelefon, Videokonferenz);
- Internet (siehe Seite 387).

96 **Welche Kommunikationsnetze werden im Rahmen der Telekommunikation eingesetzt?**

Im Rahmen der Telekommunikation unterscheidet man folgende **Kommunikationsnetze:**

- Telefonnetz (T-Net),
- ISDN,
- Mobilfunknetz, z. B. D1-Netz der Deutschen Telekom, D2-Netz von Vodafone Mobilfunk, E-plus-Netz von E-plus-Mobilfunk.

97 **Was ist ISDN?**

**ISDN** (**I**ntegrated **S**ervices **D**igital **N**etwork, Dienste integrierendes digitales Netz) ist das digitale Telekommunikationsnetz der Deutschen Telekom AG; es wird als T-ISDN bezeichnet. T-ISDN nutzt das T-Net und integriert Telekommunikationsdienste wie Telefon, Fax, Bild- und Datenkommunikation in einem Netz.

T-ISDN bietet normalerweise einen Anschluss, zwei Leitungen und mindestens drei Rufnummern; es hat damit vor allem folgende Vorteile:

- Alle Dienste der Telekommunikation können über einen einzigen ISDN-Anschluss in Anspruch genommen werden;

- grundsätzlich können gleichzeitig und voneinander unabhängig zwei Dienste (z. B. Faxen und Telefonieren) bei einem Anschluss genutzt werden;
- ein schneller Verbindungsaufbau und eine schnelle Kommunikation durch sehr hohe Übertragungsraten der Daten werden gewährleistet;
- Mehrdienstendgeräte (z. B. PC) für Telefax, Teletex, Datenübertragung und T-Online können genutzt werden;
- zahlreiche Komfortleistungen (z. B. Dreierkonferenz) stehen zur Verfügung).

**98** Was versteht man unter Mailbox?

Unter **Mailbox** versteht man einen elektronischen Briefkasten, in den ein Absender seine Nachrichten (E-Mail) für den Empfänger hinterlegt und aus dem der Empfänger die Nachrichten entnehmen kann. Endgeräte im Mailbox-System können z. B. Personalcomputer sein.

Voraussetzung für die Anwendung der Mailbox ist ein entsprechendes Kommunikationsnetz:

- Übertragungsnetze der Telekom (z. B. ISDN);
- private Netze (z. B. lokale Netze); hier spricht man von einer privaten Mailbox.

**99** Was sind externe Datenbanken?

**Externe Datenbanken** sind umfassende Informationssysteme für ein bestimmtes Wissensgebiet, die von dem Anbieter den Teilnehmern bei einer entsprechenden Nutzungsberechtigung (z. B. Zahlung eines Beitrages) angeboten werden.

Beispiele für bekannte Datenbanken sind

- JURIS, liefert Informationen über Gesetze, Rechtsfälle und Urteile;
- GENIOS, liefert Informationen über Firmen, Produkte und Börsenkurse;
- PATOS, liefert Informationen über angemeldete Patente.

Vorteile einer externen Datenbank sind:

- Dem Benutzer stehen ganz spezielle und umfassende Informationen über ein bestimmtes Gebiet zur Verfügung;
- die Daten sind schnell verfügbar (Online-System);
- die gewünschten Daten können gezielt über Suchbegriffe gefunden werden;
- die zur Verfügung stehenden Daten sind stets aktuell.

# 9 Rahmenbedingungen der Datenverarbeitung

**100** Nennen Sie die Möglichkeiten der Datensicherung (Überblick)!

Unter **Datensicherung** versteht man alle Maßnahmen zum Erkennen und Korrigieren von Übertragungsfehlern sowie alle Vorkehrungen gegen den Verlust, die Zerstörung oder die Verfälschung von Daten, Programmen und Datenträgern.

Man unterscheidet dabei folgende Möglichkeiten:

1. Maschineninterne Sicherung,
   - Prüfbitverfahren;
2. programmierte Sicherung,
   - Formatkontrolle,
   - Prüfziffernverfahren,
   - Plausibilitätskontrolle;
3. organisatorische Sicherung,
   - Anlegen von Sicherungskopien (z. B. Magnetband),
   - Personenkontrolle,
   - Datensicherung gegen Rechnerausfall.

**101** Was versteht man unter Prüfbitverfahren?

Beim **Prüfbitverfahren** wird maschinenintern jedes byte auf seine richtige Darstellung und Übertragung überprüft, indem jedem byte ein Prüfbit angehängt wird (0 oder 1).

**102** Was ist Formatkontrolle?

Bei der **Formatkontrolle** werden eingegebene bzw. zu verarbeitende Daten dahingehend überprüft, ob sie der festgelegten Datenstruktur entsprechen (z. B. muss das Tagesdatum achtstellig sein, 02-09-15).

**103** Was ist das Prüfziffernverfahren?

Das **Prüfziffernverfahren** dient der fehlerfreien Eingabe von nummerischen Ordnungsbegriffen, wie z. B. Artikelnummer, Personalnummer (die Prüfziffer wird nach einem mathematischen Algorithmus ermittelt).

**104** Was ist Plausibilitätskontrolle?

**Plausibilitätskontrollen** überprüfen Daten, die sich innerhalb bestimmter Grenzen bewegen, auf ihre Richtigkeit (z. B. darf die Anzahl der Tage nicht größer sein als 31).

**105** Was ist Datenschutz?

Zweck des **Bundesdatenschutzgesetzes** ist es, den Einzelnen davor zu schützen, dass er durch den Umgang mit seinen personenbezogenen Daten in seinem Persönlichkeitsrecht beeinträchtigt wird.

Das Gesetz gilt für die Erhebung, Verarbeitung und Nutzung personenbezogener Daten durch

- öffentliche Stellen des Bundes und der Länder (z. B. Finanzbehörden);

- nicht öffentliche Stellen, soweit sie Daten geschäftsmäßig oder für gewerbliche Zwecke verarbeiten oder nutzen (z.B. Personalverwaltung eines privaten Unternehmens, Schufa).

**Personenbezogene Daten** sind Einzelangaben über persönliche Verhältnisse (z.B. Alter, Bildung, Krankheiten) oder sachliche Verhältnisse (z.B. Vermögen, Schulden) einer natürlichen Person. Die Verarbeitung personenbezogener Daten und deren Nutzung sind nur zulässig, wenn sie gesetzlich erlaubt sind oder soweit der Betroffene eingewilligt hat.

Den bei der Datenverarbeitung beschäftigten Personen ist untersagt, personenbezogene Daten unbefugt zu verarbeiten oder zu nutzen **(Datengeheimnis).**

106 Welche Rechte haben Betroffene bei der Datenverarbeitung durch öffentliche Stellen?

Bei der Datenverarbeitung personenbezogener Daten durch **öffentliche Stellen** hat der Betroffene nach dem Bundesdatenschutzgesetz das Recht auf

- **Auskunft,** dem Betroffenen ist auf Antrag Auskunft zu erteilen über die zu seiner Person gespeicherten Daten und den Zweck der Speicherung;
- **Berichtigung,** personenbezogene Daten sind zu berichtigen, wenn sie unrichtig sind;
- **Löschung,** personenbezogene Daten sind zu löschen, wenn ihre Speicherung unzulässig ist oder wenn die Daten nicht mehr erforderlich sind;
- **Sperrung,** personenbezogene Daten sind z.B. zu sperren, wenn ihre Richtigkeit vom Betroffenen bestritten wird und sich weder die Richtigkeit noch die Unrichtigkeit feststellen lässt (gesperrte Daten sind zu kennzeichnen, um ihre weitere Verarbeitung oder Nutzung einzuschränken).

107 Welche Rechte haben Betroffene bei der Datenverarbeitung durch nicht öffentliche Stellen?

Bei der Datenverarbeitung personenbezogener Daten durch **nicht öffentliche Stellen** hat der Betroffene nach dem Bundesdatenschutzgesetz das Recht auf

- **Benachrichtigung,** werden erstmals personenbezogene Daten für eigene Zwecke gespeichert, ist der Betroffene von der Speicherung und der Art der Daten zu benachrichtigen;
- Auskunft;
- Berichtigung, Löschung und Sperrung von Daten.

108 Welche Bedeutung hat der Bundesdatenschutzbeauftragte?

An den **Bundesbeauftragten für den Datenschutz** kann sich jedermann wenden, wenn er der Ansicht ist, dass seine Rechte bei der Verarbeitung seiner personenbezogenen Daten durch öffentliche Stellen des Bundes verletzt worden sind.

109 Welche Bedeutung hat der Beauftragte für den Datenschutz?

Öffentliche und nicht öffentliche Stellen, die personenbezogene Daten automatisiert erheben, verarbeiten oder nutzen, haben grundsätzlich einen **Beauftragten für den Datenschutz** schriftlich zu bestellen. Es gelten z.B. folgende Regelungen:

- Bestellt werden darf nur, wer die zur Erfüllung seiner Aufgaben erforderliche Fachkunde und Zuverlässigkeit besitzt;
- der Beauftragte ist dem Leiter der öffentlichen oder nicht öffentlichen Stelle unmittelbar zu unterstellen; er ist nicht an Weisungen gebunden;
- der Beauftragte ist zur Verschwiegenheit verpflichtet;
- Betroffene können sich jederzeit an den Beauftragten wenden.

Zu den Aufgaben des Beauftragten für den Datenschutz zählen z.B.

- Überwachung der ordnungsgemäßen Anwendung der Datenverarbeitungsprogramme, mit deren Hilfe personenbezogene Daten verarbeitet werden sollen;
- Schulung der DV-Mitarbeiter in Bezug auf Datenschutzvorschriften.

# 10 Internet

**110** Was versteht man unter Internet?

Unter dem **Internet** versteht man einen weltweiten Verbund von Computernetzwerken (internationale, nationale, regionale und lokale Netze), welcher als einziges riesengroßes Kommunikationsnetz verstanden werden kann. Alle Rechner des Netzes können miteinander kommunizieren, und zwar über ein einheitliches Adressierungsschema (URL) sowie das Internet-Protokoll (IP).

Jeder Rechner bzw. jedes Dokument im Netz muss über eine unverwechselbare Adresse verfügen; diese Adresse wird als URL (Uniform Resource Locator) bezeichnet (z.B. http://www.merkur-rinteln.de). Das Internet-Protokoll legt die gemeinsamen Regeln für den Austausch von Daten fest.

Im Gegensatz zum Internet versteht man unter **Intranet** ein firmeneigenes Netz, welches die Internet-Technik verwendet.

Im Internet sind vor allem zu unterscheiden:

- Internet-Zugang,
- Internet-Dienste,
- Anbieter im Internet,
- Suchmaschinen.

**111** Nennen Sie die Voraussetzungen für den Internet-Zugang!

Für den Zugang zum **Internet** benötigt man:

- Computer mit internetfähigem Betriebssystem (z.B. Windows 98);
- Telefonanschluss (analog bzw. digital, siehe Seite 382);
- Modem bzw. ISDN-Karte, für den Zugang des Computers ins Telefonnetz;
- **Provider,** er ermöglicht dem Benutzer den Internet-Zugang, indem er Zugangssoftware, Passwort und Benutzername gegen Entgelt zur Verfügung stellt (Beispiele für überregionale Provider sind: T-Online, AOL, CompuServe);
- **Browser,** eine Software, welche die Nutzung der Internet-Dienste ermöglicht (z.B. Netscape Communicator, Microsoft Internet Explorer, T-Online-Browser).

**112** Welche Internet-Dienste werden unterschieden?

Im **Internet** werden z.B. folgende Dienste unterschieden:

- WWW;
- E-Mail, ermöglicht das Senden und Empfangen von Mails weltweit (siehe Seite 383);
- FTP (File Transfer Protocol), ist ein Protokoll für die Übertragung von Dateien zwischen zwei Computern;
- TELNET, ist ein Protokoll, das es ermöglicht, zu einem entfernten Rechner (Host-Rechner) eine Verbindung herzustellen und mit diesem Rechner zu arbeiten;
- USENET, weltweites Nachrichtenforum;

- IRC (Internet Relay Chat, Chat = Gespräch), beim so genannten **Chatten** „unterhalten“ sich zwei oder mehrere Personen zum gleichen Zeitpunkt über ihre Computer miteinander (in so genannten Chat-Räumen); Fragen und Antworten werden über die Tastatur des PCs eingegeben und sind für alle Teilnehmer am Bildschirm sichtbar.

**113** Was versteht man unter WWW?

Das **WWW** (World Wide Web, weltweites Netz) hat vor allem folgende Merkmale:

- WWW ist der am häufigsten benutzte Dienst im Internet (WWW wird fälschlicherweise oft mit dem Internet gleichgesetzt);
- im WWW sind eine riesige Zahl von HTML-Dokumenten (z. B. Text, Grafik, Musik) durch URLs miteinander verknüpft;
- HTML (Hyper Text Markup Language) ist eine internationale Sprache, mit welcher WWW-Dokumente erstellt werden;
- HTML erlaubt auch Links (Verweise innerhalb einer Webseite auf andere Webseiten);
- das im WWW verwendete Protokoll ist HTTP (Hypertext Transfer Protocol).

**114** Nennen Sie Anbieter im Internet!

Anbieter im Internet benutzen als Einstieg in ihre angebotenen Informationen ihre **Homepage** (Startseite), weitere Informationen stehen über Links zur Verfügung.

Beispiele für **Anbieter im Internet** sind:

1. Unternehmen,
   - Handelsbetriebe (z. B. Online-Shopping),
   - Bankbetriebe (z. B. Internet-Banking, siehe Seite 391),
   - Versicherungen (z. B. Überblick über das Leistungsangebot),
   - Industriebetriebe (z. B. Firmenpräsentation),
   - Reiseunternehmen (z. B. Last-Minute-Angebote),
   - Nachrichtendienste (z. B. aktuelle politische Meldungen),
   - Rundfunk und Fernsehen (z. B. Programmvorschau),
   - Printmedien (z. B. Online-Zeitschrift),
   - Börsendienste (z. B. aktuelle Aktienkurse);
2. öffentliche Haushalte,
   - Städte (z. B. kulturelles Angebot),
   - Länder (z. B. Darstellung der Landesregierung),
   - Bund (z. B. Informationen des Wirtschaftsministeriums);
3. Verbände und Vereine,
   - Gewerkschaft (z. B. Informationen der IG Metall),
   - Sportverein (z. B. Online-Kartenverkauf);

4. Schulen und Hochschulen,
   - Berufsschulen (z. B. Überblick über die Schulformen),
   - Universitäten (z. B. Nachschlagewerke);
5. Privatpersonen,
   - persönliche Informationen (z. B. Hobbys).

**115** Was ist Electronic commerce?

Unter **Electronic commerce** (E-commerce) versteht man den elektronischen Handel; das ist der Sammelbegriff für alle geschäftlichen Transaktionen im Internet, z. B. das Bestellen und Bezahlen von Waren bzw. Dienstleistungen.

**116** Welche Probleme gibt es im Zusammenhang mit der Datensicherheit im Internet?

Die Nutzung des Internets (insbesondere beim E-commerce), welche mit einem Datentransfer zwischen zwei Rechnern verbunden ist, beinhaltet zahlreiche Probleme im Hinblick auf die **Datensicherheit;** zu beachten sind insbesondere:

- Legitimation des Nutzers, bei jeder Kommunikation im Internet möchte jeder Beteiligte sicherstellen, dass ausschließlich die gewünschten Partner beteiligt sind; Sicherheitsmechanismen für die Legitimation sind z. B. Passwort, persönliche Identifikationsnummer (PIN), Chipkarte (z. B. beim Internet-Banking);
- Autorisierung des Nutzers, bei bestimmten Wünschen des Nutzers (z. B. Überweisung eines Geldbetrages im Rahmen des Internet-Banking) wird überprüft, ob die gewünschte Aktion ausgeführt wird oder nicht; Sicherheitsmechanismus für die Autorisierung ist z. B. die TAN (Transaktionsnummer, elektronische Einmal-Unterschrift);
- Vertraulichkeit der Daten, die im Internet übertragenen Daten dürfen nicht von Unberechtigten (z. B. Hacker) gelesen und genutzt werden; Sicherheitsmechanismus ist z. B. die Verschlüsselung der übermittelten Daten (die Verschlüsselung wird als kryptologisches Verfahren bezeichnet);
- Integrität der Daten, es muss sichergestellt werden, dass die übertragenen Daten nicht verändert wurden bzw. dass die Veränderung von Daten erkannt wird; Sicherheitsmechanismen sind z. B. kryptographische Prüfsummen (die Zahl der übertragenen Bytes muss – in verschlüsselter Form – angegeben werden), elektronische Unterschrift.

**117** Was sind Cookies?

Ein **Cookie** ist eine kleine Datei, die von einer besuchten Webseite auf der Festplatte des Nutzers erzeugt wird, und zwar ohne dass dieser Vorgang vom Nutzer bemerkt wird. Ein Cookie protokolliert für den Anbieter die Aktivitäten des Nutzers in den Seiten des Anbieters. Cookies sind aus Gründen des Datenschutzes umstritten.

Im Browser (siehe Seite 387) gibt es Einstellungsmöglichkeiten für den Umgang mit Cookies.

| |  |  |
|---|---|---|
| **118** | Unterscheiden Sie Viren und trojanische Pferde! | **Viren** sind kleine Programme, die andere Programme bzw. Dateien „infizieren“, indem sie sich in das Programm bzw. in die Datei einnisten und vom Nutzer ungewollte Veränderungen vornehmen (wie z.B. Löschen von Daten, Zerstörung von Dateien). Eine besondere Form des Virus ist der Makrovirus, welcher als Makro (siehe Seite 370) in ein Programm (z.B. Word) eindringt.<br><br>Die Verbreitung von Viren wird durch die verstärkte Nutzung des Internets gefördert.<br><br>Zum Schutz gegen Viren werden Antiviren-Programme (z.B. McAfee, Norton Antivirus) eingesetzt. Dabei handelt es sich um Programme, welche den Computer nach Viren durchsuchen, sie erkennen und nach Möglichkeit vernichten.<br><br>**„Trojanische Pferde“** sind kleine Programme, welche (über eine Online-Verbindung) rechtswidrig auf einem fremden Rechner eingenistet werden, ohne dass der Betroffene dies bemerkt. Diese Programme sollen bestimmte Informationen (z.B. Passwörter, Inhalte von Dateien) ausspähen und dem Eindringling zugänglich machen; dies ist wiederum nur möglich über eine Online-Verbindung. |
| **119** | Was sind Suchmaschinen? | Um aus der gewaltigen Informationsflut des Internets gezielt Informationen zu einem bestimmten Thema zu finden, werden so genannte **Suchmaschinen** eingesetzt. Diese benutzen eigens für das Suchen entwickelte Datenbanken und ermöglichen es, über Suchbegriffe die gesuchten Quellen aufzulisten. Oft wird zu einem Suchbegriff eine zu große Zahl von Quellen angegeben; in diesem Fall ist es notwendig mit einer verfeinerten Methode weiter zu suchen.<br><br>Beispiele für Suchmaschinen sind: Yahoo, Lycos, Altavista, Fireball. |

# 11 Einsatz der Datenverarbeitung im Zahlungsverkehr

**120** Nennen Sie Zahlungssysteme für die Abwicklung des Zahlungsverkehrs!

Für die Abwicklung des Zahlungsverkehrs werden in zunehmendem Maße sowohl bei den Banken als auch bei den Bankkunden Computer eingesetzt, wobei verstärkt Datennetze (z.B. Telefonnetz) genutzt werden.

Dabei werden folgende **Zahlungssysteme** unterschieden:

1. Telefon-Banking;
2. Electronic Banking;
   - Onlinebanking,
   - Datenträgeraustausch (Clearing);
3. Electronic cash (Point-of-Sale-Banking, POS-Banking),
   - Kreditkarte,
   - Bankkarte,
   - hauseigene Kundenkarte;
4. Point-of-Sale-System ohne Zahlungsgarantie (POZ);
5. Online-Lastschriftverfahren (OLV);
6. Geldkarte-Chip (ist i.d.R. Bestandteil der Bankkarte).

**121** Was ist Telefon-Banking?

Beim **Telefon-Banking** bieten die Banken ihren Kunden die Möglichkeit, mit Hilfe ihres Telefons über den Sprachcomputer der Bank Bankgeschäfte 24 Stunden täglich abzuwickeln (z.B. Auskünfte über den aktuellen Kontostand, Ausführung von Überweisungen). Der Kunde erspart sich den Weg zur Bank.

Den Zugriff zum Telefon-Banking ermöglichen die Nummer des Girokontos sowie die persönliche Geheimzahl.

**122** Was ist Onlinebanking?

**Onlinebanking** (Homebanking) ist die Abwicklung von Bankgeschäften (z.B. Abfragen des Kontostandes, Ausführen von Überweisungen) mit Hilfe des PC vom Unternehmen bzw. von zu Hause aus, und zwar zu jeder Zeit. Zusätzlich zur Hardware ist eine entsprechende Software erforderlich (z.B. Onlinebanking von T-Online, Money von Microsoft). Beim Homebanking ist die Datensicherheit von sehr großer Bedeutung; in Abhängigkeit von ihrer Realisierung unterscheidet man vor allem folgende zwei Verfahren:

- **PIN/TAN-Verfahren:** Für den Zugang in den Bankrechner (z.B. Abfrage des Kontostandes) ist die PIN (persönliche Identifikationsnummer) und die Durchführung von Transaktionen (z.B. Überweisung) ist zusätzlich die TAN (Transaktionsnummer, elektronische Einmal-Unterschrift) erforderlich;
- **HBCI** (Home Banking Computer Interface): Für den Zugang in den Bankrechner sind generell die Sicherheitsmedien Chipkarte und Chipkartenleser sowie die PIN der Chipkarte erforderlich; Datensicherheit und Benutzerfreundlichkeit sind wesentlich besser als beim PIN/TAN-Verfahren.

**123** Was ist Datenträgeraustausch?

Beim **Datenträgeraustausch** erstellt der Kunde seine Überweisungen oder Lastschriften an seinem Personalcomputer und gibt die Daten auf einem Datenträger (z. B. Disketten-Clearing, Magnetband-Clearing) aus. Der Datenträger wird der Bank zugestellt und dort in den Bankrechner eingelesen, der den Zahlungsverkehr abwickelt. Für den Kunden entfällt das aufwendige Ausfüllen der Formulare.

**124** Was ist Electronic cash?

**Electronic cash** bedeutet, dass ein Kunde eine Ware oder eine Dienstleistung bargeldlos (an einer automatisierten Kasse) bezahlt, und zwar mit Hilfe der

- Kreditkarte,
- Bankkarte,
- hauseigenen Kundenkarte.

Dieses Verfahren setzt voraus, dass der Kunde eine Karte mit elektronisch lesbarem Magnetstreifen besitzt und der Zahlungsempfänger ein Kassensystem mit Magnetkartenleser besitzt, der online (über das Telefonnetz) mit dem Rechner der Bank oder der Kartenorganisation verbunden ist. Die Karten der Kartenorganisationen bzw. der Banken besitzen jeweils ein eigenes Logo (Sinnbild); diese Logos kennzeichnen die Unternehmen, bei denen der Karteninhaber bargeldlos zahlen kann.

Ein elektronisches Kassensystem dieser Art bezeichnet man auch als **Point-of-Sale-System (POS).**

Vorteile des Electronic cash sind:

- bequeme und einfache Zahlung für den Kunden und den Zahlungsempfänger,
- sichere Zahlung für den Kunden (ohne Bargeld),
- Zahlung bis zum vereinbarten (relativ hohen) Kreditlimit möglich;
- System mit Zahlungsgarantie für den Zahlungsempfänger (das Karten ausgebende Kreditinstitut verpflichtet sich zur Zahlung).

**125** Wie erfolgt die Zahlung mit Bankkarte?

Bei der Zahlung mit Bankkarte muss der Kunde üblicherweise seine Bankkarte in ein Lesegerät (Terminal) einschieben und seine persönliche Identifikations-Nummer (PIN) über die Tastatur eintippen. Das Terminal stellt selbstständig eine Verbindung zur Hausbank des Kunden her; dort wird geprüft, ob die Karte nicht gesperrt und ein ausreichendes Guthaben vorhanden ist, damit die Zahlung freigegeben werden kann. Der Kunde erhält eine Kassenquittung; seine Unterschrift ist nicht erforderlich.

126 Wie erfolgt die Zahlung mit Kreditkarte?

Mit der **Kreditkarte** kann der Karteninhaber weltweit bei jedem Vertragspartner eines bestimmten Kreditkartensystems Rechnungen ohne Bargeld begleichen (z.B. AMERICAN EXPRESS, EUROCARD, MASTERCARD, VISA). Die Kartenorganisationen ziehen ihren Vertragspartnern (z.B. Einzelhandelsbetriebe, Tankstellen, Hotels) von jeder Zahlung die vereinbarte Provision ab.

Die Kreditkarte erhalten nur kreditwürdige Personen gegen Entrichtung einer bestimmten Jahresgebühr. Der Karteninhaber erhält eine Abrechnung mit allen Zahlungen im Abrechnungszeitraum (i.d.R. ein Monat); der zu leistende Gesamtbetrag wird automatisch vom Girokonto bei der Hausbank des Karteninhabers abgebucht. Der Kauf mit Kreditkarte stellt einen Kauf auf Kredit dar, da dem Verkäufer der Geldbetrag erst später gutgeschrieben wird.

Bei der Zahlung mit Kreditkarte gibt es folgende Möglichkeiten:

- Der Kunde schiebt seine Karte in ein Lesegerät (Terminal) und tippt seine persönliche Identifikations-Nummer (PIN) über die Tastatur ein. Das Terminal stellt selbstständig eine Verbindung zum Rechner der Kartenorganisation her; dort wird geprüft, ob die Karte nicht gesperrt ist und das Kreditlimit nicht überschritten wird, damit die Zahlung freigegeben werden kann. Der Kunde erhält eine Kassenquittung; seine Unterschrift ist nicht erforderlich.
- Der Kunde bzw. der Verkäufer gibt die Karte in das Lesegerät ein (und zwar ohne PIN). Die Prüfung im Rechner der Kartenorganisation kann sich u.U. darauf beschränken, ob die Karte gesperrt ist oder nicht. Der Kunde erhält einen Beleg, den er unterschreiben muss.

  In Ausnahmefällen wird ein mechanisches Lesegerät eingesetzt, welches nur den Beleg erstellt, den der Kunde unterschreiben muss. Eine Onlineüberprüfung der Gültigkeit und Deckung der Karte kann nicht erfolgen.

Der Karteninhaber kann sich mit der Kreditkarte auch Bargeld besorgen, und zwar bei bestimmten Banken (als zusätzliche Legitimation wird z.B. der Personalausweis verlangt) sowie an Geldautomaten (die PIN ist einzugeben). Die Bargeldbesorgung ist aufgrund der hohen Gebühren nicht billig.

Beim Verlust der Kreditkarte braucht der Karteninhaber i.d.R. Schäden nur bis maximal 50,00 EUR zu tragen; sobald er den Verlust gemeldet hat, entfällt für ihn jegliche Haftung.

127 Erklären Sie die Bankkarte!

Die **Bankkarte** wird von bestimmten Bankenorganisationen ausgegeben (z.B. SparkassenCard der Sparkassenorganisation).

Der Karteninhaber kann in Verbindung mit seiner PIN bargeldlos bei den Unternehmen bezahlen, die dem Electronic cash-System dieser Bankenorganisation angeschlossen sind.

Der Karteninhaber kann auch Geldbeträge an in- und ausländischen Geldautomaten abheben, die mit dem entsprechenden Logo gekennzeichnet sind.

**128** Was ist eine hauseigene Kundenkarte?

Unternehmen (insbesondere größere Handelsbetriebe) können (ähnlich wie Bankenorganisationen) **hauseigene Kundenkarten** ausgeben, damit ihre Kunden bargeldlos zahlen können.

**129** Was versteht man unter dem POZ-Verfahren?

Unter dem **POZ-System** versteht man ein Point-of-Sale-System ohne Zahlungsgarantie:

- Der Kunde zahlt an der Kasse mit seiner Bankkarte (auf die Eingabe der Geheimnummer wird verzichtet);
- die Kasse ist online mit einem Zentralrechner verbunden, welcher lediglich überprüft, ob die Karte durch das Kreditinstitut gesperrt ist;
- ergibt die Prüfung keine Beanstandung, wird der Beleg erstellt, den der Kunde unterschreiben muss;
- die Abrechnung erfolgt entweder per Direktleitung oder über ein Clearingverfahren durch die Hausbank des Unternehmens;
- das Unternehmen hat keine Zahlungsgarantie durch das Kreditinstitut des Kunden und es trägt somit das gesamte Risiko des Zahlungseingangs.

**130** Was versteht man unter dem Online-Lastschriftverfahren?

Beim **Online-Lastschriftverfahren (OLV)**

- zahlt der Kunde an der Kasse mit seiner Bankkarte (auf die Eingabe der Geheimnummer wird verzichtet);
- wird der Lastschriftbeleg erstellt, den der Kunde unterschreiben muss;
- wird die Lastschrift über die Hausbank des Unternehmens abgerechnet;
- liegt das Risiko des Zahlungseingangs ganz beim Unternehmen.

**131** Beschreiben Sie den Geldkarte-Chip!

Der **Geldkarte-Chip,** welcher i.d.R. auf der Bankkarte (z.B. SparkassenCard) integriert ist, macht die Bankkarte zusätzlich zu einer **Geldkarte** („elektronische Geldbörse"), und zwar für alle Zahlungen des täglichen Bedarfs. Das mit dem Chip geschaffene Geld bezeichnet man auch als digitales bzw. elektronisches Geld.

Der Geldkarte-Chip bietet folgende Möglichkeiten:

- Er wird an einem Geldkarte-Ladeterminal (Geldautomat) aufgeladen, wobei der Betrag vom Girokonto direkt auf den Geldkarte-Chip gebucht wird;

- kleinere Beträge können überall dort bargeldlos bezahlt werden, wo das Geldkarte-Symbol angebracht ist (z. B. an Parkhaus- und Fahrscheinautomaten), wobei auf Geheimnummer oder Unterschrift verzichtet wird.

# VII. Handlungsorientierte Aufgaben

## Aufgabe 1

Sie sind Auszubildender/Auszubildende in der Einkaufsabteilung des Einzelhandelsbetriebes di-tronic Elektro GmbH, Bahnhofstr. 17, 66424 Homburg, Telefon 06841 343536, Fax 06841 455055.

Situation:

Dem Betrieb liegen für das Schaltgehäuse S 1 der Firma Hager AG Angebote von zwei Lieferanten vor:

Schaltanlagen Atzorn OHG

Schaltanlagen Atzorn OHG · Hauptstr. 22 · 66482 Zweibrücken

Firma
di-tronic Elektro GmbH
Bahnhofstr. 17

66424 Homburg

| Ihr Zeichen, Ihre Nachricht vom | Unser Zeichen, unsere Nachricht vom | ☎ Name 06332 345577 | Datum |
|---|---|---|---|
| he-mü 20. .-11-22 | lu-at | Ludwig | 20. .-11-28 |

**Angebot**

Sehr geehrter Herr Hemmer,

auf Ihre Anfrage vom 22. November 20. . unterbreiten wir Ihnen für das Schaltgehäuse S 1 der Firma Hager AG folgendes Angebot.

Der Listenpreis (netto) für ein Gehäuse beträgt 75,00 EUR. Ab einer Abnahmemenge von 20 Stück gewähren wir Ihnen 20 % Rabatt; ab einer Abnahmemenge von 50 Stück erhöhen wir den Rabatt auf 30 %.

Bei Zahlung innerhalb von 8 Tagen beträgt der Skonto 2 %, innerhalb von 30 Tagen gilt rein netto.

Ab einer Bestellmenge von 20 Stück liefern wir frei Haus.

Wir würden uns freuen, wenn Sie uns den Auftrag erteilen.

Mit freundlichen Grüßen

Atzorn OHG

ELEKTRA Elektrohandelsgesellschaft mbH

Dunantstr. 139, 66119 Saarbrücken, Telefon 0681 465860, Fax 0681 465861

Elektra Elektrohandelsgesellschaft mbH, Dunantstr. 139, 66119 Saarbrücken

Firma
di-tronic Elektro GmbH
Bahnhofstr. 17

66424 Homburg

| Ihr Zeichen, Ihre Nachricht vom | Unser Zeichen, unsere Nachricht vom | Name | Datum |
|---|---|---|---|
| he-mü 20. .-11-22 | do-gr | Dobert | 20. .-11-30 |

**Angebot**

Sehr geehrter Herr Hemmer,

Ihre Anfrage vom 22. November 20. . haben wir erhalten und wir unterbreiten Ihnen folgendes Angebot für das von Ihnen gewünschte Schaltgehäuse S 1.

| | |
|---|---|
| Listenpreis je Stück | 75,00 EUR |
| Mengenrabatt | 25 % |
| Skonto | 3 % |
| Bezugskosten pro 10 Stück | 20,00 EUR |

Die Bezugskosten sind bereits bei Anlieferung zu entrichten; ein Skontoabzug ist nicht möglich.

Skonto wird bei Zahlung innerhalb von 10 Tagen gewährt, ansonsten gilt innerhalb von 30 Tagen rein netto.

Wir bitten Sie zu berücksichtigen, dass die Mindestabnahmemenge für die gewünschten Schaltgehäuse 30 Stück beträgt und unser Angebot nur bis zum Jahresende gilt.

Über Ihre Bestellung würden wir uns freuen.

Mit freundlichen Grüßen

**Aufgabenstellung:**

a) Führen Sie einen Angebotsvergleich durch, wenn 40 Schaltgehäuse bestellt werden sollen und die Zahlung innerhalb der Skontofrist erfolgen soll!

b) Ermitteln Sie für das günstigere der beiden Angebote den Überweisungsbetrag, wenn Skonto ausgenutzt wird!

c) Erklären Sie die Bedeutung der Mehrwertsteuer beim Angebotsvergleich!

d) Unterscheiden Sie Rabatt und Skonto!

e) Welche Gründe sprechen für die Skontogewährung?

f) Welche Gründe sprechen für die Skontoausnutzung?

g) Berechnen Sie für das günstigere Angebot den Finanzierungsgewinn, wenn der Kreditzinssatz 12 % beträgt!

h) Nennen Sie wichtige Regelungen für die Übernahme der Beförderungskosten!

i) Was versteht man unter einer Mindestabnahmemenge?

j) Erklären Sie die Gültigkeitsdauer für beide Angebote!

k) Nennen Sie zusätzliche Kriterien, die beim Angebotsvergleich eine Rolle spielen!

Lösung:

a)

| | Angebot Atzorn | Angebot Elektra |
|---|---|---|
| Listeneinkaufspreis (netto) | 3 000,00 EUR | 3 000,00 EUR |
| – Liefererrabatt | 600,00 EUR | 750,00 EUR |
| Zieleinkaufspreis | 2 400,00 EUR | 2 250,00 EUR |
| – Liefererskonto | 48,00 EUR | 67,50 EUR |
| Bareinkaufspreis | 2 352,00 EUR | 2 182,50 EUR |
| + Bezugskosten | 0,00 EUR | 80,00 EUR |
| Bezugspreis für 40 Stück | 2 352,00 EUR | 2 262,50 EUR |
| Bezugspreis für 1 Stück | 58,80 EUR | 56,56 EUR |

Zum Angebotsvergleich siehe auch Seite 33 und 251.

b) Berechnung des **Überweisungsbetrages** für den Anbieter Elektra GmbH

| | |
|---|---|
| Rechnungsbetrag (netto) | 2 250,00 EUR |
| + 16 % Mehrwertsteuer | 360,00 EUR |
| Rechnungsbetrag | 2 610,00 EUR |
| – 3 % Skonto | 78,30 EUR |
| Überweisungsbetrag | 2 531,70 EUR |

c) Beim Angebotsvergleich bleibt die **Mehrwertsteuer** außer Acht, da sie für den Betrieb einen durchlaufenden Posten darstellt.

d) Zur Unterscheidung von **Skonto** und **Rabatt** siehe Seite 323.

e) Gründe für die **Gewährung von Skonto** sind z. B.: schneller und sicherer Zahlungseingang, Sicherung der Liquidität, finanzielle Mittel für die eigene Skontoausnutzung stehen zur Verfügung.

f) Zur **Ausnutzung von Skonto** siehe Seite 28.

g) Berechnung des **Finanzierungsgewinns** für das Angebot Elektra GmbH:

| | |
|---|---|
| Skonto | 78,30 EUR |
| – Kreditkosten | 16,88 EUR |
| Finanzierungsgewinn | 61,42 EUR |

h) Zu den **Beförderungskosten (Transportkosten)** siehe Seite 136.

i) Um die relativ hohen Kosten zu vermeiden, die dem Lieferer beim Verkauf kleiner Mengen entstehen, gibt er seinen Kunden **Mindestabnahmemengen** vor.

j) Das Angebot der Firma Atzorn OHG enthält keine Zeitangabe über die Gültigkeitsdauer; es muss etwa innerhalb einer Woche angenommen werden (siehe Seite 133 f.).

Firma Elektra GmbH ist laut Schreiben bis zum 31. Dezember 20. . an ihr Angebot gebunden.

k) Zu den Kriterien beim **Angebotsvergleich** siehe Seite 251.

## Aufgabe 2

Sie sind Auszubildender/Auszubildende im Einzelhandelsbetrieb di-tronic Elektro GmbH, Bahnhofstr. 17, 66424 Homburg, Telefon 06841 343536, Fax 06841 455055.

### Situation:

Im Rahmen der Jahresabschlussarbeiten liegen für den Schaltkasten S 2, Artikelnummer 2358 folgende Daten vor:

| Zeitraum | Zugang in Stück | Abgang in Stück | Endbestand in Stück |
|---|---|---|---|
| 1. Quartal | 80 | 100 | |
| 2. Quartal | 65 | 70 | |
| 3. Quartal | 110 | 120 | |
| 4. Quartal | 130 | 115 | |
| Summe | | | |

Der Anfangsbestand (zu Beginn des 1. Quartals) für den Schaltkasten S 2 betrug 50 Stück. Der Bezugspreis je Schaltkasten betrug 130,00 EUR. Das Unternehmen rechnet mit einem Jahreszinssatz von 14 %.

### Aufgabenstellung:

Beantworten Sie folgende Fragen bezüglich des Schaltkastens S 2!

a) Die fehlenden Daten der Lagerdatei sind zu ergänzen!

b) Berechnen Sie den durchschnittlichen Lagerbestand!

c) Wie hoch ist die Lagerumschlagshäufigkeit?

d) Wie hoch ist die durchschnittliche Lagerdauer?

e) Wie hoch ist der Lagerzinssatz?

f) Wie hoch sind die Lagerzinsen?

g) Welche Gründe sprechen für eine Erhöhung der Lagerumschlagshäufigkeit?

h) Wie kann die Umschlagshäufigkeit erhöht werden?

i) Welche Bedeutung haben Mindest-, Melde- und Höchstbestand in der Lagerhaltung?

### Lösung:

a)

| Zeitraum | Zugang in Stück | Abgang in Stück | Endbestand in Stück |
|---|---|---|---|
| 1. Quartal | 80 | 100 | **30** |
| 2. Quartal | 65 | 70 | **25** |
| 3. Quartal | 110 | 120 | **15** |
| 4. Quartal | 130 | 115 | **30** |
| Summe | **385** | **405** | |

b) **Durchschnittlicher Lagerbestand** $= \frac{50 + 30 + 25 + 15 + 30}{5} =$ 30 Stück.

c) **Umschlagshäufigkeit** $= \frac{405}{30} = 13{,}5.$

d) **Durchschnittliche Lagerdauer** $= \dfrac{360}{13{,}5} = 26{,}66$ Tage.

e) **Lagerzinssatz** $= \dfrac{14{,}0}{13{,}5} = 1{,}04\,\%$.

f) **Lagerzinsen** $= \dfrac{30 \cdot 130 \cdot 1{,}04}{100} = 40{,}56$ EUR.

g) Zu den Gründen, die für eine Erhöhung der **Lagerumschlagshäufigkeit** sprechen, siehe Seite 268f.

h) Die **Lagerumschlagshäufigkeit** für den Schaltkasten S2 kann z.B. durch eine Absatzsteigerung (verstärkte Werbung) oder durch eine Verringerung des durchschnittlichen Lagerbestandes erhöht werden.

i) Zum **Mindestbestand, Meldebestand** und **Höchstbestand** siehe Seite 266.

## Aufgabe 3

Sie sind Auszubildender/Auszubildende im Einzelhandelsbetrieb di-tronic Elektro GmbH, Bahnhofstr. 17, 66424 Homburg, Telefon 06841 343536, Fax 06841 455055.

### Situation:

Die di-tronic Elektro GmbH lieferte am 2. April 20.. Schaltelemente an den Kunden W. Roth, Mainzer Str. 99, 66121 Saarbrücken. Für den Rechnungsbetrag in Höhe von 15 600,00 EUR galt die Zahlungsbedingung „zahlbar innerhalb von 8 Tagen unter Abzug von 2 % Skonto, innerhalb von 30 Tagen rein netto". Da der Kunde nicht fristgerecht zahlte, wurde er am 5. Mai und ein zweites Mal am 26. Mai gemahnt; als Zahlungstermin wurde der 10. Juni festgelegt. Am 12. Juni ist noch kein Zahlungseingang erfolgt.

Der Leiter der Abteilung Rechnungswesen legt Ihnen am 12. Juni 20.. einen Vordruck für den Mahnbescheid vor (siehe Seite 401).

### Aufgabenstellung:

Der Leiter der Abteilung Rechnungswesen bittet sie, im Zusammenhang mit dem Mahnbescheid folgende Fragen zu beantworten:

a) Welches Gericht ist zuständig?
b) Nennen Sie den Antragsgegner!
c) Wer ist Antragsteller?
d) Beschreiben Sie den geltend gemachten Anspruch!
e) Wie hoch ist die Hauptforderung?
f) Wie setzen sich die Kosten des Verfahrens zusammen?
g) Nennen Sie das Gericht, welches für ein streitiges Verfahren zuständig ist!
h) Welche Bedeutung hat der Abschnitt „Antrag" auf dem Antragsformular?

Der Antrag wird gerichtet an das

**Amtsgericht**

Plz, Ort

## Entwurfsblatt

– Bitte abtrennen –

Geschäftsnummer des Gerichts

① 

② **Antragsgegner**/ges. Vertreter

Plz Ort

**– Graue Felder bitte nicht beschriften! –**

## Mahnbescheid

← Datum des Mahnbescheides

③ **Antragsteller,** ges. Vertreter, Prozeßbevollmächtigter, Bankverbindung

④ **macht gegen Sie** ☐ als Gesamtschuldner

⑤ **folgenden Anspruch geltend** (genaue Bezeichnung, insbes. mit Zeitangabe): Geschäftszeichen des Antragstellers:

| | | | | | | |
|---|---|---|---|---|---|---|
| ⑥ | Hauptforderung EUR | Zinsen, Bezeichnung der Nebenforderung | | | | |
| ⑦ | Nebenforderung EUR | | | | | |
| ⑧ | Kosten dieses Verfahrens (Summe 1 bis 5) EUR | 1 Gerichtskosten EUR | 2 Auslagen d. Antragst. EUR | 3 Gebühr d. Prozeßbev. EUR | 4 Auslagen d. Prozeßbev. EUR | 5 MwSt. d. Prozeßbev. EUR |
| ⑨ | Gesamtbetrag EUR | zuzüglich der laufenden Zinsen | Der Antragsteller hat erklärt, daß der Anspruch von einer Gegenleistung ☐ nicht abhänge. ☐ abhänge, diese aber erbracht sei. | | | |

**Das Gericht hat nicht geprüft, ob dem Antragsteller der Anspruch zusteht.**
**Es fordert Sie hiermit auf, innerhalb von zwei Wochen seit der Zustellung dieses Bescheids entweder die vorstehend bezeichneten Beträge, soweit Sie den geltend gemachten Anspruch als begründet ansehen, zu begleichen oder dem Gericht auf dem beigefügten Vordruck mitzuteilen, ob und in welchem Umfang Sie dem Anspruch widersprechen.**

Wenn Sie die geforderten Beträge nicht begleichen und wenn Sie auch nicht Widerspruch erheben, kann der Antragsteller nach Ablauf der Frist einen **Vollstreckungsbescheid** erwirken und aus diesem die Zwangsvollstreckung betreiben.
Der Antragsteller hat angegeben, ein streitiges Verfahren sei durchzuführen vor dem

⑩ ........................................

An dieses Gericht, dem eine Prüfung seiner Zuständigkeit vorbehalten bleibt, wird die Sache im Falle Ihres Widerspruchs abgegeben.

........................................
Rechtspfleger

## Antrag

Ort, Datum

⑪ **Anschrift des Antragsteller/Vertreters/Prozeßbevollmächtigten**

Plz Ort

**Ich beantrage, aufgrund der vorstehenden Angaben einen Mahnbescheid zu erlassen.**

⑫ ☐ Im Falle des Widerspruchs beantrage ich die Durchführung des streitigen Verfahrens.

⑬ ☐ Ordnungsgemäße Bevollmächtigung versichere ich. ☐ Antragsteller ist nicht zum Vorsteuerabzug berechtigt.

⑭ ☐ Hier die Anzahl der ausgefüllten Vordrucke angeben, falls sich der Antrag gegen mehrere Antragsgegner richtet.

........................................
Unterschrift des Antragstellers/Vertreters/Prozeßbevollmächtigten



## Lösung:

a) Der Antrag für den **Mahnbescheid** ist an das Amtsgericht in Homburg zu richten (siehe Seite 311 f.).

b) **Antragsgegner** für den Mahnbescheid ist der Kunde W. Roth, Mainzer Str. 99, 66121 Saarbrücken.

c) **Antragsteller** des Mahnbescheides ist die di-tronic Elektro GmbH, Bahnhofstr. 17, 66424 Homburg.



26 Groh/Schröer – ISBN 3-8120-0423-2

d) **Anspruchsgrund** ist der Kauf von Schaltelementen laut Rechnung vom 2. April 20..

e) Die **Hauptforderung** beträgt 15776,80 EUR (15600,00 EUR + 176,80 EUR Zinsen für 40 Tage bei einem Zinssatz von 10,2 %, d.h. Basiszinssatz + 8 %).

f) Zu den **Kosten des Verfahrens** zählen Gerichtskosten (abhängig vom Wert der Hauptforderung), Auslagen des Antragstellers (z.B. Kosten des Vordrucksatzes, Porto für die Einsendung an das Gericht), Gebühr, Auslagen sowie Mehrwertsteuer des Prozessbevollmächtigten (z.B. Rechtsanwalt).

g) Zuständig für ein **streitiges Verfahren** ist das Landgericht in Saarbrücken (siehe Seite 313f.).

h) Zum **Antrag** zählen Anschrift des Antragstellers, Ort und Datum sowie Unterschrift des Antragstellers (bzw. Vertreter, Prozessbevollmächtigter). Für den Fall des Widerspruchs durch Herrn W. Roth kann die Durchführung des streitigen Verfahrens (durch Ankreuzen des entsprechenden Feldes) beantragt werden.

## Aufgabe 4

Sie sind Auszubildender/Auszubildende im Industriebetrieb Schaltanlagen Atzorn OHG, Hauptstr. 22, 66482 Zweibrücken, Telefon 06332 345577, Fax 06332 345578.

Situation:

Ihnen liegen für ein bestimmtes Produkt, welches Ihr Ausbildungsbetrieb anbietet, folgende Informationen vor:

**Kostentabelle**

| Menge in Stück | Gesamtkosten in EUR |
|---|---|
| 0 | 8000 |
| 100 | 18000 |
| 200 | 28000 |
| 300 | 38000 |
| 400 | 48000 |
| 500 | 58000 |

**Angebots- und Nachfragetabelle**

| Preis je Stück in EUR | Nachfrage in Stück | Angebot in Stück |
|---|---|---|
| 80 | 500 | 100 |
| 100 | 400 | 200 |
| 120 | 300 | 300 |
| 140 | 200 | 400 |
| 160 | 100 | 500 |

**Umsatzfunktion**

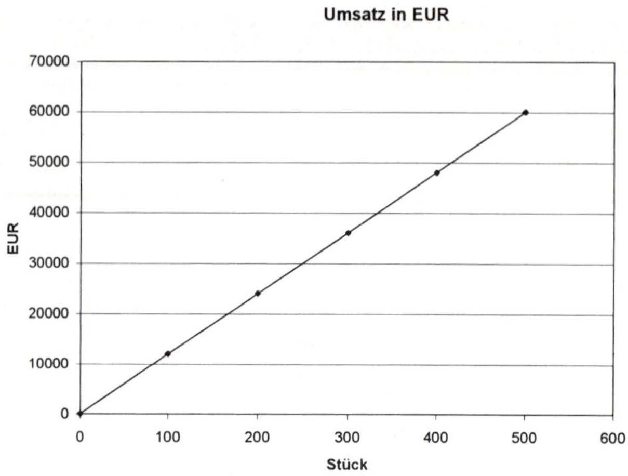

Aufgabenstellung:

a) Wie hoch sind aufgrund der Kostentabelle die Fixkosten insgesamt und die variablen Kosten je Stück?

b) Wie lautet die in der Kostentabelle zugrunde gelegte Gesamtkostenfunktion?

c) Stellen Sie aufgrund der Angebots- und Nachfragetabelle die entsprechenden Funktionen grafisch dar (Marktsituation)!

d) Lesen Sie aus der grafischen Darstellung der Angebots- und Nachfragefunktion den Gleichgewichtspreis (Marktpreis) ab!

e) Welcher Nachfrageüberhang ergibt sich für die vorgegebene Marktsituation bei einem Preis von 100,00 EUR?

f) Ermitteln Sie anhand der Umsatzfunktion den Preis, den das Unternehmen für das angebotene Gut zugrunde legt!

g) Stellen Sie die Kostenfunktion und die Umsatzfunktion des Unternehmens in einem Schaubild grafisch dar!

h) Ab welcher Absatzmenge erzielt das Unternehmen einen Gewinn (Break-even-point)?

Lösung:

a) Gesamte Fixkosten = 8 000,00 EUR (Kosten bei 0 Stück).
Variable Kosten je Stück = 100,00 EUR ([18 000 – 8 000] : 100).

b) Gesamtkostenfunktion = $100 \cdot x + 8000$ (x = Stückzahl).

c) Marktsituation

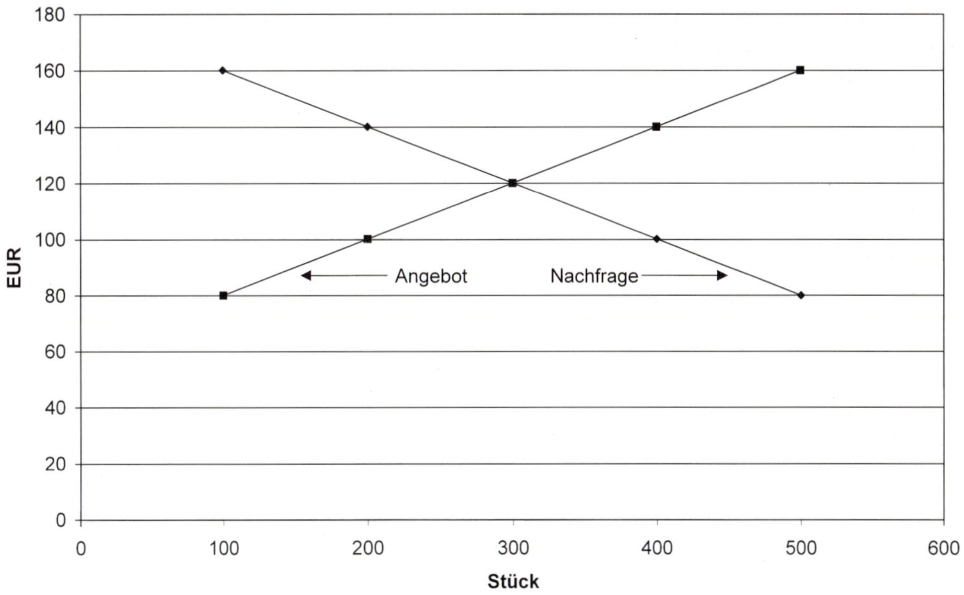


d) Der Gleichgewichtspreis liegt bei 300 Stück und beträgt 120,00 EUR.

e) Nachfrageüberhang = 200 Stück (Nachfrage 400 Stück – Angebot 200 Stück).

f) Verkaufspreis = 120,00 EUR je Stück (60 000,00 EUR : 500 Stück).

g) Gewinnsituation

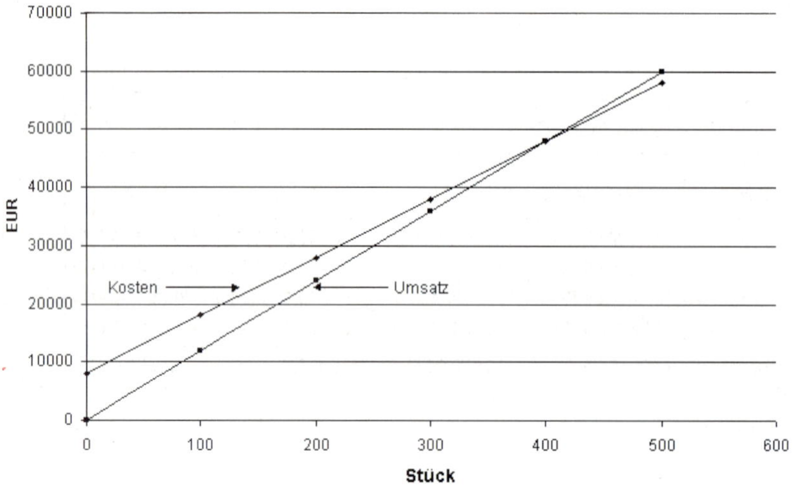


h) Ab einer Absatzmenge von 400 Stück erreicht das Unternehmen die Gewinnzone (Umsatz = Kosten).

## Aufgabe 5

Sie sind Mitarbeiter/Mitarbeiterin des Sportartikelgeschäftes Topfit, Sauerwiesweg 9, 66117 Saarbrücken, Telefon 0681 471114, Telefax 0681 471115.

### Situation:

Der Leiter der Marketingabteilung in der Unternehmenszentrale legt Ihnen die Umsätze der vier Filialen für das 1. Quartal vor:

| | | | | | | |
|---|---|---|---|---|---|---|
| Filiale 1 | Januar | 142 500,00 EUR | Februar | 131 100,00 EUR | März | 143 600,00 EUR |
| Filiale 2 | Januar | 64 300,00 EUR | Februar | 67 900,00 EUR | März | 74 200,00 EUR |
| Filiale 3 | Januar | 166 440,00 EUR | Februar | 153 900,00 EUR | März | 168 720,00 EUR |
| Filiale 4 | Januar | 72 300,00 EUR | Februar | 83 700,00 EUR | März | 89 900,00 EUR |

### Aufgabenstellung:

a) Erstellen Sie eine Tabelle anhand der oben aufgeführten Umsatzzahlen!

b) Ermitteln Sie sowohl für die Monate als auch für die Filialen mit Hilfe geeigneter Formeln die Summen!

c) Ermitteln Sie in einer gesonderten Tabellenspalte den prozentualen Anteil der Filialumsätze am Gesamtumsatz der vier Filialen!

d) Erstellen Sie ein Säulendiagramm, das für die vier Filialen die Umsatzentwicklung von Januar bis März darstellt! Das Diagramm soll Titel, Legende und Achsenbeschriftung enthalten.

e) Erstellen Sie ein Kreisdiagramm, welches für das gesamte Quartal die Umsatzanteile der Filialen darstellt!

Lösung:

a) b) c)

Tabelle

| | A | B | C | D | E | F |
|---|---|---|---|---|---|---|
| 1<br>2 | Filiale | Januar | Februar | März | Summe | Anteil am Gesamtumsatz in % |
| 3 | 1 | 142 500,00 EUR | 131 100,00 EUR | 143 600,00 EUR | 417 200,00 EUR | 30,71% |
| 4 | 2 | 64 300,00 EUR | 67 900,00 EUR | 74 200,00 EUR | 206 400,00 EUR | 15,19% |
| 5 | 3 | 166 440,00 EUR | 153 900,00 EUR | 168 720,00 EUR | 489 060,00 EUR | 36,00% |
| 6 | 4 | 72 300,00 EUR | 83 700,00 EUR | 89 900,00 EUR | 245 900,00 EUR | 18,10% |
| 7 | Summe | 445 540,00 EUR | 436 600,00 EUR | 476 420,00 EUR | 1 358 560,00 EUR | 100,00% |

Tabelle mit Formeln

| | A | B | C | D | E | F |
|---|---|---|---|---|---|---|
| 1<br>2 | Filiale | Januar | Februar | März | Summe | Anteil am Gesamtumsatz in % |
| 3 | 1 | 142500 | 131100 | 143600 | =B3+C3+D3 | =E3/$E$7 |
| 4 | 2 | 64300 | 67900 | 74200 | =B4+C4+D4 | =E4/$E$7 |
| 5 | 3 | 166440 | 153900 | 168720 | =B5+C5+D5 | =E5/$E$7 |
| 6 | 4 | 72300 | 83700 | 89900 | =B6+C6+D6 | =E6/$E$7 |
| 7 | Summe | =B3+B4+B5+B6 | =C3+C4+C5+C6 | =D3+D4+D5+D6 | =SUMME(E3:E6) | =SUMME(F3:F6) |

d) Säulendiagramm für Filialumsätze

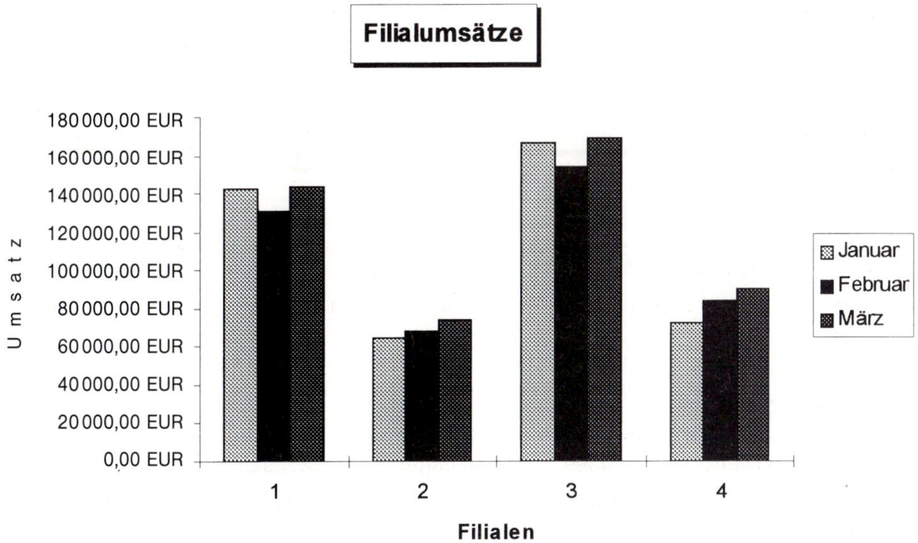

e) Kreisdiagramm für die Umsatzanteile der Filialen am Gesamtumsatz

**Umsatzanteile der Filialen**

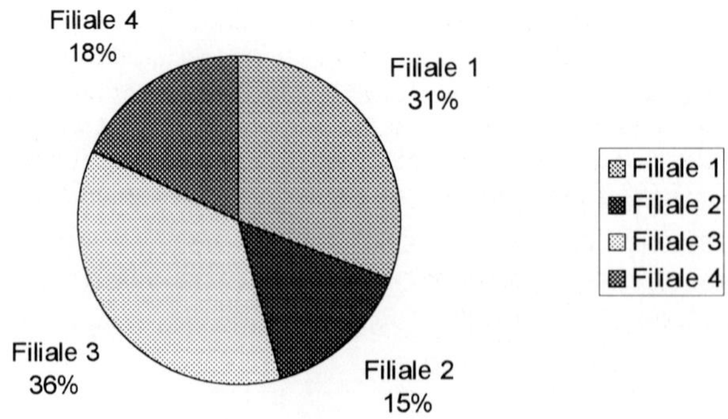

# VII. Mündliche Prüfung (Praktische Übungen)

**Vorbemerkung:**

Das Prüfungsfach „Praktische Übungen“ wird in Form eines Prüfungsgesprächs durchgeführt (mündliche Prüfung). Der Prüfling soll unter Berücksichtigung von warengruppenspezifischen Besonderheiten zeigen, dass er betriebspraktische Vorgänge und Problemstellungen bearbeiten kann. Dafür kommen insbesondere folgende Bereiche in Betracht: Kundenberatung, Gebrauchsnutzen der Ware, Mängelfeststellung, Reklamation, Qualitätsbeurteilung, Lagerung, Verkaufsförderung und Werbung, Beschaffung und Warenwirtschaft.[1]

## Aufgabe 1

**Kundenberatung**

### Situation:

Sie sind Mitarbeiter/Mitarbeiterin eines Schmuck- und Uhrengeschäftes. Eine Kundin (etwa im Alter von 25 Jahren, gut gekleidet) betritt das Geschäft und betrachtet sich intensiv die Vitrine mit Herrenuhren. Sie haben das Gefühl, dass die Kundin eine Beratung wünscht.

### Aufgabenstellung:

a) Was ist beim Ansprechen der Kundin zu beachten?

b) Wie stellen Sie fest, was die Kundin wünscht?

c) Welche Information ist für ihr Beratungsgespräch von besonderer Bedeutung?

d) Nennen Sie mögliche Kaufmotive der Kundin!

e) Wie verhalten Sie sich, nachdem Sie wissen, dass die Kundin eine Armbanduhr als Überraschungsgeschenk für Ihren Freund kaufen will und sie etwa 500,00 EUR ausgeben will.

f) Was ist bei der Verkaufsargumentation zu beachten?

g) Was ist bei der Verkaufsargumentation zu vermeiden?

h) Die Kundin interessiert sich besonders für eine Uhr mit einem Preis von 590,00 EUR. Was ist zu beachten, damit die Kundin die Uhr kauft?

i) Wie wird der Verkaufsvorgang beendet?

j) Nennen Sie allgemein die Bestimmungsfaktoren eines Verkaufgesprächs!

k) Welche Kundentypen werden unterschieden?

### Lösung:

a) Beim Ansprechen der Kundin sind die Regeln für die Kontaktaufnahme zu beachten (siehe Seite 345).

b) Beim Ermitteln des Kaufwunsches ist herauszufinden, welche Ware die Kundin kaufen will und aus welchem Anlass.

c) In allen Geschäften, welche teuere Artikel anbieten, ist die Preisvorstellung des Kunden sehr behutsam zu erkunden.

d) Mögliche Kaufmotive der Kundin sind: Geburtstagsgeschenk für den Freund, Weihnachtsgeschenk für den Vater. (Zu den Kaufmotiven siehe auch Seite 342 f.)

e) Der Kundin wird eine Auswahl an Herrenuhren in der Preisklasse von 400,00 EUR bis 600,00 EUR vorgelegt. Die Kundin sollte sich ohne Zeitdruck die Uhren betrachten können.

---

1 Vgl. Verordnung über die Berufsausbildung zum Kaufmann/zur Kauffrau im Einzelhandel.

f) Nachdem festgestellt wurde, für welche Uhren sich die Kundin besonders interessiert, sind für diese Uhren Qualität und besondere Eigenschaften herauszustellen und der Preis ist zu nennen. (Zur Verkaufsargumentation siehe auch Seite 346f.)

g) Beim Verkaufsgespräch sollte auf jeden Fall vermieden werden, dass man dem Kunden/ der Kundin eine Ware aufdrängt.

h) Da der Preis der Uhr über der Preisvorstellung der Kundin liegt, ist mit einem Kaufwiderstand zu rechnen. Dieser Widerstand kann z. B. überwunden werden mit Hinweisen auf die Qualität und das Design der Uhr sowie auf das Image des Herstellers.

i) Auch wenn sich die Kundin nicht für einen Kauf entscheidet, ist sie freundlich und zuvorkommend zu verabschieden. Wenn die Kundin die Uhr kauft, wird sie an die Kasse begleitet, die Uhr wird als Geschenk verpackt und nach der Zahlung des Kaufpreises wird sie freundlich verabschiedet.

j) Zu den Faktoren, welche ein Verkaufsgespräch beeinflussen, siehe Seite 346.

k) Zu den Kundentypen siehe Seite 343 f.

## Aufgabe 2

**Reklamation**

Situation:

Sie sind Mitarbeiter/ Mitarbeiterin eines Textilgeschäftes.

Eine Kundin (etwa im Alter von 50 Jahren) hat im Winterschlussverkauf einen Wintermantel zum Preis von 280,00 EUR gekauft. Die Kundin wendet sich an Sie und weist Sie darauf hin, dass der Mantel, den Sie vor acht Tagen gekauft hat, einen deutlich sichtbaren Webfehler hat. Die Kundin ist sehr verärgert und will den Mantel zurückgeben.

Aufgabenstellung:

a) Wie reagieren Sie zunächst auf die Reklamation der Kundin?
b) Welche Rechte stehen der Kundin grundsätzlich zu, wenn der Mantel einen Mangel aufweist?
c) Was ist der Kundin aus der Sicht Ihres Geschäftes zu empfehlen?
d) Welche Bedeutung hat der Hinweis „Im Schlussverkauf gekaufte Ware ist vom Umtausch ausgeschlossen"?
e) Welche Rechte hat die Kundin, wenn das Geschäft den gleichen Mantel nicht mehr liefern kann, da es sich um ein Einzelstück handelte.
f) Wie lange hat die Kundin Zeit, den Mangel zu reklamieren.

Lösung:

a) Die Reklamation der Kundin ist ernst zu nehmen und es muss mit Höflichkeit versucht werden, die Kundin zu beruhigen. Es ist festzustellen, ob die Ware in Ihrem Geschäft zum angegebenen Zeitpunkt gekauft wurde und es ist zu prüfen, ob die Reklamation der Kundin berechtigt ist.

b) Die Kundin hat das Recht auf Nacherfüllung, d. h. Nachbesserung oder Nachlieferung. Da der Webfehler nicht beseitigt werden kann, hat die Kundin nur das Recht auf Lieferung eines mangelfreien Mantels (siehe Seite 139f.).

c) Wenn der Fehler nicht allzu auffällig ist und die Kundin zu erkennen gibt, dass sie den Mantel bei einem Preisnachlass behalten würde, schlagen Sie ihr einen Preisnachlass vor (u. U. ist die Höhe des Preisnachlasses mit dem Vorgesetzten abzusprechen); der Differenzbetrag wird ausgezahlt.

Falls die Kundin diesen Vorschlag nicht akzeptiert, ist ihr ein Umtausch des Mantels (Nachlieferung) vorzuschlagen.

Um die Kundin nicht zu verlieren, kann es auch sinnvoll sein, ihr – und zwar ganz problemlos – den Kaufpreis zu erstatten.

d) Dieser Hinweis bezieht sich nur auf mängelfreie Ware, d.h., eine Ware ohne Mängel wird nicht umgetauscht, auch wenn sie dem Kunden nicht mehr gefällt.

e) Die Kundin hat wahlweise das Recht auf Rücktritt vom Vertrag, Minderung des Kaufpreises oder Schadenersatz statt Leistung (siehe Seite 139 f.).

f) Die Kundin hat eine Rügefrist von zwei Jahren vom Kaufdatum an gerechneet (siehe Seite 139 f.).

## Aufgabe 3

**Beschaffung**

Situation:

Sie sind Mitarbeiter/Mitarbeiterin eines Einzelhandelsbetriebes der Audio-Video-Branche und in der Warenannahme tätig. Beschreiben Sie den Ablauf der Warenannahme, wenn ein Spediteur eine Sendung von 20 Fernsehgeräten anliefert.

Aufgabenstellung:

a) Der Spediteur setzt die Warensendung am Lagereingang ab und will von Ihnen sofort die Lieferung bestätigt haben, da er in Zeitnot ist. Wie verhalten Sie sich?

b) Die Verpackung eines Fernsehgerätes weist Schäden auf. Was ist zu beachten?

c) Wie wird der Empfang der Warensendung belegt?

d) Welche Arbeiten fallen nach dem Eingang der Warensendung im Lager an?

e) Beim Prüfen der Fernsehgeräte wird festgestellt, dass das Gehäuse eines der Fernsehgeräte eine Riss aufweist. Welche Rechte hat der Einzelhandelsbetrieb?

f) Welche Pflicht hat der Einzelhandelsbetrieb bezüglich des defekten Fernsehgerätes?

Lösung:

a) Bei der Warenannahme muss die Sendung auf jeden Fall in Anwesenheit des Spediteurs geprüft werden (siehe Seite 249).

b) In Abhängigkeit von der Geschäftsbeziehung zum Lieferanten wird entweder die Annahme des entsprechenden Gerätes abgelehnt oder die Ware wird angenommen, wobei der Spediteur den Schaden an der Verpackung schriftlich bestätigen muss.

c) Der Empfang der Ware wird dem Spediteur durch „Quittieren" (Unterschrift auf dem Lieferschein) belegt.

d) Nach dem Eingang der Warensendung müssen alle Fernsehgeräte unverzüglich ausgepackt und auf Mängel überprüft werden (zur Prüfungspflicht siehe Seite 139); anschließend sind die Fernsehgeräte im Lager entsprechend dem Lageplan einzusortieren.

e) Der Einzelhandelsbetrieb muss unverzüglich rügen (offener Mangel beim zweiseitigen Handelskauf, siehe Seite 140). Nach der Rüge hat er das Recht auf Nacherfüllung (siehe Seite 139 f.).

f) Der Einzelhandelsbetrieb muss das defekte Fernsehgerät aufbewahren, bis der Lieferer über die Ware verfügt. Die Kosten der Aufbewahrung kann er dem Lieferer in Rechnung stellen.

## Aufgabe 4

### Lagerung

Situation:

Sie sind Mitarbeiter/Mitarbeiterin eines SB-Warenhauses und im Lager für die Lagerung von Schuhen und Lederwaren zuständig. Im Rahmen der Jahresinventur am 31. Dezember stellen Sie für den Artikel Winterstiefel Antarktis fest, dass 5 Paar Stiefel fehlen.

Aufgabenstellung:

a) Welche Inventurart liegt vor?
b) Nennen Sie mögliche Ursachen für den Fehlbestand!
c) Nennen Sie einen wichtigen Grundsatz für die Aufbewahrung von Lederwaren!
d) Welche besonderen Lagerrisiken gibt es für Lederwaren?
e) Nennen Sie wichtige Aufgaben der Lagerhaltung!
f) Nennen Sie wichtige Arbeiten im Lager!
g) Welche Bedeutung hat die Lagerbuchführung?
h) Welche Bedeutung haben Lagerkennzahlen im Einzelhandel?

Lösung:

a) Es handelt sich um eine Stichtagsinventur (siehe Seite 263 f.).
b) Der Sollbestand ist größer als der Istbestand; zu den möglichen Gründen siehe Seite 263.
c) Lederwaren müssen insbesondere trocken und geschützt vor Tageslicht aufbewahrt werden; zu den weiteren Grundsätzen der Lagerhaltung siehe Seite 264.
d) Lederwaren unterliegen wie Textilien insbesondere dem Risiko, dass sich Mode und Geschmack wandeln; zu den Lagerrisiken siehe auch Seite 266.
e) Zu den Aufgaben der Lagerhaltung siehe Seite 261.
f) Zu den Lagerarbeiten siehe Seite 262.
g) Zu den Aufgaben der Lagerbuchführung siehe Seite 262.
h) Zu den Arten der Lagerkennzahlen und deren Bedeutung siehe Seite 266 ff. und Seite 399 f.

## Aufgabe 5

### Warenwirtschaftssystem

Situation:

Sie sind Mitarbeiter/Mitarbeiterin eines Supermarktes, welcher ein computergestütztes Warenwirtschaftssystem einsetzt. Sie sind an einer Datenkasse mit stationärem Scanner eingesetzt.

Aufgabenstellung:

a) Wie vollzieht sich der Warenverkauf an der Kasse?
b) Welche Angaben enthält der Kassenzettel (Kassenbeleg)?
c) Woher erhält die Datenkasse die notwendigen Informationen zur Erstellung des Kassenzettels?
d) Welche Bedeutung hat das Warenwirtschaftssystem für die Lagerbuchführung?

e) Nennen Sie Vorteile des Kassensystems POS!

f) Nennen Sie Vorteile eines Warenwirtschaftssystems!

g) Nennen Sie die Hardware-Komponenten eines Warenwirtschaftssystems!

Lösung:

a) Die Kundin bzw. der Kunde legt die Waren auf das Transportband der Kasse. Die Kassiererin bzw. der Kassierer begrüßt die Kundin bzw. den Kunden und führt jede Ware über das Lesefenster des Scanners. Falls der Scanner den EAN-Code (siehe Seite 358) nicht lesen kann, muss die betreffende Nummer von Hand eingegeben werden. Die Kassiererin bzw. der Kassierer prüft, ob alle Waren aus dem Einkaufswagen entnommen wurden. Die Kundin bzw. der Kunde legt die bereits eingescannte Ware in den Einkaufswagen zurück. Die Kasse erstellt automatisch den Kassenbeleg, welcher der Kundin bzw. dem Kunden gegen Zahlung des Rechnungsbetrages ausgehändigt wird. Die freundliche Verabschiedung beendet den Verkaufsvorgang.

b) Der Kassenzettel enthält Informationen über den Verkaufsvorgang wie z. B. genaue Artikelbezeichnung, Einzelpreis, Gesamtpreis, Mehrwertsteuer, Datum und Uhrzeit.

c) Die Datenkasse liest den EAN-Code und identifiziert über die Artikelnummer jede Ware. Im Hauptrechner des Betriebes sind für alle Artikel, welche der Betrieb im Sortiment führt, in Datensätzen zu jeder Artikelnummer weitere Informationen gespeichert wie z. B. genaue Artikelbezeichnung, Einzelpreis, Mehrwertsteuersatz. Die Datenkasse hat einen ständigen Zugriff auf die Informationen des Hauptrechners und kann somit sofort die Kassenzettel erstellen.

d) Durch die Online-Verbindung zwischen den Datenkassen und dem Hauptrechner werden die Warenverkäufe sofort als Warenabgänge erfasst, d. h., die Warenbestände sind jederzeit aktuell.

e) Zu den Vorteilen des POS-Systems siehe Seite 271 f.

f) Zu den Vorteilen eines Warenwirtschaftssystems siehe Seite 270 f.

g) Zu den Hardware-Komponenten eines WWS siehe Seite 271.

# Lösungen Wirtschaftsrechnen

## Aufgabengruppe 1, S. 40 f.

1. a) 2 224,20 : 5 = 444,84 EUR

   b) 2 224,20 : 185 = 12,02 EUR

2. a) 1,5147 CHF = 1,00 EUR
   225,00 CHF = 148,54 EUR

   b) 0,9950 USD = 1,00 EUR
   150,00 USD = 150,75 EUR

3. $\frac{12 \cdot 6}{16} = 4{,}5$ Tage

4. Gesamtumsatz = 6 105,80 EUR = 100 %

   I = 71,37 %
   II = 28,63 %

5.

| | |
|---|---|
| | 840,00 EUR |
| – 15 % | 126,00 EUR |
| | 714,00 EUR |
| – $2\frac{1}{2}$ % | 17,85 EUR |
| | 696,15 EUR |

6.

| Tage | # |
|---|---|
| 43 | 202 |
| 78 | 503 |
| | 705 : 72 = 9,79 |

| | |
|---|---|
| Wechselsumme | 1 115,00 EUR |
| – 5 % Diskont | 9,79 EUR |
| Gutschrift | 1 105,21 EUR |

7. a) $\frac{162{,}40 \cdot 12}{112} = 17{,}40$ EUR

   b) 162,40 – 17,40 = 145,00 EUR

## Aufgabengrupe 2, S. 41 f.

1. $\frac{26 \cdot 48}{32} = 39$ Tage

2.

| a) | b) |
|---|---|
| 42,21 EUR | 50,40 EUR |
| 28,14 EUR | 67,20 EUR |
| 70,35 EUR | 23,10 EUR |
| 140,70 EUR | 140,70 EUR |

3.

| | Tage | # |
|---|---|---|
| 315,00 EUR f. 10.03. | 140 | 441 |
| 184,20 EUR f. 18.05. | 72 | 133 |
| 247,90 EUR f. 03.06. | 57 | 141 |
| 747,10 EUR | | 715 : 45 = 15,89 EUR |
| + 15,89 EUR = 8 % Zinsen | | |
| 762,99 EUR | | |

4.

| 1. Angebot: | | 2. Angebot: | | 3. Angebot | |
|---|---|---|---|---|---|
| 1 Dtzd. = | 46,80 EUR | 1 Stück = | 4,15 EUR | 1 Gros = | 616,35 EUR |
| – 5 % = | 2,34 EUR | – 8 % = | 0,33 EUR | – 12 % = | 73,96 EUR |
| | 44,46 EUR | | 3,82 EUR | | 542,39 EUR |
| 1 Stück = | 3,71 EUR | | | 1 Stück = | 3,77 EUR |

5. Umsatzsteigerung
17 780,00 EUR = 15,51 %

6.

| | |
|---|---|
| | 458,25 EUR |
| + | 9,40 EUR |
| | 467,65 EUR |
| + 17 % | 79,50 EUR |
| | 547,15 EUR |
| + 12 $^1/_2$ % | 68,39 EUR |
| | 615,54 EUR |
| + 16 % | 98,49 EUR |
| | 714,03 EUR |
| 171 Flaschen je | 4,18 EUR |
| | + 0,25 EUR |
| | 4,43 EUR |

7. $\frac{150\,000 \cdot 1{,}25}{1\,000} = 187{,}50$ EUR

## Aufgabengruppe 3, S. 42 f.

1. 2 400 000,00 EUR : 21 = 114 285,71 EUR
2 600 000,00 EUR : 20 = 130 000,00 EUR

$\frac{15\,714{,}29 \cdot 100}{114\,285{,}71}$ = 13,75 % Steigerung

2.

| | |
|---|---|
| 1. Angebot | 325,00 EUR |
| – 12 % | 39,00 EUR |
| | 286,00 EUR |
| | je Stück 2,86 EUR |
| 2. Angebot | 36,00 EUR |
| – 3 % | 1,08 EUR |
| | 34,92 EUR |
| | je Stück 2,91 EUR |
| 3. Angebot | 2,95 EUR |

3. Zinsen $= \frac{479{,}80 \cdot 9 \cdot 106}{100 \cdot 360} = 12{,}71$ EUR

Scheckbetrag = 492,51 EUR

4.

| | Teile | |
|---|---|---|
| 1. | 4 | 6000,00 EUR |
| 2. | 3 | 4500,00 EUR |
| 3. | 2 | 3000,00 EUR |
| 4. | 5 | 7500,00 EUR |
| | 14 | 21000,00 EUR |

5. $\frac{26{,}240 \cdot 100}{82} = 32{,}0$ kg

6.

| | Tage | # |
|---|---|---|
| 4500,00 EUR f. 20.07. | 160 | 7200 |
| 600,00 EUR f. 31.08. | 120 | 720 |
| 3200,00 EUR f. 05.09. | 115 | 3680 |
| 1500,00 EUR f. 18.10. | 72 | 1080 |
| 9800,00 EUR | | 12680 : 60 = 211,33 EUR |
| 211,89 EUR = 6% Zinsen | | |
| 10011,33 EUR | | |

7.

| | |
|---|---|
| 600 kg | 1470,00 EUR |
| + Fracht | 30,24 EUR |
| + Rollgeld | 12,50 EUR |
| | 1512,74 EUR |
| + 15% | 226,91 EUR |
| | 1739,65 EUR |
| + 12 ½% | 217,46 EUR |
| | 1957,11 EUR |
| + 16% | 313,14 EUR |
| | 2270,25 EUR |

½ kg 1,89 EUR

## Aufgabengruppe 4, S. 43

1.

| | | | |
|---|---|---|---|
| 1,5147 CHF | = | 1,00 | EUR |
| 4000,00 CHF | = | 2640,79 | EUR |
| 1,00 EUR | = | 1,4130 | CAD |
| 2640,79 EUR | = | 3731,44 | CAD |

2.

| | | Bezugskosten | Einstandspreis |
|---|---|---|---|
| 186,00 EUR | 31 | 17,05 EUR | 203,05 EUR |
| 528,00 EUR | 88 | 48,40 EUR | 576,40 EUR |
| 234,00 EUR | 39 | 21,45 EUR | 255,45 EUR |
| 948,00 EUR | 158 | 86,90 EUR | |

86,90 : 158 = 0,55

3. Zinsen $= \dfrac{960 \cdot 7 \cdot 135}{100 \cdot 360} = 25{,}20$ EUR    Überweisungsbetrag = 985,20 EUR

4. Rechnungsbetrag $= \dfrac{22{,}50 \cdot 100}{4{,}5} = 500{,}00$ EUR

| | | |
|---|---|---|
| – | 4 ½ % | 22,50 EUR |
| | | 477,50 EUR |
| – | 3 % | 14,33 EUR |
| = Überweisungsbetrag | | 463,17 EUR |

5.

| | |
|---|---|
| | 464,00 EUR |
| – 2% | 9,28 EUR |
| | 454,72 EUR |
| + | 22,60 EUR |
| + | 14,00 EUR |
| | 491,32 EUR |
| + 15% | 73,70 EUR |
| | 565,02 EUR |
| + 8% | 45,20 EUR |
| | 610,22 EUR |
| + 16% | 97,64 EUR |
| | 707,86 EUR : 80 = 8,85 EUR pro Kaffeefilter |

6.

| | |
|---|---|
| 98 % | 926,10 EUR |
| + 2% | 18,90 EUR |
| 87 ½% | 945,00 EUR |
| + 12 ½% | 135,00 EUR |
| | 1080,00 EUR    1 kg = 5,00 EUR |

7.

| | |
|---|---|
| 116% | 110,20 EUR |
| – 16% | 15,20 EUR |
| | 95,00 EUR |

HSP $= \dfrac{(95 - 48{,}90) \cdot 100}{95} = 48{,}53\%$

## Aufgabengruppe 5, S. 43f.

1. $\dfrac{75846 \cdot 20}{120} = 12641{,}00$ EUR Steigerung

2. a) Zinsen $= \dfrac{6300 \cdot 6{,}5 \cdot 81}{100 \cdot 360} = 92{,}14$ EUR    b) Skonto = 157,50 EUR

3.

| 1. Angebot: | | 2. Angebot: | |
|---|---|---|---|
| | 540,00 EUR | | 540,00 EUR |
| – 25% | 135,00 EUR | – 30% | 162,00 EUR |
| | 405,00 EUR | | 378,00 EUR |
| – 3% | 12,15 EUR | – 2% | 7,56 EUR |
| | 392,85 EUR | | 370,44 EUR |
| | | + | 21,00 EUR |
| | | | 391,44 EUR |

4. Brutto-Verkaufspreis 12,05 EUR

| | |
|---|---|
| Brutto-Verkaufspreis | 12,05 EUR |
| – 16% MWSt | 1,66 EUR |
| | 10,39 EUR |
| – 10% a. H. | 0,94 EUR |
| | 9,45 EUR |
| – 15% a. H. | 1,23 EUR |
| Einkaufspreis | 8,22 EUR |

5.

| | |
|---|---|
| Umsatz | 904 800,00 EUR |
| – 16% MWSt | 124 800,00 EUR |
| Nettoumsatz | 780 000,00 EUR |

| | | |
|---|---|---|
| Nettoumsatz | 780 000,00 EUR | 100% |
| – HSP | 483 600,00 EUR | 62% |
| Wareneinsatz | 296 400,00 EUR | 38% |

6.

| | | |
|---|---|---|
| | 1 274,00 EUR | |
| + | 15,60 EUR | |
| | 1 289,60 EUR | |
| + 28% | 361,09 EUR | |
| | 1 650,69 EUR | |
| + 12 ½% | 206,34 EUR | |
| | 1 857,03 EUR | |
| + 16% | 297,12 EUR | |
| | 2 154,15 EUR | 1 Stück = 7,18 EUR |

7. a)

| | |
|---|---|
| | 45 600,00 EUR |
| + | 685 300,00 EUR |
| – | 52 800,00 EUR |
| | 678 100,00 EUR |

b)

| | |
|---|---|
| | 834 200,00 EUR |
| – | 678 100,00 EUR |
| | 156 100,00 EUR |

c) $\frac{81\,700 \cdot 100}{678\,100} = 12{,}05\%$

d)

| | | |
|---|---|---|
| | 156 100,00 EUR | |
| – | 81 700,00 EUR | |
| | 74 400,00 EUR | |
| | 678 100,00 EUR | |
| + | 81 700,00 EUR | |
| | 759 800,00 EUR | (Selbstkosten) |

$\frac{74\,400 \cdot 100}{759\,800} = 9{,}79\%$ (Zuschlag)

## Aufgabengruppe 6, S. 44 f.

1. $\frac{14{,}20 \cdot 100}{99{,}40 + 14{,}20} = 12{,}5\%$

2. a) Gewinnverteilung b)

| | Anfangs-Kapital | 6% | Rest | Gesamt | Privat | Zuwachs | Endkapital |
|---|---|---|---|---|---|---|---|
| A | 180 000,00 | 10 800,00 | 8 700,00 | 19 500,00 | 15 600,00 | 3 900,00 | 183 900,00 |
| B | 240 000,00 | 14 400,00 | 8 700,00 | 23 100,00 | 14 800,00 | 8 300,00 | 248 300,00 |
| C | 120 000,00 | 7 200,00 | 8 700,00 | 15 900,00 | 12 400,00 | 3 500,00 | 123 500,00 |
| | 540 000,00 | 32 400,00 | 26 100,00 | 58 500,00 | 42 800,00 | 15 700,00 | 555 700,00 |

c)

| | Teile | Gewinne |
|---|---|---|
| A | 3 | 19 500,00 |
| B | 4 | 26 000,00 |
| C | 2 | 13 000,00 |
| | 9 | 58 500,00 |

3. 1. Jahr: 5,22 %
2. Jahr: 9,16 %
3. Jahr: 8,58 %

Durchschnitt: 7,65 %

4. $\frac{525\,000{,}00 \text{ EUR}}{3{,}5} = 150\,000{,}00$ EUR (durchschnittl. Lagerbestand)

$\frac{600\,000{,}00 \text{ EUR}}{150\,000{,}00 \text{ EUR}} = 4$ (Umschlagshäufigkeit)

5.

| | Tage | # |
|---|---|---|
| 2 160,00 EUR f. 04.11. | 21 | 454 |
| 1 340,00 EUR f. 27.11. | 44 | 590 |
| 1 650,00 EUR f. 29.12. | 76 | 1 254 |
| 5 150,00 EUR | | 2 298 |
| – 35,11 EUR 5 ½ % Diskont | | |
| 5 114,89 EUR | | |

6. a)

| | | |
|---|---|---|
| alter Verkaufspreis | 28,00 EUR | 100 % |
| – Senkung | 14,20 EUR | 40 % |
| neuer Verkaufspreis | 16,80 EUR | 60 % |

| | | |
|---|---|---|
| Einstandspreis | 21,00 EUR | 100 % |
| + Aufschlag | 7,00 EUR | 33 ⅓ % |
| alter Verkaufspreis | 28,00 EUR | 133 ⅓ % |

b) $\frac{(21 - 16{,}80) \cdot 100}{21} = 20\%$

7.

| | |
|---|---|
| | 243,60 EUR |
| – 2 % | 4,87 EUR |
| | 238,73 EUR |
| + | 8,50 EUR |
| | 247,23 EUR |
| + 25 % | 61,81 EUR |
| | 309,04 EUR |
| + 12 ½ % | 38,63 EUR |
| | 347,67 EUR |
| + 16 % | 55,63 EUR |
| 120 Dtzd. = | 403,30 EUR |

1 Dtzd. = 3,36 EUR

## Aufgabengruppe 7, S. 45f.

1. 1,4865 CHF = 1,00 EUR
19400,00 CHF = 13050,79 EUR

2.

| | | | |
|---|---|---|---|
| Bruttoumsatz | 1005,66 EUR | 116% | |
| − MWSt | 138,71 EUR | 16% | |
| Nettoumsatz | 866,95 EUR | 100% | 116% |
| − Gewinn | 119,58 EUR | | 16% |

3. $\text{Zinssatz} = \dfrac{16{,}80 \cdot 100 \cdot 360}{960 \cdot 70} = 9\%$

4.

| | |
|---|---|
| Kassenbestand | 2850,00 EUR |
| + Wareneinkäufe | 340,00 EUR |
| + Warennebenkosten | 60,00 EUR |
| + Privatentnahmen | 90,00 EUR |
| − Wechselgeld | 500,00 EUR |
| = Tageslosung | 2840,00 EUR |

5. a)

| | | |
|---|---|---|
| Warenumsatz netto | 254200,00 EUR | = 125% |
| Einstandspreis | 203360,00 EUR | = 100% |

| | |
|---|---|
| Warenanfangsbestand | 64000,00 EUR |
| + Einkäufe | 186700,00 EUR |
| | 250700,00 EUR |
| − Verkäufe (zu Einstandspreisen) | 203360,00 EUR |
| Warenendbestand | 47340,00 EUR |

b)

| | |
|---|---|
| Einstandspreis | 203360,00 EUR |
| + Betriebskosten | 21400,00 EUR |
| | 224760,00 EUR |
| + Gewinn 13,1% | 29440,00 EUR |
| | 254100,00 EUR |

6. a) $KZ = \dfrac{(73{,}08 - 45) \cdot 100}{45} = 62{,}4\%$

$KF = 1{,}624$

b) $HSP = \dfrac{(63 - 45) \cdot 100}{63} = 28{,}57\%$

c) $\text{Skonto} = \dfrac{(40 - 39) \cdot 100}{40} = 2{,}5\%$

d) $HKZ = \dfrac{(56{,}25 - 45) \cdot 100}{45} = 25\%$

e) $\text{Gewinn} = \dfrac{(63 - 56{,}25) \cdot 100}{56{,}25} = 12\%$

7.

| | | |
|---|---|---|
| ZEP | 456,08 EUR | 100% |
| − Skonto | 13,68 EUR | 3% |
| BEP | 442,40 EUR | 97% |
| + Bahnfracht | 28,10 EUR | |
| + Hausfracht | 14,50 EUR | |
| Bezugspreis | 485,00 EUR | |

## Aufgabengruppe 8, S. 46f.

1. a)

| | |
|---|---|
| Barkaufspreis | 1360,00 EUR |
| − Anzahlung 25% | 340,00 EUR |
| Restschuld | 1020,00 EUR : 6 = Rate 170,00 EUR |

Aufschlag pro Ratenzahlung $= \frac{1020 \cdot 1{,}5}{100} = 15{,}30 \cdot 6$

gesamter Aufschlag (Mehrpreis) = 91,80 EUR

b) Gesamtaufschlag $= \frac{91{,}80 \cdot 100}{1360} = 6{,}75\%$

2. a)

| | |
|---|---|
| | 540,00 EUR |
| − 3% | 16,20 EUR |
| | 523,80 EUR |

b) Zinsen $= \frac{540 \cdot 8 \cdot 111}{100 \cdot 360} =$ 13,32 EUR

Zahlung am 03.12. = 553,32 EUR

3.

| | |
|---|---|
| Rechnungsbetrag | 684,00 EUR |
| + 6% Zinsen (134 Tage) | 15,28 EUR |
| + | 1,80 EUR |
| | 701,08 EUR |

4.

| Tage | # |
|---|---|
| 116 | 745 |
| 38 | 668 |
| | 1413 : 45 = 31,40 EUR |

| | | |
|---|---|---|
| | 2400,40 EUR | Gesamtschuld |
| − | 2000,00 EUR | Wechselzahlung |
| | 400,40 EUR | |
| | 31,40 EUR | 8% Verzugszinsen |
| | 20,22 EUR | 6 $^1/_2$% Diskont für 2000,00 EUR (56 Tage nach der Eurozinsmethode) |
| | 452,02 EUR | Überweisung |

5.

| | | |
|---|---:|---|
| | 300,00 EUR | (125 · 2,40) |
| − 2 % | 6,00 EUR | |
| | 294,00 EUR | |
| + | 2,50 EUR | |
| + | 7,60 EUR | |
| | 304,10 EUR | |
| + 14 % | 42,57 EUR | |
| | 346,67 EUR | |
| + Gewinn 8,16 % | 28,33 EUR | |
| | 375,00 EUR | (125 · 3) |
| + 16 % | 60,00 EUR | |
| Brutto-Verk. Pr. | 435,00 EUR | |

6.

| | | | |
|---|---:|---:|---:|
| | 139,20 EUR | 116 % | |
| − | 19,20 EUR | 16 % | |
| | 120,00 EUR | 100 % | 112 % |
| − | 12,86 EUR | | 12 % |
| | 107,14 EUR | 118 % | 100 % |
| − | 16,34 EUR | 18 % | |
| | 90,80 EUR | 100 % | |
| − | 3,80 EUR | | |
| | 87,00 EUR | | |

7. a)

| | |
|---|---:|
| | 43 200,00 EUR |
| + | 216 800,00 EUR |
| | 260 000,00 EUR |
| − | 38 600,00 EUR |
| | 221 400,00 EUR |

b)

| | |
|---|---:|
| | 284 500,00 EUR |
| − | 221 400,00 EUR |
| | 63 100,00 EUR |

c) 28,5 %

d)

| | | |
|---|---:|---|
| | 221 400,00 EUR | |
| + | 27 200,00 EUR | = 12,29 % |
| | 248 600,00 EUR | |

e)

| | | |
|---|---:|---|
| | 284 500,00 EUR | |
| − | 248 600,00 EUR | |
| | 35 900,00 EUR | = 14,44 % |

f)

| | | |
|---|---:|---|
| | 43 200,00 EUR | |
| + | 38 600,00 EUR | |
| | 81 800,00 EUR | : 2 = 40 900,00 EUR |

g) 221 400,00 : 40 900,00 = 5,41

h) 360 : 5,41 = 67 Tage

## Aufgabengruppe 9, S. 48

1. a) A: 6 900,00 EUR + 24 000,00 EUR
   B: 9 480,00 EUR
   C: 4 320,00 EUR

   b) Kapitalverzinsung: 6 %

2. $\frac{5 \cdot 25 \cdot 8 \cdot 1800}{20 \cdot 9 \cdot 1200} = 8,\overline{3}$ 8,33 = 8 Tage + 3 Arbeitsstunden

3. $\frac{29,40 \cdot 100 \cdot 360}{2450 \cdot 72} = 6\,\%$

4.

| | | |
|---|---|---|
| | | 3 500,00 EUR |
| | − | 1 500,00 EUR |
| 2,5 % | = | 2 000,00 EUR |
| 100 % | = | 80 000,00 EUR |

5.

| | | |
|---|---|---|
| Kapital | 90 000,00 EUR | 100 % |
| + Zinsen 12 %/60 Tage | 1 800,00 EUR | 2 % |
| vermehrtes Kapital | 91 800,00 EUR | 102 % |

6.

| | | |
|---|---|---|
| | 438 000,00 EUR | |
| − | 284 000,00 EUR | |
| | 154 000,00 EUR | Endkapital |
| + | 8 345,00 EUR | |
| − | 15 345,00 EUR | Gewinn |
| | 147 000,00 EUR | Anfangskapital |

$\frac{15345 \cdot 100}{147000} = 10,44\,\%$ Verzinsung

7. a) 182 220,00 EUR
   b) 26 615,00 EUR
   c) 6,8 x
   d) 53 Tage

## Aufgabengruppe 10, S. 49

1. $\frac{151,25 \cdot 100 \cdot 360}{125 \cdot 6} = 7\,260,00$ EUR

2. a)

| | |
|---|---|
| Skontoabzug | 170,00 EUR |
| − Zinsen 10 %/30 Tage | 50,00 EUR |
| Finanzierungsgewinn | 120,00 EUR |

   b) 24 %

3. a) 704 500,00 EUR
   b) 129 700,00 EUR
   c) 11,6 % Geschäftskostenzuschlag
   d) Kalkulationssatz 18,4 %
   Handelsspanne 15,5 %
   e) Reingewinn 48 000,00 EUR = 6,11 %

4.

| | | |
|---|---|---|
| | 260 000,00 EUR | ursprüngl. Umsatz |
| + $6\frac{1}{4}$% | 16 250,00 EUR | |
| | 276 250,00 EUR | |
| − 10% | 27 625,00 EUR | |
| | 248 625,00 EUR | |
| + $3\frac{1}{3}$% | 8 267,50 EUR | |
| | 256 912,50 EUR | |

5.

| | | |
|---|---|---|
| | 54 000,00 EUR | Einnahmen/Jahr |
| − | 12 000,00 EUR | |
| − | 9 000,00 EUR | |
| − | 14 400,00 EUR | |
| | 18 600,00 EUR | Reinertrag |

$$\frac{18600 \cdot 100}{300000} = 6{,}2\,\%\ \text{Verzinsung}$$

6.

| | Tage | # |
|---|---|---|
| 60 000,00 EUR | 90 | 54 000 |
| 40 000,00 EUR | 90 | 36 000 |
| 20 000,00 EUR | 90 | 18 000 |
| | | 108 000 : 40 = 2 700,00 EUR |

15.11.: 22 700,00 EUR

7.

| | | |
|---|---|---|
| Bruttoverkaufspreis | 150,00 EUR | (100 · 1,5) ≙ 116% |
| − MWSt | 20,69 EUR | |
| Nettoverkaufspreis | 129,31 EUR | |

$$\text{HSp} = \frac{29{,}31 \cdot 100}{129{,}31} = 22{,}67\,\%$$

## Aufgabengruppe 11, S. 50

1. a) $\frac{1215 \cdot 100}{48600} = 2{,}5\,\%$

b)

| | |
|---|---|
| | 25 815,00 EUR |
| − | 645,38 EUR |
| | 26 460,38 EUR |

2. a) $\frac{9312 \cdot 100}{97} = 9600{,}00$ EUR

b) $\frac{3 \cdot 360}{20} = 54\,\%$

c) $\frac{77{,}60 \cdot 100 \cdot 360}{9312 \cdot 20} = 15\,\%$

3.

| | | |
|---|---|---|
| Kredit | 25 000,00 EUR | 100% |
| − Zinsen 8%/90 T. | 500,00 EUR | 2% |
| − Bearbeitungsgebühr | 250,00 EUR | 1% |
| Auszahlung | 24 250,00 EUR | 97% |

4. a) ursprünglicher Verkaufspreis $= \frac{168 \cdot 100}{60} = 280{,}00$ EUR

Einstandspreis $= \frac{280 \cdot 100}{133\,^1/_3} = 210{,}00$ EUR

b) Differenz $= \frac{(210 - 168) \cdot 100}{210} = 20\,\%$

5.

| | |
|---|---|
| | 624,00 EUR |
| + | 15,20 EUR |
| | 639,20 EUR |
| + 24% | 153,41 EUR |
| | 792,61 EUR |
| + 12 ½% | 99,08 EUR |
| | 891,69 EUR |
| + 7% | 62,42 EUR |
| 250 Kartons | 954,11 EUR |

1 Karton = 3,82 EUR

6. a)

| | |
|---|---|
| | 100,00 EUR |
| + 28% | 28,00 EUR |
| | 128,00 EUR |
| + 12 ½% | 16,00 EUR |
| | 144,00 EUR |
| + 16% | 23,04 EUR |
| | 167,04 EUR |

Kalkulationszuschlag = 68%
Handelsspanne = 31%

b)

| | |
|---|---|
| | 59,00 EUR |
| + 28% | 16,52 EUR |
| Selbstkosten | 75,52 EUR |
| Brutto-Verkaufspreis | 84,71 EUR |
| – 16% MWSt | 11,68 EUR |
| | 73,03 EUR |
| Verlust | 2,49 EUR |

c)

| | | | |
|---|---|---|---|
| | 59,00 EUR | | 100 % |
| – Rabatt | 1,95 EUR | | 3,31 % |
| | 57,05 EUR | 100% | |
| + 28% | 15,98 EUR | 28% | |
| | 73,03 EUR | 128% | |

d)

| |
|---|
| 59,00 EUR |
| + 40,12 EUR |
| 99,12 EUR |

7. a) 103 900,00 EUR

b) Rohgewinn 34 700,00 EUR
Reingewinn 18 000,00 EUR

c) Reingewinn $= \frac{18000 \cdot 100}{103900 + 16700} = 14{,}93\,\%$

d) KZ = 33,4%
HSp = 25,04%

## Aufgabengruppe 12, S. 51

1. 1,4731 CHF = 1,00 EUR
   650,00 CHF = 441,25 EUR

2. $\text{Kapital} = \dfrac{202{,}50 \cdot 100 \cdot 12}{4{,}5 \cdot 9} = 4\,500{,}00 \text{ EUR}$

3. $\text{Hypothek} = \dfrac{170{,}50 \cdot 100 \cdot 12}{5{,}5 \cdot 3} = 12\,400{,}00 \text{ EUR}$

4. a)

| | |
|---|---|
| | 4850,00 EUR |
| – 2 1/2 % | 121,25 EUR |
| | 4728,75 EUR |

   b) $\text{Zinsen} = \dfrac{4728{,}75 \cdot 8 \cdot 20}{100 \cdot 360} = 21{,}02 \text{ EUR}$

   c) Finanzierungsgewinn = 121,25 – 21,02 = 100,23 EUR

5. a)

| | |
|---|---|
| | 444,00 EUR |
| + | 8,20 EUR |
| | 452,20 EUR · 1,4 = 633,08 EUR : 24 = 26,38 EUR + 16 % = 30,60 EUR |

   b)

| | | | |
|---|---|---|---|
| | 452,20 EUR | | |
| + 25 % | 113,05 EUR | | |
| | 565,25 EUR | | 100 % |
| – Verlust | 19,49 EUR | | 3,45 % |
| | 545,76 EUR | 100 % | |
| + 16 % | 87,32 EUR | 16 % | |
| | 633,08 EUR | 116 % | |

6. a)

| | |
|---|---|
| | 630,00 EUR |
| – 33 1/3 % | 210,00 EUR |
| | 420,00 EUR |
| + | 12,40 EUR |
| | 432,40 EUR |
| + 22 % | 95,13 EUR |
| | 527,53 EUR |
| + Gewinn | 102,47 EUR |
| | 630,00 EUR |

   b) 19,42 %

   c) 630 · 1,16 = 730,08 EUR

7.

| | |
|---|---|
| 200 · 4,00 | 800,00 EUR |
| – 30 % | 240,00 EUR |
| | 560,00 EUR |
| – 2 % | 11,20 EUR |
| Einkaufspreis | 548,80 EUR |
| + 18 % | 98,78 EUR |
| Selbstkosten | 647,58 EUR |

| | | |
|---|---|---|
| Brutto-Verkaufspreis | 800,00 EUR | 107 % |
| – 7 % | 52,34 EUR | |
| Netto-Verkaufspreis | 747,66 EUR | |
| – Selbstkosten | 647,58 EUR | |
| Reingewinn | 100,08 EUR | 15,45 % |

## Aufgabengruppe 13, S. 52

1\. b)

| | | |
|---|---|---|
| b) | Listenpreis | 2 860,00 EUR |
| | − 25 % | 715,00 EUR |
| | | 2 145,00 EUR |
| | − 2 % | 42,90 EUR |
| a) | Bareinkaufspreis | 2 102,10 EUR |
| | + | 72,30 EUR |
| | + | 17,60 EUR |
| | | 2 192,00 EUR |

2\.

| | |
|---|---|
| | 403,80 EUR |
| + | 34,20 EUR |
| Bezugspreis | 438,00 EUR |
| + Aufschlag | 372,30 EUR |
| | 810,30 EUR |

a) $KZ = \frac{372{,}20 \cdot 100}{438} = 85\,\%$

b) KF = 1,85

3\.

| | |
|---|---|
| | 100,00 EUR |
| + 86 % | 86,00 EUR |
| | 186,00 EUR |
| + 9 % | 16,74 EUR |
| | 202,74 EUR |
| + 16 % | 32,44 EUR |
| | 235,18 EUR |

$KF = \frac{235{,}18}{100} = 2{,}3518$

4\. a)

| | | |
|---|---|---|
| | 280,0 kg | |
| − 7 % | 19,6 kg | |
| | 260,4 kg | · 7,60 = 1 979,04 EUR |

| | |
|---|---|
| Listenpreis insgesamt | 1 979,04 EUR |
| Listenpreis je kg | 7,60 EUR |

b)

| | | |
|---|---|---|
| | 1 979,04 EUR | |
| + | 16,52 EUR | (280 · 0,059) |
| | 1 995,56 EUR | : 260,4 = 7,66 EUR |

| | |
|---|---|
| Bezugspreis insgesamt | 1 995,56 EUR |
| Bezugspreis je kg | 7,66 EUR |

5\. $\text{Bezugspreis} = \frac{285{,}87}{1{,}8325} = 156{,}00\ \text{EUR} : 1{,}16 = 134{,}48\ \text{EUR}$

6\.

| | | |
|---|---|---|
| Vorjahr | 114 680,00 EUR | 100 % |
| + 4 % | 4 587,20 EUR | 4 % |
| abgelaufenes Jahr | 119 267,20 EUR | 104 % |

7\. $\text{Erstattung} = \frac{400\,000 \cdot 100}{620\,000} = 64{,}52\,\%$

$\text{Erstattungsbetrag} = \frac{45\,000 \cdot 64{,}52}{100} = 29\,034{,}00\ \text{EUR}$

## Aufgabengruppe 14, S. 53

1. 89,76 EUR : 1,87 = 48,00 EUR Bezugpreis (brutto)

2.

| | | |
|---|---|---|
| Bezugspreis | 112,00 EUR | 55% |
| Handelsspanne | 91,64 EUR | 45% |
| Nettoverkaufspreis | 203,64 EUR | 100% |
| + MWSt | 32,58 EUR | 16% |
| Auszeichnungspreis | 236,22 EUR | 116% |

3.

| | | | |
|---|---|---|---|
| Listenpreis | 95,00 EUR | | 100% |
| – Rabatt | 9,50 EUR | | 10% |
| | 85,50 EUR | 100% | 90% |
| – Skonto | 1,71 EUR | 2% | |
| | 83,79 EUR | 98% | |
| + | 4,00 EUR | | |
| Bezugspreis | 87,79 EUR | | |

4. a) $\text{Zinsen} = \dfrac{50000 \cdot 7{,}5 \cdot 139}{100 \cdot 360} = 1\,447{,}92 \text{ EUR}$

| | |
|---|---|
| Bearbeitungsgebühr (1,5%) | 750,00 EUR |
| Kreditkosten insgesamt | 2 197,92 EUR |

b) $\text{effektiver Zinssatz} = \dfrac{2\,197{,}92 \cdot 100 \cdot 360}{50000 \cdot 139} = 11{,}38\,\%$

5. a)

| | | | |
|---|---|---|---|
| | 1 044 000,00 EUR | 116% | |
| | 144 000,00 EUR | 16% | |
| | 900 000,00 EUR | 100% | 112,5% |
| | 100 000,00 EUR | | 12,5% |
| Selbstkostenpreis | 800 000,00 EUR | | 100 % |

b)

| | | |
|---|---|---|
| | 800 000,00 EUR | – 160% |
| Wareneinsatz | 500 000,00 EUR | – 100% |

6.

| | | |
|---|---|---|
| Wareneinsatz | 560 000,00 EUR | |
| + | 320 000,00 EUR | |
| | 880 000,00 EUR | 100% |
| + Gewinn | 80 000,00 EUR | 9,09% |

7. Umsatz, Verkäufer B: 340 000,00 EUR – 165 000,00 EUR = 175 000,00 EUR
Mehrumsatz Verkäufer B: 10 000,00 EUR

$\text{Mehrumsatz in \%} = \dfrac{10000 \cdot 100}{165000} = 6{,}06\,\%$

## Aufgabengruppe 15, S. 54

1.

| | | |
|---|---|---|
| Bezugspreis | 528,00 EUR | 60 % |
| Handelsspanne | 352,00 EUR | 40 % |
| Preis ohne MWSt | 880,00 EUR | 100 % |
| + MWSt | 140,80 EUR | 16 % |
| Bruttoverkaufspreis | 1 020,80 EUR | 116 % |

2.

| Sorte | | Wert | | Kostenanteil |
|---|---|---|---|---|
| I | 260 · 7,90 | = 2 054,00 EUR | | 41,08 EUR |
| II | 620 · 8,60 | = 5 332,00 EUR | | 106,64 EUR |
| | | 7 386,00 EUR | – | 147,72 EUR |
| | | 1,00 EUR | – | 0,02 EUR |

3. a) 1,0280 USD = 1,00 EUR
800,00 USD = 778,21 EUR je 100 kg

b) 1,3658 CAD = 1,00 EUR
550,00 CAD = 402,69 EUR · 2 = 805,38 EUR je 100 kg

4. durchschnittlicher Lagerbestand $= \dfrac{15\,000 + 310\,000}{13} = 25\,000{,}00$ EUR

Umschlagshäufigkeit $= \dfrac{150\,000}{25\,000} = 6$

durchschnittliche Lagerdauer $= \dfrac{360}{6} = 60$ Tage

5. a) Lagerzinsen $= \dfrac{570\,000 \cdot 8 \cdot 60}{100 \cdot 360} = 7\,600{,}00$ EUR

b) Lagerzinssatz $= \dfrac{8}{6} = 1\,\tfrac{1}{3}\,\%$

6. a) Umschlagshäufigkeit $= \dfrac{1\,200\,000}{300\,000} = 4$

b) durchschnittliche Lagerdauer $= \dfrac{360}{4} = 90$ Tage

7. Meldebestand = 150 + (50 · 10) = 650 Einheiten
950 – 650 = 300 Einheiten
300 : 50 = 6 Tage

## Aufgabengruppe 16, 55

1. a) Umschlagshäufigkeit $= \frac{360}{40} = 9$

   b) Jahreszinssatz $= 1{,}2 \cdot 9 = 10{,}8\,\%$

2.

| | |
|---|---|
| Netto-Warenumsatz | 1 200 000,00 EUR |
| + MWSt | 192 000,00 EUR |
| Brutto-Warenumsatz | 1 392 000,00 EUR |

   Wareneinsatz $= \frac{1\,392\,000}{1{,}9} = 732\,631{,}58$ EUR

3.

| | |
|---|---|
| Kapitaleinsatz vorher: | 80 000,00 EUR |
| Kapitaleinsatz nachher: | 60 000,00 EUR |

4. a) durchschnittlicher Lagerbestand $= \frac{85\,000 + 305\,000}{13} = 30\,000{,}00$ EUR

   b) Umschlagshäufigkeit $= \frac{150\,000}{30\,000} = 5$

   c) durchschnittliche Lagerdauer $= \frac{360}{5} = 72$ Tage

   d) Kapitalbindung = 30 000,00 EUR

5.

| | | |
|---|---|---|
| Umsatz | 960 000,00 EUR | 160 % |
| – Zuschlag | 360 000,00 EUR | 60 % |
| Wareneinsatz | 600 000,00 EUR | 100 % |

   Kapitaleinsatz = 600 000 : 4 = 150 000,00 EUR

6. Umschlagshäufigkeit $= \frac{360}{45} = 8$

   Wareneinsatz $= 100\,000 \cdot 8 = 800\,000{,}00$ EUR

| | |
|---|---|
| Wareneinsatz | 800 000,00 EUR |
| + Handlungskosten | 250 000,00 EUR |
| Selbstkosten | 1 050 000,00 EUR |
| 10 % Gewinn = | 105 000,00 EUR |

7. a) durchschnittliche Lagerdauer $= \frac{360}{5} = 72$ Tage

   b) durchschnittlicher Lagerbestand = 300 000 : 5 = 60 000,00 EUR

   c) Lagerzinssatz = 12,5 : 5 = 2,5 %

   d) Lagerzinsen $= \frac{60\,000 \cdot 2{,}5}{100} = 1\,500{,}00$ EUR

# Lösungen Buchführung[1]

## Aufgabengruppe 1, S. 102

| Nr. | Soll | Betrag | | Haben | Betrag |
|---|---|---|---|---|---|
| 1. | 3001) | 2635,20 EUR | an | 2880) | 1800,00 EUR |
| | | | | 5420) | 720,00 EUR |
| | | | | 4800) | 115,20 EUR |
| 2. a) | 2800) | 2728,32 EUR | | | |
| | 5001) | 48,00 EUR | | | |
| | 4800) | 7,68 EUR | an | 2400) | 2784,00 EUR |
| b) | 2800) | 2728,32 EUR | | | |
| | 5001) | 55,68 EUR | an | 2400) | 2784,00 EUR |
| | 4800) | | an | 5001) | 7,68 EUR |
| 3. | 2450) | | an | 2400) | 20100,00 EUR |
| 4. | 6000) | 2100,00 EUR | | | |
| | 2600) | 336,00 EUR | an | 4500) | 2436,00 EUR |
| 5. a) | 4400) | 1450,00 EUR | an | 6002) | 1250,00 EUR |
| | | | an | 2600) | 200,00 EUR |
| b) | 4400) | | an | 6002) | 1450,00 EUR |
| | 6002) | | an | 2600) | 200,00 EUR |
| 6. | 7700) | 14800,00 EUR | | | |
| | 3001) | 24300,00 EUR | | | |
| | 7030) | 2760,00 EUR | | | |
| | 0500) | 7000,00 EUR | | | |
| | 4800) | 11900,00 EUR | an | 2800) | 60760,00 EUR |
| 7. a) | 2400) | 5800,00 EUR | an | 5000) | 5000,00 EUR |
| | | | an | 4800) | 800,00 EUR |
| b) | 2450) | | an | 2400) | 5800,00 EUR |
| 8. a) | 5001) | | an | 2400) | 4176,00 EUR |
| | 4800) | | an | 5001) | 576,00 EUR |
| b) | 5001) | 3600,00 EUR | | | |
| | 4800) | 576,00 EUR | an | 2400) | 4176,00 EUR |
| 9. | 0890) | 260,00 EUR | | | |
| | 2600) | 41,60 EUR | an | 2880) | 301,60 EUR |
| | 6540) | | an | 0890) | 260,00 EUR |
| 10. | 4800) | | an | 2600) | 14373,00 EUR |
| | 4800) | | an | 8010) | 10898,00 EUR |

1 Die Kontonummern werden vierstellig dargestellt wie es in der DV-gestützten Buchführung üblich ist.

## Aufgabengruppe 2, S. 103

| | | | | | | |
|---|---|---|---|---|---|---|
| 1. | | 2800) | | an | 2400) | 1 950,00 EUR |
| 2. | a) | 4400) | 3 190,00 EUR | an | 2800) | 3 094,30 EUR |
| | | | | an | 6002) | 95,70 EUR |
| | | 6002) | | an | 260) | 13,20 EUR |
| | b) | 4400) | 3 190,00 EUR | an | 2800) | 3 094,30 EUR |
| | | | | an | 6002) | 82,50 EUR |
| | | | | an | 2600) | 13,20 EUR |
| 3. | a) | 2400) | 5 568,00 EUR | an | 5000) | 4 800,00 EUR |
| | | | | an | 4800) | 768,00 EUR |
| | b) | 5000) | 220,00 EUR | | | |
| | | 4800) | 35,20 EUR | an | 2400) | 255,20 EUR |
| | c) | 5001) | | an | 2400) | 121,80 EUR |
| | | 4800) | | an | 5001) | 16,80 EUR |
| 4. | | 6520) | | an | 0870) | 6 000,00 EUR |
| 5. | a) | 2650) | 440,80 EUR | an | 5000) | 380,00 EUR |
| | | | | an | 4800) | 60,80 EUR |
| | b) | 6300) | 1 720,00 EUR | an | 2800) | 689,79 EUR |
| | | | | an | 4830) | 243,69 EUR |
| | | | | an | 4840) | 345,72 EUR |
| | | | | an | 2650) | 440,80 EUR |
| | | 6400) | | an | 4840) | 345,72 EUR |
| 6. | | 2650) | | an | 2800) | 400,00 EUR |
| 7. | | 2800) | 9 512,00 EUR | an | 0840) | 8 200,00 EUR |
| | | | | an | 4800) | 1 312,00 EUR |
| | | 6930) | | an | 0840) | 800,00 EUR |
| 8. | a) | 0860) | 31 000,00 EUR | | | |
| | | 2600) | 4 960,00 EUR | an | 4400) | 35 960,00 EUR |
| | b) | 4400) | 35 960,00 EUR | an | 2800) | 35 240,80 EUR |
| | | | | an | 0860) | 620,00 EUR |
| | | | | an | 2600) | 99,20 EUR |
| 9. | a) | 4800) | | an | 5001) | 208,00 EUR |
| | b) | 5000) | | an | 5001) | 1 300,00 EUR |
| 10. | a) | 2800) | 18 228,24 EUR | | | |
| | | 5001) | 486,00 EUR | | | |
| | | 4800) | 77,76 EUR | an | 2400) | 18 792,00 EUR |
| | b) | 2800) | 18 228,24 EUR | | | |
| | | 5001) | 563,76 EUR | an | 2400) | 18 792,00 EUR |
| | | 4800) | | an | 5001) | 77,76 EUR |

## Aufgabengruppe 3, S. 103 f.

| | | Soll | Betrag | | Haben | Betrag |
|---|---|---|---|---|---|---|
| 1. | | 4800) | | an | 2600) | 15 360,00 EUR |
| | | 4800) | | an | 2800) | 8 240,00 EUR |
| 2. | a) | 6000) | 62 300,00 EUR | | | |
| | | 2600) | 9 968,00 EUR | an | 4400) | 72 268,00 EUR |
| | b) | 4400) | 1 806,70 EUR | an | 6000) | 1 557,50 EUR |
| | | | | an | 2600) | 249,20 EUR |
| | c) | 4400) | 867,22 EUR | an | 6002) | 747,60 EUR |
| | | | | an | 2600) | 119,62 EUR |
| 3. | a) | 6200) | 23 700,00 EUR | an | 2800) | 14 694,00 EUR |
| | | | | an | 4830) | 4 266,00 EUR |
| | | | | an | 4840) | 4 740,00 EUR |
| | | 6400) | | an | 4840) | 4 740,00 EUR |
| | b) | 4830) | 4 266,00 EUR | | | |
| | | 4840) | 7 820,00 EUR | an | 2800) | 12 086,00 EUR |
| 4. | | 6420) | | an | 2800) | 711,00 EUR |
| 5. | | 4400) | | an | 2450) | 6 420,00 EUR |
| 6. | | 6930) | | an | 2880) | 160,00 EUR |
| 7. | | 3001) | 719,20 EUR | an | 5420) | 620,00 EUR |
| | | | | an | 4800) | 99,20 EUR |
| 8. | | 2880) | 5 800,00 EUR | an | 0840) | 4 000,00 EUR |
| | | | | an | 5430) | 1 000,00 EUR |
| | | | | an | 4800) | 800,00 EUR |
| 9. | a) | 2650) | | an | 2880) | 250,00 EUR |
| | b) | 6300) | 2 490,00 EUR | an | 2800) | 1 194,06 EUR |
| | | | | an | 4830) | 197,22 EUR |
| | | | | an | 4840) | 498,72 EUR |
| | | | | an | 2650) | 250,00 EUR |
| | | | | an | 5400) | 350,00 EUR |
| | c) | 6400) | | an | 4840) | 498,72 EUR |
| | d) | 4830) | | an | 8010) | 197,22 EUR |
| | | 4840) | | an | 8010) | 997,44 EUR |
| 10. | | 6002) | | an | 2600) | 720,00 EUR |

## Aufgabengruppe 4, S. 104

| | | | | | |
|---|---|---|---|---|---|
| 1. | 4800) | | an | 2600) | 27 310,00 EUR |
| | 8010) | | an | 2600) | 6 330,00 EUR |
| 2. a) | 6000) | 1 260,00 EUR | | | |
| | 2600) | 201,60 EUR | an | 4400) | 1 461,60 EUR |
| b) | 6001) | 63,00 EUR | | | |
| | 2600) | 10,08 EUR | an | 2880) | 73,08 EUR |
| 3. | 4400) | 556,80 EUR | an | 6002) | 480,00 EUR |
| | | | an | 2600) | 76,80 EUR |
| 4. | 2880) | | an | 2450) | 4 950,00 EUR |
| 5. a) | 2880) | | an | 5400) | 635,00 EUR |
| b) | 6700) | | an | 2800) | 2 900,00 EUR |
| 6. | 4400) | 1 931,40 EUR | an | 6000) | 1 665,00 EUR |
| | | | an | 2600) | 266,40 EUR |
| 7. | 2800) | 8 352,00 EUR | an | 0820) | 7 200,00 EUR |
| | | | an | 4800) | 1 152,00 EUR |
| | 6930) | | an | 0820) | 300,00 EUR |
| 8. a) | 2400) | 6 577,20 EUR | an | 5000) | 5 670,00 EUR |
| | | | an | 4800) | 907,20 EUR |
| b) | 6110) | 224,00 EUR | | | |
| | 2600) | 35,84 EUR | an | 2880) | 259,84 EUR |
| 9. | 3001) | 719,20 EUR | an | 5420) | 620,00 EUR |
| | | | an | 4800) | 99,20 EUR |
| 10. | 6800) | 56,03 EUR | | | |
| | 2600) | 8,97 EUR | an | 2880) | 65,00 EUR |

## Aufgabengruppe 5, S. 105

1. Kunde begleicht Rechnung über 1 850,00 EUR.
2. Wareneinkauf auf Ziel, Rechnungsbetrag 3 712,00 EUR.
3. Barverkauf von Waren für 174,00 EUR brutto.
4. Privatentnahme von Waren, Bruttowert 301,60 EUR.
5. Banküberweisung an Lieferanten, Betrag 3 790,00 EUR.
6. Rücksendung (beschädigter) Waren an Lieferer, Bruttowert 522,00 EUR.
7. Kauf von Büromaterial bar, Rechnungsbetrag 58,00 EUR.
8. Arbeitnehmer erhält Vorschuss in bar in Höhe von 200,00 EUR.
9. Kassenfehlbetrag in Höhe von 100,00 EUR.
10. Verkauf eines gebrauchten Pkw, Buchwert 5 500,00 EUR, für 6 960,00 EUR brutto.

## Belege, S. 105 ff.

| Nr. | Soll | Betrag | | Haben | Betrag |
|---|---|---|---|---|---|
| 1. | 2400) | 180,26 EUR | an | 5000) | 101,40 EUR |
| | | | an | 5100) | 54,00 EUR |
| | | | an | 4800) | 24,86 EUR |
| 2. | 2800) | | an | 2400) | 180,26 EUR |
| 3. | 2800) | | an | 2880) | 2 000,00 EUR |
| 4. | 4800) | | an | 2850) | 2 900,00 EUR |
| 5. | 6000) | 1 770,00 EUR | | | |
| | 2600) | 283,20 EUR | an | 4400) | 2 053,20 EUR |
| 6. | 4400) | | an | 2800) | 2 053,20 EUR |
| 7. | 2450) | | an | 2400) | 2 400,00 EUR |
| 8. | 4400) | | an | 4500) | 8 250,00 EUR |
| 9. | 6100) | 69,93 EUR | | | |
| | 2600) | 11,19 EUR | an | 2880) | 81,12 EUR |
| 10. | 6870) | 150,00 EUR | | | |
| | 2600) | 24,00 EUR | an | 4400) | 174,00 EUR |
| 11. | 2400) | 17 400,00 EUR | an | 5000) | 13 800,00 EUR |
| | | | an | 5100) | 1 200,00 EUR |
| | | | an | 4800) | 2 400,00 EUR |
| 12. | 2850) | 16 878,00 EUR | | | |
| | 5001) | 450,00 EUR | | | |
| | 4800) | 72,00 EUR | an | 2400) | 17 400,00 EUR |

| Nr. | Soll | Betrag | | Haben | Betrag |
|---|---|---|---|---|---|
| 13. | 0870) | 9 800,00 EUR | | | |
| | 2600) | 1 568,00 EUR | an | 4400) | 11 368,00 EUR |
| 14. | 4400) | 11 368,00 EUR | an | 2800) | 11 140,64 EUR |
| | | | an | 0870) | 196,00 EUR |
| | | | an | 2600) | 31,36 EUR |
| 15. | 2850) | | an | 3001) | 3 780,50 EUR |
| 16. | 6820) | | an | 2880) | 34,20 EUR |
| 17. | 6001) | | an | 2880) | 5,80 EUR |
| 18. | 6300) | 2 324,00 EUR | an | 2880) | 1 737,41 EUR |
| | | | an | 4830) | 94,31 EUR |
| | | | an | 4840) | 468,28 EUR |
| | | | an | 4860) | 24,00 EUR |
| 19. | 6000) | 130,00 EUR | | | |
| | 2600) | 20,80 EUR | an | 2880) | 150,80 EUR |
| | 6800) | 58,00 EUR | | | |
| | 2600) | 9,28 EUR | an | 2880) | 67,28 EUR |
| | 3001) | | an | 2880) | 400,00 EUR |
| | 2800) | | an | 2880) | 1 000,00 EUR |
| | 2880) | 2 252,88 EUR | an | 5000) | 1 942,14 EUR |
| | | | an | 4800) | 310,74 EUR |
| 20. | 6112) | 620,00 EUR | | | |
| | 2600) | 99,20 EUR | an | 4400) | 719,20 EUR |
| 21. | 4400) | | an | 2800) | 719,20 EUR |
| 22. | 2880) | | an | 2800) | 1 100,00 EUR |
| 23. | 3001) | | an | 2800) | 300,00 EUR |
| 24. | 4830) | 1 498,30 EUR | | | |
| | 3001) | 3 200,00 EUR | an | 2850) | 4 698,30 EUR |
| 25. | 4400) | 2 714,40 EUR | an | 6002) | 2 340,00 EUR |
| | | | an | 2600) | 374,40 EUR |

# Sachwortregister

**C**



**D**

**E**



**F**

**G**

**L**

**S**

## Einzelhandels-Kontenrahmen – EKR (Gekürzte Fassung für Ausbildung – Juni 1990)

| KONTENKLASSE 0 | KONTENKLASSE 1 | KONTENKLASSE 2 |
|---|---|---|
| AKTIVA | | |
| Anlagevermögen | | Umlaufvermögen |
| 0 Immaterielle Vermögensgegenstände und Sachanlagen | 1 Finanzanlagen | 2 Umlaufvermögen und aktive Rechnungsabgrenzung |
| 02 **Konzessionen, gewerbliche Schutzrechte und Lizenzen**<br>020 Konzessionen, gewerbliche Schutzrechte und Lizenzen<br>5 **Grundstücke und Bauten**<br>050 Unbebaute Grundstücke<br>051 Bebaute Grundstücke<br>053 Betriebsgebäude<br>054 Verwaltungsgebäude<br>055 Andere Bauten<br>056 Grundstückseinrichtungen<br>057 Gebäudeeinrichtungen<br>059 Wohngebäude<br>08 **Andere Anlagen, Betriebs- und Geschäftsausstattung**<br>080 Andere Anlagen<br>081 Ladenausstattung<br>082 Kassensysteme<br>083 Lagerausstattung<br>084 Fuhrpark<br>086 Büromaschinen, Organisationsmittel und Kommunikationsanlagen<br>087 Büromöbel<br>089 Geringwertige Wirtschaftsgüter | 13 **Beteiligungen**<br>130 Beteiligungen<br>15 **Wertpapiere des Anlagevermögens**<br>150 Wertpapiere des Anlagevermögens<br>16 **Sonstige Finanzanlagen**<br>160 Ausleihungen | 20 **Waren (Bestände)**<br>200 Waren (Gruppe 1)<br>201 Waren (Gruppe 2)<br>21 **Betriebsstoffe (Bestände)**<br>210 Betriebsstoffe<br>22 **Sonstiges Material (Bestände)**<br>220 Verpackungsmaterial<br>221 Leergut<br>23 **Geleistete Anzahlungen auf Vorräte**<br>230 Geleistete Anzahlungen auf Vorräte<br>24 **Forderungen aus Lieferungen und Leistungen**<br>240 Forderungen aus Lieferungen und Leistungen<br>245 Besitzwechsel<br>26 **Sonstige Vermögensgegenstände**<br>260 Vorsteuer<br>263 Sonstige Forderungen an Finanzbehörden<br>265 Forderungen an Mitarbeiter<br>269 Übrige sonstige Forderungen<br>27 **Wertpapiere des Umlaufvermögens**<br>270 Wertpapiere des Umlaufvermögens<br>28 **Flüssige Mittel**<br>280 Kreditinstitute (Bank)<br>285 Postgiro<br>286 Schecks<br>288 Kasse<br>289 Nebenkassen<br>29 **Aktive Rechnungsabgrenzung**<br>290 Aktive Rechnungsabgrenzung |

## KONTENKLASSE 3 / KONTENKLASSE 4 — PASSIVA

### KONTENKLASSE 3

3 Eigenkapital und Rückstellungen

30 **Eigenkapital**

Bei Einzelkaufleuten:
- 300 Eigenkapital
  - 3001 Privatkonto

Bei Personengesellschaften:
- 300 Kapital Gesellschafter A
  - 3001 Privatkonto A
- 301 Kapital Gesellschafter B
  - 3011 Privatkonto B
- 307 Kommanditkapital Gesellschafter C
- 308 Kommanditkapital Gesellschafter D

Bei Kapitalgesellschaften:
- 300 Gezeichnetes Kapital (Grundkapital/Stammkapital)

31 **Kapitalrücklage**
- 310 Kapitalrücklage

32 **Gewinnrücklagen**
- 321 Gesetzliche Rücklagen
- 324 Andere Gewinnrücklagen

33 **Ergebnisverwendung**
- 331 Gewinn-/Verlustvortrag (aus Vorjahr)

34 **Jahresüberschuss/ Jahresfehlbetrag**
- 340 Jahresüberschuss/ Jahresfehlbetrag (des laufenden Geschäftsjahres)

37 **Rückstellungen**
- 370 Rückstellungen

### KONTENKLASSE 4

4 Verbindlichkeiten und passive Rechnungsabgrenzung

41 **Anleihen**
- 410 Anleihen

42 **Verbindlichkeiten gegenüber Kreditinstituten**
- 420 Kurzfristige Bankverbindlichkeiten
- 425 Langfristige Bankverbindlichkeiten

43 **Erhaltene Anzahlungen auf Bestellungen**
- 430 Erhaltene Anzahlungen auf Bestellungen

44 **Verbindlichkeiten aus Lieferungen und Leistungen**
- 440 Verbindlichkeiten aus Lieferungen und Leistungen

45 **Wechselverbindlichkeiten**
- 450 Schuldwechsel

48 **Sonstige Verbindlichkeiten**
- 480 Umsatzsteuer
- 483 Sonstige Verbindlichkeiten gegenüber Finanzbehörden
- 484 Verbindlichkeiten gegenüber Sozialversicherungsträgern
- 485 Verbindlichkeiten gegenüber Mitarbeitern
- 486 Verbindlichkeiten aus vermögenswirksamen Leistungen
- 489 Übrige sonstige Verbindlichkeiten

49 **Passive Rechnungsabgrenzung**
- 490 Passive Rechnungsabgrenzung

## KONTENKLASSE 5 — ERTRÄGE

5 Erträge

50 **Umsatzerlöse**
- 500 Umsatzerlöse für Waren (Gruppe 1)
  - 5001 Erlösberichtigungen
- 501 Umsatzerlöse für Waren (Gruppe 2)
  - 5011 Erlösberichtigungen

51 **Sonstige Umsatzerlöse**
- 510 Sonstige Umsatzerlöse (aus Dienstleistungen
  - 5101 Erlösberichtigungen

54 **Sonstige betriebliche Erträge**
- 540 Nebenerlöse aus Vermietung und Verpachtung
- 541 Sonstige Erlöse
- 542 Entnahme von Waren und Leistungen
  - 5420 Entnahme mit USt
  - 5421 Entnahme ohne USt
- 543 Andere sonstige betriebliche Erträge
- 548 Erträge aus der Herabsetzung von Rückstellungen

55 **Erträge aus Beteiligungen**
- 550 Erträge aus Beteiligungen

56 **Erträge aus Wertpapieren**
- 560 Erträge aus Wertpapieren

57 **Sonstige Zinsen und ähnliche Erträge**
- 571 Zinserträge
- 573 Diskonterträge

58 **Außerordentliche Erträge**
- 580 Außerordentliche Erträge

| KONTENKLASSE 6 | | KONTENKLASSE 7 |
|---|---|---|
| AUFWENDUNGEN | | |
| 6 Betriebliche Aufwendungen | | 7 Weitere Aufwendungen |
| 60 **Aufwendungen für Waren**<br>600 Aufwendungen für Waren (Gruppe 1)<br>6001 Bezugskosten<br>6002 Nachlässe<br>601 Aufwendungen für Waren (Gruppe 2)<br>6011 Bezugskosten<br>6012 Nachlässe<br>61 **Aufwendungen für Material und für bezogene Leistungen**<br>610 Aufwendungen für Material<br>6100 Aufw. f. Betriebsstoffe<br>6101 Aufw. f. Verpackungsmaterial<br>6102 Aufw. f. Leergut<br>6103 Aufw. f. Energie<br>6104 Aufw. f. Reparaturmaterial<br>6105 Aufw. f. Reinigungsmaterial<br>6106 Aufw. f. sonstiges Material<br>611 Aufwendungen für bezogene Leistungen<br>6110 Frachten u. Fremdlager<br>6111 Vertriebsprovisionen<br>6112 Fremdinstandhaltung<br>6113 Abfallentsorgung<br>6114 Reinigung<br>62 **Löhne**<br>620 Löhne für geleistete Arbeit<br>621 Sonstige Lohnaufwendungen<br>63 **Gehälter**<br>630 Gehälter<br>631 Sonstige Gehaltsaufwendungen | 64 **Soziale Abgaben und Aufwendungen für Altersversorgung und für Unterstützung**<br>640 Arbeitgeberanteil zur Sozialversicherung<br>642 Beiträge zur Berufsgenossenschaft<br>65 **Abschreibungen**<br>652 Abschreibungen auf Sachanlagen<br>654 Abschreibungen auf geringwertige Wirtschaftsgüter<br>66 **Sonstige Personalaufwendungen**<br>660 Sonstige Personalaufwendungen<br>67 **Aufwendungen für die Inanspruchnahme von Rechten und Diensten**<br>670 Mieten, Pachten<br>671 Leasing<br>673 Gebühren<br>675 Aufwand des Geldverkehrs<br>677 Rechts- und Beratungsaufwendungen<br>68 **Aufwendungen für Kommunikation (Dokumentation, Information, Reisen, Werbung)**<br>680 Büromaterial<br>681 Zeitungen, Fachliteratur<br>682 Postgebühren<br>685 Reisekosten<br>686 Bewirtung und Präsentation<br>687 Werbung/Dekoration<br>688 Spenden<br>69 **Aufwendungen für Beiträge und Wertkorrekturen**<br>690 Versicherungsbeiträge<br>692 Beiträge zu Wirtschaftsverbänden und Berufsvertretungen<br>693 Andere sonstige betriebliche Aufwendungen<br>694 Verluste aus Schadensfällen<br>695 Abschreibungen auf Forderungen<br>699 Periodenfremde Aufwendungen | 70 **Betriebliche Steuern**<br>700 Gewerbekapitalsteuer<br>701 Vermögensteuer<br>702 Grundsteuer<br>703 Kraftfahrzeugsteuer<br>708 Verbrauchsteuern<br>709 Sonstige betriebliche Steuern<br>74 **Abschreibungen auf Finanzanlagen und auf Wertpapiere des Umlaufvermögens**<br>742 Abschreibungen auf Wertpapiere des Umlaufvermögens<br>75 **Zinsen und ähnliche Aufwendungen**<br>751 Zinsaufwendungen<br>753 Diskontaufwendungen<br>76 **Außerordentliche Aufwendungen**<br>760 Außerordentliche Aufwendungen<br>77 **Steuern vom Einkommen und Ertrag**<br>770 Gewerbesteuer<br>771 Körperschaftsteuer<br>772 Kapitalertragsteuer |

| KONTENKLASSE 8 | KONTENKLASSE 9 |
|---|---|
| ERGEBNIS-<br>RECHNUNGEN | KOSTEN- UND<br>LEISTUNGS-<br>RECHNUNG |
| 8 Ergebnisrechnungen | 9 Kosten- und Leistungsrechnung |
| 80 **Eröffnung/Abschluss**<br>800 Eröffnungsbilanzkonto<br>801 Schlussbilanzkonto<br>802 Gewinn- und Verlustkonto | In der Praxis wird die Kosten- und Leistungsrechnung gewöhnlich tabellarisch durchgeführt. |

29 Groh/Schröer – ISBN 3-8120-0423-2

## Bilanzgliederung nach § 266 HGB (Kapitalgesellschaften)

| **Aktivseite** | **Bilanz** | **Passivseite** |
|---|---|---|

| Aktivseite | Passivseite |
|---|---|
| A. Anlagevermögen:<br>I. Immaterielle Vermögensgegenstände:<br>1. Konzessionen, gewerbliche Schutzrechte und ähnliche Rechte und Werte sowie Lizenzen an solchen Rechten und Werten;<br>2. Geschäfts- oder Firmenwert;<br>3. geleistete Anzahlungen;<br>II. Sachanlagen:<br>1. Grundstücke, grundstücksgleiche Rechte und Bauten einschließlich der Bauten auf fremden Grundstücken;<br>2. technische Anlagen und Maschinen;<br>3. andere Anlagen, Betriebs- und Geschäftsausstattung;<br>4. geleistete Anzahlungen und Anlagen im Bau;<br>III. Finanzanlagen;<br>1. Anteile an verbundenen Unternehmen;<br>2. Ausleihungen an verbundene Unternehmen;<br>3. Beteiligungen;<br>4. Ausleihungen an Unternehmen, mit denen ein Beteiligungsverhältnis besteht;<br>5. Wertpapiere des Anlagevermögens;<br>6. sonstige Ausleihungen.<br>B. Umlaufvermögen:<br>I. Vorräte:<br>1. Roh-, Hilfs- und Betriebsstoffe;<br>2. unfertige Erzeugnisse, unfertige Leistungen;<br>3. fertige Erzeugnisse und Waren;<br>4. geleistete Anzahlungen;<br>II. Forderungen und sonstige Vermögensgegenstände:<br>1. Forderungen aus Lieferungen und Leistungen;<br>2. Forderungen gegen verbundene Unternehmen;<br>3. Forderungen gegen Unternehmen, mit denen ein Beteiligungsverhältnis besteht;<br>4. sonstige Vermögensgegenstände;<br>III. Wertpapiere:<br>1. Anteile an verbundenen Unternehmen;<br>2. eigene Anteile;<br>3. sonstige Wertpapiere;<br>IV. Schecks, Kassenbestand, Bundesbank- und Postgiroguthaben, Guthaben bei Kreditinstituten.<br>C. Rechnungsabgrenzungsposten. | A. Eigenkapital:<br>I. Gezeichnetes Kapital;<br>II. Kapitalrücklage;<br>III. Gewinnrücklagen:<br>1. gesetzliche Rücklage;<br>2. Rücklage für eigene Anteile;<br>3. satzungsmäßige Rücklagen;<br>4. andere Gewinnrücklagen;<br>IV. Gewinnvortrag/Verlustvortrag;<br>V. Jahresüberschuss/Jahresfehlbetrag.<br>B. Rückstellungen:<br>1. Rückstellungen für Pensionen und ähnliche Verpflichtungen;<br>2. Steuerrückstellungen;<br>3. sonstige Rückstellungen.<br>C. Verbindlichkeiten:<br>1. Anleihen, davon konvertibel;<br>2. Verbindlichkeiten gegenüber Kreditinsti tuten;<br>3. erhaltene Anzahlungen auf Bestellungen;<br>4. Verbindlichkeiten aus Lieferungen und Leistungen;<br>5. Verbindlichkeiten aus der Annahme gezogener Wechsel und der Ausstellung eigener Wechsel;<br>6. Verbindlichkeiten gegenüber verbundenen Unternehmen;<br>7. Verbindlichkeiten gegenüber Unternehmen, mit denen ein Beteiligungsverhältnis besteht;<br>8. sonstige Verbindlichkeiten,<br>davon aus Steuern,<br>davon im Rahmen der sozialen Sicherheit.<br>D. Rechnungsabgrenzungsposten. |

## Gliederung der Gewinn- und Verlustrechnung nach § 275 HGB (Kapitalgesellschaften) Gesamtkostenverfahren

1. Umsatzerlöse
2. Erhöhung oder Verminderung des Bestands an fertigen und unfertigen Erzeugnissen
3. andere aktivierte Eigenleistungen
4. sonstige betriebliche Erträge
5. Materialaufwand:
   a) Aufwendungen für Roh-, Hilfs- und Betriebsstoffe und für bezogene Waren
   b) Aufwendungen für bezogene Leistungen
6. Personalaufwand
   a) Löhne und Gehälter
   b) soziale Abgaben und Aufwendungen für Altersversorgung und für Unterstützung, davon für Altersversorgung
7. Abschreibungen:
   a) auf immaterielle Vermögensgegenstände des Anlagevermögens und Sachanlagen sowie auf aktivierte Aufwendungen für die Ingangsetzung und Erweiterung des Geschäftsbetriebs
   b) auf Vermögensgegenstände des Umlaufvermögens, soweit diese die in der Kapitalgesellschaft üblichen Abschreibungen überschreiten
8. sonstige betriebliche Aufwendungen
9. Erträge aus Beteiligungen, davon aus verbundenen Unternehmen
10. Erträge aus anderen Wertpapieren und Ausleihungen des Finanzanlagevermögens, davon aus verbundenen Unternehmen
11. sonstige Zinsen und ähnliche Erträge, davon aus verbundenen Unternehmen
12. Abschreibungen auf Finanzanlagen und auf Wertpapiere des Umlaufvermögens
13. Zinsen und ähnliche Aufwendungen, davon an verbundene Unternehmen
14. Ergebnis der gewöhnlichen Geschäftstätigkeit
15. außerordentliche Erträge
16. außerordentliche Aufwendungen
17. außerordentliches Ergebnis
18. Steuern vom Einkommen und vom Ertrag
19. sonstige Steuern
20. Jahresüberschuss/Jahresfehlbetrag.